中国体能训练师认证参考读物

青少年抗阻训练
长期规划与实践指南
YOUTH RESISTANCE TRAINING
LONG-TERM PLANNING AND PRACTICE GUIDE

尹晓峰 编著

上海科学技术文献出版社
Shanghai Scientific and Technological Literature Press

图书在版编目（CIP）数据

青少年抗阻训练：长期规划与实践指南 / 尹晓峰编著 . —上海：上海科学技术文献出版社，2023
ISBN 978-7-5439-8645-9

Ⅰ.①青… Ⅱ.①尹… Ⅲ.①青少年—体能—身体训练—指南 Ⅳ.① G808.14-62

中国版本图书馆 CIP 数据核字（2022）第 151732 号

责任编辑：黄婉清
装帧设计：方　明

青少年抗阻训练：长期规划与实践指南
QINGSHAONIAN KANGZU XUNLIAN: CHANGQI GUIHUA YU SHIJIAN ZHINAN
尹晓峰　编著
出版发行：上海科学技术文献出版社
地　　址：上海市长乐路 746 号
邮政编码：200040
经　　销：全国新华书店
印　　刷：商务印书馆上海印刷有限公司
开　　本：787mm×1092mm　1/16
印　　张：29.75
字　　数：440 000
版　　次：2023 年 8 月第 1 版　2023 年 8 月第 1 次印刷
书　　号：ISBN 978-7-5439-8645-9
定　　价：198.00 元
http://www.sstlp.com

序

  大厦之成，非一木之材。儿童和青少年的生长发育并非一蹴而就，而是一个漫长、动态、非线性的发展过程。成长期围绕身体能力发展的运动准备与成年后健康水平的保持、运动习惯的养成高度相关。在众多运动形式中，抗阻训练所具有的功能及作用无疑体现在了人体的整个生命周期当中，人体无时无刻地在和外部的阻力和重力互动。通过抗阻训练获得的力量收益，能够帮我们武装以抵御损伤的坚韧"护甲"和快速移动身体的强大"动力"。然而，在面对青少年儿童的时候，我们与抗阻训练之间似乎竖立着一道无形的隔板。无论是教练员，还是家长，要么犹豫不决——困惑和流言让他们在抗阻训练的安全性问题上画了大大的问号，要么无从下手——他们并不知道该从何处开始以及如何执行抗阻训练。

  在我六年前完成著名训练学专家杜泽·邦帕教授所著《青少年运动员体能训练》的翻译工作后，心中就播种下了这样一颗种子：我想为体育教师、教练员以及家长们撰写一本有关指导青少年进行抗阻训练的工具书。在多年青训的执教过程中，我与越来越多的青少年运动员一道为实现运动家梦想而每日努力训练；同时，我也目睹很多哪怕没有让同伴惊奇和羡慕的运动天赋，但是对运动参与仍然满怀简单而朴素的热忱的寻常少年一次次兴奋地踏上运动场。他们当中的大部分似乎从一开始就在场上不断地失误和犯错，控制意识与肢体运行之间总是很难形成应有的默契。他们在奔跑中很难让自己迅速停下或改变前进的方向，他们在奋力挥动球拍时总是在不自觉地摇晃身体，他们不知道在起跳后该如何平稳地落地。即便是日常生活中的一些场景，也经常会让他们束手无策，可能是用双臂撑起自己，可能是帮助父母搬运物品，又或是攀爬到一棵低矮的小树上、独自走过一段狭窄的楼梯，以上种种都会让他们为难。每每如此，失落、懊恼甚至是痛苦的神情写满在他们脸上的时候，我都能够切身体会到他们在运动和生活中所遇到的种种困难和麻烦。运动本也应该是快乐的、愉悦的、平等的，不是吗？

我想是时候该为孩子们做点什么了。本书将以长期发展的视角系统地审视抗阻训练对儿童和青少年人群产生的积极影响，并结合不同生长发育阶段的特征和需求，为家庭、学校和体育俱乐部提供一个基于循证的训练方案和发展路径，从而将其作为帮助少年儿童提升勇气、重拾自信、迈向健康、达成积极生活态度的开端。

在此，我要感谢上海市青少年体育选材育才中心团队的所有成员为这本书做出的不懈努力，我们以能够见证和帮助青少年们健康成长而感到自豪；也要感谢我自己的孩子，是他让我能够安静下来，耐心地听他讲述孩子的世界里发生的有趣故事。

最后，我想以国际奥委会在青少年运动参与的主旨声明寄语所有的教练员和家长们："应当鼓励青少年积极投身于体育运动之中，让他们能够在这个过程中获得愉悦感和满足感，养成终身参与的习惯，并在所有阶段获得成功体验。"

保持一颗童心，倾注一份关爱，让我们的孩子像"孩子"一样运动！

尹晓峰

2023 年 5 月 15 日

持一颗童心，倾注一份关爱，
让我们的孩子像"孩子"一样运动！

目录

1 绪论   001

2 生长发育与自然性力量的表达   004

    一　生长发育与成熟   006
    二　力量表达与动作控制   015
    三　小结   020

3 青少年抗阻训练的安全性和收益   022

    一　青少年与抗阻训练   022
    二　国际机构的立场与声明   024

三	抗阻训练的安全性	028
四	抗阻训练的收益	029
五	小结	037

4 抗阻训练的相关风险与考量 — 039

一	抗阻训练中的意外损伤	039
二	抗阻训练中的过用性损伤	041
三	青春期女性进行抗阻训练的注意事项	044
四	小结	046

5 抗阻训练的安排与实施 — 047

一	抗阻训练原则	047
二	抗阻训练的变量及其递进方式	050
三	运动能力长期发展视角下的抗阻训练规划	059

6 抗阻训练方法分类 — 122

| 一 | 准备性练习板块 | 122 |

二	灵活性练习板块	124
三	稳定性练习板块	126
四	负重性练习板块	131
五	反弹性练习板块	132
六	小结	133

7 练习库 135

一	准备性练习库	137
二	灵活性练习库	166
三	稳定性练习库	188
四	负重性练习库	287
五	反弹性练习库	382

抗阻训练术语	454
参考文献	459
附录	468

1 绪 论

青少年时期是个体整个生命周期内身心发展最为关键的阶段。无论年龄、发育成熟度或性别如何，积极而充分的身体活动对于维持和（或）促进健康至关重要。遗憾的是，自2010年世界卫生组织就青少年、成年人和老年人获得最佳健康收益的身体活动类型和频率提出建议以来，各国适龄儿童和青少年进行身体活动的变化趋势却不乐观。2018年世界卫生组织开展的一项涉及全球146个国家和地区的298所学校里1 600万名11—17岁适龄学生体力活动不足趋势的调查结果显示：81%的青少年未能达到"每日60分钟中高强度体力活动"的全球建议；在中国同龄青少年群体中，则有80.1%的男孩和88.6%的女孩每日体力活动量低于理想水平。不仅如此，伴随全球范围内青少年体力活动不足同时发生的还有肌肉健康指标（肌肉力量、肌肉爆发力和局部肌肉耐力）的不断下降。[1]一项针对16个国家的青少年过去近40年的场地力量测试结果的分析研究表明：中国、美国、澳大利亚、加拿大、捷克、荷兰、立陶宛、西班牙和瑞典的青少年在立定跳远、握力、仰卧起坐、屈臂悬垂等测试中都呈现了不同程度的逐年下降趋势。[2]研究人员为描述这种非病变引起的肌肉力量、爆发力减少和运动功能不足的症状而引入了一个特定术语"儿童肌力减少症"（Pediatric Dynapenia），用于表征异常低水平的肌肉力量。从公共卫生的角度来看，力量储备低（肌肉力量低于平均水平）的儿童和青少年在日常生活或从事运动锻炼时将很难应对非预期的压力源，纵向数据显示这种力量差异可能会随着发育时间的推移在成年后进一步扩大。

针对此类因身体运动不足而引发的功能障碍，一些学者基于大脑介导的运动控制理论，建议利用生命早期阶段神经肌肉系统的"可塑性"来提升肌肉力量表达，实现神经元髓鞘化和大脑神经通路的"激活"，包括突触修剪（通过减少神经元和突触的总数来改变神经结构，使突触更加有效），从而最大限度地为儿童和青少年获取与健康相关的潜在益处。以抗阻训练为代表的促进肌肉骨骼健康的活动，无疑能够为各年龄段的青少年人群带来巨大的帮助。

抗阻训练是一种专门性的训练方式，包括利用对抗自身重量／各种阻力负荷（例如基于器械的训练、自由力量训练、增强式训练、复合训练以及功能训练）在内的运动形式，旨在提高个人的健康水平、肌力和运动表现。[3]具体而言，合理而系统的抗阻训练计划能够为孩子们提供以下益处：

  增加肌肉的力量和爆发力；
  增强身体对疲劳的耐受能力；
  增强骨骼、肌腱等各类结缔组织的健康状态；
  改善身体成分，塑造健康的体魄；
  提升竞技运动和娱乐活动的表现水平；
  养成终身进行体育锻炼的行为习惯；
  预防各类运动过程中的损伤；
  建立自尊、自信和积极向上的心态。

不仅如此，抗阻训练的重要功能还体现在：它是串联其他形式运动和锻炼的重要枢纽。在运动能力长期发展的路径中，抗阻训练的有效"运转"将会带动速度、灵敏、耐力、平衡、柔韧以及运动技能表现等各项"齿轮"之间的精密"咬合"。尽管不同国家和机构发布的公共卫生指南建议儿童和青少年应参加有氧、肌肉强化和骨骼强化活动，但普适建议往往更侧重于全天累积的有氧体力活动总量，低估了抗阻运动在改善"儿童运动缺乏障碍""儿童体育素养缺失""儿童肌力减少"等方面构成的儿童运动不足"三联症"上的积极作用。

与语言或乐器学习相似，合理的抗阻训练技术和计划实施中的教育与指导也应该从生命早期开始，并利用与生长发育成熟度相适配的策略来提升运动效果，优化结果并激发对此类训练的持续兴趣。那些在早期缺少此类运动经验的青少年，最终可能会面临神经肌肉的约束性发展，使得动作控制和运动协调的"升级"在时间的推移下变得愈发困难。成长期神经肌肉具有的可塑性，将成为实现儿童和青少年神经肌肉功能与力量表现健康发展的"绝佳"窗口期，非结构化（如积极的居家运动或余暇锻炼）、半结构化（如学校的课间运动或课余拓展活动）和结构化（如常规体育课或专项训练课）的抗阻运动应当贯穿在整个童年和青春期。

2 生长发育与自然性力量的表达

肌肉力量可以理解为一块肌肉或一组肌肉在特定速度下产生的最大力量或最大张力[1]，肌肉力量代表了个体为抵抗外部阻力而生成力的能力。在大部分的运动场景中，我们都需要在对抗各种外部阻力（如自身体重、器械的质量或是对手的身体质量）的同时产生较大加速度，从而达成运动任务或目标。根据牛顿第二运动定律（力 = 质量 × 加速度），对抗外部阻力时的加速度由作用力的大小决定。[2]这清楚地表明，个体自主产生最大力量或扭矩的能力对运动的结果至关重要。与成年人不同，青少年的肌肉力量发展与年龄、生长、成熟状态的复杂交互作用相关，因性别而异的同时，还受到遗传、环境以及肌肉活动等因素的多重影响。

对生长和成熟阶段儿童的肌肉发育的评估，有助于人们了解力量表达在年龄和性别方面的差异。尽管神经肌肉激活受遗传因素影响的具体程度尚不明确，但肌肉质量遗传率的估计值一直很高，其范围在60%－90%之间。相比之下，影响肌肉功能的肌纤维成分因素受遗传影响的比例大约为45%，剩余的部分则由决定Ⅰ型和Ⅱ型肌纤维比例的后天运动因素（包括运动的类型、强度和持续时间等）所决定。[3]因此，在引入抗阻训练之前，让我们先了解一下生长发育进程中可能影响儿童和青少年力量自然发展的发育因素（见图2-1）。

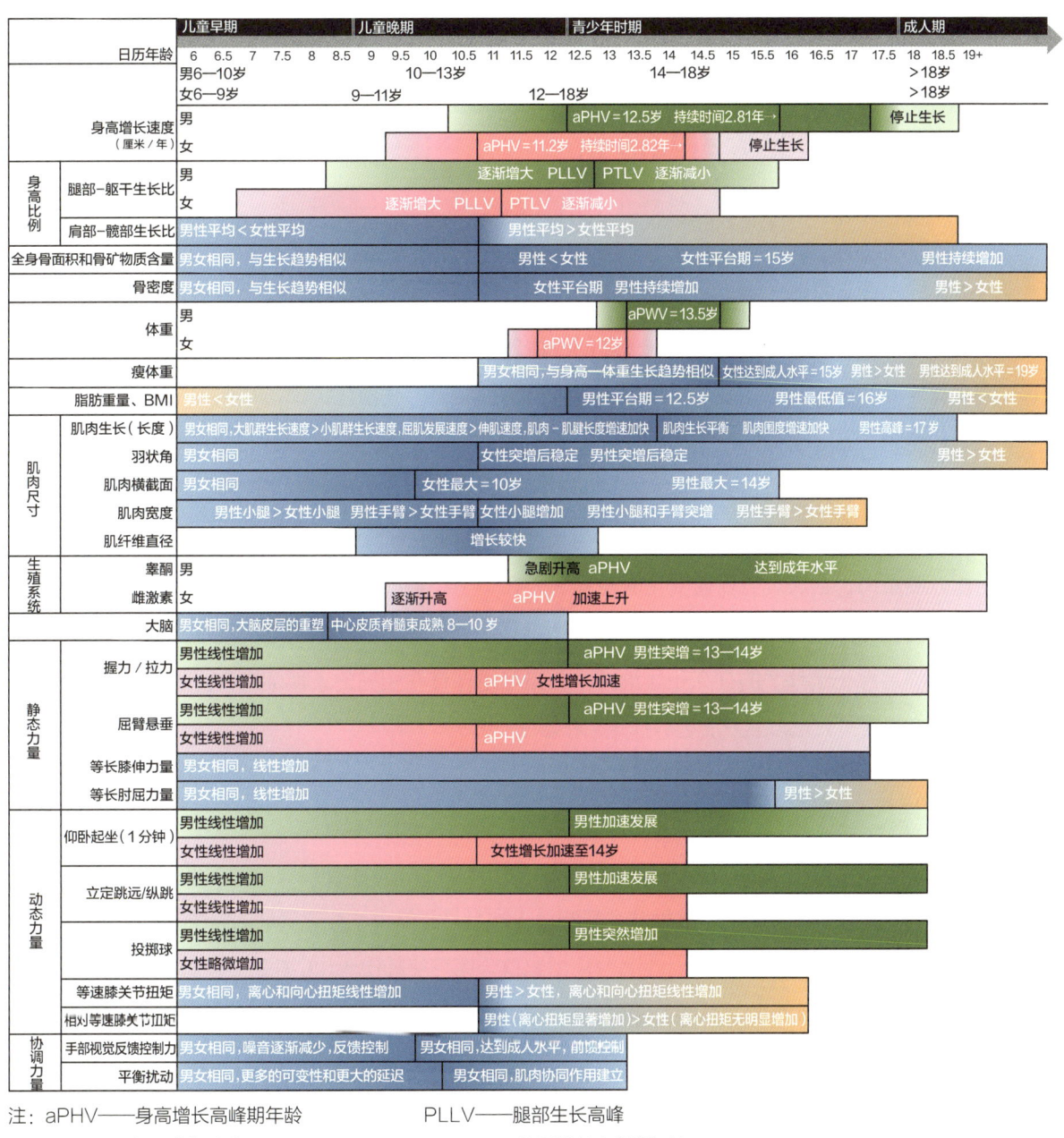

图 2-1 青少年生长进程中的发育因素

一 生长发育与成熟

在成长的过程中，每个孩子都是"独一无二"的个体，然而他们又都经历着相同的变化——逐渐成熟。个性化体现在没有两个孩子的身体形态或是身体成分会以完全一模一样的速度发育，即使是同一个体的身体各部位之间也不会同步生长。当然，无论生长速度如何，孩子们发育的不同阶段仍会呈现明显的共性化特征，最终都会达到完全成熟的状态。就如同花瓣形状各异、花期各不相同，但是它们都会在萌芽期破土而出，花芽期含苞待放，最终在初花期向阳盛开。对于发育阶段的孩子而言，描述和理解他们在儿童期和青春期的身高、骨骼长度和体重变化十分重要。无论是身高还是体重，测量时都会表现出昼夜变化的差异。人在早上会更高、更轻，而在当天晚些时候则更矮、更重。身高主要受重力影响，体重受饮食、体力活动或月经周期等影响。因此，在追踪记录孩子的身高和体重时，应当尽量保证在相同的条件下进行。全维度生长发育因素与力量自然发展趋势详见"附录"。

1. 身高随年龄的变化

在婴儿期和儿童期，孩子在不断长高，但生长速度（每年身高增加的高度）逐渐减慢。为了计算生长速度，通常每 6 个月测量 1 次身高和体重，在青春期则需要提高测量的频次（每 3 个月记录 1 次）。当将身高增幅百分比与年龄作图（见图 2-2）时，大多数孩子在青春期的某个时间节点上都会出现身高的大幅增加，身高最大增长速度对应的年龄称为 aPHV（身高增长高峰期）。在上海，女孩平均 aPHV 为 11.2 岁（范围：9.5—14.5 岁），男孩平均 aPHV 约为 12.5 岁（范围：10.5—17.5 岁），最大身高年增长速度约为 8.5 厘米 / 年（数据源于上海体育科学研究所选材育才研究中心内部数据，研究未发表）。一般而言，男孩的典型生长突增持续时间为 2.81 年，女孩则为 2.82 年，在此期间，平均身高增长分别为 21.1±3.9 厘米和 19.6±4.7 厘米。[4]女性通常在 16 岁左右停止长高，男性则会继续生长 2—3 年。由于男孩不仅具有较长的青春期前增长期，还具有稍快的身高突增期增长速度，因此导致了成年后身高的性别差异。

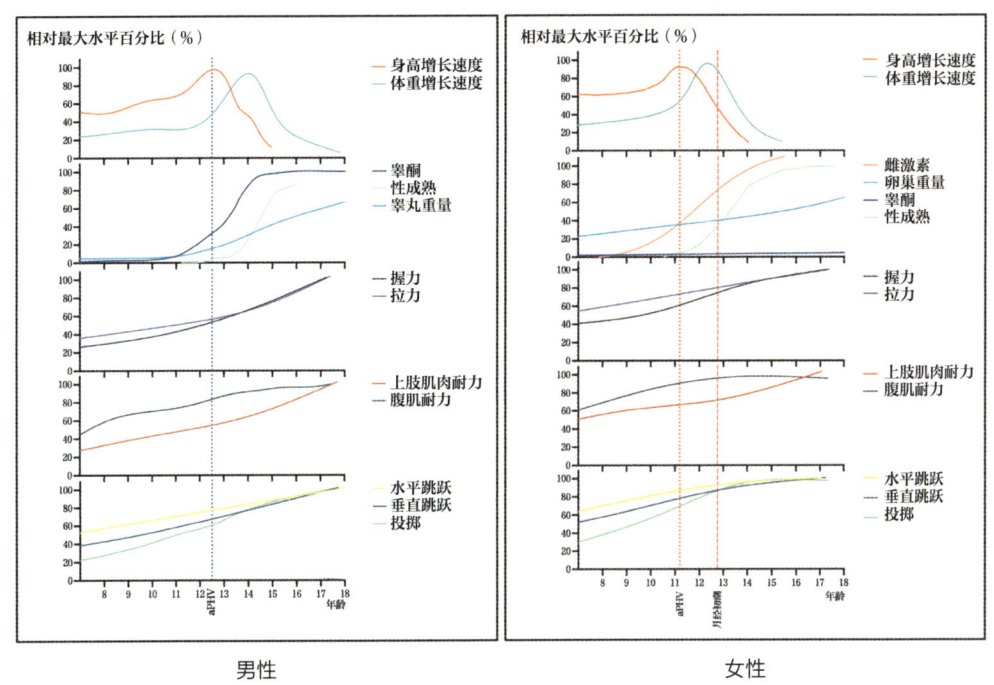

图 2-2　不同性别儿童及青少年身高增长速度与力量自然增长趋势

需要注意的是，儿童在向成年过渡过程中面临的独特挑战之一是身体各部位的不同增长速度，而这些差异对于运动策略中力量的施加会产生较大的影响。无论男孩还是女孩，腿和躯干长度的增长模式相似，两者的腿部长度均在 aPHV 之前的 4 年开始增加，腿部峰值生长速度在 PHV 之前或与之同时发生，躯干的峰值生长速度则在 PHV 之后达到。因此，腿部长度的增加往往先于躯干长度的增长，腿长与躯干长度（坐高）的比率呈现出先增后减的趋势。

肩部和臀部骨骼宽度在其发育过程中表现出明显的性别差异。在青春期生长突增开始之前，女孩（平均而言）的平均肩-臀宽比高于男孩。在身高突增之初，该比例在女孩中显著下降，而在男孩中增加，导致了 PHV 年龄和之后的显著性别差异。[5]这反映了女性骨盆宽度相对于肩部的更大发展，以及男性肩部宽度相对于骨盆的更大发展。

2. 骨骼随年龄的变化

全身骨面积和骨矿物质含量随年龄呈线性增长的趋势相似，在儿童期不存在性别差异。在青春期早期，女孩的全身骨矿物质含量平均略高于男孩；在 15－16 岁，女孩的全身骨面积和骨矿物质含量将达到一个平台期。男孩的全身骨矿物质含量则会一直持续增加直至成年期（见图 2-3）。

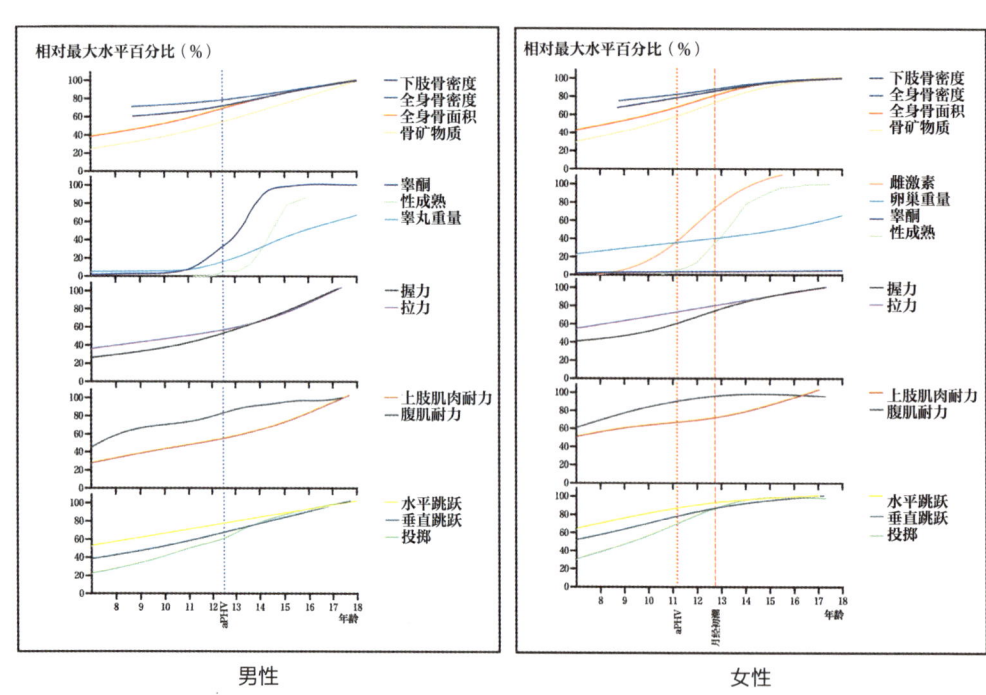

图 2-3　不同性别儿童及青少年骨骼生长与力量自然增长趋势

骨密度的性别差异相对较小，男孩和女孩的青春期生长加速时间是影响骨密度变化实际的主要因素之一。在 aPHV 前后，女孩的骨密度增长速度变化不明显；在月经初潮后，她们的骨密度增长速度放缓并逐渐达到平台期。男孩的骨密度在 aPHV 后加速增长,在青春期后期(18岁左右)超过女性。这种发育特征变化导致的骨密度性别差异会在青春期后期体现并持续至成年期。

3. 体重随年龄的变化

体重代表的是必须由下肢肌肉群支撑的负荷,因而为肌肉生长提供了必要的刺激。体重随年龄变化的生长曲线显示出与身高-年龄曲线相似的模式(见图2-4)。首先是在婴儿期出现体重的快速增长,随后是儿童期的稳定增长,然后是青春期出现的第二次快速增长,最后是成年期的缓慢增长。在青春期生长的突增期,体重迅速增加,通常体重增加的峰值速度大约发生在aPHV之后的1年。此时,也大致对应于力量自然增长峰值的年龄。这就表明体重的增长一定程度上反映了肌肉尺寸增长以及神经肌肉的适应和协调。[6]

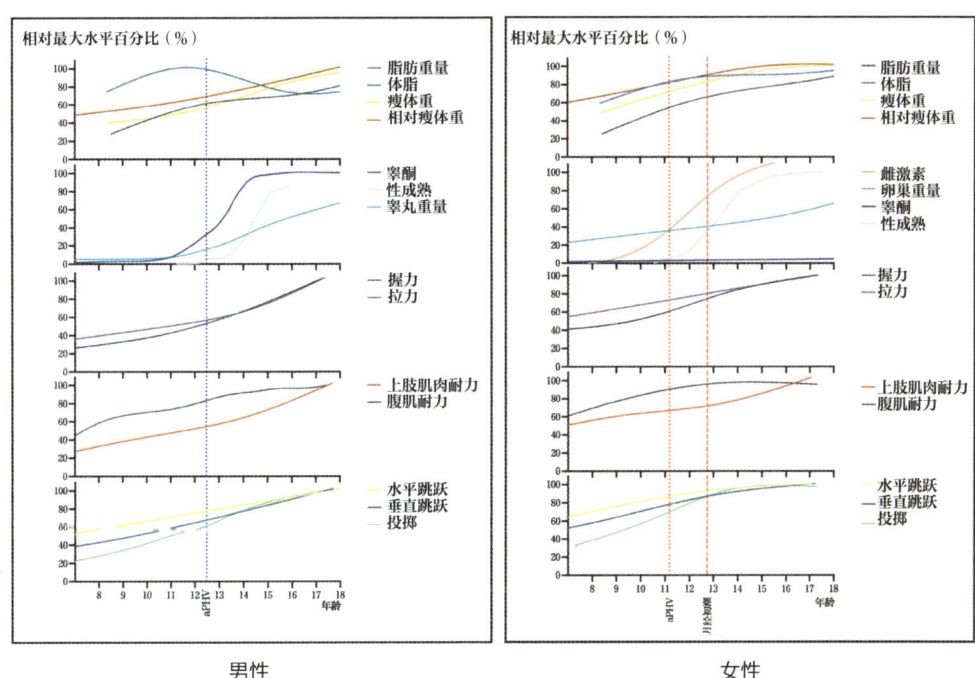

图2-4 不同性别儿童及青少年身体成分与力量自然增长趋势

瘦体重、脂肪重量与体脂百分比由体内总水分与体密度计算得到。瘦体重的增长模式与身高体重的变化趋势类似，其生长加速期存在明显的性别差异：女性瘦体重或在15—16岁达到成人水平，而男性或在19—20岁达到成人水平。青春期晚期和成年期早期，男性的瘦体重增长值是女性的1.5倍左右，该差异说明男孩的肌肉组织在此期间迅速增长。

脂肪重量在儿童生长过程中起着重要作用。脂肪重量的估计值从出生时的约15%增加到1岁时的约30%，并一直保持稳定直至6岁左右，这段时间中几乎不存在性别差异。之后，女孩的脂肪重量比男孩增长得幅度更快，体脂百分比也随之升高。整个青春期中，女孩的脂肪重量都保有这种增长趋势。对于男孩来说，脂肪重量的增加在青春期生长突增的时候达到一个平台期，体脂百分比在aPHV前达到峰值，随后不断下降，约莫在16—17岁达到最低值。进入到青春期后期和成年期，女孩的全身脂肪重量平均是男孩的1.5倍。关键的性别差异在于，男孩在青春期的体重增加主要归因于肌肉和骨骼质量的增加，而脂肪量的变化相对较小；女孩在青春期的脂肪重量持续增加，骨骼和肌肉量的增幅却降低了。

4. 肌肉随年龄的变化

在正常的生长发育过程中，肌肉横截面面积的增加通常被认为是由于肌纤维尺寸增加或肥大而非细胞增生所致。随着骨骼长度和身体比例的增长以及形态的变化，肌肉系统也必须相应地随之发展。肌肉必须在长度（以使骨骼生长和肌腱起点、止点的分离引起的张力正常化）以及体积、宽度/横截面上增长，以提升支撑和移动更大、更重的骨骼的力量。尽管不断变化的激素环境（如生长激素、胰岛素和睾酮）会刺激肌肉长度和大小的增加，可局部的机械因素也有助于肌肉适应。[7]

肌肉组织在儿童时期与青春期初期的发展存在不平衡现象。较大肌肉先行发育，发展速度快于小肌群，屈肌发展速度快于伸肌，这一发展特点直到青春期中期才逐渐平衡。这种不平衡的发育特点可能会导致青春期阶段的技术动作不协调等现象。男孩的肌肉组织生长在青春期后期的 17—18 岁时达到高峰。

在身高增长高峰期，由于骨骼的快速增长，肌肉的发展也以增加长度为主，但是仍落后于骨骼的生长速度，肌力相对薄弱。骨骼生长改变了肌肉附着点的分离距离，又由于在肌腱连接处连续添加了新的肌节，使得肌肉纤维的长度增加。[8]这种适应在功能上很重要，因为它确保了对于给定的肢体运动范围，肌肉将在长度－张力曲线的最佳长度或区域内工作。由于骨骼生长为肌肉长度增长施加了必要的局部刺激，因此在骨骼长度增长和随后的肌肉长度增长速度之间可能存在滞后或非同步性。这得到了生长过程中组织预负荷增加的概念的支持，该概念可定义为组织在放松状态下所承受的力。[9]

除了骨骼和肌肉－肌腱长度之间的生长滞后，还存在肌肉长度增长与肌肉横截面增长之间的延迟。[10]当身高增长速度减慢，性激素分泌增多时（aPHV 之后，男性约 15 岁以后，女性约 13 岁以后），绝对力量出现显著的自然性增长，但是通常落后于身高增长高峰期（见图 2-5）。骨骼（杠杆）长度和体重增加的同时，肌肉尺寸的滞后增加也会导致肌肉的超负荷，并且需要改变神经肌肉协调性以保持平衡。通常，用肌肉的生理横截面积（PCSA）表示肌肉尺寸，在体内的具体测量中，PCSA 中肌纤维排列的羽状角反映了肌肉产生力的能力。研究表明，羽状角从出生后开始单调增加，并在青春期生长突增后达到稳定值，成年后的性别差异明显。[11]肌纤维横截面在儿童时期没有差异，直到女孩约 10 岁和男孩约 14 岁时，达到最大或类似成人的大小，但是肢体长度仍然有相当大的增长空间。[12]反映肌纤维尺寸的另一个常用指标是肌纤维的直径，婴儿出生后肌纤维的直径随着年龄和体型的增长而迅速增加，但不同部位的肌纤维直径存在较大的差异。一项涉及男女混杂数据的研究表明：9—12 岁时，肌纤维直径增长较快，随后肌纤维直径增速放缓，并逐渐趋于稳定。

标准四肢 X 光片可以观察局部肌肉组织的生长发育情况。在 aPHV 前，男女的肌肉宽度差异并不明显；总体来说，男孩的肌肉宽度略大于女孩。在青春期前，男女的手臂和小腿肌肉宽度的生长速度相似；在 aPHV 后，男孩的手臂和小腿肌肉宽度都呈

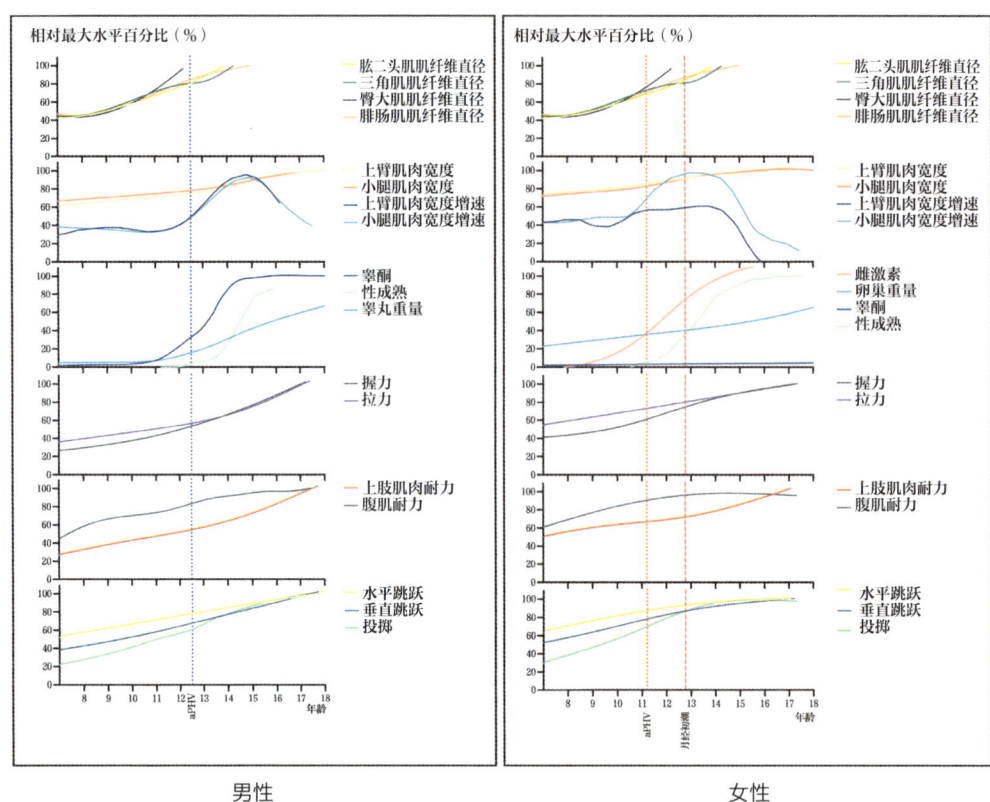

图 2-5 不同性别儿童及青少年肌肉生长与力量自然增长趋势

现明显的生长突增，女性的上臂肌肉宽度未见明显生长突增，小腿肌肉宽度的增长速度在 aPHV 后加快，随后会出现一个持续 4—5 年的平稳期。青春期男孩的上臂肌肉宽度增长速度约是女性的 2 倍，小腿肌肉宽度增长速度的性别差异不明显。

5. 生殖系统随年龄变化

生殖系统的发育极大地影响了孩子的全面发育和生长。睾丸和卵巢分别是男性和女性重要的性腺。睾丸的重量在生命早期略有增加，之后呈现很少的变化，青春期（11 岁左右起）时重量急剧增加，直到生殖期达到成年值（约 20 岁时）。卵巢在整个生长发育阶段呈现平缓但持续增加的趋势，青春期的重量增加不像睾丸那么剧烈。

男性睾酮主要由睾丸合成；女性雌激素主要由卵巢产生，少量来源于肾上腺皮质分泌的前体的外周转化，女性睾酮主要（约75%）来自肾上腺来源的雄烯二酮的酶促转化，其余的（25%）是由卵巢产生的。睾酮和雌激素的生物合成、酶转化、血液中的运输以及生产组织和目标组织的代谢清除是复杂的生物过程，对生长和成熟的调节有相当大的影响，对男女第二性征成熟有重要影响。睾酮与运动能力关系密切，能够促进蛋白质合成、增加肌肉含量。男性睾酮水平于 aPHV 前一年开始迅速升高，并在 aPHV 之后的三年左右达到成年水平；女性睾酮水平在青春期前和男性无显著差别，随后随年龄增长出现少量增长，但总体维持在较低水平。女性雌激素水平在 aPHV 前两年开始逐渐上升，然后随着性成熟的开始加速上升。生殖成熟时间的性别差异可清晰地反映于女孩的雌激素水平上升和男孩的睾酮水平上升的时间。

6. 神经系统随年龄变化

如果把肌肉和骨骼系统的生长视为人体"硬件"结构的搭建，那么神经系统的成熟以及与肌肉系统的整合则是关于"软件"程序对硬件运转的支配和调控。无论是单关节最大力量的生成还是涉及多关节的力量表达，负责大脑信息传出的中枢神经系统和感觉信息传入的外周神经系统发育一直都在个体生长发育的过程中进行对肌肉收缩运动的控制。

神经系统发育较早，大脑脑重在 6 岁前就接近成年的 90%（见图 2-6）。在婴儿期和儿童期早期，大脑的生长非常迅速，"大脑生长高峰"大约从孕中期开始，一直持续到 4 岁左右。从孕中期到出生 18 个月左右，这段高峰期的早期特点是胶质细胞的快速增殖；后期持续到 4 岁左右，特点是髓鞘化。胶质细胞基本上是初级神经细胞，即神经元的支持细胞，在孕期相当早地发育。髓鞘是一种覆盖神经细胞轴突的脂肪鞘。在髓鞘化的过程中，髓鞘在现有轴突周围逐渐增厚，并且随着轴突长度的增长在轴突的新部位周围沉积成鞘。髓鞘与神经冲动的传递有关，髓鞘厚度越大，神经冲动的传递就越快。

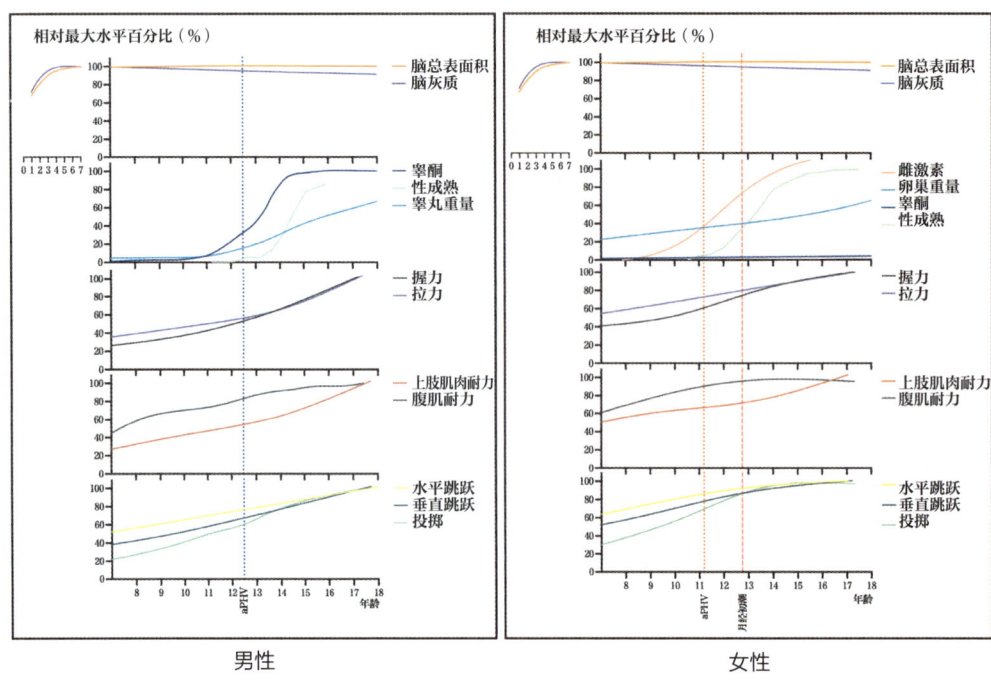

图 2-6　不同性别儿童及青少年大脑生长与力量自然增长趋势

婴儿期和儿童早期的运动发展与此时大脑和中枢神经系统的快速生长有关。这种快速生长在很大程度上反映了神经肌肉的成熟。外部的环境条件也很重要，并与这些生物过程相互作用，影响运动发育的表现，所以在早期运动发育中把生物与环境的影响分割开来几乎是不可能的。

大脑的每个半球和叶以及每个叶内的每个区域都有自己的发展速度。第一次发生在 15—24 个月大的时候，几乎所有大脑区域都达到了类似的成熟水平。第二次大致发生在 6—8 岁之间，涉及大脑皮层的重塑（厚度和神经元密度的变化），导致树突模式的改变和神经元密度的增加。基于大脑磁共振成像的数据也表明，代表大脑的高级传出中心皮质脊髓束的发育随着年龄的增长而发展，这些通路在 8—10 岁达到成熟，并可能延长至 10—12 岁。[13-14]

二　力量表达与动作控制

正如前文所述，生长发育涉及的众多因素的相互作用都会对儿童和青少年时期的力量发展产生影响。然而，想要客观地反映与年龄和性别相关的自然力量变化以及人体测量学、激素、肌肉、神经等因素在纵向时间上的贡献率仍然极具挑战。为了尽可能减少因力量测量方法受限而导致的力量变化误差，我们在考虑肌肉的等长、等动和等张收缩特征的同时，按照肢体运动过程中肌肉产生自主收缩的能力，从最大静态力量、最大动态力量以及次最大协调力量三方面进一步观察生长发育过程中儿童和青少年的力量发展（见图2-7）。

男孩和女孩的力量似乎都在增加，直到大约14岁，女孩的力量开始达到稳定水平，男孩的爆发力更为明显。到18岁时，男孩和女孩的力量区间几乎没有重叠，而男性的力量生产通常更大。性别差异变得明显的确切年龄尚不清楚，任何性别差异的程度都因肌肉群和肌肉动作而异。例如，从年幼时期开始，男女之间躯干和上肢的力量差异就比下肢大得多；有人甚至提出，男性的上肢力量几乎可能是女性的两倍。根据所检查的肌肉群，力量的性别差异在生长过程中的幅度不同可能反映了肾上腺和性类固醇、长骨生长、体重和地面反作用力的影响。虽然男孩和女孩力量随年龄变化的一般模式是可以通过总结得出的，但对力量因年龄和性别存在差异的描述必须在"力量"定义的背景下进行解释。这将导致影响观察到的任何差异的因素。

在整个儿童期，力量的性别差异很小。在男性青春期的生长高峰期，力量发展明显加速，放大了性别差异。随着青春期年龄的增长，女孩在力量测试中的表现等于或超过男孩的概率大大下降。16岁以后，女孩的力量表现很少能达到男孩的平均力量表现，反之，男孩的力量表现少有达不到女孩的平均力量表现。

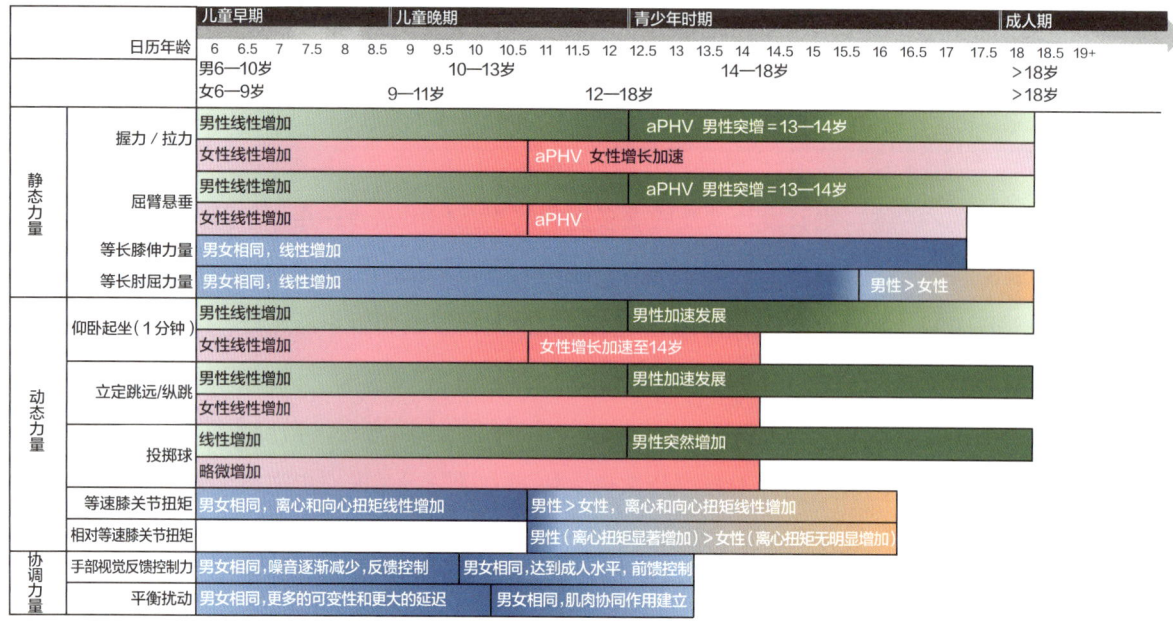

图 2-7 青少年生长进程中的力量发展

1. 最大静态力量随年龄变化

静态力量是肌肉在对抗外力和（或）自身重量时，肌肉长度保持不变且关节处没有发生运动的情况下施加最大力的能力。手部握力和上肢等长拉力是大多数静态力量测试常用的测试内容，一项来自 6—11 岁的混合纵向样本和 11—18 岁的混合纵向样本的研究数据显示：男孩的力量随着年龄的增长呈线性增长，直到 13—14 岁（aPHV 后）力量发展加速，即青春期的力量突增；女孩的力量随着年龄的增长呈线性增长，在 aPHV 时存在力量增长加速的情况，但没有表现出像男孩那样的突然增加。在上肢肌肉耐力的曲臂悬垂测试任务中，男孩的肌肉耐力呈现出了与手部握力相似的发展趋势；女孩的肌肉耐力会随着年龄的增长持续增加，直至 16—17 岁，但同样未出现类似男孩的突增情况。虽然此类追踪研究一般在 18 岁时停止，但静态力量（特别是男性的静态力量的增长)可能至少会持续到 30 岁。

在实验室中对儿童静态力量进行研究时，普遍选择最大自主收缩情况下产生的最大力作为测量指标。它通常反映了对肌肉的神经驱动水平，包括运动单位募集的比例和放电频率的程度。由插入颤搐技术(Interpolated Twitch Technique，ITT)诱导的最大激发力与自主肌肉激活产生的最大收缩力之间的力量赤字在儿童和成人之间存在显著差异。儿童对运动单位的募集和利用能力远低于成人，然而随着进入青春期，这种差异将会逐渐减小。[15-16] 总体而言，从儿童早期到男孩青春期开始(大约 13 岁)和女孩青春期结束(大约 15 岁)，男孩和女孩的力量都呈较为标准的线性增加。在进入到青春期之后，男孩力量的突增加剧了性别差异。女孩的力量在青春期时似乎以与青春期前阶段的相似速度增加，在青春期之后阶段似乎趋于稳定。从身体部位进一步来看，在整个童年和青春期，特别是在男孩中，等长肘屈肌和膝伸肌力量与实际年龄呈高度正相关。与下肢相比，儿童上肢肌肉的力量性别差异相对较大。吉利姆等人曾发表论文称：15-17 岁青少年的膝关节伸展峰值扭矩没有显著的性别差异，但肘伸肌的性别差异相当明显。[17] 该发现得到了一项针对 9-18 岁青少年排球运动员的研究支持，研究人员没有在膝关节等长伸展力量上发现显著的性别差异，但青春期之后阶段的肘屈肌力量上性别差异显著。[18] 上肢与下肢最大自主收缩的性别差异，提示教练员应当关注儿童和青少年上下肢运动的均衡性，尤其要关注男孩和女孩上肢力量的发展。

2. 最大动态力量随年龄变化

与静态力量的表达方式相反，动态力量是肌肉在对抗外力和(或)自身重量时，肌肉长度发生变化且关节产生运动时施加最大力的能力，其表达形式也较为多样，包括单关节和多关节特定速度下(等速、高速、慢速)离心与向心力量的生成表现。

在 1 分钟内可完成的仰卧起坐的次数是衡量腹部动态力量的场地测试内容，它也经常被纳入健康相关的体能评价当中。男孩的腹部力量在 aPHV 前随着年龄的增长呈线性增长，aPHV 之后则呈现出一定程度的加速发展；女孩的腹部力量随年龄增长的提高可延续至 14 岁左右，在月经初潮后处于平台期。儿童时期腹部力量耐力的性别差异可以忽略不计，但是在青春期逐渐出现较明显的性别差异。[19]

在跳跃测试任务中，女孩 14 岁之前和男孩 18 岁之前的立定跳远成绩都会随年龄增长而呈现直线上升。女孩在 14 岁以后，立定跳远的成绩水平仅出现了略微提升，与男孩跳跃表现的差异逐渐变大。垂直纵跳的年龄趋势和性别差异与立定跳远相似。然而，立定跳远的增长斜率更大，表明男孩在青春期显著加速。[20]

手持球投掷的距离是衡量上半身协调和动态肌肉力量的一个指标。男孩的投掷表现随着年龄的增长呈明显的线性增加，在 aPHV 前后斜率变得更加大，说明出现了青春期的增长速度突增。女孩的投掷表现只在 6－14 岁之间略有提高，之后便趋于稳定。儿童期投掷表现的性别差异比其他基本技能的性别差异要大；在青春期过后，性别差异更加明显。[21]

等速评估技术是在关节运动的所有阶段以恒定速度施加最大力量，因此相较于使用自由重量进行 1 次最大推举测试任务（1 Repetition Max，1RM），等速模式对儿童和青少年而言更加安全。[22]不仅如此，等速测试还可以评估肌群的力－速特征，因此也获得了研究人员的青睐。在回顾近年来等速动态力量变化的横断面研究后发现，动态力量随着年龄增长而显著增加。例如，从 9 岁到 21 岁，男性和女性的膝关节绝对伸肌（314%和 143%）和屈肌（285%和 131%）的力量都有所增加。[23]另一项针对最大自主伸膝扭矩的等速测试中，加入了表面电极记录了股四头肌的激活情况。扭矩在 11－16 岁之间随着年龄的增长而明显增加。性别差异在 11 岁时很小，但在 16 岁时向心（肌肉缩短）和离心（肌肉延长）运动的性别差异都有所增加。11－16 岁，男孩的扭矩相对增加幅度特别大。扭矩在男孩和女孩的向心测试中分别为 71%－94%和 52%－53%，在男孩和女孩的离心测试中分别为 87%－100%和 56%－59%。然而，当把体重作为协同因素进行标准化考虑后，11－16 岁的男孩在离心扭矩方面存在显著表现提升，而女孩并无显著表现提升。这些趋势表明：在青春期，男孩的伸膝肌离心力和向心力的产生能力存在不同的变化，而女孩并不明显。在另一方面，"每单位 EMG 活动的离心扭矩与向心扭矩之比"是衡量神经肌肉链接效率的指标，在 11—16 岁之间不随年龄变化，在男孩和女孩之间也没有差异。[24]

3. 次最大协调力量随年龄变化

协调力量涉及在执行单关节或多关节的运动任务期间，协调次最大力量输出，以控制任务的精度或执行目标动作时合理支配身体节段的能力。通过检查儿童以恒定的力量水平执行任务的能力，可以获得儿童单关节协调力量表现的重要信息。与年龄较大的儿童和成人相比，儿童在协调力量恒定输出时会表现出更大的波动性，或称之为感觉运动系统具有较大的"噪音量"，此时施加的力量会在高于和低于预期力量水平的范围大幅振荡。随着年龄的增长，儿童运动表现出的力量可变性程度将趋于平稳，这种较低的噪音是获得更好运动表现的先决条件。[25]当采用视觉反馈进行协调力量变异性调查时发现，3—4 岁儿童关于握力匹配视觉目标的能力（力的跟踪能力）较低，而在 4—5 岁时，可观察到儿童在外部引导下的运动控制出现改善。进一步的提升发生在 6 岁之后，并且在 10 岁时几乎达到成年水平。[26]然而，当视线被遮挡时，不同年龄段的协调力量变异性却没有差异。这表明儿童使用视觉反馈来控制手部力量输出的能力逐渐提高。[27]通过使用功率谱分析执行力量任务时检查力的振荡，还可获得更多信息。随着儿童的生长（尤其在他们 10 岁以后），较高频段（20—30 赫兹）的功率会增加，而较低频段（< 10 赫兹）的功率会下降。这表明控制力的策略从基于反馈的控制逐渐改变为前馈控制。[28]似乎随着年龄的增长，力量表现的提高很大程度上是由于感觉运动系统输出的增强而满足了任务需求的能力。

多关节肌肉协同作用的形成是动作发展和姿态控制的关键步骤，因为这种协同作用是执行功能性运动技能（如伸手、端坐、站立和行走）的先决条件。此外，这些基本技能将成为日后完成更复杂、更有目的性的动作的基础。在多关节任务中，肢体内的连接节段之间存在非肌肉的、被动的相互作用力。节段之间的力量构成了下肢能量传递的基本来源，同时也是移动期间远端节段速度大幅增加的原因。[29]神经系统还利用节段之间自然产生的力量来简化肢体抬高、越过障碍物的控制过程，将运动过程中的能量消耗降至最低。因此，肌肉力量总是根据系统的被动反应而受到调节，以抵消或补充由连接节段运动产生的运动相关力。[30]

由于儿童骨骼肌肉的发育进程较为缓慢，因而导致多关节任务中存在的被动交互力量的利用不足，这可能是发展适当的多肌肉协同来控制多关节动作的限制因素。与此同时，肌肉骨骼系统之间的异步生长也被证明会影响神经肌肉控制。为了保持身体控制的稳定性，身体的质心必须保持或控制在底部支撑面。然而，许多有助于动态和静态稳定性的系统（体感和前庭感觉，形成运动以保持对齐的运动系统，以及必须移动或稳定的骨骼和关节骨骼框架）会在青春期发生明显变化。青春期被认为是姿势控制发展的"转折点"：可从儿童时期固定的身体各节段位置和运动的"整体"策略来简化运动方案，发展为身体各部分独立精确地控制的节段式策略。[31]

从平衡扰动中恢复所需的踝关节和髋关节发展的适当力矩水平的能力也随着年龄的变化而变化。与2—3岁和7—10岁儿童相比，4—6岁儿童肌肉反应表现出更多的可变性和更多的延迟。[32]这种姿势能力的暂时退化是由于儿童在这个特定的年龄开始扩展他们包括感觉整合在内的姿势技能。到7—10岁时，肌肉对支撑面平衡扰动的反应协同作用与成人基本相同，而要对视觉或本体感受引起的平衡扰动达成短时、快速而更加稳定的肌肉协同至少要在10岁之后。[33]

三　小结

生长发育和成熟是贯穿孩子生命周期早期阶段极其重要的特征。尽管我们对影响力量发展里程碑的各类因素进行了逐一介绍，但是它们之间的交互作用却是不能也无法完全分开分析的。体育教师、教练员以及家长需要了解不同年龄和性别的青少年在执行运动任务过程中使用的相应策略,以及从中所获得的肌肉、神经以及激素等方面的适应。这些信息将有助于为所有在成熟阶段的儿童量身定制运动计划时提供参考和依据,其中也包括系统的抗阻训练。儿童和青少年要以流畅、优雅和精准的方式执行运动,就需要持续获得增强肌肉健康和运动技能表现的各种机会,以实现在童年时期就开始发展起来的觉察、认知、情绪、感知和动作控制子系统在这一时期的协调整合。

3 青少年抗阻训练的安全性和收益

一 青少年与抗阻训练

有关成人开展抗阻训练可获得的健康益处已经非常明确和翔实，然而对儿童和青少年是否能够进行抗阻训练的质疑似乎一直没有被完全打消。大部分的家长，甚至是执教青少年运动员训练课程的教练员，对抗阻训练仍然抱有怀疑或者抵触。近40年的大量研究和实践工作已经证明，无论是从抗阻训练诱导的积极的生理学适应方面，还是从抗阻训练计划实施的安全性和可行性方面来看，答案都已非常明确：在儿童早期阶段系统引入抗阻训练不仅重要而且必要。

定期参加旨在增强神经肌肉力量和功能（例如灵敏、平衡性、协调性、反应时间和速度）的抗阻训练计划是所有青少年运动能力良性发展的基础。各种形式的抗阻训练可以有效优化肌肉力量、爆发力、移动速度、投掷速度、变向速度、有氧耐力、动态平衡、柔韧性以及基本运动技能。[1]从运动表现的角度来看，更强壮的青少年运动员可以更好地完成复杂的运动任务，也能够承受结构化训练和竞技比赛的需求，同时抵御运动损伤的侵扰。

这些发现强调了生长发育过程中潜在的协同适应（Synergistic Adaptation），即精心设计的抗阻训练刺激会补充自然发生的适应。与年龄有关的教学和指导为所有儿童和青少年——特别是肌肉力量不足或神经肌肉控制低下的群体——提供了一个可以在逐步挑战下学习抗阻技术并通过结构化抗阻训练优化特定的生理和运动素质的独特机会。可以预见的是，不曾在生命早期（5—9岁）接受阻力训练的儿童可能无法在这一发育时期利用高度的神经肌肉可塑性。

为了能够在生理和心理两个方面为参与其中的儿童和青少年提供全面的运动体验，抗阻训练在设计和制定方案时就必须考虑青少年的个体运动经验、生长成熟阶段以及目标需求。这也是体现教练员执教艺术和底层训练逻辑的核心内容：抗阻训练的实际需求必须与有效的指导相辅相成。"乐趣"是吸引孩子们积极投身于有组织运动的首要动力，抗阻训练的组织和实施不应局限于单一的、刻板的或者严苛的结构化形式，特别是儿童的早期阶段，将抗阻训练与日常生活中的功能任务相结合，或者将抗阻训练置于特定的游戏场景或运动场景之中，可以在协作、竞争和自我挑战的主题活动中实现身体准备策略。所有的体能发展计划的宗旨应该是开发孩子们整体的生理和表现特征，提升运动能力，同时促进他们的健康和福祉。

在接受抗阻训练带来的诸多收益的同时，我们还应该清楚地意识到：无论起始年龄如何，青少年需要持续不断地参加抗阻训练，才能够让训练诱导的力量与健康增益的"保鲜期"得以延长。处于学龄期的儿童和青少年可能会因为抗阻训练计划的设计方案、学校体育课程设置、个人假期安排或者运动动机消退而经历一段训练安排减少甚至训练停止的时期。尽管目前只有少数研究分析了训练频率对青少年力量维持的影响，但是每周至少1天的抗阻训练安排是能够维持现有体能水平或减缓青少年的力量和爆发力表现的下降趋势的。由杰弗里斯提出的"青少年力量和爆发力表现预期变化模型"（见图3-1）很好地解释了生长、训练、保持以及停训可能导致的力量和爆发力变化趋势：超过24周的停训之后，力量和爆发力表现可能会回到仅由生长发育带来的自然增长水平。[2]

为了确保训练的安全性和科学性，抗阻训练计划的制定者和指导者，应当由精通运动机能学、发育生理学以及青少年运动训练学的合格的专业人士担任，同时他们应当擅长与青少年交流，从而优化抗阻训练适应性并增强青少年的运动依从性。不正确

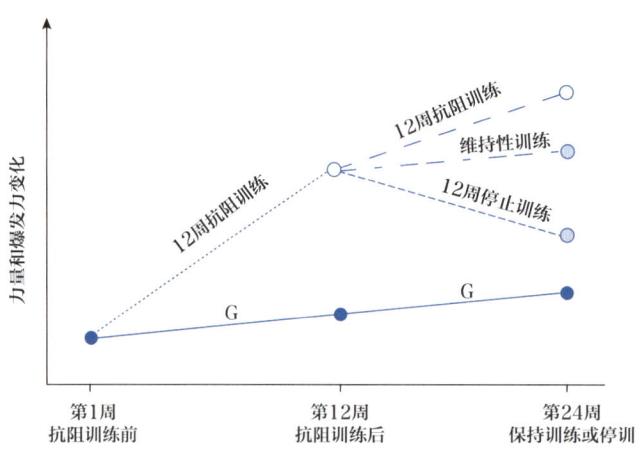

图 3-1 青少年力量和爆发力表现预期变化模型

的抗阻训练，不合理的进阶安排、不恰当的教学方法以及不到位的现场监督都有可能造成潜在的损伤风险和退出。总之，每个孩子都是在变化中不断成长的，抗阻训练不是简单地将成人的训练计划复制在孩子的身上，而是要循序渐进，将乐趣和安全贯穿始终。让孩子们在抗阻训练中获得身心发展的同时收获成就感和自信心，应当是每一位从业者的责任和使命。

二 国际机构的立场与声明

关于青少年与抗阻训练的质疑主要集中在两个方面：

抗阻训练的安全性如何？会影响儿童及青少年发育吗？
抗阻训练的收益如何？值得花时间和精力去专门练习吗？

大部分教练员和家长的一种典型错误认识就是将抗阻训练或力量训练等同于健美

运动或举重项目。他们认为这类挑战人体极限的大负重推举运动很容易让孩子处于运动风险之中，或认为抗阻运动会让孩子们的肌肉肥大，不仅影响正常的生长发育，更不会对运动表现和运动技能学习产生任何的帮助。

所有这些缺乏事实根据的误解一直流传并给大众带来了极大的困扰，"谈力量训练色变"或"抗阻训练无用论"可能会让本来就缺乏运动刺激的孩子们变得更加孱弱和笨拙，而过度专项化训练和早期运动损伤的频发也让越来越多青少年运动员在较早的年龄就退出了运动。1985年，美国国家体能协会（NSCA）成为第一家针对青少年群体发表力量训练立场声明的专业机构。[3]尽管当时相关实证研究的数据仍然不够充分，该声明的篇幅也相对简短，但是这份声明已经就青少年进行力量训练的益处和安全性给出了肯定的态度。之后，国际奥林匹克委员会于2007年在《精英儿童运动员训练声明》中强调了力量训练的重要性，并给出了儿童群体进行力量训练的建议方法。[4]次年，美国儿科学会和加拿大运动生理协会同时就儿童和青少年力量训练发表了官方声明，两个学会组织都对力量训练的益处、风险以及训练指南给出了建议。[5-6]与此同时，大批学者和研究人员相继开展了针对儿童和青少年群体进行抗阻训练的实证类研究，研究结论进一步证实并肯定了抗阻训练的收益和安全性。2009年，美国国家体能协会更新立场声明，正式将"力量训练"的称谓以"抗阻训练"取代，强调了抗阻训练的收益不仅仅体现在力量素质的提升，其对于身心健康的帮助同样得到了大量证据的支持。[7]随后，多个机构以及由业内专家组成的学术共同体纷纷发表立场声明，这些声明涉及的抗阻训练的内容和维度也更加全面，特别是诸如英国体能协会和澳大利亚体能协会对抗阻训练的设计和安排都给出了具体的建议和指导（见图3-2）。[8-11]

通过对上述立场声明进行系统回顾后可以看到，有关抗阻训练涉及的观点包括健康收益、运动表现、损伤预防、安全性、营养策略以及抗阻训练指导等6个主题及29个子主题，而这些立场之间又由于各个机构涉足领域的不同而呈现出了交叉和独立的内容，例如医学团体强调医学上的焦点问题，而来自运动领域机构的专家则关注抗阻运动的适应和训练计划要素的构成（见表3-1）。

图 3-2　主要机构和协会有关儿童和青少年抗阻训练的立场声明时间线

表 3-1　主要机构和协会关于儿童和青少年抗阻训练立场声明的主题

协会/机构	健康收益				运动表现				损伤预防		抗阻训练指导															安全性		营养策略	
	心血管	肥胖	骨骼	心理	身体活动	专项表现	动作技能	长期发展	一般预防	女性损伤	频次容量强度	动作选择/顺序	练习进阶退阶	举重	增强式训练	组间休息	动作速率	周期性/变化性	停训效应	有效性	训练风险	评估	恢复策略	热身	冷身	监督指导	医疗审查	膳食营养	补充剂
美国体能协会（1985/2009）	√	√	√	√	√	√		√	√		√	√		√	√			√		√	√		√	√	√	√			
美国儿科学会（2008）	√	√							√																		√		
国际奥委会（2007）																					√								
加拿大运动生理协会（2008）	√	√	√		√	√			√												√								
英国体能协会（2012）	√	√	√		√	√		√	√		√	√								√	√					√			
国际立场（2012）	√	√	√	√	√	√		√	√		√									√	√					√			
英国举重协会（2016）														√															
澳大利亚体能协会（2017）	√		√	√		√	√	√	√	√	√	√	√	√	√	√	√	√		√	√	√	√	√		√		√	
美国儿科学会（2020）	√	√	√	√		√			√		√			√						√	√					√			

在抗阻训练的收益和安全性问题上，所有机构和协会都支持儿童和青少年进行力量训练，并在一般健康收益、损伤预防以及运动表现收益方面达成了一致（见表 3-2），即抗阻训练：

具有较高的安全性；

可降低肥胖和心血管的患病风险；

可促进骨骼发育；

可促进心理健康；

可降低损伤风险；

可提升力量水平，完善动作技能的发展。

表 3-2　主要机构和协会关于儿童和青少年抗阻训练立场声明观点汇总

立场声明观点汇总	一般健康收益					损伤预防		运动表现收益	
	心血管健康	肥胖与体重管理	骨骼健康	心理健康	体力活动量	一般预防	女性损伤	动作技能	专项表现或训练迁移性
一致，大多声明提及	√	√	√	√		√		√	
不一致，存有争议									
未提及或鲜有提及					√		√		√

在这些立场声明的主要观点中并未发现争议点或不一致的内容，但是对于体力活动量、女性运动损伤以及训练迁移性等方面仍鲜有涉及。除了上述由各组织机构总结的收益，抗阻训练为儿童及青少年带来的积极作用还包括：

强化肌腱系统；

提升身体活动量。

同时，各组织的声明也一致认为，只要安排合理、监督到位，抗阻训练对于儿童及青少年而言是相当安全的，不会影响他们的生长发育。为了能够更进一步了解抗阻训练的安全性和主要收益，下文将简要罗列各共识中提及的证据和观点。

 **抗阻训练的安全性**

主流国际机构与现有研究的观点：

1. 在监督到位、安排合理的前提下，抗阻训练非常安全。
2. 抗阻训练能够起到预防损伤的作用。

首先要明确的一点是，任何运动，无论以什么形式进行，都不可避免地存在损伤风险，这是由运动的内在特征决定的。儿童青少年抗阻训练的安全性一度饱受争议，但对抗阻训练安全性的质疑往往基于主观看法，而非客观数据。此外，许多受伤报道往往也是由于训练安排不当或是缺乏适当监督导致，而非抗阻训练本身存在损伤风险。

相比于其他运动项目，抗阻训练的损伤风险极低。先前有统计发现，在监督到位的情况下，抗阻训练的损伤率<1%，仅为0.7%，而美式橄榄球、篮球和足球的损伤率则分别达到了约19%、15%和2%。[12]

抗阻训练不仅具有更低的损伤率，还能起到预防损伤的效果。比如，海纳等人的研究发现，在高中运动员中，是否接受过抗阻训练显著影响了运动员的损伤率（有抗阻训练的26%对比无抗阻训练的72%）。曼德尔鲍姆等人的研究则发现，非赛季期间的抗阻训练，显著改善了女子青少年运动员的膝关节损伤率。[13]

抗阻训练对于损伤的预防可能是通过多种机制实现的，如：力量的提升、基本动作模式的改善、稳定性和协调性的改善等因素。[14]同时，抗阻训练后连接组织的适应（如肌腱、韧带），让青少年运动员能够更好地吸收运动中的冲击力，进而降低其软组织损伤的风险。研究显示：在女性运动员中，早年进行过抗阻训练的个体，前十字韧带的损伤风险更低。同时，骨密度和总骨量的提升或许也是损伤风险改善的机制之一。

总体而言，有大量研究表明，在监督到位、安排合理的情况下，抗阻训练对于儿童及青少年具有较高的安全性和预防损伤的效果。

四 抗阻训练的收益

1. 肥胖与心血管风险

主流国际机构与现有研究的观点：
1. 抗阻训练对改善肥胖问题与体重管理具有积极效应。
2. 抗阻训练能够改善儿童的血脂指标（如胆固醇）。
3. 抗阻训练能改善儿童青少年的胰岛素敏感度。

儿童青少年的肥胖率在近年来持续上升。根据世界卫生组织的报告，截至2016年，全球有4 100万名5岁以下儿童达到超重或肥胖标准。儿童肥胖症及其相关并发症（如Ⅱ型糖尿病）带来的负面影响可能会一直持续到成年后，现已成为目前最受关注的公共健康问题之一。

过去认为，遗传、社会心理、经济和环境是儿童和青少年肥胖症出现的主要因素。但近年来，许多研究都表明久坐不动的生活方式可能是更为关键的肥胖诱因。研究表明，被肥胖问题困扰的儿童青少年中，体力活动的减少趋势在低龄时就已经出现。此外，体脂肪含量和每日剧烈体力活动呈负相关，即活动越少，体脂肪含量越高。[15]根据2018年《全球儿童、青少年体力活动报告》，我国仅有13.1%的儿童青少年达到了世界卫生组织推荐的体力活动标准。[16]对于肥胖青少年，人们一般会建议多跑步或是多进行类似的有氧运动，但这种建议可能弊大于利。如果一名青少年的体重已经较大或是身体素质较差,那么有氧训练不仅难以有效实现减重,反而提高了其运动时的损伤风险。此外,部分肥胖儿童由于自身运动能力较差,往往也缺乏运动信心,很难对单调乏味的持续性有氧运动提起兴趣。

抗阻训练在这方面则具有独特的优势。首先,动作种类更多意味着潜在趣味性更强。其次,训练中单次(组)动作持续时间短,在多次(组)动作间穿插短暂的休息时间,可让抗阻训练的节奏更接近于一般玩耍和游戏活动。许多研究都已报道了抗阻训练对肥胖与心血管健康的收益。

贝厄等人的元分析结果表明,抗阻训练能够显著改善青少年的心血管风险指标。[17]在2018年,科林斯等人的元分析研究发现,即使不做有氧运动,仅靠抗阻训练也足以对青少年的体重管理起到显著积极作用。[18] 2019年的一篇元分析还表明,在超重和肥胖青少年群体中,抗阻训练甚至还对胰岛素敏感性起着一定的积极作用。[19]

2. 骨骼健康

主流国际机构与现有研究的观点:

1. 抗阻训练不会影响正常的骨骼发育。
2. 抗阻训练能够改善儿童的骨密度与骨矿物质含量。
3. 青春期执行的抗阻训练能降低未来骨质疏松的风险。

骨骼在出生时占体重的15%左右,在成年初期的青年人群中会上升到17%左右。骨骼不同的增长速率和比例变化在运动控制和运动中起着重要作用,并影响着肌肉负荷和力量发展。平均而言,女孩主要长骨的次要中心骨化比男孩更早开始并且更早完成。[20]负重运动对骨化的进展起着重要作用。许多研究表明,儿童期增加抗阻训练有助于促进骨矿物质密度的提升。负重活动对正常的骨骼形成和生长至关重要,在合理执行(如选择适合目标年龄段的动作类型)、营养充足(如摄入足够的钙)且恢复得当的情况下,不仅不会影响儿童青少年骨骼成长,反而能够显著提升儿童青少年的骨密度和骨健康程度。[21]相比于同年龄青少年，青少年举重运动员的骨密度和骨矿物质含量水平都要更高。[22—23]有一定训练水平的6—12岁女子体操选手的骨矿物质含量和骨强度指数都高于无训练群体，其骨折的风险也相应更低。[24]11—16岁女子水球选手的桡骨远端、田径选手的胫骨近端和远端的骨强度指数都要高于同年龄段非运动员对照组。[25]专项训练对身体造成的刺激和冲击要远远大于抗阻训练，对于一般儿童青少年而言，后者的安全性无疑更高。

在抗阻训练对骨健康的积极效应方面，莫里斯等人曾对处于青春期前的女孩进行了10个月的抗阻训练实验。结果显示，相比于对照组，实验组儿童出现了显著的骨密度提升。[26]麦克凯尔韦等人对青春期前儿童曾进行过为期20个月的高强度循环训练，发现实验组儿童的骨密度和总骨量显著高于对照组。[27]

骨密度的提升也可能是抗阻训练损伤预防作用的潜在机制之一。[28]青春期前和青春期间是发展骨密度的最佳时间点。[29]在成年后，骨密度则会随着年龄的提升和活动量下降而降低。有研究显示，在青春期时提升了骨密度的运动员，成年后骨密度的自然下降程度更低。[30]这表明在早期——尤其是青春期进行的抗阻训练对于预防未来的骨质疏松也具有极大价值。

3. 抗阻训练对心理健康的益处

主流国际机构与现有研究的观点：
1. 抗阻训练可以培养儿童及青少年的运动习惯和运动态度。
2. 抗阻训练可以提升儿童及青少年的自信。

身体发展固然重要，但心理健康也不容忽视。在这一方面，以儿童及青少年为样本的相关研究虽仍较少，但从理论机制或是已有数据来看，抗阻训练对于儿童及青少年心理健康的发展颇有助益。鲁班斯等人发现，在青少年群体中肌肉力量水平和心理健康呈正相关关系。[31]在儿童群体中，则有研究发现，在进行抗阻训练干预后，儿童的情绪和自我评价等方面都有明显改善。[32]还有研究指出，进行过抗阻训练的儿童所表现出的社会化和精神纪律与团体项目运动员相似。[33]在2019年，科林斯等人的元分析指出，抗阻训练显著改善了儿童青少年的自尊、自信和自我认知。[34]

这一版块最重要的一项收益可能是长期训练习惯或终身训练习惯的养成。在现有的LTAD长期发展模型中，最终阶段就是让个体形成终身运动的观念（LTAD模型的第七阶段：Active for Life）。研究也表明，在进行抗阻训练后，儿童对体育锻炼、体能训练和终身运动的态度会有所改善。

最后需要明确的一点是，抗阻训练能否对心理健康产生积极效应取决于训练的执行方式。教练员应合理制定训练计划，营造积极有趣的训练环境，在训练中为儿童和青少年提供鼓励而令其不断实现自我完善和自我肯定。过分密集、强度过高的训练只会给儿童及青少年增加无谓的压力，不仅可能出现过度训练综合征，过程中产生的消极情绪可能会对那些本就心理脆弱的青少年产生负面影响。

4. 抗阻训练对运动损伤的预防

主流国际机构与现有研究的观点：
1. 抗阻训练可以改善儿童及青少年可能经历的一般损伤风险。
2. 抗阻训练可以改善青春期女性的膝关节损伤风险。

随着我国体育相关政策的不断推出，儿童及青少年的体育参与度在近年来不断上升。这固然是一个积极现象，但也有越来越多关于因准备活动不足或训练不当而导致受伤的情况出现。有些小伤或许静养几周即可，但某些骨关节损伤可能会影响儿童的生长发育，甚至提高成年后的骨关节炎风险。对于部分青少年运动员而言，早期发生的运动损伤也是他们无奈提早退役的原因之一。

运动损伤的出现是多种因素共同作用的结果，不安全的运动环境、失职的教练员和不合时宜的训练方法等都有可能造成对儿童及青少年的身体损害。此外，许多儿童及青少年或是长期保持久坐习惯，或是自身体重较大，或是本身就缺乏某些运动所需的肌肉力量。想完全消除运动损伤是不可能的，但抗阻训练能有效减少儿童及青少年的损伤风险。有研究表明，这种风险改善甚至可达50%以上。[35]抗阻训练对于损伤的预防可能是通过多个机制实现的，如：

（1）改善肌力：不仅仅在于提升肌肉力量，也包括改善肌力不平衡的问题。

（2）肌腱韧带等连接组织的适应：可改善对冲击力的吸收。

（3）改善动作力学模式：比如有研究表明，抗阻训练可以改善儿童青少年的膝关节和髋关节生物力学，从而降低其在运动过程中的损伤风险。[36]

（4）骨密度和总骨量的提升。

5. 抗阻训练对肌肉力量的提升效果

> 主流国际机构与现有研究的观点：
> 1. 抗阻训练可以显著改善儿童及青少年的力量水平。
> 2. 即使是低龄儿童，也能通过训练实现可观的力量提升。

尽管生长发育过程本就会引发力量水平的提升，但已有大量证据表明，抗阻训练能够在自然增长的基础上为儿童及青少年提供额外的收益。[37—47]抗阻训练能显著改善儿童及青少年的力量表现，而这种改善独立于生长发育带来的自然提升。法伊根鲍姆等人的研究发现，8周的抗阻训练后，儿童力量平均出现了30%的提升，最高可达到74%。[48]在布林克的元分析中，抗阻训练对青少年力量提升的效应量为0.75，表明训练效果达到了"大"的程度。

此外，这种提升并不局限于特定的年龄阶段，即使是下至五六岁的儿童，也能通过抗阻训练实现客观力量水平的提升。相比于成人，儿童及青少年的相对力量提升几乎是同水平的，甚至可能更高（见图3-3）。

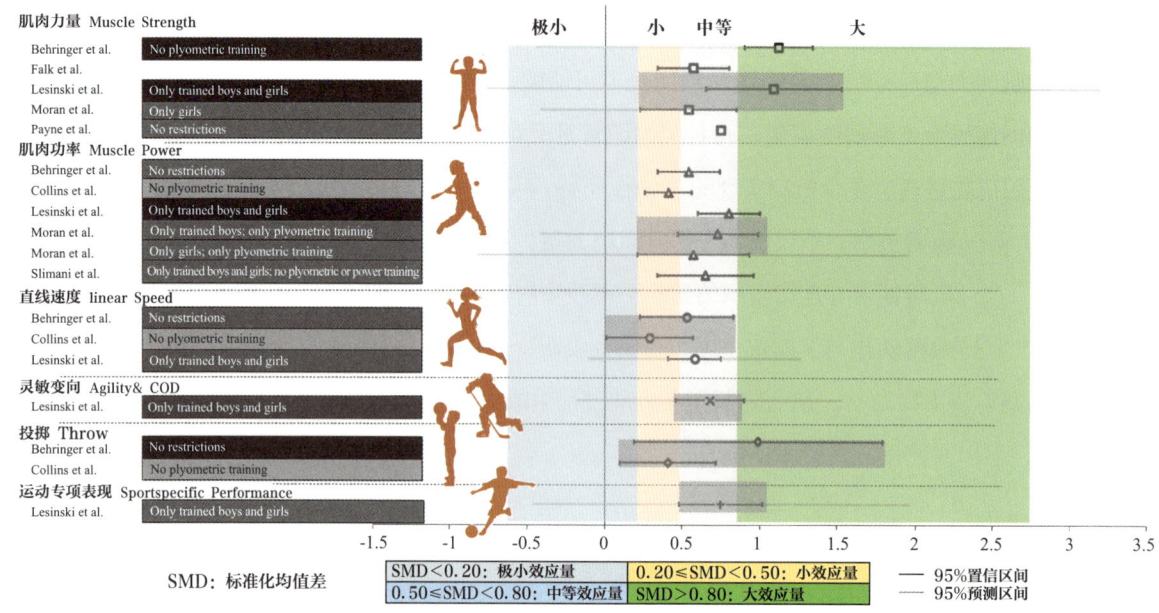

图 3-3　抗阻训练对青少年力量和运动表现的影响效果

6. 抗阻训练对身体表现与运动技能的提升效果

主流国际机构与现有研究的观点：

抗阻训练可以显著改善儿童青少年的运动技能表现。

动作技能能力（Motor Skill Competency）指对基础动作技能（Fundamental Movement Skill，FMS）和基础项目技能（Fundamental Sports Skill，FSS）的掌握程度，它包括三方面：

移动技能（Locomotive Skills），如跑、跳、单腿跳等

稳定技能（Stabilization Skills），如平衡和核心稳定性

操纵技能（Manipulative Skills），如投掷和接

且受到多重生理因素的共同影响。除了上述提及的肌肉力量因素（肌肉产力能力和相关肌肉间/内协调性），还涉及认知处理能力和正确的基本动作模式。一般认为，动作技能能力的最主要限制因素为神经系统的发展程度。[49-50]

先前有研究表明，儿童期早期是提升FMS最重要的窗口期之一，且显著影响发育后期的FSS能力。[51]青少年训练专家劳埃德建议：在儿童期早期，体能训练应当以基础动作的掌握和肌肉力量的改善为核心，以确保儿童不仅能掌握广泛的动作技能，也能具备足够的肌肉力量去执行这些动作。最重要的是，这些训练还能够为发育后期更为进阶的训练打下坚实基础，让运动员在面对复杂环境时能更灵活地做出动作上的反应。

现有研究则表明，通过合理训练，动作技能能力的三方面（移动技能、稳定技能和操纵技能）都能得到显著改善。[52]取决于不同年龄段，以这一目的进行的训练一般包括不同比例的下述训练内容：动作技能训练、肌肉力量训练和肌肉功率训练。

法伊根鲍姆等人的研究发现，在执行一段时间抗阻训练后，青少年的跑跳能力（移动技能）出现了显著提升。[53]其中潜在的机制可以这么解释：力量训练提升了青少年在移动过程中的相对产力，而跑动过程中肌肉力量恰好是一个限制性因素。科林斯等人的元分析发现，在接受抗阻训练干预后，儿童及青少年的基础动作表现出现了显著改善。哈里斯等人的元分析发现，抗阻训练显著改善了青少年运动员的纵跳能力。[54]

针对稳定性技能的研究并不多，且大多以脑性瘫痪患者和一般人群作为研究对象。迈尔等人建议，稳定性技能的发展应当根据不同运动水平的需求，不同年龄和个体对FSS的掌握能力进行个性化发展。[55]

操纵技能也能通过抗阻训练得到提升。[56]一般认为，儿童及青少年在进行接、投、

踢训练后,都能观察到他们操纵技能的显著改善。此外,操纵技能的改善能够降低儿童青少年在执行相关动作时骨关节肌肉受到的应力,因此还具备一定损伤预防的作用。

总之,对于一般儿童青少年,最基础的抗阻训练便足以改善其整体的动作技能与身体表现。

7. 肌腱系统的适应

随着生长发育和体育活动的进行,肌肉的做功量不断提升,从而使得肌腱组织承受的张力不断增高。如果肌腱形态(如横断面积和长度)或材质属性没有出现同步变化,那么肌腱将更易遭受损伤。[57]在生长发育过程中,儿童的肌腱会变得更厚更长,成分也会显著发生变化(如胶原含量的变化)[58],其所参考的体育项目的风险会开始提升,如跳跃、落地、变向动作(如网球、篮球、田径),引起肌腱病变的风险也因而升高。[59]

造成这种风险的原因主要为肌肉和肌腱适应变化的不平衡,即肌肉的发展快于肌腱。这一不平衡可能有两个原因:一是肌肉和肌腱的适应所需时长不同[60];二则在于刺激阈值,即足够引起肌肉发生适应的刺激可能并不足以引起相似程度的肌腱适应[61]。我们无法改变肌腱产生适应所需的时长,但可以通过抗阻训练帮助儿童及青少年的肌腱适应刺激。有研究对青春期前儿童进行了10周抗阻训练干预(每周2次、每次2—3组进行8—15次跖屈动作),发现训练后肌腱刚度和杨格系数(肌腱材质属性的指标)都有改善。这表明了儿童及青少年的肌腱对抗阻训练产生积极反应,这种适应性变化能够降低肌腱病变发生的风险,如通过提高组织承受负荷的能力来减少外部压力(外部负重)和内部压力(肌腱在负荷下的张力、肌腱材质属性的改善能够降低给定负荷下肌腱承受的压力)。

总体来说,青少年肌腱的形态和材质属性会随着生长发育而变化,但如果肌腱和肌肉的发展不平衡,那么可能会提高损伤风险。抗阻训练能够针对肌腱属性进行训练,降低儿童及青少年运动损伤风险的同时提升其运动表现。

8. 身体活动量

研究表明，在接受抗阻训练干预后，小学龄男童的每日自主活动量出现提升，也就证明抗阻训练能够用于改善久坐不动的生活习惯。[62] 此外，如前文关于心理健康益处一节所述，抗阻训练能够提升儿童及青少年的自信和自尊，助其养成运动习惯。这些都有助于提升久坐、不活跃儿童和青少年的身体活动量。

五 小 结

成功进行儿童和青少年抗阻训练的关键是必须在一个可控的、组织良好的环境中接受合格的、有经验的教练员正确而充分的监督和指导。儿童和青少年进行抗阻训练的益处大于其带来的潜在的损伤风险，长期的运动发展视角能够确保抗阻训练的渐进性。在儿童及青少年不可预见的生长和成熟期针对力量计划制定适当的训练变量时，需要注意目标人群在青春期前、青春期间和青春期后复杂和独特的生理特征。

- 密切关注日历年龄、生物年龄和运动年龄
- 了解抗阻训练的益处和动机
- 理解和管理抗阻训练的风险
- 应用运动能力的长期发展理念
- 设计适合个体年龄的安全有效的计划
- 确保高质量的指导和监督

抗阻训练能有效降低儿童及青少年的心血管疾病、肥胖和损伤风险，促进骨骼和肌腱系统的健康，以及加强力量和基础运动技能能力的发展（见图3-4）。除

了身体的发展，抗阻训练对心理健康也能起到积极效应，包括提升儿童的自信心、培养团队精神和纪律性以及终身运动观念的养成。然而，任何事物都是具有两面性的，高收益虽然未必代表高风险，但绝不可能毫无风险。因此，我们将在第四章对抗阻训练可导致的相关损伤和特定群体的训练注意事项进行讨论。

图 3-4　儿童和青少年进行抗阻训练的主要收益

4 抗阻训练的相关风险与考量

所有形式的运动都可能存在一定损伤风险，抗阻训练也不例外。然而，在合理条件下的抗阻训练损伤率极低（仅不到1%），远远低于其他运动项目，例如：橄榄球的损伤率为28%、体操为13%[1]。此外，相比于对抗类项目，抗阻训练的损伤更容易避免，因为潜在的致伤因素没有前者那么难以预测和难以控制。在儿童和青少年抗阻训练中，主要的损伤风险来源于两方面：意外损伤和过用性损伤。

一 抗阻训练中的意外损伤

抗阻训练、举重和其他运动项目之间相对安全性的数据十分有限。在对青少年损伤率的回顾性评估中发现，抗阻训练和举重比许多其他运动和活动明显更加安全。在这份报告中，橄榄球的每100小时参与者的总体受伤率是1.92，力量举（Powerlifting）、举重（Weight Lifting）和抗阻训练分别为0.002 7、0.003 5和0.001 7（见表4-1）。[2]

发表于《美国骨科医师学会杂志》2001年11—12月刊上的一项研究表明：在5—14岁的儿童中，因骑自行车而受伤的人数几乎比因举重受伤的人数高出400%。[3]另一项关于青春期前和青少年抗阻训练的研究中对学龄儿童运动相关损伤的筛查结果做了报告:抗阻训练造成损伤的风险仅为0.7%,而足球和棒球分别为19%和15%。[4]

表4-1 不同运动项目的损伤率比较

运动项目	伤病数(每100小时)
校园足球	6.20
英式橄榄球	1.92
田径	0.57
美式橄榄球	0.10
壁球	0.10
篮球	0.03
体操	0.044
力量举	0.002 7
网球	0.001
排球	0.001 3
举重	0.003 5(85 733小时)
抗阻训练	0.001 7(168 551小时)

数据来源:https://www.elitefts.com/education/strength-training-for-young-athletes-safety-1rm-testing-growth-plates-and-testosterone/

意外损伤指肢体被重物砸伤或挤伤等情况,如哑铃砸手或脚。根据迈耶等人的调查,在8—13岁儿童中,抗阻训练中有77%的损伤属于意外。在这77%的意外损伤中,因重物掉落导致的脚部砸伤或手部压伤又占据了三分之二。[5]

此类损伤发生的最主要的原因在于三点:缺少专业人员的监督、训练设备的选择/设计不当、训练安排不当。

首先,抗阻训练安全性的一个前提是监督到位。对于儿童和青少年,尤其是对于低龄儿童,训练时很容易分神,而意外往往就发生在这种不经意间。因此,在训练儿童及青少年时一定要根据情况(如训练人数、场地安排等)安排足够人数的监督员。

其次,训练设备的选择不当是造成意外损伤的另一大原因。无论是尺寸还是配重,大多数健身设备都是按照成人标准进行设计的,对于已经开始发育的青少年而言可能影响不大，但对身材较小的儿童而言就是另一回事了。训练设备可能会过大，让儿童无法在安全的身体位置进行训练。设备的配重跨度也是一个问题，2.5千克的跨度对成人而言可能并不大，但儿童自身力量水平较差，2.5千克差距带来的影响会被放大数倍。因此，如果固定器械的尺寸或配重不适宜儿童或青少年使用，那么就得选择其他适宜的训练手段。

再次，训练安排不当也是意外发生的一个原因。这里的安排不当分为两类：

（1）有能力做，但风险较高的练习

以冲击大重量为例，有一定训练背景的青少年可以进行较大1RM百分比的抗阻训练，但这并不意味着他们就能够或者应该在日常训练中频繁冲击大重量。

（2）没有能力完成的练习

以低龄儿童为例，此类群体由于年龄较小，其专注度和纪律性往往都比较差。如果在这个年龄段安排自由负重训练，很可能会导致意外的发生。

预防手段：

（1）配备具有资质的人员对训练进行监督；

（2）注意训练期间的纪律问题，确保安全的训练环境；

（3）根据训练对象的水平和特征，合理安排训练内容。

 抗阻训练中的过用性损伤

除了意外损伤，存在于抗阻训练的另一种损伤即过用性损伤。过用性损伤是由于反复的次最大强度应力施加在身体的某个部位或关节处，同时没有给予充分的恢复，导致局部负荷压力过大，进而出现的急性或慢性损伤。儿童因生长发育会引发特定的过用性损伤。过用性损伤常见的发生部位包括肌腱、关节囊、软骨、骨骼，特别是肌腱部位。

1. 肌肉拉伤 / 撕裂

肌肉拉伤 / 撕裂可能是运动中最常见的损伤之一。同样来源于迈耶等人的研究：在8—13岁和14—18岁两个年龄段的抗阻训练中，肌肉拉伤 / 撕裂占整体损伤的18%和44%。[6]我们可以看到，这类损伤的发生随着年龄的增长而变多，造成这一趋势的原因可能有：

（1）使用更大的重量。随着年龄和训练年限的增长，孩子的力量水平变得更高，能够使用的绝对重量更大，因此损伤风险也会相应提升。

（2）不注重热身。热身不足或不热身都会加大损伤发生的风险。

（3）训练负荷的进阶不合理。这里所指的进阶包括长期缓慢的负重增加，可以是几周或几个月，也可以是单次训练中每一组的负荷递增。

预防手段：

（1）合理安排训练负荷；

（2）进行运动基本教育，强调热身的重要性。

2. 生长软骨损伤

对于儿童和青少年而言，生长软骨损伤的后果大概是最严重的，因为这类损伤可能会直接影响发育期的身高。生长软骨的损伤隐患也是过去人们对儿童及青少年抗阻训练心存担忧的主要原因，但实际上这类损伤极少在儿童和青少年中出现。

生长软骨位于三个部位——骨骺板、骨骺、肌腱嵌入点。其中，骨骺板的损伤对于身高的影响最为严重，会直接导致股骨长度的增加。骨骺在关节与骨骼间起到缓冲作用，骨骺的损伤不会直接影响身高发育，但会导致下肢活动受限和疼痛。肌腱嵌入点的生长软骨负责肌腱和骨骼连接的稳定，这里的损伤可能会导致两者的分离和撕脱性骨折的发生（见图4-1）。

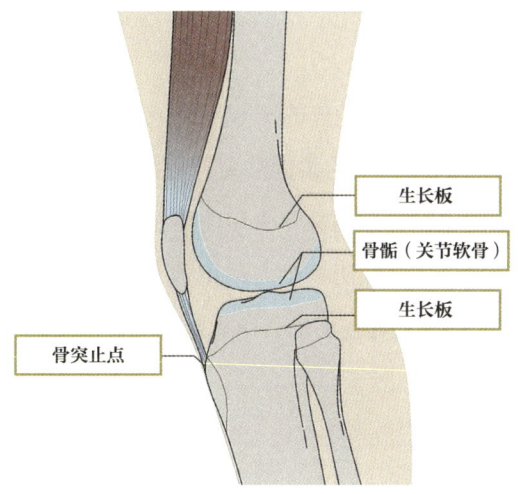

*图引自克里默等人论文

图 4-1　生长软骨的位置

人们对这类损伤心存担忧是可以理解的。生长软骨在身高快速发育期间十分脆弱，而且青春期期间骨密度的增长要慢于骨骼长度的增长，整体而言，青春期是骨骼和生长软骨都比较脆弱易损的时期。由于生长软骨尚未骨化，儿童的生长软骨的确存在损伤的风险，抗阻训练导致生长软骨损伤的案例也的确存在。生长软骨的损伤同样分为两类：急性损伤和过用性损伤（慢性损伤）。总体而言，两类生长软骨的损伤占所有类型损伤的比例都很小。其中，过用性损伤在部分运动项目中出现的可能性相对更高，如棒球、网球、排球等项目。这些项目涉及反复挥棒／拍、反复击球，肩肘关节反复进行相同的动作，导致关节处生长软骨的炎症。在举重和抗阻训练中，几乎没有生长软骨出现过用性损伤的报告。

预防手段：

（1）避免过早（如儿童期）安排大负荷训练；

（2）强调技术动作的学习；

（3）保证训练监督到位。

3. 腰椎损伤

腰椎损伤的发生主要由于技术动作的不规范，或是盲目冲击大重量。在低年龄段中，腰椎损伤很少出现，因为儿童的柔韧性更好且能够使用的绝对负荷有限。然而，随着年龄增长，青少年——尤其是男性青少年的柔韧性会出现下降，而随着体内合成代谢激素水平的变化，青少年会经历一个力量和肌肉体积的自然生长高峰，能够使用的绝对负荷会激增，很容易导致其在训练负荷的选择上太过激进。

预防手段：

（1）建立正确、规范的技术动作；

（2）合理安排训练负荷。

三 青春期女性进行抗阻训练的注意事项

随着青春期到来，不同性别的青少年在生理学和身体表现上的差距会变得愈发明显。这种差距主要是由于青春期开始后男性合成代谢激素水平显著升高的原因，使得男性的力量、爆发力和肌肉体积的增长都远超同年龄女性。在此期间，女性的最大全身力量约为男性的60%—63.5%，上身力量约为男性的55%。

青春期女性最大的损伤风险之一在膝关节。

首先，男女在骨盆结构上存在差异，表现为女性的骨盆更宽，也意味着女性往往具有更大的Q角（见图4-2）。这一现象导致女性在移动时膝关节更易发生外翻，即视觉上看膝盖向身体内侧塌陷。尽管Q角与膝关节损伤的相关性在各类研究结果中争议仍存，但从力学角度看，这一解剖特征无疑是不利于膝关节健康的。

其次，女性的肌肉募集模式和力量生成的特征也不同于男性。研究显示，女性发出最大力量的用时要更长，且更依赖于股四头肌的参与。[7]这些因素导致女性的下肢在

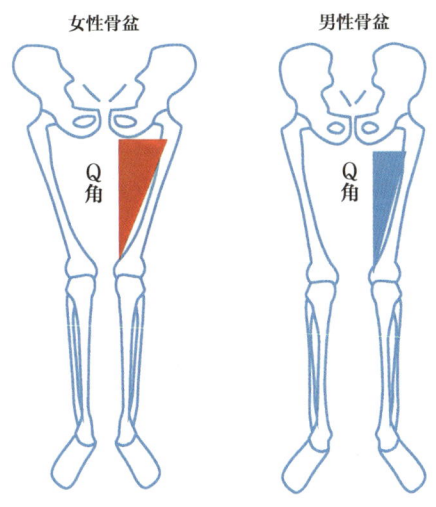

图 4-2 不同性别的下肢生理学结构与 Q 角大小的差异

吸收冲击力（如变向、落地等）时面临的损伤风险更大。

再次，随着月经初潮的到来，女孩会受到月经周期中雌激素波动的影响。雌激素、孕酮和松弛素都具有提升关节松弛度、延缓肌肉松弛、降低肌腱韧带力量和动作技能表现的作用。[8]因此，女性的动作模式和运动表现可能会在生理周期间产生波动。

综上所述，青春期女性的抗阻训练应更关注于下肢动作模式和局部肌力的发展。例如：对于蹲类动作（深蹲、倒蹬机腿举、箭步蹲等），教练必须重点关注女孩的膝关节活动模式，观察是否存在明显的膝关节外翻。如果存在膝关节外翻的情况，教练需要通过口头指令（如"膝盖往外侧顶出去""双腿始终保持相同的距离"等）或是采用神经反馈手段（如弹力圈、弹力带等）来纠正这些不良的动作模式。同时要观察是否存在下肢局部肌力的缺陷，如腘绳肌或臀肌（臀中肌或臀大肌）存在明显的相对力量不足。

具体的练习方法会在后续章节中给出。

四 小结

任何运动都存在损伤风险，抗阻训练也不例外。可总体而言，抗阻训练的损伤风险要远低于其他运动项目。儿童及青少年的训练相关损伤主要是由于训练缺少监督和训练计划不当引起的，通过合理安排训练计划和配备具有资质的监督人员，可以有效避免这类损伤的出现。

由于激素环境、解剖学特征和神经肌肉功能等因素，青春期女性则需要重点关注膝关节健康，如有需要，应安排额外的纠正性训练。

（1）儿童及青少年开展抗阻训练的条件是合格的专业人员监督符合青少年需求、目标和能力的训练计划。

（2）具体而言，支持使用负重练习作为儿童和青少年的抗阻训练模式，采用适当的设备和合理的进阶路径，训练细节则由专业人士进行设定和实施。

（3）体育教师、教练员以及家长应该认识到抗阻运动对健康的潜在益处。若不参与增强肌肉力量和运动技能的活动的青少年可能会在未来的生活中面临更多负面健康状态的风险。

（4）儿童和青少年的抗阻训练方案应与年龄有关，但不应由年龄决定。因此，抗阻训练方案应根据生理状况、训练年龄、运动技能、技术熟练程度、现有力量水平和心理社会成熟度进行研判。

（5）抗阻训练计划的执行过程中，不应以牺牲技术质量为代价来增加训练量和训练强度。

5 抗阻训练的安排与实施

无论是教练员、体育教师还是家长，在充分了解抗阻训练带来的益处之后，脑海中都会立刻浮现出一个问题：如何指导青少年安全、有效、系统地进行抗阻训练？

抗阻训练计划的设计必须建立在对青少年身体状态和运动能力的客观评估之上。对于青少年而言，抗阻训练是一项长期、系统的运动计划，一个完整的运动模式或损伤评估应该优先于所有正式的练习计划。抗阻训练不仅可以为练习者提供有关灵活性或运动障碍的基准线，从而确保安全与健康，它也可以提供有关运动员训练年限的基准线。一名从未进行过抗阻训练或体能训练的青少年，不应该一开始就进行对抗外部阻力的训练。只有在其可以熟练地进行无负重蹲起、俯卧撑或引体向上等自重练习之后，才能考虑逐渐开始一定形式的负重性练习。

一 抗阻训练原则

1. 原则一：关节灵活性提升先于运动技术学习

柔韧性或柔韧度是人体被动活动和主动活动的能力，缺乏灵活性可能会对运动技术的学习或执行产生负面影响，并对弥补这些不足的肌肉施加额外的工作量和张力。[1]

在抗阻训练的过程中，尤其是在进行自由力量练习时，要求练习者快速而精准地完成一系列动作。运动时的节奏、协调度和关节活动幅度都与关节结构、软组织弹性及神经肌肉协调有重要关系，此时敏捷性与柔韧性的结合构成了灵活性。

踝关节和髋关节灵活性是青春期之前阶段和进入青春期后必须重点关注的问题。一些简单的跑动、跳跃活动以及斜坡跑练习都有助于促进踝关节灵活性和下肢的整体力量水平。应当在青春期之前和青春期阶段开始灵活性的提升练习，并且将这些练习一直延续至运动能力形成阶段的后期。

2. 原则二：肌腱力量适应先于肌肉力量发展

肌肉和骨骼通过肌腱连接，肌腱的主要功能便是传递拉力或者肌肉收缩产生拉动骨骼形成动作的力量。如果在肌腱和韧带尚未形成正确的解剖学适应之前进行大强度的抗阻训练，那就可能会导致肌肉附着点（肌腱）和关节（韧带）的损伤。肌腱和韧带具有可训练性特征，它们的扩张（直径的增加）会提升承受张力和牵扯的能力。家长和教练员应当通过由低至高强度的多种练习来实现全身力量水平的提升，确保肌肉骨骼系统得到全面发展。

由于专项训练的错误施用以及长期发展视角的缺乏，很多训练专家和教练员一直都在单纯地强调某个项目的专项练习，因而忽略了韧带力量水平的重要性。在可支配时间较为充裕的早期发展阶段更是如此。

3. 原则三：核心力量建立先于四肢肌力增强

虽然所有运动技能都由腿部和手臂完成，但四肢必须由躯干连接。因此，躯干也应当与腿部和手臂一样强壮！没有得到良好发展的躯干是无法为四肢提供强有力的支撑的。

长期抗阻训练计划不应该仅仅注重手臂和腿部的发展，还应该强化腹部、下背部以及脊柱肌群的发展。特别是在为处于青春期之前阶段和青春期阶段的青少年制定训练计划时，练习应该从身体的核心部分开始，逐渐将训练扩展至四肢。换言之，加强腿部和手臂力量之前应着重发展连接它们的部位——躯干核心肌群的力量。

4. 原则四：动作质量形成先于运动数量累积

在青少年早期阶段，正确、安全地进行抗阻训练非常重要。这不仅是为了在未来几年能够更加有效且持久地获得抗阻训练带来的力量收益，更是为了建立好坚实的神经肌肉控制基础，从而预防在抗阻训练过程中可能出现的运动损伤。在许多情况下，这意味着在能够以大负荷的负重性练习和反弹性练习发展特定力量素质之前，应将训练重点放在设备安全使用和建立正确的技术上，让运动员在低阻力水平下进行适当的运动操作。此外，还需要通过视觉反馈和语言反馈帮助青少年发现本身存在的不良生物力学动作，修正抗阻技术。反复执行错误的动作模式是极其低效和危险的。因此，需要将动作质量的建立过程视作正式开始负重性练习之前的学习和准备阶段。

5. 原则五：练习多样性施加先于负荷刺激强化

尽管训练学中经典的刺激 - 适应理论已经表明，要想获得运动表现上的提升和身体能力的显著变化，就必须集中而稳健地负荷刺激，抗阻训练也不例外。[2]然而，在面对青少年群体时，由于他们在生理和心理发育方面并不具备成人那般适度的抗压和适应潜力，即便只是短期的高压训练刺激，也可能会对他们的身心造成严重的负面影响。因此，在抗阻训练的初级阶段，练习的多样性显得尤为重要。一方面，多样性的练习应合理地针对青少年身体各个部位进行全局发展，而不是将训练容量和强度聚焦在身体的局部；另一方面，多样性的练习选择应当以立足于构建全面的"工作能力"（Work Capacity）为目标。正如阿尔·费尔迈尔在其"运动能力发展架构金字塔"中所描述的那样[3]，无论青少年运动员还是普通青少年，他们开始系统训练的底层基石正是"工作能力"。"工作能力"能够维持训练质量、训练后恢复以及理想的基础身体结构和正常的关节力学结构，因而除了负重性练习，旨在发展核心力量、平衡能力以及肌肉耐疲劳能力的灵活性练习和稳定性练习也需要在抗阻训练初期并行引入。

二 抗阻训练的变量及其递进方式

设计抗阻训练计划其实就是对不同的训练变量进行调整与整合,最终目标就是以最高的效率让孩子们通过抗阻训练获得最大的收益。设计抗阻训练计划的关键最主要有以下几项:发展水平、阻力类型(练习形式)、练习顺序、训练频次、训练容量和强度、组间休息。虽然看起来很简单,但对长期训练规划而言,它们相互关联,其中任何一个变量的明显调整都必然会带动其他变量的调整。在制定抗阻训练计划时,需要在变量间找到一个平衡点,而要实现合理规划,首先就必须理解这些变量的概念以及如何对其进行递进。

表 5-1 青少年抗阻训练变量一览

变 量	说 明
发展水平	个体接受抗阻训练时的基本情况: • 生理发育成熟度,通常以青春期作为明显的标记,例如:青春期之前、含生长高峰期(PHV)的青春期、青春期之后 • 根据参加系统性训练年限划分的运动等级,包括新手级(不足1年)、初级(1—2年)、中级(3—6年)、高级(7年以上) • 掌握抗阻训练技术的熟练程度,包括入门、普通、熟练、精通
阻力类型 (训练形式)	阻力施加于人体的方式包括等张(可细分为离心和向心收缩)、等动和等长收缩,它们决定了工作肌肉的收缩方式,包括: • 自重训练(动力性练习,如仰卧起坐、俯卧撑等;静力性练习,如平板支撑、屈臂悬垂等) • 辅助设备(横杆、弹力带、实心球) • 自由负重训练(推举哑铃、壶铃、炮筒、杠铃) • 增强式训练(跳跃或跨越跳箱、栏架) • 固定器械训练(倒蹬机、罗马椅)
练习顺序	训练课中完成主要练习的先后次序结构包括: • 循环式练习组合 • 平行式练习组合 • 混合式练习组合
训练频次	单位时间内安排抗阻训练课的次数,通常以"次/周"进行安排。 • 普通青少年:每周2—3次训练日,训练日之间至少间隔1个休息日 • 青少年运动员:每周3次训练日或根据专项训练的时间安排
训练容量和强度	抗阻训练课施加于个体的负荷情况。 • 每项练习完成的组数:1—3组(取决于个体能力水平) • 每组练习动作重复的次数或者需要保持动作的时间:6—20次,或10秒—1分钟,主要取决于训练阶段和所认定的发展目标 • 强度:自觉用力度1—10级,或者根据1次举起最大重量的百分比(1RM百分比),根据强度可以确定抗阻训练需要施用的目标重量
组间休息	每组练习之间需要休息的时间: • 15秒—3分钟(根据发展的目标力量素质进行设定,时间越长代表恢复得越充分)

1. 发展水平

在青少年群体中，应当根据受训者当前的身体和心理发育水平、训练经验以及抗阻技术的熟练程度来制定训练计划。这一点至关重要。生长发育成熟度水平和身体形态可能会限制某些器材的使用，例如：青春期之前，成人所用的一些组合器械的尺寸会超出青少年儿童的肢体范围，但是不应成为限制青少年参与到经过合理设计且具有训练监控方案的抗阻训练之中。生长发育的进度也反映了骨骼肌、肌腱和韧带等因素在不同训练容量和强度的可接受程度。

心理成熟度也可能限制抗阻训练计划的执行。一般而言，进入到青春期的青少年就已经具备足够成熟的心智，能够理解并按照指导者的示范和教学指令完成有关练习。此时，他们应该为一些更为复杂的负重性练习做好准备。在抗阻训练的过程中，应对所有青少年进行密切监督，向他们提供适时的反馈。

此外，青少年定期参加训练的年限时长，与神经系统适应性和对训练负荷的耐受性之间呈一定的正向相关性。抗阻训练技术的熟练程度越高，练习者可以完成的抗阻训练的难度和复杂性也越高，对抗阻训练的适应也越强。

2. 练习形式

抗阻训练的练习形式非常多样，从最常见的自重动作（如引体向上、俯卧撑）到利用一些器械进行的负重练习等都被视为抗阻训练。因此，在不同阶段，根据青少年的体型、训练水平和技术能力来选择训练内容是非常重要的。在最开始的阶段，抗阻训练应以发展儿童的身体控制能力为主，以有控制的且协调的方式完成单关节和全身性练习（如俯卧撑、引体向上、竖直跳跃等），包括静态平衡练习、动态平衡练习以及动态稳定性练习。其后，在稳定性练习中进阶到轻质阻力（包括轻质木杆、阻力带）的练习，此阶段还可以引入固定器械进行局部关节的练习，但不应盲目增加负重。最后，在掌握良好的动作和抗阻技术之后，就可以尝试自由式的负重性练习，包括哑铃、壶铃以及杠铃的推举练习。

练习形式的进阶应该遵循由易到难、由基础到复杂的逻辑。在早期（既指身体发育的早期，也指训练水平发展的早期）阶段，从自重练习开始，辅以弹力带、药球、人为施加的对抗阻力等，直到青少年的能力和身体均发展至适宜水平时再开始开展负重性练习（哑铃、杠铃）。总之，无论处于什么阶段、选择什么类型的训练，建立正确的技术动作和完善基本的身体运动力学模式都是优先级的训练目标。

3. 练习顺序

训练课中对各项练习的顺序安排，体现了训练课组织的合理性和目的性。总体而言，有三种练习顺序的安排：循环式练习组合、平行式练习组合以及混合式练习组合。

循环式练习组合的练习顺序是在第1组依次进行练习A、练习B、练习C，完成后进入到每个练习的第2组循环练习，按此方式直至完成第3组循环（见图5-1）。循环式练习组合适用于多名练习者在场地和器材受限的情况下使用。每项练习可以作为一个训练站点，所有人同时开始，然后在循环内同步轮转。这种安排方式具有多样性，在各组练习之间亦留有足够的恢复时间，能减少局部和中枢疲劳，特别适合青春期之前的儿童。除此之外，这种安排也适用于青春期之后开始以力量素质为导向的青少年运动员，因为通过调控组间休息时间与循环间休息时间可发展不同力量区间的素质。

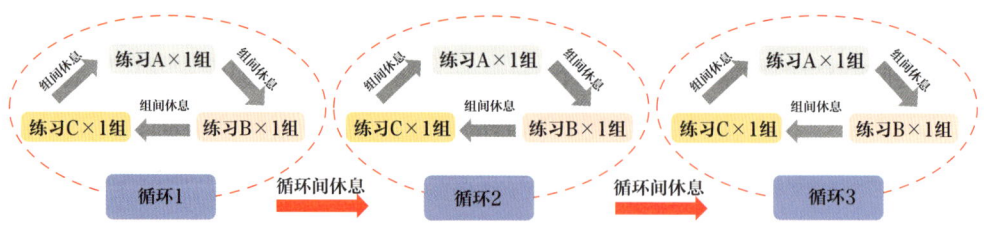

图5-1 循环式练习组合模型

平行式练习组合，也称为板块式组合，其练习顺序是在完成练习A的全部3组之后休息，然后进行练习B的全部3组，进行组间休息之后再进行练习C的全部3组，以此类推，直至完成练习E的全部3组（见图5-2）。平行式练习组合是一种常见的练习安排方式，适合个人或场地空间与器械充足情况下的多人训练。这种练习组合能够给练习者的身体局部施加稳健的压力刺激，适用于抗阻技术学习的强化。平行式练习组合能够让练习者在单位时间内专注于单项练习，在多组运动中加载负荷或卸载负荷，再进入到下一项练习。相比循环式练习组合，平行式练习组合能够让青春期及青春期之后阶段的青少年获得更明显的增肌效应。

图5-2　平行式练习组合模型

混合式练习组合是循环式和平行式的结合。练习者在以循环式练习组合的方式完成练习A和练习B的3组练习之后休息，以平行式进入练习C和练习D的循环式练习组合，完成3组后休息，最后以平行式进入第3个循环式练习组合，完成练习E和练习F所有组数的练习（见图5-3）。混合式练习组合为中高级训练阶段的青少年提供了一个更具针对性的练习组合方式。"复合式组合"和"对比式组合"是这种方式的典型代表，即将大重量的负重性练习与反弹性练习组合在一起循环配对完成，再进行到下一组配对练习，这样的练习组合可以有效提升爆发力或局部肌肉力量。

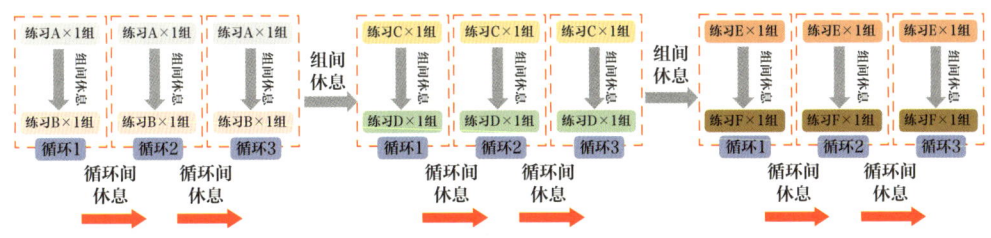

图5-3　混合式练习组合模型

4. 训练频次

针对抗阻训练的频率，现有机构声明和文献表明：每个部位每周训练2—3次，且每次训练之间间隔 48—72 小时是最理想的安排，在剩余训练日则发展儿童及青少年的其他身体素质。[4]对于一般儿童及青少年而言，每周两次抗阻训练足以确保身体得到充分发展。如果每周只进行一次抗阻训练，那么收益会大大降低。青少年运动员的训练频率需要更高，至少每周进行三次或根据专项需求安排。

因此，对于普通青少年而言，训练频率的递进通常在一定阶段内保持固定；青少年运动员可以将个体运动能力的长期发展需求，同年度比赛安排和学期相结合，以设定提升特定身体部位／力量素质的训练频率。

5. 训练容量和强度

训练容量和强度是两个最被关注，也是最多被提及的变量，因为它们直接反映了抗阻训练负荷的具体信息，直接关系到每名练习者能否通过训练提升。在对训练容量和训练强度进行说明之前，本节先将介绍构成训练课练习的各组成部分。通常，一堂抗阻训练课可以按照功能划分为五个部分（见图 5-4）：第一个训练部分是由准备性练习和灵活性练习构成的热身组，主要功能是帮助练习者更好地从静态向积极的运动状态过渡；第二个训练部分是由灵活性练习和稳定性练习构成的辅助练习组，主要用于开发练习者的肌肉弹性、关节活动范围以及强化核心区域力量与控制能力，从而有效地预防伤病、加强身体基础能力；第三个训练部分由稳定性练习、负重性练习以及反弹性练习构成的首要练习组和（或）次要练习组，这三类练习在不同的抗阻训练阶段和具体训练目标下都有可能成为练习者着重发展和提升的首要手段和（或）次要手段；第四个训练部分是由反弹性练习构成的补充练习组，这类练习一般出现在高级训练阶段或青春期之后阶段，主要是配合主要练习组和（或）次要练习组开发练习者的爆发力和反应力量。最后一个部分是由稳定性练习构成的冷身组，旨在帮助练习者更快地从剧烈运动状态向恢复再生状态过渡。抗阻训练方法的分类详情参见第六章。

在明确了各个部分的练习组内容之后，练习者完成练习的情况就是抗阻训练课施加给青少年的总体负荷刺激。训练容量是一次抗阻训练课完成的"工作量"，它的计算

公式是练习组数 × 动作重复次数，即以一次训练课的全部动作次数来统计。

训练强度则指某一练习动作对抗的阻力大小，通常以一定负重下可执行推举动作的最多重复次数（Repetition Maximum，RM）代表抗阻训练的训练强度。例如，1RM 代表只能完成 1 次负重推举，10RM 代表最多可以完成 10 次负重推举。在整个青少年时期，不建议直接测试 1RM。

准备性练习板块 Warm-up Module	热身组 Warm-up Sets
灵活性练习板块 Mobility Module	辅助练习组 Auxiliary Sets
稳定性练习板块 Stability Module	
负重性练习板块 Lifts Module	首要练习组 次要练习组 Primary/Secondary Sets
反弹性练习板块 Resilience Module	补充练习组 Supplement Sets
灵活性练习板块 Mobility Module	冷身组 Cool-Down Sets

图 5-4　抗阻训练课练习板块以及练习组别分类图

对于处在儿童期早期或初次接触抗阻训练的初级运动员，要求以自重情况下的基本抗阻技术学习为主，不对其训练容量和强度的最低范围做明确要求。

具有半年以上系统抗阻训练经验的青少年或初级运动员可以使用儿童自觉用力量表——OMNI 量表（见图 5-5）——来确定训练目标的阻力强度。[5-6]在 OMNI 量表中，0 级表示极其轻松，而 10 级代表用力程度已经接近个人极限，付出了极大努力。如果一名青少年举起了 n 次之后的主观用力度对应 OMNI 量表中的第 8 级，那么将对应的用力度等级乘以常量 10，即可推算出此时已经达到 80% 的强度，而该负重即这名练习者的 $(n-3)$RM。该方法仅适用于青春期之前或初级水平运动员进行 10RM 以上强度的测评。

青春期之前青少年或初级水平运动员推测 n RM 的实践范例

目标为推算一名青少年哑铃弯举 15RM 对应的负重。

第1步：进行5分钟抗阻训练前的热身练习。

第2步：2千克负重，进行到第18次时（18−3=15RM）弯举动作没有变形，用力度等级2，停止试举，休息90秒。

第3步：4千克负重，进行到第18次时（18−3=15RM）弯举动作没有变形，用力度等级4，停止试举，休息90秒。

第4步：6千克负重，进行到第18次时（18−3=15RM）弯举动作没有变形，用力度等级6，停止试举，休息90秒。

第5步：8千克负重，进行到第18次时（18−3=15RM）弯举动作没有变形，用力度等级8，停止试举，休息90秒。

第6步：10千克负重，进行到第16次时（16−3<15RM）弯举动作出现变形，结束测试。

最终，该名青少年哑铃弯举 15RM 对应的负重为 8 千克负重。为了保证训练强度的动态适应性和有效性，建议根据练习需求每12周重新估测 n RM。

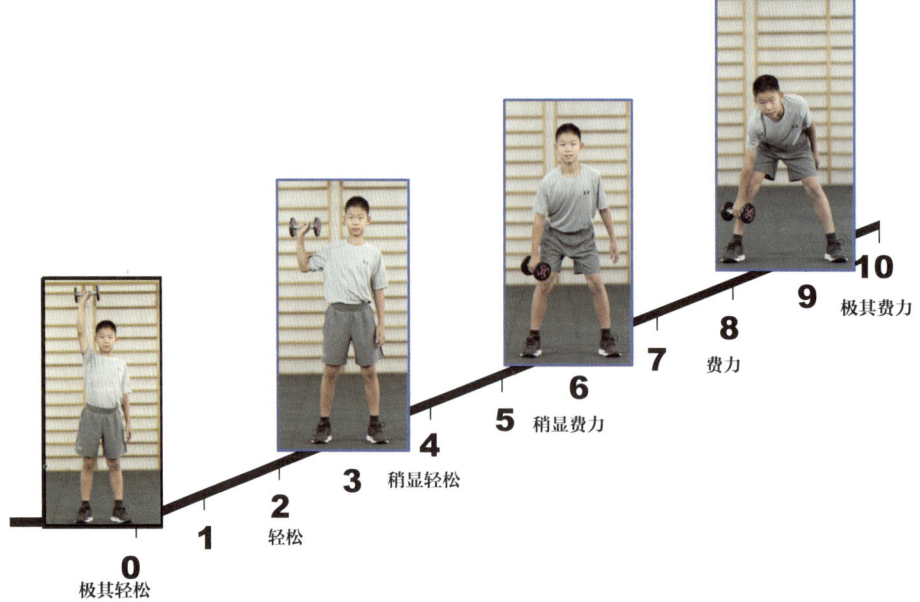

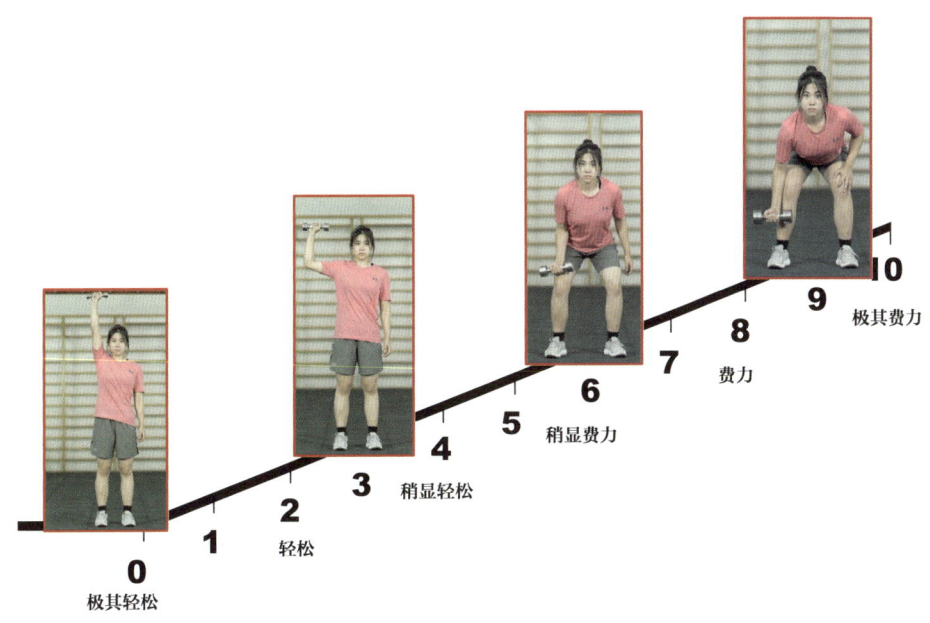

图 5-5　OMNI 儿童自觉用力度量表

当青少年具备 6 年以上的系统性抗阻训练经验或达到中级训练水平之后，最大训练强度的获得则可以通过 3RM 负重测试进行推算。

具备 6 年及以上系统性抗阻训练经验的青少年或中高级训练水平运动员（具体分级详见第六章）最大推举重量的推测实践范例

目标为推算一名青少年背蹲 3RM 对应的负重。

第 1 步：以自重 30% 的负重进行 5—10 次蹲起热身，休息 1 分钟。

第 2 步：在第 1 步负重的基础上增加 10%—20% 重量，重复 3—5 次，休息 2 分钟。

第 3 步：在第 2 步负重的基础上增加 10%—20% 重量，重复 2—3 次，休息 2 分钟。

第 4 步：在第 3 步负重的基础上增加 10%—20% 重量，重复 2—3 次，休息 2 分钟。

第 5 步：在第 4 步负重的基础上增加 10%—20% 重量，如果练习者在重复 2 次后自我感觉只能再完成最多 1 次推举时，停止测试。

此时对应的负重即 3RM，采用推测公式 1RM ＝ 重量＋重量 ×3 次 ×0.033 3。

训练强度的测算并不用在每次训练课都进行，通常以 3 个月的系统性抗阻训练作为一个更新间隔。为了便于在 1RM 百分比与最多推举次数之间进行换算，也可以参照表 5-2 获得。

表 5-2　1RM 百分比与最多推举次数换算表

% 1RM	可完成次数（RM）
100	1
95	2
93	3
90	4
87	5
85	6
83	7
80	8
77	9
75	10
67	12
65	15

6. 组间休息

组间休息是一个非常重要却经常被忽略的训练变量。两组动作间要休息多久主要取决于两个因素：一在于个体的能力和训练背景，例如青少年的恢复速度要略快于成人，青少年运动员会比普通青少年恢复得更快；二在于个体接受抗阻训练的目的，以发展最大力量（爆发力）为目的的训练，组间休息应至少在 3—5 分钟以上，以确保 ATP 的充分恢复。如果是以发展肌肉肥大为目的训练，取决于个体的耐力水平，组间休息应在 60—90 秒，但不宜低于 1 分钟；如果是以发展肌肉耐力为目的的训练，组间休息应控制在 60 秒以内。

对处于青春期之前的个体，组间休息可以安排得短一些（如 1 分钟），或是以循环式练习组合方式进行。

三　运动能力长期发展视角下的抗阻训练规划

青少年抗阻训练不应被看作一次性训练计划或者一组传统的力量训练计划。正如前文所提到的，影响抗阻训练计划制订的因素有很多，不仅生物学年龄会对个体的训练执行产生影响，青少年接受抗阻训练的年限以及运动经验同样会决定他们在训练中需要完成哪些任务。低年龄段的孩子需要更多的耐心与时间才能迈向复杂度和训练负荷更高的负重性练习。同样，一个缺乏训练经验但身体发育逐渐成熟的运动员在考虑通过抗阻训练提升竞技表现之前，也需要更多准备时间来建立接受抗阻训练的身体基础。因此，一份合理的抗阻训练计划应将有序进阶作为计划构架的主线，构成计划的各个变量要素紧紧围绕阶段性目标，帮助参与其中的青少年获得最佳运动能力和健康积极的生活。

1. 青少年抗阻训练指导性框架

随着抗阻训练的逐级推进，其最终的功能性收益体现在对青少年运动能力的全面促进。为了更好地规划青少年抗阻训练，令其与成人阶段的体育素养达成一脉贯通，有必要从长期发展的视角构建青少年抗阻训练的指导性框架（见图5-6）。

在对抗阻训练阶段进行划分时，首先要在指导框架中纳入青少年"发展水平"这一变量，包括日历年龄和生物年龄，成熟阶段以青春期的身高生长高峰期（PHV）为标志，分为青春期之前、青春期（又分为青春期前期、青春期中期、青春期后期）、青春期之后三个主要时期。其次，抗阻训练指导框架将面向普通青少年的三阶段"运动参与模型"[7]和四阶段的"青少年运动员体能发展周期模型"[8]一并整合，旨在为不同青少年群体的抗阻训练实施提供参考路径。尽管这些模型分别建立在不同的划分依据和学科基础之上，但是它们传达出来的理念都是一样的：一项有效的抗阻训练规划和训练

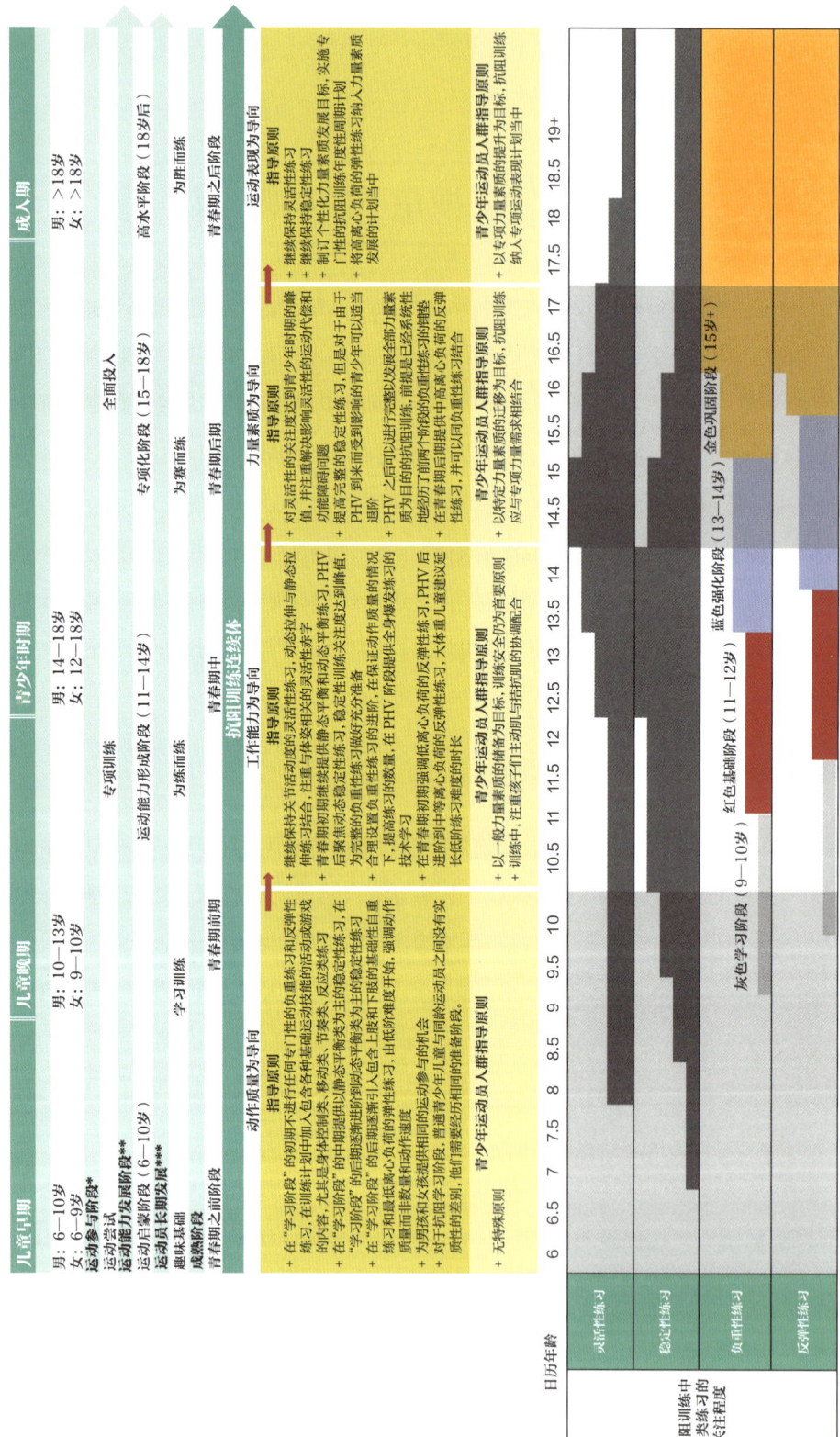

图 5-6 运动能力长期发展视角下的青少年抗阻训练指导性框架

负荷设计必须仔细考虑每一名青少年的身心特征，因为他们的运动潜能完全受制于自身生理和心理的发育水平。

在抗阻训练的指导框架内，抗阻训练的阶段性安排与其他模型相同，每个阶段彼此之间并没有明确的界限，个体发展水平和对抗阻训练的适应性影响着"青少年抗阻训练连续体"（Youth Resistance Training Continuum，YRTC）向下一个阶段的进阶。"以动作质量为导向"和"以运动表现为导向"的阶段分别位于连续体的两个极点，中间由"工作能力为导向"与"力量素质为导向"的阶段作为衔接和过渡。连续体中对应每个阶段分别包含了抗阻训练的一般性指导原则和运动员人群的特定原则，并且对抗阻训练课的练习板块分布结构进行了说明。

2. 青少年抗阻训练连续体

为了便于体育教师或教练员定位青少年练习者在抗阻训练过程中所处的位置，因而合理地制订不同阶段的抗阻训练计划，应将青少年的日历年龄、学年、常设参赛年龄以及运动等级同青少年抗阻训练连续体的四个阶段和抗阻技术等级对应匹配，在6—18岁的完整时间跨度内也应进行更加细致的划分（见表5-3）。

顾名思义，抗阻训练连续体代表的是一个完整的、连续性、持续进阶的过程，因此我们在青少年发展的进程中设定了10个进阶"区块"，除了"区块9"之外，"区块0"至"区块8"均以"自然年"为单位，每一区块的前六个月对应上一个学年的第2学期，后六个月对应新学年的第1学期，例如"区块2"包含小学二年级第2学期（春季学期）和三年级的第1学期（秋季学期）。鉴于每个学期的教学周时长为18周，寒暑假的合计时长为12周，因此每个区块可以用于训练安排的总时长为48周，半年时长则按照24周计算。

区块的设置一方面便于统筹某个阶段的训练安排，另一方面可使青少年抗阻训练的难度进阶和退阶变得更为灵活。每个区块都设置了抗阻练习的进阶目标。按照时间轴推移来看，完整区块进阶的逻辑是从过渡性练习开始（熟悉抗阻训练），第2步引入

表 5-3 青少年抗阻训练连续体在青少年时期中划分一览

年龄	学年	学期	进阶区块	参赛年龄	运动经验	抗阻训练连续体	抗阻技术等级	抗阻练习进阶目标	
6	学龄前	幼儿园大班	区块 0	U8	新手级 系统训练不足 1 年	学习阶段 动作技术为导向	入门 负重性练习基本技术	抗阻技术与基础运动技能的整合，引入过渡练习	过渡练习↓基本技术学习↓基础练习↓巩固练习↓高阶技术学习↓适应练习↓提升练习
7	一年级	第 1 学期	区块 1		初级 系统训练 1—2 年			· 引入多体位下静态平衡练习 · 引入多体位下动态平衡练习	
		第 2 学期							
8	二年级	第 1 学期	区块 2					· 巩固静态平衡练习和动态平衡练习 · 掌握负重性练习基本技术	
		第 2 学期							
9	三年级	第 1 学期	区块 3	U10				· 引入初级负重性练习 · 掌握反弹性练习基本技术	
		第 2 学期							
10	四年级	第 1 学期	区块 4					· 巩固初级负重性练习 · 巩固低离心负荷的反弹性练习	
		第 2 学期							
11	五年级	第 1 学期	区块 5	U12	中级 系统训练 3—6 年	基础阶段 工作能力为导向	普通 负重性练习高阶技术 反弹性练习基本技术	· 引入中级负重性练习 · 引入中等离心负荷的反弹性练习	
		第 2 学期							
12	六年级	第 1 学期	区块 6					· 巩固中等离心负荷的反弹性练习 · 引入动态稳定性练习	
		第 2 学期							
13	初一	第 1 学期	区块 7	U14				· 引入中高离心负荷的反弹性练习 · 掌握负重性练习高阶技术	
		第 2 学期							
14	初二	第 1 学期	区块 8					· 引入高级负重性练习／纠正性练习 · 巩固中高离心负荷的反弹性练习	
		第 2 学期							
15	初三	第 1 学期	区块 9	U18	高级 系统训练 7 年以上	强化阶段 力量素质为导向	熟练 正确完成抗阻训练计划中的所有练习	· 整合强化负重性练习与高离心负荷的反弹性练习 · 整合抗阻训练与专项力量需求	
		第 2 学期							
16	高一	第 1 学期							
		第 2 学期							
17	高二	第 1 学期							
		第 2 学期							
18	高三	第 1 学期							
		第 2 学期							
19+	成年				巩固阶段 运动表现为导向		精通	· 结合个性化力量素质发展目标 · 引入专项力量素质计划和高离心负荷反弹性练习	

基本技术学习（对主要负重性和反弹性练习的技术进行分解教学），第 3 步开始基础练习（低阻力和低难度的练习），第 4 步进行巩固练习（增加练习的负荷和阻力形式），第 5 步引入高阶技术学习（对全身性爆发练习的技术进行分解），第 6 步开始适应练习（低负荷练习），第 7 步进行提升练习（系统性的力量素质发展）。

对于青少年运动员而言，由于具有相对固定的年度训练安排，因此进阶区块的划分相对清晰而集中，既要体现进阶衔接的流畅性，又要兼顾年度专项训练和比赛任务的比例。

- 区块 0 至区块 2 服务于 U8（8 岁以下组别）运动员的训练安排，统称白区
- 区块 3 和区块 4 服务于 U10（10 岁以下组别）运动员的训练安排，统称灰区
- 区块 5 和区块 6 服务于 U12（12 岁以下组别）运动员的训练安排，统称红区
- 区块 7 和区块 8 服务于 U14（14 岁以下组别）运动员的训练安排，统称蓝区
- 区块 9 服务于 U18（18 岁以下组别）运动员的训练安排，统称金区
- 成年组运动员不在本书论述范围内

可对于大多数普通青少年而言，他们的进阶时间要比专业运动员群体稍慢，稳健的进阶方式更加安全，也会带来更多收益。因此，针对此类人群，体现在抗阻训练连续体（YRTC）中的每个阶段，会在进入时多出一个铺垫区块，在结束时多出一个巩固区块。

- 区块 0 至区块 3 为学习阶段，以动作技术为导向
- 区块 4 至区块 7 为基础阶段，以工作能力为导向
- 区块 8 至区块 9 为强化阶段，以力量素质为导向
- 成年阶段对应巩固阶段，以运动表现为导向，但不在本书论述范围内

3. 分级系统在青少年抗阻训练计划中的应用

在明确了主要阶段之后，即可围绕这些阶段的具体进阶目标进行抗阻训练的编制。在这一问题上，凯恩的分级系统理念（Tier System）是一个简洁且易于执行的参考，大致可总结如下：

抗阻训练日的主要训练部分按照重要等级进行垂直分级，位于顶层的是训练日的主题练习内容，标记为"首要练习"。首要练习具有最高的权重，主要体现在首要练习应当获得足够的训练刺激，同时避免在疲劳情况下进行。首要练习来自负重性练习板

块中的蹲起、推举、提拉、髋铰链等四类练习。

仅次于首要练习的是第二层的"次要练习",通常是首要练习的变式练习或不同部位的练习。

位于第三层的是"补充练习",通常与首要练习和(或)次要练习形成复合式组合或对比式组合。

最后一层是"辅助练习",这一层级的练习主要放置于首要练习之前或组间,起到过渡或衔接的作用。

分级理念代表着在当日训练课中,在练习重要性和次序上必须首先完成规定练习,然后教练员或体育教师可以根据受训者需求和不同目的,适当加入其他类型的练习或内容。

在抗阻训练的学习阶段和基础阶段的初期,尚处于负重性练习的基本技术学习和巩固时期,抗阻训练的重点是提升动作质量,同时建立全面的动作模式,因此不必对首要练习和次要练习的安排做强制性区分。

(1) 3×6分级训练模式

每周有三个抗阻训练日,每个训练日重点部分包含六个首要练习动作,即"3×6分级训练模式"(见表5-4)。该模式是青少年运动员普遍采用的周训练模式(或称"小周期"),也可以在时间集中的全天训练营或寒暑期中采用。

练习层级的分布为

1项首要练习 + 1项次要联系 + 2项机动练习 + 2项辅助练习

例如:在青春期后期,可以将练习者的三个抗阻训练日主题分别定义为上肢训练日、下肢训练日和爆发训练日。2项机动练习意味着根据训练日主题需要,机动调整为所需层级的练习。在这个案例中,2项机动练习在上肢训练日调整为"1项上肢首要练习＋1项下肢次要练习"，在下肢训练日调整为"1项下肢首要练习＋1项上肢次要练习"，在爆发训练日调整为"1项与上肢结合的弹动练习＋1项与下肢结合的反应力量练习"。

上肢训练日：在负重性练习板块中选择2项上肢练习（提拉和推举）作为"首要练习"，选择2项下肢练习作为"次要练习"，在稳定性练习板块中选择2项平衡练习作为"辅助练习"。

下肢训练日：在负重性练习板块中选择2项下肢练习（蹲起和铰链）作为"首要练习"，选择2项上肢练习作为"次要练习"，在稳定性练习板块中选择2项动态平衡练习作为"辅助练习"。

爆发训练日：将负重性练习板块中的1项下肢练习（蹲起、铰链）作为"首要练习"与作为"补充练习"的1项反应力量练习结合，将负重性练习板块中的1项上肢练习（提拉和推举）与作为"补充练习"的1项弹动练习结合，以混合式练习组合方式进行训练。在稳定性练习板块中选择2项动态稳定性练习作为"辅助练习"。

重点练习按照混合式练习组合方式进行。三个训练日应当至少间隔一天，例如将周一、周三和周五选定为训练日。

表5-4　3×6分级训练模式示例

	层级	练习板块	练习顺序	训练量	训练强度	下肢训练日	上肢训练日	爆发训练日
1	首要练习	负重性练习	混合式	高	中	下肢为主	上肢为主	下肢为主
2	次要练习	负重性练习		中	中	上肢为主	下肢为主	上肢为主
3	机动练习1	配合主题日练习		中	中	首要-下肢为主	首要-上肢为主	补充-反应力量练习
4	机动练习2	配合主题日练习		中	中	次要-上肢为主	次要-下肢为主	补充-弹动练习
5	辅助练习	稳定性练习		低	低	动态平衡	动态平衡	动态平衡
6	辅助练习	稳定性练习		低	低	静态平衡	静态平衡	静态平衡

（2）2×6分级训练模式

每周有两个抗阻训练日，每个训练日重点部分包含六个练习动作，即"2×6分级训练模式"（见表5-5）。该模式为普通青少年普遍采用的一种周训练模式（或称"小周期"）。

练习层级的分布为

2 项首要练习 + 2 项次要练习 + 1 项补充练习 + 1 项辅助练习

例如：在青春期前期，可以将普通青少年的 2 个抗阻训练日主题分别定义为上肢训练日和下肢训练日。

上肢训练日：在负重性练习板块中选择 2 项上肢练习（提拉和推举）作为"首要练习"，选择 2 项下肢练习作为"次要练习"，在反弹性练习板块中选择 1 项上肢弹动练习作为"补充练习"，在稳定性练习板块中选择 1 项动态平衡练习作为"辅助练习"。

下肢训练日：在负重性练习板块中选择 2 项下肢练习（蹲起和铰链）作为"首要练习"，选择 2 项上肢练习（提拉和推举）作为"次要练习"，在反弹性练习板块中选择 1 项下肢反应力量练习作为"补充练习"，在稳定性练习板块中选择 1 项动态平衡练习作为"辅助练习"。

重点练习按照平行式练习组合方式进行。两个训练日至少间隔一天，例如将周二、周五选定为训练日。

表5-5　2×6分级训练模式示例

	层级	练习板块	练习顺序	训练量	训练强度	下肢训练日	上肢训练日
1	首要练习	负重性练习	平行式	高	中	下肢为主	上肢为主
2	首要练习	负重性练习		高	中	下肢为主	上肢为主
3	次要练习	负重性练习		中	中	上肢为主	下肢为主
4	次要练习	负重性练习		中	中	上肢为主	下肢为主
5	补充练习	反弹性练习		低	低	补充-反应力量练习	补充-弹动练习
6	辅助练习	稳定性练习		低	低	动态平衡	动态平衡

（3）1×6分级训练模式

尽管每周只安排一天抗阻训练的话，会在一定程度上降低收益，可哪怕仅仅一天的训练都仍然能够为青少年的骨骼肌健康带来促进作用。在这种情况下，每周只有一个抗阻训练日，该训练日重点部分仍然包含六个练习动作，即构成"1×6分级训练模式"（见表5-6）。它是青少年为保持基本体质健康而采用的周模式（或称"小周期"），建议与周有氧运动交替穿插安排。在这种模式下，将不再区分练习的重要层级，而是按照相同的权重，采用循环式练习组合或平行式练习组合的方式进行，从负重性练习板块、反弹性练习板块与稳定性练习板块中选择包含上肢、下肢以及爆发动作的练习，可以为每个训练日设定一个训练主题，在周间轮换主题。抗阻训练日应避免与有氧运动日在同一天。

练习层级的分布为

2项负重性练习 + 2项反弹性练习 + 2项稳定性练习

例如：在青春期前期，可以按照负重性练习、反弹性练习以及稳定性练习的顺序依次进行。

表5-6　1×6分级训练模式示例

层级	练习板块	练习顺序	训练量	训练强度	全面训练日
1	主要练习	负重性练习		中	中	下肢为主
2	主要练习	反弹性练习		中	中	补充-反应力量练习
3	主要练习	稳定性练习	平行式/循环式	中	中	动态平衡
4	主要练习	负重性练习		中	中	上肢为主
5	主要练习	反弹性练习		中	中	补充-弹动练习
6	主要练习	稳定性练习		中	中	动态平衡

4. 确定训练起点

现有的青少年抗阻训练连续体，已经根据学年或参赛年龄对每个训练阶段进行了大致的划分。然而，由于青少年生长发育的非同步性和早期运动经验积累的非一致性，不同练习者的抗阻训练起点会存在较大的差异，因而并不存在适合所有青少年的

"万能计划"。

虽然研究已经证明抗阻训练的安全有效,但教练员们还是应该在施行抗阻训练计划之前,系统地评估青少年的综合状况。

训练容量的设定需要考虑以下几个方面:

(1)生物年龄。生物年龄与日历年龄的非同步性在青少年群体中比较常见,发育过快或发育迟缓都会影响骨骼肌肉系统在运动时的动作执行情况。

(2)运动经验。儿童期早期的大量运动经验的积累,一方面能够提升青少年群体动作学习的效率,一方面也可以提升骨骼肌、肌腱和韧带等解剖学因素在运动过程中的适应性。但对局部身体的反复使用,也可能导致过用性损伤。

(3)功能障碍。久坐、缺乏运动等生活习惯导致的不良姿态和运动功能障碍会在一定程度上增加青少年在运动过程中的伤病风险。

(4)伤病史。先天遗传病史和(或)后天伤病史会在一定程度上影响青少年参与抗阻训练。

(5)性别。女性运动员通常对低训练容量反应良好,并且通常可以比男性更早地接触力量训练,因为女性的身体发育更早,同时所需的恢复时间更短。

(6)训练年龄。理论上来说,那些训练时间较长的青少年运动员的软组织和神经系统适应性已经形成,可以适应更高强度的训练负荷和更大的训练容量。

(7)运动安排。自主式的身体活动,规律性的训练和竞赛,以及运动应激与恢复的安排,也会影响到青少年的运动参与。

一名合格的教练员或体育教师在制订抗阻训练计划前,需要对上述问题进行细致而严谨的综合评估。除此之外,抗阻训练技术的熟练程度也是确定一名青少年抗阻训练起点的重要依据。青少年抗阻训练连续体已经给出了与各个训练阶段相对应的抗阻技术熟练度需求,即入门、普通、熟练、精通四个等级;而儿童抗阻训练动作技能评估（Resistance Training Skills Battery for children，RTSBc）则是一个专门用于评估青少年抗阻技术的工具[9]，尽管开发者尚未建立熟练等级的评估常态化模型，可依然不妨碍它在运动实践中的使用。

儿童抗阻训练动作技能评估一共包含6个评估动作以及28个筛查点。每个筛查点需要评估两次，应试动作符合筛查点则得1分，故而最终抗阻训练技能商的满分为：$28 \times 2 = 56$ 分。筛查点的评估依据：每个评估动作一共重复2轮，每轮重复10次，达到4次复合筛查点的要求即可获得这一轮的得分；如果不足4次，则记为0分。评估动作与筛查点的情况如下：

（1）自重蹲起（5个筛查点）
（2）俯卧撑（4个筛查点）
（3）悬吊划船（4个筛查点）
（4）弓步蹲（5个筛查点）
（5）站姿推举（5个筛查点）
（6）平板手撑触胸（5个筛查点）

为了便于快速评估，本书对评估工具的技能商进行了简化修订（见表5-8），具体评估流程和标准如下：

（1）入门级技能商（0—16分）

将自重深蹲、俯卧撑和悬吊划船作为三大基本初筛动作。若自重深蹲不足6分、俯卧撑不足5分、悬吊划船不足5分，同时三大基础技能商不足16分，属于入门级。建议从"学习阶段"开始进行抗阻训练。

（2）普通级技能商（17—44分）

三大基础技能商高于16分，但未获得满分（低于26分）属于普通级；或者三大基础技能商获得满分，但是弓步蹲不足6分、肩上过头推举不足6分、平板手撑触胸不足 6 分，同时综合技能商不足 45 分，属于普通级。建议从"基础阶段"开展抗阻训练，但应当将"区块 3"作为起点，经历 2—4 周的准备。

（3）熟练级技能商（45 分及以上）

三大基础技能商获得满分，同时综合技能商高于 45 分，属于熟练级。建议从"强化阶段"开展抗阻训练，但应当将"区块 7"作为起点，经历 2—4 周的准备。

表 5-7　儿童抗阻训练动作技能评估

序号	技能	器材	说明	技能叙述	表现标准	第1组	第2组	得分	备注
1	自重深蹲	平地	• 提供动作示范 • 指导受试者在肩向前伸展（双臂前凭举）的情况下连续重复 4 次深蹲练习 • 一共重复两组该测试		1. 双脚分立，与肩同宽或略宽于肩，面向前方 2. 整个动作过程中背部保持笔直且稳定 3. 在动作过程中，膝盖与脚趾的指向相同 4. 整个动作过程中全脚掌始终保持在地面上 5. 在深蹲动作的最低点时，大腿与地面平行	☐ ☐ ☐ ☐ ☐	☐ ☐ ☐ ☐ ☐	技能分数	下肢肌群下肢双侧力量
2	俯卧撑	平地	• 提供跪姿（膝盖支撑）和全身（脚趾支撑）俯卧撑的动作示范 • 指导受试者重复 4 次跪姿后或完全俯卧撑 • 一共重复两组该测试		1. 手与肩同宽或略宽 2. 头、背部和臀部在整个运动过程中保持直线 3. 降低身体直到肘部呈 90° 4. 肩膀向下压同时远离耳朵（不要耸肩）	☐ ☐ ☐ ☐	☐ ☐ ☐ ☐	技能分数	胸、背部及上肢肌群上肢水平推力
3	悬吊划船	平地，与髋同高的握杠或悬吊带	• 提供动作示范 • 指导受试者从上半身开始以 45°—60°的倾斜角度重复 4 次悬吊划船 • 一共重复两组该测试		1. 头部和背部保持一条直线 2. 将身体向上拉起，在胸部高度触碰到握柄或握杆 3. 在最底部时手臂完全伸展 4. 髋部无屈曲	☐ ☐ ☐ ☐	☐ ☐ ☐ ☐	技能分数	胸、背部及上肢肌群上肢拉力
4	弓步蹲	平地	• 提供双手放在臀部的动作示范 • 指示受试者在同一条腿上重复 4 次动作 • 再完成另一条腿的第二组测试		1. 向前跨出一步，脚跟先着地 2. 躯干始终保持直立和稳定（不要屈曲） 3. 后腿膝盖几乎接触地板（大约 10 厘米） 4. 每条腿的髋、膝盖和脚之间呈直线排列 5. 返回到动作的起始位置	☐ ☐ ☐ ☐ ☐	☐ ☐ ☐ ☐ ☐	技能分数	下肢肌群下肢单侧力量

续表

序号	技能	器材	说明	技能叙述	表现标准	第1组	第2组	得分	备注
5	肩上过头推举	平地,以及横杆	• 提供动作示范 • 指示受试者完成4次重复 • 一共重复两组该测试		1. 双手握杆,握距略宽于肩	☐	☐		肩部肌群上肢竖直推力
					2. 在整个动作中背部保持竖直和稳定	☐	☐		
					3. 横杆在胸部高度,向上推举至双臂完全伸直	☐	☐		
					4. 在整个测试过程中,横杆始终平行于地面	☐	☐		
					5. 在推举的最高处,横杆在头上方	☐	☐		
								技能分数	
6	平板手撑触胸	平地	• 提供动作示范 • 指导受试者每边重复2次,每边交替进行 • 一共重复两组该测试		1. 腿、髋、肩以及头保持在一条直线	☐	☐		核心部位肌群躯干稳定性
					2. 双脚分开,略宽于肩	☐	☐		
					3. 在手部移动的过程中,只有最小化的转体	☐	☐		
					4. 在整个测试过程中,双脚始终保持在地上	☐	☐		
					5. 以可控的方式触摸胸部	☐	☐		
								技能分数	
					抗阻训练技能综合商				

5. 学习阶段——以动作质量为导向

青少年抗阻训练连续体的第一个阶段是以动作质量为导向的学习阶段。该阶段处于生长发育的青春期之前和青春期前期的整段时期内,包含整个儿童时期,大致对应小学三年级以前的学生。邦帕在"青少年运动员体能发展周期模型"中将此阶段定义为运动启蒙时期。[10]此时,以移动、操控和稳定为代表的三大基础运动技能仍需要在这一阶段的初期得到进一步发展,针对所有儿童群体的训练计划都应注重全面的运动能力发展。尽管大量文献已经证实,儿童可以进行抗阻训练的年龄在7岁左右,但是教练员和家长不能操之过急,因为神经肌肉控制与抗阻练习的技术学习才是这个阶段最为重要的内容。随着儿童基础技能的不断完善,以及身体躯干控制的提升,在学习阶段的后期则可引入初级负重性练习和反弹性练习的基本技术,为进入基础阶段做好准备。

需要注意的是，学习阶段的练习原则和训练安排同样适用于那些缺少抗阻训练经验的其他年龄段的青少年，因为学习阶段是进行抗阻训练必须经历的起始阶段，只是持续的时间可以根据练习者的综合情况进行调整。

（1）总体指导原则

教练员或体育教师在指导学习阶段的孩子时，应当遵从下述一般性指导原则：

- 在"学习阶段"的初期不执行任何负重性练习板块和弹性练习板块中的主要练习，而应在训练计划中加入包含各种基础运动技能的"过渡练习"或游戏性质的内容，尤其是身体控制类、移动类、节奏类、反应类练习。
- 在"学习阶段"的中期执行以静态平衡类为主的稳定性练习，在"学习阶段"的后期逐渐进阶到动态平衡类为主的稳定性练习。
- 在"学习阶段"的后期逐渐引入包含上肢和下肢的基础性自重练习和最低离心负荷的弹性练习，由低阶难度开始，强调动作质量而非数量和动作速度。
- 为男孩和女孩提供相同的运动参与的机会。
- 对于抗阻学习阶段，普通儿童与青少年运动员之间没有实质性的差别，他们都需要经历相同的准备阶段。

（2）区块 0 训练计划

区块 0 位于抗阻训练连续体的开端，此时还不能将抗阻训练的层级系统完整地配置到训练日当中，但可以将负重性练习板块中的"过渡练习"作为启动"学习阶段"的入门内容。区块 0 的训练计划包括了四个部分：热身组、辅助练习组、首要练习组以及冷身组。

处于该阶段的低龄儿童在热身组可以采用准备练习板块中的"动员练习"，以高运动密度的游戏实现体温和心率的逐渐提升。教练员应尽量让所有练习者都能够在游戏环节里获得充分的运动。

对于衔接热身组与首要练习组的辅助练习组，教练员可选择灵活性练习板块的动态灵活性练习，让孩子们在这个环节进行有节奏的关节运动，同时挑战一些低难度的身体控制，例如足尖走、抱膝走、单腿燕式平衡等。考虑到儿童保持专注度的时间较短，辅助练习组的练习不宜超过五项，可以在行进间完成。

首要练习组安排六项结合移动、操控和稳定技能的个人或团队搬运、投掷、击发、跑跳、悬挂等既体现乐趣、又隐含负重技术学习的运动任务，具体构成来自负重性练习板块的入门过渡练习和反弹性练习中的入门练习，练习组合应确保覆盖三大基础技能。六项练习按照循环式组合方式进行，但不必过分要求动作细节，给孩子们一定探索和创造的空间，可以尝试多种形式。

全部首要练习完成后，将灵活性练习板块中简单体式的儿童瑜伽作为冷身组内容，实际上再一次为孩子们提供了动作控制的学习机会。

如图 5-7 所示给出了一周三个抗阻训练日的计划示例，教练员或体育教师可以从练习库对应的板块进行练习的替换。一般每两周更新一次训练计划，区块 0 的进阶时间可以在 24—48 周之间。

区块 0							
层级	训练课 1（60 分钟）		日期			周一	
	练习代码	练习名称	组数	次/米/秒	负重	组间休息	备注
热身	WU-ME001-1	游戏：多人躲避瑞士球	2			60 秒	动员
4-1	MM-DM001	动态灵活性练习 ×5	5	10 米	自身重量	15 秒	动态灵活性
1-1	LM-TE001-1	儿童物体抬放	1,1,1	8 次	儿童版本	30 秒	操控
1-2	LM-TE001-2	儿童物体肩扛搬运	1,1,1	8 次	儿童版本	30 秒	操控
1-3	RM-BE001-1	儿童药球投掷	1,1,1	10 米	儿童版本	30 秒	操控+移动
1-4	RM-RE001-1	单脚节奏跳绳	1,1,1	10 米	自身重量	30 秒	操控+移动
1-5	LM-TE001-7	双手悬挂	1,1,1	10 秒	自身重量	30 秒	稳定
1-6	LM-TE001-10	双手悬挂移动	1,1,1	10 秒	自身重量	30 秒	稳定
4-2	MM-SFE001	儿童瑜伽 ×5	5	15 秒			静态灵活性

层级：1=首要；2=次要；3=补充；4=辅助
WU-ME（准备性练习板块 - 动员练习） MM-DM（灵活性练习板块 - 动态灵活性练习）
LM-TE（负重性练习板块 - 过渡练习） RM-BE（反弹性练习板块 - 弹动练习）
RM-RE（反弹性练习板块 - 反应力量练习） MM-SFE（灵活性练习板块 - 静态灵活性练习）

红色框内练习以循环式进行

图 5-7（a） 区块 0 训练课 1 示例

区块 0-2

区块 0							
层级	训练课 2（60 分钟）		日期			周三	
	练习代码	练习名称	组数	次/米/秒	负重	组间休息	备注
热身	WU-ME001-2	游戏：多人坐姿抛球接龙	2			60 秒	动员
4-1	MM-DM001	动态灵活性练习 ×5	5	10 米	自身重量	15 秒	动态灵活性
1-1	LM-TE001-3	儿童手提搬运	1,1,1	8 次	儿童版本	30 秒	操控
1-2	LM-TE001-4	儿童物体环抱搬运	1,1,1	8 次	儿童版本	30 秒	操控
1-3	RM-BE001-4	球拍击打物体	1,1,1	10 米	儿童版本	30 秒	操控+移动
1-4	RM-RE001-4	双脚节奏跳格子	1,1,1	10 米	自身重量	30 秒	操控+移动
1-5	LM-TE001-8	双臂悬挂	1,1,1	10 秒	自身重量	30 秒	稳定
1-6	LM-TE001-11	双臂悬挂移动	1,1,1	10 秒	自身重量	30 秒	稳定
4-2	MM-SFE001	儿童瑜伽 ×5	5	15 秒			静态灵活性

层级：1＝首要；2＝次要；3＝补充；4＝辅助
WU-ME（准备性练习板块-动员练习）　　MM-DM（灵活性练习板块-动态灵活性练习）
LM-TE（负重性练习板块-过渡练习）　　RM-BE（反弹性练习板块-弹动练习）
RM-RE（反弹性练习板块-反应力量练习）　MM-SFE（灵活性练习板块-静态灵活性练习）

红色框内练习以循环式进行

图 5-7（b） 区块 0 训练课 2 示例

区块 0							
层级	训练课 3（60 分钟）		日期			周五	
	练习代码	练习名称	组数	次/米/秒	负重	组间休息	备注
热身	WU-ME001-3	游戏：多人对抗抢尾巴	2			60 秒	动员
4-1	MM-DM001	动态灵活性练习 ×5	5	10 米	自身重量	15 秒	动态灵活性
1-1	LM-TE001-3	儿童手提搬运	1,1,1	8 次	儿童版本	30 秒	操控
1-2	LM-TE001-4	儿童物体环抱搬运	1,1,1	8 次	儿童版本	30 秒	操控
1-3	RM-BE001-2	儿童沙包投掷	1,1,1	10 米	儿童版本	30 秒	操控+移动
1-4	RM-RE001-5	原地跳皮筋	1,1,1	10 米	自身重量	30 秒	操控+移动
1-5	LM-TE001-8	双臂悬挂	1,1,1	10 秒	自身重量	30 秒	稳定
1-6	LM-TE001-11	双臂悬挂移动	1,1,1	10 秒	自身重量	30 秒	稳定
4-2	MM-SFE001	儿童瑜伽 ×5	5	15 秒			静态灵活性

层级：1＝首要；2＝次要；3＝补充；4＝辅助
WU-ME（准备性练习板块-动员练习）　　MM-DM（灵活性练习板块-动态灵活性练习）
LM-TE（负重性练习板块-过渡练习）　　RM-BE（反弹性练习板块-弹动练习）
RM-RE（反弹性练习板块-反应力量练习）　MM-SFE（灵活性练习板块-静态灵活性练习）

红色框内练习以循环式进行

图 5-7（c） 区块 0 训练课 3 示例

（3）区块 1 至区块 2 训练计划

区块 1 和区块 2 作为区块 0 的延续，除了保留负重性练习板块中的过渡练习之外，开始引入稳定性训练板块的静态平衡练习（Dynamic Balance Exercises，DBE）

和动态平衡练习（Static Balance Exercises，SBE）。区块1和区块2的训练计划同样包括了四个部分：热身组、辅助练习组、首要练习组以及冷身组。

区块1至区块2训练计划中，热身组与冷身组部分的安排与区块0保持一致。辅助练习组的灵活性练习作为第1项首要练习之前的衔接。从区块1开始，静态平衡练习和动态平衡练习将被加入首要练习中，具体进阶安排如表5-8、表5-9所示。原则上，首先按照纵向体位难度进阶顺序（纵1至纵6），然后再按照渐增训练负荷横向推进（横1至横9）。当静态平衡练习的横1级所在列的6项体位进阶完成后，就可以加入动态平衡练习横1级的6项体位练习。练习者应当在区块1和区块2阶段完成所有两类平衡练习的进阶。

表5-8 学习阶段（区块1至区块2）——静态平衡练习进阶表

静态平衡练习：体位进阶/负荷进阶		横1	横2	横3	横4	横5	横6	横7	横8	横9
纵1	仰卧位	1组×20秒	2组×20秒	3组×20秒	1组×40秒	2组×40秒	3组×40秒	1组×60秒	2组×60秒	3组×60秒
纵2	俯卧位	1组×20秒	2组×20秒	3组×20秒	1组×40秒	2组×40秒	3组×40秒	1组×60秒	2组×60秒	3组×60秒
纵3	侧卧位	1组×20秒	2组×20秒	3组×20秒	1组×40秒	2组×40秒	3组×40秒	1组×60秒	2组×60秒	3组×60秒
纵4	坐位	1组×20秒	2组×20秒	3组×20秒	1组×40秒	2组×40秒	3组×40秒	1组×60秒	2组×60秒	3组×60秒
纵5	跪位	1组×20秒	2组×20秒	3组×20秒	1组×40秒	2组×40秒	3组×40秒	1组×60秒	2组×60秒	3组×60秒
纵6	站位	1组×20秒	2组×20秒	3组×20秒	1组×40秒	2组×40秒	3组×40秒	1组×60秒	2组×60秒	3组×60秒

表5-9 学习阶段（区块1至区块2）——动态平衡练习进阶表

静态平衡练习：体位进阶/负荷进阶		横1	横2	横3	横4	横5	横6	横7	横8	横9
纵1	仰卧位	1组×10次或1组×5次/侧	2组×10次或2组×5次/侧	3组×10次或3组×5次/侧	1组×14次或1组×7次/侧	2组×14次或2组×7次/侧	3组×14次或3组×7次/侧	1组×20次或1组×10次/侧	2组×20次或2组×10次/侧	3组×20次或3组×10次/侧
纵2	俯卧位	1组×10次或1组×5次/侧	2组×10次或2组×5次/侧	3组×10次或3组×5次/侧	1组×14次或1组×7次/侧	2组×14次或2组×7次/侧	3组×14次或3组×7次/侧	1组×20次或1组×10次/侧	2组×20次或2组×10次/侧	3组×20次或3组×10次/侧
纵3	侧卧位	1组×10次或1组×5次/侧	2组×10次或2组×5次/侧	3组×10次或3组×5次/侧	1组×14次或1组×7次/侧	2组×14次或2组×7次/侧	3组×14次或3组×7次/侧	1组×20次或1组×10次/侧	2组×20次或2组×10次/侧	3组×20次或3组×10次/侧
纵4	坐位	1组×10次或1组×5次/侧	2组×10次或2组×5次/侧	3组×10次或3组×5次/侧	1组×14次或1组×7次/侧	2组×14次或2组×7次/侧	3组×14次或3组×7次/侧	1组×20次或1组×10次/侧	2组×20次或2组×10次/侧	3组×20次或3组×10次/侧
纵5	跪位	1组×10次或1组×5次/侧	2组×10次或2组×5次/侧	3组×10次或3组×5次/侧	1组×14次或1组×7次/侧	2组×14次或2组×7次/侧	3组×14次或3组×7次/侧	1组×20次或1组×10次/侧	2组×20次或2组×10次/侧	3组×20次或3组×10次/侧
纵6	站位	1组×10次或1组×5次/侧	2组×10次或2组×5次/侧	3组×10次或3组×5次/侧	1组×14次或1组×7次/侧	2组×14次或2组×7次/侧	3组×14次或3组×7次/侧	1组×20次或1组×10次/侧	2组×20次或2组×10次/侧	3组×20次或3组×10次/侧

需要说明的是，从此阶段一直到基础阶段，抗阻训练负荷的进阶设计主要采用了传统线性周期（Linear Periodization，LP）安排的模式，以逐渐提升青少年的身体工作能力。这种模式已经被证明适用于青少年群体，同时能够有效提升新手动作技术的学习效率。[11]

将区块 0 的首要练习继续保留并作为区块 1 和区块 2 的次要练习。首要练习与次要练习的数量为 4∶2。在这个阶段，教练员应当在首要练习部分强调动作的控制和关节排列，同时进行必要的身体教育：

- 感知肢体运动的平面
- 感知肢体在空间中的位置
- 感知静态保持下的躯干和骨盆的中立位
- 感知呼吸与身体核心区域张力的协同配合

如图 5-8 所示为区块 1 阶段中引入静态平衡和动态平衡练习的三种方式。需要注意的是，稳定性练习的作用在于为负重性练习的执行提供核心区域激活的预张力，

区块 1							
层级	训练课 1（60 分钟）		日期			周一	
	练习代码	练习名称	组数	次/米/秒	负重	组间休息	备注
热身	WU-ME001-4	游戏：双人拉手绕标志桶	2			60 秒	动员
4-1	MM-DM001	动态灵活性练习 ×3	3	10 米	自身重量	15 秒	动态灵活性
1-1	SM-SBE006-1	站位：四分之一蹲保持	1	20 秒	自身重量	30 秒	静态平衡
2-1	LM-TE001-4	儿童物体环抱搬运	3	8 次	儿童版本	30 秒	操控
1-2	SM-SBE006-2	站位：分腿蹲保持	1	20 秒	自身重量	30 秒	静态平衡
2-2	RM-RE001-4	双脚节奏跳格子	3	10 米	自身重量	30 秒	操控+移动
1-3	SM-SBE001-1	仰卧：死虫式上/下肢	2	20 秒	自身重量	30 秒	静态平衡
1-4	SM-SBE001-2	仰卧：上/下身保持悬空	2	20 秒	自身重量	30 秒	静态平衡
4-2	MM-SFE001	儿童瑜伽 ×5	5	15 秒			静态灵活性

层级：1＝首要；2＝次要；3＝补充；4＝辅助
WU-ME（准备性练习板块－动员练习）
MM-DM（灵活性练习板块－动态灵活性练习）
SM-SBE（稳定性练习板块－静态平衡练习）
LM-TE（负重性练习板块－过渡练习）
RM-RE（反弹性练习板块－反应力量练习）
MMM-SFE（灵活性练习板块－静态灵活性练习）

示例 A：
■ 2 项首要练习处于静态平衡练习的"横 1 纵 6"阶段
■ 2 项首要练习处于静态平衡练习的"横 2 纵 2"阶段
6 项练习按照平行式组合方式进行

图 5-8（a） 区块 1 训练课 1 示例

区块 1							
层级	训练课 2（60 分钟）		日期			周三	
	练习代码	练习名称	组数	次/米/秒	负重	组间休息	备注
热身	WU-ME001-5	游戏：时钟炮弹	2			60 秒	动员
4-1	MM-DM001	动态灵活性练习 ×3	3	10 米	自身重量	15 秒	动态灵活性
1-1	SM-SBE003-1	侧卧：手膝撑	3	40 秒	自身重量	30 秒	静态平衡
1-2	SM-DBE001-1	仰卧：死虫式上下肢分离多方向运动	2	10 次	自身重量	30 秒	动态平衡
2-1	LM-TE001-4	儿童物体环抱搬运	3	10 米	儿童版本	30 秒	操控+移动
1-3	SM-SBE004-2	坐位：平地 V 字保持	3	40 秒	自身重量	30 秒	静态平衡
1-4	SM-DBE001-2	仰卧：上悬空下肢分离多方向运动	2	10 次	自身重量	30 秒	动态平衡
2-2	RM-RE001-6	助跑跳皮筋	3	10 米	自身重量	30 秒	操控+移动
4-2	MM-SFE001	儿童瑜伽 ×5	5	15 秒			静态灵活性

层级：1＝首要；2＝次要；3＝补充；4＝辅助
WU-ME（准备性练习板块－动员练习）
MM-DM（灵活性练习板块－动态灵活性练习）
SM-SBE（稳定性练习板块－静态平衡练习）
SM-DBE（稳定性练习板块－动态平衡练习）
LM-TE（负重性练习板块－过渡练习）
RM-RE（反弹性练习板块－反应力量练习）
MM-SFE（灵活性练习板块－静态灵活性练习）

示例 B：
■ 2 项首要练习处于静态平衡练习的"横 6 纵 3/ 纵 4"阶段
■ 2 项首要练习处于动态平衡练习的"横 2 纵 1"阶段

6 项练习按照循环式组合方式进行

图 5-8（b） 区块 1 训练课 2 示例

区块 1							
层级	训练课 3（60 分钟）		日期			周五	
	练习代码	练习名称	组数	次/米/秒	负重	组间休息	备注
热身	WU-ME001-7	游戏：打鱼小能手	2			60 秒	动员
4-1	MM-DM001	动态灵活性练习 ×3	3	10 米	自身重量	15 秒	动态灵活性
2-1	LM-TE001-4	儿童物体环抱搬运	1,1,1	8 次	儿童版本	30 秒	操控+移动
1-1	SM-SBE001-3	仰卧：肩双脚撑（双腿臀桥）	1,1,1	60 秒	自身重量	30 秒	静态平衡
1-2	SM-DBE001-6	仰卧：肩双脚撑上肢分离多方向运动	1,1,1	20 次	儿童版本	30 秒	动态平衡
1-3	SM-SBE002-2	俯卧：下身悬空保持	1,1,1	60 秒	自身重量	30 秒	静态平衡
1-4	SM-DBE002-1	俯卧：平板手膝 4 或 3 点撑起	1,1,1	20 次	自身重量	30 秒	动态平衡
2-2	RM-RE001-8	原地跳上体操垫	1,1,1	10 秒	自身重量	30 秒	操控+移动
4-2	MM-SFE001	儿童瑜伽 ×5	5	15 秒			静态灵活性

层级：1＝首要；2＝次要；3＝补充；4＝辅助
WU-ME（准备性练习板块－动员练习）
MM-DM（灵活性练习板块－动态灵活性练习）
SM-SBE（稳定性练习板块－静态平衡练习）
SM-DBE（稳定性练习板块－动态平衡练习）
LM-TE（负重性练习板块－过渡练习）
RM-RE（反弹性练习板块－反应力量练习）
MM-SFE（灵活性练习板块－静态灵活性练习）

示例 C：
■ 2 项首要练习处于静态平衡练习的"横 9 纵 1/ 纵 2"阶段
■ 2 项首要练习处于动态平衡练习的"横 9 纵 1/ 纵 2"阶段

— 红色框内练习以循环式进行

图 5-8（c） 区块 1 训练课 3 示例

确保负重过程中形成上下肢的有效联结，因此从这个阶段开始，教练员和体育教师就应该提示孩子们将静态平衡练习和动态平衡练习中躯干收紧的感觉有意识地转化到后

区块 0－2

续次要练习中搬运、投掷、跳跃的任务当中。这也是首要练习与次要练习穿插交替安排的重要原因。

区块2的训练计划每周针对一项基本技术的1个难度级别，预计在30周完成所有五项基本技术的进阶学习[见图5-9(a)]，在之后18周里每次抗阻训练日进行2个基本技术的巩固练习[见图5-9(b)]，依次循环进行。

表5-10 学习阶段（区块2）——负重性练习基本技术进阶表

抗阻训练基本技术		横1	横2	横3	横4	横5	横6
纵1	上斜俯卧撑	扶墙挺身 LM-PHE001-1	跪姿上斜板推起 LM-PHE001-2	直腿上斜板推起 LM-PHE001-3	跪姿俯身推起 LM-PHE001-4	抗阻带助力俯卧推起 LM-PHE001-5	标准上斜板俯撑 LM-PHE001-6
纵2	上斜引体向上	屈腿触地交替抓杠 LM-PLE001-1	屈腿触地倾斜引体下放 LM-PLE001-2	直腿触地倾斜引体下放 LM-PLE001-3	标准直腿触地引体悬垂 LM-PLE001-4	抗阻带助力直腿触地引体向上 LM-PLE001-5	标准直腿触地引体向上 LM-PLE001-6
纵3	蹲起	站姿屈髋后顶 LM-SE001-1	坐位起立 LM-SE001-2	手臂胸前交叉深蹲起 LM-SE001-3	双手扶髋深蹲起 LM-SE001-4	手臂平举深蹲起 LM-SE001-5	过头举手深蹲起 LM-SE001-6
纵4	单腿蹲	前腿抬高弓步蹲起 LM-SE002-1	前腿蹬下台阶 LM-SE002-2	后腿抬高弓步蹲起 LM-SE002-3	单腿蹲后坐 LM-SE002-4	抗阻带助力单腿蹲 LM-SE002-5	原地单腿蹲起 LM-SE002-6
纵5	屈腿仰卧起坐	反向仰卧起坐 LM-HE001-1	双腿抬高仰卧起坐 LM-HE001-2	仰卧直膝举腿 LM-HE001-3	直臂V字起 LM-HE001-4	抗阻带助力屈腿仰卧起坐 LM-HE001-5	屈膝仰卧起坐 LM-HE001-6

区块2							
层级	训练课1（60分钟）		日期			周一	
	练习代码	练习名称	组数	次/米/秒	负重	组间休息	备注
热身	WU-ME001-8	游戏：三人跳绳	2			60秒	动员
4-1	MM-DM001	动态灵活性练习×3	3	10米	自身重量	15秒	动态灵活性
1-1	LM-PHE001-1	扶墙挺身	1,1,1	10次	自身重量	30秒	技术学习
2-1	LM-TE001-3	儿童手提搬运	1,1,1	8次	儿童版本	30秒	操控
1-2	SM-DBE002-7	俯卧：平板肘膝撑上肢分离多方向运动	1,1,1	7次/侧	自身重量	30秒	动态平衡
2-2	RM-RE001-4	双脚节奏跳格子	1,1,1	10米	自身重量	30秒	操控+移动
1-3	SM-SBE006-2	站位：分腿蹲保持	1,1,1	20秒	自身重量	30秒	静态平衡
1-4	SM-DBE002-9	俯卧：跪式手脚撑上肢分离多方向运动	1,1,1	7次/侧	自身重量	30秒	动态平衡
4-2	MM-SFE001	儿童瑜伽×5	5	15秒			静态灵活性

层级：1＝首要；2＝次要；3＝补充；4＝辅助
WU-ME（准备性练习板块-动员练习）
MM-DM（灵活性练习板块-动态灵活性练习）
LM-PHE（反弹性练习板块-推举练习）
LM-TE（负重性练习板块-过渡练习）
SM-DBE（稳定性练习板块-动态平衡练习）
RM-RE（反弹性练习板块-反应力练习）
SM-SBE（稳定性练习板块-静态平衡练习）
MM-SFE（灵活性练习板块-静态灵活性练习）

示例A：
■ 1项首要练习处于基本技术学习的"横1纵1"阶段
■ 1项首要练习处于静态平衡练习的"横6纵3"阶段
■ 2项首要练习处于动态平衡练习的"横6纵2"阶段

—— 6项练习按照循环式组合方式进行 ——

图5-9（a） 区块2训练课1示例

层级	区块 2							
	训练课 2（60 分钟）			日期			周三	
	练习代码	练习名称	组数	次 / 米 / 秒	负重	组间休息	备注
热身	WU-ME001-9	游戏：蜜蜂与花朵	2			60 秒	动员
4-1	MM-DM001	动态灵活性练习 ×3	3	10 米	自身重量	15 秒	动态灵活性
1-1	LM-PLE001-6	标准直腿触地引体向上	1,1,1	10 次	自身重量	30 秒	技术巩固
1-2	SM-DBE001-1	仰卧：死虫式下肢分离多方向运动	1,1,1	10 次 / 侧	自身重量	30 秒	动态平衡
2-1	LM-TE01-5	儿童物体拖拽	1,1,1	10 米	儿童版本	30 秒	操控+移动
1-3	LM-SE001-6	过头举手深蹲起	1,1,1	10 次	自身重量	30 秒	技术巩固
1-4	SM-DBE001-2	仰卧：上身悬空下肢分离多方向运动	1,1,1	10 次 / 侧	自身重量	30 秒	动态平衡
2-2	LM-TE001-6	儿童物体滚运	1,1,1	10 秒	儿童版本	30 秒	操控+移动
4-2	MM-SFE001	儿童瑜伽 ×5	5	15 秒			静态灵活性

层级：1 = 首要；2 = 次要；3 = 补充；4 = 辅助
WU-ME（准备性练习板块 - 动员练习）
MM-DM（灵活性练习板块 - 动态灵活性练习）
LM-PLE（反弹性练习板块 - 推举练习）
SM-DBE（稳定性练习板块 - 动态平衡练习）
LM-TE（负重性练习板块 - 过渡练习）
LM-SE（反弹性练习板块 - 蹲起练习）
MM-SFE（灵活性练习板块 - 静态灵活性练习）

示例 B：
■ 1 项首要练习处于基本技术巩固的"横 6 纵 2"阶段
■ 1 项首要练习处于基本技术巩固的"横 6 纵 3"阶段
■ 2 项首要练习处于动态平衡练习的"横 9 纵 2"阶段
— 6 项练习按照循环式组合方式进行

图 5-9（b） 区块 2 训练课 2 示例

（4）区块 3 训练计划

虽然区块 3 针对的是 U10 组别的中级运动员，然而实际情况下，大部分在此年龄段的青少年运动员并未开展过系统性的抗阻训练，因而我们将区块 3 划分在以动作为导向的"学习阶段"以发挥其关键的过渡性功能。如果青少年已经系统性完成了前三个区块的准备，那么区块 3 将带领他们正式进入分级训练系统的实施阶段。负重性练习板块中的初级负重性练习以及反弹性练习板块的基本技术学习将成为本阶段的重点。

初级负重性练习包括踝、膝、背、腹、胸、肩、肘、腕、指等全身主要关节和部位。根据分级训练模式，可将其划分为上肢主导（12 项）和下肢主导（12 项），共计 24 项练习。区块 3 暂不包含爆发练习。

上肢主导的初级负重性练习包括：抗阻带地面卧推、抗阻带俯身划船、抗阻带坐姿过顶推举、抗阻带站姿手臂前举、抗阻带站姿手臂侧举、抗阻带坐姿下拉、抗阻带二头肌弯举、抗阻带三头肌下压、小哑铃手臂旋后—旋前、小哑铃卷腕、直腿触地引体换手抓杠、直腿触地引体抓握毛巾。

下肢主导的初级负重性练习包括：抗阻带提踵、抗阻带伸膝、抗阻带屈膝、抗阻带蹲起、抗阻带硬拉、抗阻带屈髋、抗阻带髋外展、抗阻带髋内收、抗阻带伸髋、背起、背起加转体、反向仰卧起坐。

上述所有初级负重性练习主要取自负重性练习板块和稳定性练习板块，以低阻力的抗阻带或自体体重作为阻力形式，不分重要等级和先后次序，需要在训练计划中得到均等发展。

反弹性练习板块中的基本技术学习分为上肢的投掷技术学习以及下肢的落地与跳跃技术学习，进阶的进程同样以前 30 周完成 3 项技术的 6 个难度学习，后 18 周中进行基本技术的巩固练习。由于存在三种分级训练安排，教练员和体育教师故而在安排进阶计划时应当结合练习者的实际掌握情况进行合理调整。初级负重性练习以及反弹性练习基本技术学习的负荷进阶如表 5-11、表 5-12 所示。

表 5-11　学习阶段（区块 3）——初级负重性练习与反弹性练习负荷进阶

负荷进阶	区块 3			
	1—12 周	13—24 周	25—36 周	37—48 周
阻力负重	不限次数	抗阻带 1×25RM 组间休息 45 秒	抗阻带 1×20RM 组间休息 45 秒	抗阻带 2×20RM 组间休息 45 秒
垂直跳跃负荷	自重，不限次数	2×10 次或 2×5 次 / 侧 组间休息 60 秒	3×10 次或 3×8 次 / 侧 组间休息 60 秒	4×10 次或 4×8 次 / 侧 组间休息 60 秒
水平跳跃负荷	自重，不限距离	2×10 米或 2×8 米 / 侧 组间休息 60 秒	3×10 米或 3×8 米 / 侧 组间休息 60 秒	4×10 米或 4×8 米 / 侧 组间休息 60 秒
投掷（0.5 千克以下）负荷	不限次数	2×10 次或 2×5 次 / 侧 组间休息 60 秒	3×10 次或 3×8 次 / 侧 组间休息 60 秒	4×10 次或 4×8 次 / 侧 组间休息 60 秒

表 5-12　学习阶段（区块 3）——弹动练习与反应力量练习的基本技术学习进阶

抗阻训练基本技术		横 1	横 2	横 3	横 4	横 5	横 6
纵 1	落地技术练习	提踵深蹲落地 RM-RE002-1	提踵半蹲落地 RM-RE002-2	提踵单腿落地 RM-RE002-3	提踵前倾落地 RM-RE002-4	单腿跳远双脚落地 RM-RE002-5	单腿跨跳落地 RM-RE002-6
纵 2	起跳技术练习	十字踝小跳 RM-RE003-1	剪刀跳 RM-RE003-2	开合跳 RM-RE003-3	静蹲跳 RM-RE003-4	反向跳 RM-RE003-5	反向摆臂跳远 RM-RE003-6
纵 3	投掷技术练习	斜板爆发推起俯卧撑 RM-BE002-1	斜板爆发击掌俯卧撑 RM-BE002-2	无预摆多方向投掷 RM-BE002-3	有预摆多方向投掷 RM-BE002-4	无预摆单手多方向投掷 RM-BE002-5	有预摆单手多方向投掷 RM-BE002-6

① 区块 3：3×6 分级训练计划

如图 5-10 所示为区块 3 三个不同进阶阶段的 3×6 分级训练计划（每周 3 次，每次训练日包含 6 项主要练习）的安排示例，示例 A 展示了 1—12 周的上肢训练日

区块 3（3×6 分级训练计划）							
层级	上肢训练课日（60 分钟）		日期				周一	
	练习代码	练习名称	组数	次／米／秒	负重	组间休息	备注
热身	WU-ME001-10	游戏：穿越火线	2			60 秒	动员
4-1	MM-DM001	动态灵活性练习 ×10	3	10 米	自身重量	15 秒	动态灵活性
4-2	SM-SBE004-4	坐位：抗阻带屈腿臀脚支撑保持	3	60 秒	轻负重	45 秒	静态平衡
1-1	LM-TE002-14	抗阻带俯身划船	1	不计次数	轻负重	45 秒	动作质量 动作匀速
1-2	LM-TE002-15	抗阻带站姿过顶推举	1	不计次数	轻负重	45 秒	动作质量 动作匀速
4-3	SM-SBE005-5	抗阻带分腿式单膝支撑上肢保持	3	60 秒	轻负重	45 秒	静态平衡
2-1	LM-TE002-1	抗阻带提踵	1	不计次数	轻负重	45 秒	动作质量 动作匀速
2-2	LM-TE002-2	抗阻带伸膝	1	不计次数	轻负重	45 秒	动作质量 动作匀速
4-4	MM-SFE001	儿童瑜伽 ×5	5	15 秒			静态灵活性

层级：1 = 首要；2 = 次要；3 = 补充；4 = 辅助
WU-ME（准备性练习板块 - 动员练习）
MM-DM（灵活性练习板块 - 动态灵活性练习）
SM-SBE（稳定性练习板块 - 静态平衡练习）
LM-TE（负重性练习板块 - 过渡练习）
MM-SFE（灵活性练习板块 - 静态灵活性练习）

示例 A：区块 3（1—12 周）计划
■ 2 项首要练习上肢主导
■ 2 项次要练习下肢主导
■ 2 项辅助练习为静态平衡
6 项练习按照平行式组合方式进行

图 5-10（a） 区块 3（3×6 分级训练计划）示例 A

区块 3（3×6 分级训练计划）							
层级	下肢训练日（60 分钟）		日期				周三	
	练习代码	练习名称	组数	次／米／秒	负重	组间休息	备注
热身	WU-ME001-11	游戏：袋鼠运蛋	2			60 秒	动员
4-1	MM-DM001	动态灵活性练习 ×10	3	10 米	自身重量	15 秒	动态灵活性
4-2	SM-DBE001-17	抗阻带 3 点或 2 点反向手脚撑上肢分离多方向运动	3	10 次／侧	轻负重	45 秒	动态平衡
1-1	LM-TE002-4	抗阻带蹲起	1	25 次	25RM	45 秒	动作质量 动作匀速
2-1	LM-TE002-20	抗阻带三头肌下压	1	25 次	25RM	45 秒	动作质量 动作匀速
4-3	SM-DBE002-16	俯卧：抗阻带平板手脚撑下肢分离多方向运动	3	10 次／侧	轻负重	45 秒	动态平衡
1-2	LM-TE002-5	抗阻带早安起	1	25 次	25RM	45 秒	动作质量 动作匀速
2-2	LM-TE002-21	哑铃手臂旋后 - 旋前	1	25 次	25RM	45 秒	动作质量 动作匀速
4-4	MM-SFE001	儿童瑜伽 ×5	5	15 秒			静态灵活性

层级：1 = 首要；2 = 次要；3 = 补充；4 = 辅助
WU-ME（准备性练习板块 - 动员练习）
MM-DM（灵活性练习板块 - 动态灵活性练习）
SM-DBE（稳定性练习板块 - 动态平衡练习）
LM-TE（负重性练习板块 - 过渡练习）
MM-SFE（灵活性练习板块 - 静态灵活性练习）

示例 B：区块 3（13—24 周）计划
■ 2 项首要练习下肢主导
■ 2 项次要练习上肢主导
■ 2 项辅助练习为静态平衡
6 项练习按照平行式组合方式进行

图 5-10（b） 区块 3（3×6 分级训练计划）示例 B

区块 3—4

区块 3（3×6 分级训练计划）						周五	
层级	爆发训练日（60 分钟）		日期				
	练习代码	练习名称	组数	次/米/秒	负重	组间休息	备注
热身	WU-ME001-12	游戏：流星大作战	2			60 秒	动员
4-1	MM-DM001	动态灵活性练习×10	3	10 米	自身重量	15 秒	动态灵活性
4-2	SM-DBE006-12	站位：单腿站立下肢分离多方向运动	3	10 次/侧	轻负重	45 秒	动态平衡
1-1	LM-TE002-4	抗阻带蹲起	2	20 次	20RM	45 秒	动作质量 动作匀速
3-1	RM-RE002-5	单腿跳远双脚落地	4	10 米/侧	自身重量	60 秒	落地技术学习
4-3	SM-DBE006-9	站位：抗阻带分腿四分之一蹲上肢多向运动	3	10 次/侧	轻负重	45 秒	动态平衡
2-1	LM-TE002-5	抗阻带早安起	2	20 次	20RM	45 秒	动作质量 动作匀速
3-2	RM-BE002-4	有预摆多方向投掷	4	8 次/侧	0.5KG	60 秒	投掷技术学习
4-4	MM-SFE001	儿童瑜伽×5	5	15 秒			静态灵活性

层级：1＝首要；2＝次要；3＝补充；4＝辅助
WU-ME（准备性练习板块－动员练习）
MM-DM（灵活性练习板块－动态灵活性练习）
SM-DBE（稳定性练习板块－动态平衡练习）
LM-TE（负重性练习板块－过渡练习）
MM-SFE（灵活性练习板块－静态灵活性练习）

示例 C：区块 3（37－48 周）计划
■ 1 项首要练习下肢主导与 1 项反应力量练习组合
■ 1 项次要练习上肢主导与 1 项弹动练习组合
■ 2 项辅助练习为动态平衡
6 项练习按照平行式组合方式进行

图 5-10（c） 区块 3（3×6 分级训练计划）示例 C

的训练计划，示例 B 展示了 13－24 周的下肢训练日的训练计划，示例 C 展示了 37－48 周爆发训练日的训练计划。此时，所有初级负重性练习的选取除了与训练日主题保持同步，应当依次循环安排在训练计划当中，获得同步发展。

② 区块 3：2×6 分级训练计划

如图 5-11 所示为区块 3 两个不同进阶阶段的 2×6 分级训练计划（每周 2 次，每次训练日包含 6 项主要练习）的安排示例，示例 A 展示了 13－24 周的上肢训练日的训练计划，示例 B 展示了 25－36 周的下肢训练日的训练计划。此时，所有初级负重性练习的选取除了与训练日主题保持同步，应当依次循环安排在训练计划当中，获得同步发展。

区块3（2×6分级训练计划）							
层级	上肢训练课日（60钟）		日期			周二	
	练习代码	练习名称	组数	次/米/秒	负重	组间休息	备注
热身	WU-ME001-13	游戏：拔萝卜	2			60秒	动员
4-1	MM-DM001	动态灵活性练习×10	3	10米	自身重量	15秒	动态灵活性
4-2	SM-DBE002-16	俯卧：抗阻带平板手脚撑上肢分离多方向运动	3	10次/侧	轻负重	45秒	动态平衡
1-1	LM-TE002-13	抗阻带地面卧推	1	25次	25RM	45秒	动作质量动作匀速
2-1	LM-TE002-6	抗阻带屈髋	1	25次	25RM	45秒	动作质量动作匀速
1-2	LM-TE002-14	抗阻带俯身划船	1	25次	25RM	45秒	动作质量动作匀速
2-2	LM-TE002-7	抗阻带髋外展	1	25次	25RM	45秒	动作质量动作匀速
3-1	RM-BE002-3	无预摆多方向投掷	2	10次	0.5KG	60秒	投掷技术学习
4-3	MM-SFE001	儿童瑜伽×5	5	15秒			静态灵活性

层级：1=首要；2=次要；3=补充；4=辅助
WU-ME（准备性练习板块-动员练习）
MM-DM（灵活性练习板块-动态灵活练习）
LM-TE（负重练习板块-过渡练习）
SM-DBE（稳定性练习板块-动态平衡练习）
RM-BE（反弹性练习板块-弹动练习）
MM-SFE（灵活性练习板块-静态灵活性练习）

示例A：区块3（13—24周）计划
■ 2项首要练习上肢主导
■ 2项次要练习下肢主导
■ 1项补充练习弹动练习技术学习
■ 1项辅助练习为静态平衡
6项练习按照平行式组合方式进行

图5-11（a） 区块3（2×6分级训练计划）示例A

区块3（2×6分级训练计划）							
层级	下肢训练日（60分钟）		日期			周四	
	练习代码	练习名称	组数	次/米/秒	负重	组间休息	备注
热身	WU-ME001-11	游戏：袋鼠运蛋	2			60秒	动员
4-1	MM-DM001	动态灵活性练习×10	3	10米	自身重量	15秒	动态灵活性
4-2	SM-DBE001-17	仰卧：抗阻带3点或2点反向手脚撑下肢分离多方向运动	3	10次/侧	轻负重	45秒	动态平衡
1-1	LM-TE002-4	抗阻带蹲起	1	20次	20RM	45秒	动作质量动作匀速
2-1	LM-TE002-20	抗阻带三头肌下压	1	20次	20RM	45秒	动作质量动作匀速
1-2	LM-TE002-5	抗阻带早安起	1	20次	20RM	45秒	动作质量动作匀速
2-2	LM-TE002-21	哑铃手臂旋后-旋前	1	20次	20RM	45秒	动作质量动作匀速
3-1	RM-RE003-4	静蹲跳	3	20次	自身重量	60秒	起跳技术学习
4-3	MM-SFE001	儿童瑜伽×5	5	15秒			静态灵活性

层级：1=首要；2=次要；3=补充；4=辅助
WU-ME（准备性练习板块-动员练习）
MM-DM（灵活性练习板块-动态灵活练习）
SM-DBE（稳定性练习板块-动态平衡练习）
LM-TE（负重练习板块-过渡练习）
RM-RE（反弹性练习板块-反应力量练习）
MM-SFE（灵活性练习板块-静态灵活性练习）

示例B：区块3（25—36周）计划
■ 2项首要练习下肢主导
■ 2项次要练习上肢主导
■ 1项补充练习弹动练习技术学习
■ 1项辅助练习为静态平衡
6项练习按照平行式组合方式进行

图5-11（b） 区块3（2×6分级训练计划）示例B

③ 区块3：1×6分级训练计划

如图5-12所示为区块3的1×6分级训练计划（每周1次，每次训练日包含6项主要练习）的安排示例，展示了37—48周的全身训练日的训练计划。此时，所有初级负重性练习的选取除了与训练日主题保持同步，应当循环依次安排在训练计划当中，获得同步发展。

层级	区块3（1×6分级训练计划）		日期				周五	
	练习代码	练习名称	组数	次/米/秒	负重		组间休息	备注
热身	WU-ME001-12	游戏：流星大作战	2				60秒	动员
4-1	MM-DM001	动态灵活性练习×10	3	10米	自身重量		15秒	动态灵活性
1-1	LM-TE002-9	抗阻带伸髋	2	20次	20RM		45秒	动作质量 动作匀速
1-2	RM-RE002-5	单腿跳远双脚落地	4	15次/侧	自身重量		60秒	落地技术 巩固
1-3	SM-DBE006-9	站位：分腿四分之一蹲上肢多向运动	3	10次/侧	轻负重		45秒	动态平衡
1-4	LM-TE002-11	背起加转体	2	20次	20RM		45秒	动作质量 动作匀速
1-5	RM-BE002-4	有预摆多向投掷	4	10次/侧	0.5RM		60秒	投掷技术 巩固
1-6	SM-DBE006-8	站位：分腿蹲上肢多向运动	3	10次/侧	轻负重		45秒	动态平衡
4-4	MM-SFE001	儿童瑜伽×5	5	15秒				静态灵活性

层级：1=首要；2=次要；3=补充；4=辅助
LM-TE（负重性练习板块－过渡练习）
RM-BE（反弹性练习板块－弹动练习）
WU-ME（准备性练习板块－动员练习）
MM-SFE（灵活性练习板块－动态灵活性练习）
SM-DBE（稳定性练习板块－动态平衡练习）
MM-DM（灵活性练习板块－动态灵活性练习）

示例A：区块3（37—48周）计划
■ 1项首要练习下肢主导与1项反应力量练习组合
■ 1项首要练习上肢主导与1项弹动练习组合
■ 2项首要练习为动态平衡

6项练习按照平行式组合方式进行

图5-12 区块3（1×6分级训练计划）示例

6. 基础阶段——以工作能力为导向

青少年抗阻训练连续体的第二个阶段是以工作能力为导向的基础阶段。正如前文所述，工作能力可以简单理解为青少年在长时间运动过程中骨骼肌系统依然能够正常工作并推迟疲劳的能力。工作能力是所有其他运动能力发展的基础，同时也是预防损伤最重要的防线之一。经历过抗阻训练学习阶段的孩子，在来到基础阶段之后将变得更加游刃有余，也可以更加专注于运动负荷的逐级递增。

总体而言，基础阶段占据了青春期的大部分时间。青少年的变化和个体差异性将在这个时间段内突显出来，他们的力量水平会在抗阻训练之后有较为明显的提升。但是需要注意的是，由于身体的快速成长，青少年的关节韧带会在这个时期变得松弛，不良的身体姿态和动作功能障碍容易导致关节活动度受限。与此同时，肢体的快速增长，也会加大运动过程中对腹部力量的需求，造成四肢力量与核心力量发展的不平衡。另外，基础阶段还涵盖了三个年龄组别的运动员，也使其成为青少年运动员全面发展中极其重要的时期。因此，稳定性和灵活性练习在这个阶段依然会发挥关键的作用，同时会稳步推进负重性练习和反弹性练习的进阶。

（1）总体指导原则

教练员或体育教师在指导正处基础阶段的青少年时，应该当遵从下述一般性指导原则：

- 继续保持关节活动度练习，将动态拉伸与静态拉伸练习结合，注重与身体姿势相关的灵活性不足。
- 青春期初期继续提供静态平衡和动态平衡练习；在 PHV 后，则聚焦于动态稳定性练习，对稳定性训练的关注度达到峰值，从而为完整的负重性练习做好充分准备。
- 合理设置负重性练习的进阶，在保证动作质量的情况下，提高练习的数量；在 PHV 阶段提供全身爆发练习的技术学习。
- 在青春期初期强调低离心负荷的反弹性练习，在 PHV 后进阶到中等离心负荷的反弹性练习（建议大体重儿童延长初级难度练习的时长）。

关于青少年运动员的**特殊性指导原则**：

- 以一般力量素质的储备为目标，训练安全仍为首要原则。
- 训练中，注重孩子们主动肌与拮抗肌的协调配合。

(2)区块 4 训练计划

训练进入到基础阶段之后,各个区块的计划结构将从区块 4 开始进行一定的升级调整,抗阻训练课的时长也将从之前的 60 分钟延长至 90 分钟。

热身部分将整体纳入准备性练习板块的主要练习类型。唤醒练习主要针对抗阻训练日主题,着重对首要练习的部位进行泡沫轴的滚压。动员练习或保留学习阶段的游戏热身环节,或采用跳跃技术练习以提升温度和心率。激活练习采用横杆热身和灵活性练习板块中的动态拉伸练习,通过复合性动作模式激活全身。青少年运动员还可以通过低阻力、大幅度的迁移练习模拟训练日的主要练习。此阶段不包含爆发性的练习。

作为区块 3 的延续,区块 4 继续巩固稳定性训练板块中的"静态平衡练习"和"动态平衡练习",将所有 6 个体位的练习负荷进阶到最高的横 9 等级,同时阻力形式在抗阻带、轻质哑铃和壶铃之间变换。

首要练习和次要练习以巩固初级负重性练习为主,各项练习在体现训练日主题的前提下,需要在训练计划中获得均等发展。从第 1 周开始依次引入哑铃和壶铃等自由练习,但部分单关节练习仍然需要依靠弹力带作为阻力形式。具体负荷进阶安排如表 5-13 所示。

表 5-13 基础阶段(区块 4)——初级负重性练习与反弹性练习(低强度离心)负荷进阶

负荷进阶	区块 4			
	1—12 周	13—24 周	25—36 周	37—48 周
阻力负重	哑铃 3×20RM 组间休息 45 秒	抗阻带 2×18RM 组间休息 45 秒	抗阻带 3×18RM 组间休息 45 秒	哑铃 2×16RM 组间休息 45 秒
垂直跳跃负荷	4×10 次或 4×8 次/侧 组间休息 60 秒	3×15 次或 3×10 次/侧 组间休息 60 秒	5×10 次或 5×8 次/侧 组间休息 60 秒	4×15 次或 4×10 次/侧 组间休息 60 秒
水平跳跃负荷	4×10 米或 4×8 米/侧 组间休息 60 秒	3×15 米或 3×15 米/侧 组间休息 60 秒	5×10 米或 5×8 米/侧 组间休息 60 秒	4×15 米或 4×10 米/侧 组间休息 60 秒
投掷(1 千克以下)负荷	4×10 次或 4×8 次/侧 组间休息 60 秒	3×15 次或 4×10 次/侧 组间休息 60 秒	5×10 次或 5×8 次/侧 组间休息 60 秒	4×15 次或 4×10 次/侧 组间休息 60 秒

反弹性练习板块将从技术学习进阶到低强度离心负荷练习,即对一个反向动作过程中,较低的力量卸载(能量吸收)能力进行适应,例如跳上低矮的跳箱而不对动作转换和力量加载能力(能量释放)做出较高的要求。具体的练习目标和要求如表 5-14 所示。

表 5-14 基础阶段（区块 4）——反弹性练习板块（低强度离心）的进阶安排

反弹性练习进阶安排	区块 4：低强度离心负荷练习	
	弹动练习	反应力量练习
练习特征	离心拉长：低强度　　触地时间：不做要求	向心缩短：不做要求
练习目标	掌握不同方向单次抛接技术	掌握垂直方向和水平方向上的单次跳跃技术
具体要求	强调接球后摆 • 接到实心球时整个身体都应参与到吸收球的惯性 • 主动上迎接球，保持身体在受到球的惯性冲击后的刚性 • 接球时躯干保持中立位 • 由双手接球过渡到单手接球，由正面逐渐进阶到多方向	强调落地 • 落地时全脚掌落地，防止膝关节外翻 • 安静式落地 • 保持落地瞬间脊柱的中立位 • 确保踝、膝、髋关节的最小屈曲幅度 • 进行跳箱练习时的跳箱高度应当确保落地时髋部高于膝关节的蹲姿 • 由双脚落地逐渐进阶到单脚落地，由正面跳跃逐渐进阶到侧向跳跃

① 区块 4：3×6 分级训练计划

如图 5-13 所示为区块 4 三个不同进阶阶段的 3×6 分级训练计划（每周 3 次，每次训练日包含 6 项主要练习）的安排示例，示例 A 展示了 1—12 周下肢训练日的

区块 4（3×6 分级训练计划）								
层级	下肢训练日（90 分钟）		日期			周一	
	练习代码	练习名称	组数	次/米/秒	负重	组间休息	备注
准备	WU-WE001	泡沫轴松解 ×5	1,1,1,1,1	10 秒	自身重量		唤醒
准备	WU-ME001-14	游戏：标志桶计数跑	2			60 秒	动员
准备	MM-DM001	动态灵活性练习 ×5	1,1,1,1	10 米	自身重量	15 秒	动态灵活性
准备	WU-AE002	PVC 横杆热身 ×5	1,1,1,1,1	10 次/侧		10 秒	激活
4-1	SM-SBE001-9	仰卧：抗阻带肩单脚单撑（单腿臀桥）	3	60 秒	轻负重	60 秒	静态平衡
1-1	LM-TE002-4	哑铃蹲起	2	20 次	20RM	60 秒	动作质量动作匀速
1-2	LM-TE002-10	背起	2	20 次	20RM	60 秒	动作质量动作匀速
2-1	LM-TE002-13	哑铃地面卧推	2	20 次	20RM	60 秒	动作质量动作匀速
3-1	RM-RE004-3	静蹲跳起单腿落跳箱	4	8 次/侧	自身重量	60 秒	动作控制
4-2	SM-DBE004-7	坐位：抗阻带屈腿坐姿躯干扭转	3	20 次	轻负重	60 秒	动态平衡
4-3	MM-SFE001	儿童瑜伽 ×10		15 秒			静态灵活性

层级：1＝首要；2＝次要；3＝补充；4＝辅助
WU-WE（准备性练习板块 - 唤醒练习）
WU-ME（准备性练习板块 - 动员练习）
MM-DM（灵活性练习板块 - 动态灵活性练习）
WU-AE（准备性练习板块 - 激活练习）
SM-SBE（稳定性练习板块 - 静态平衡练习）
LM-TE（负重性练习板块 - 过渡练习）
RM-RE（反弹性练习板块 - 反应力量练习）
SM-DBE（稳定性练习板块 - 动态平衡练习）
MM-SFE（灵活性练习板块 - 静态灵活性练习）

示例 A：区块 4（1—12 周）计划
■ 2 项首要练习下肢主导
■ 1 项次要练习上肢主导
■ 1 项补充练习为反应力量练习
■ 2 项辅助练习为静态平衡和动态平衡练习
6 项练习按照平行式组合方式进行

图 5-13（a） 区块 4（3×6 分级训练计划）示例 A

区块4（3×6分级训练计划）							
层级	上肢训练日（90分钟）			日期			周三	
	练习代码	练习名称	组数	次/米/秒	负重	组间休息	备注
准备	WU-WE001	泡沫轴松解×5	1,1,1,1,1	10秒	自身重量		唤醒
准备	WU-ME001-5	游戏：时钟炮弹	2			60秒	动员
准备	MM-DM001	动态灵活性练习×5	1,1,1,1,1	10米	自身重量	15秒	动态灵活性
准备	WU-AE002	PVC横杆热身×5	1,1,1,1,1	10次/侧		10秒	激活
4-1	SM-SBE005-5	跪位：抗阻带分腿式单膝支撑上肢保持	3	60秒	轻负重	60秒	静态平衡
1-1	LM-TE002-17	哑铃站姿手臂侧举	2	20次	20RM	60秒	动作质量动作匀速
2-1	LM-TE002-7	抗阻带髋外展	2	20次	20RM	60秒	动作质量动作匀速
1-2	LM-TE002-15	哑铃站姿过顶推举	2	20次	20RM	60秒	动作质量动作匀速
3-1	RM-BE003-6	双手侧移接实心球	4	15次	1KG	60秒	动作控制
4-2	SM-DBE003-7	侧卧：抗阻带3点肘脚撑下肢分离多方向运动	3	10次/侧	轻负重	60秒	动态平衡
4-3	MM-SFE001	儿童瑜伽×10	5	15秒			静态灵活性

层级：1＝首要；2＝次要；3＝补充；4＝辅助
WU-WE（准备性练习板块-唤醒练习）
WU-ME（准备性练习板块-动员练习）
WU-AE（准备性练习板块-激活练习）
MM-DM（灵活性练习板块-动态灵活性练习）
SM-SBE（稳定性练习板块-静态平衡练习）
LM-TE（负重性练习板块-过渡练习）
RM-BE（反弹性练习板块-弹动练习）
SM-DBE（稳定性练习板块-动态平衡练习）
MM-SFE（灵活性练习板块-静态灵活性练习）

示例B：区块4（13—24周）计划
■ 2项首要练习上肢主导
■ 1项次要练习下肢主导
■ 1项补充练习为弹动练习
■ 2项辅助练习为静态平衡和动态平衡练习

6项练习按照平行式组合方式进行

图5-13（b） 区块4（3×6分级训练计划）示例B

区块4（3×6分级训练计划）							
层级	爆发训练日（90分钟）			日期			周五	
	练习代码	练习名称	组数	次/米/秒	负重	组间休息	备注
准备	WU-WE001	泡沫轴松解×5	1,1,1,1,1	10秒	自身重量		唤醒
准备	WU-ME001-7	游戏：打鱼小能手	2			60秒	动员
准备	MM-DM001	动态灵活性练习×5	1,1,1,1,1	10米	自身重量	15秒	动态灵活性
准备	WU-AE002	PVC横杆热身×5	1,1,1,1,1	10次/侧		10秒	激活
4-1	SM-DBE001-14	仰卧：抗阻带3点反向手脚撑挺髋	3	20次	轻负重	60秒	动态平衡
1-1	LM-TE002-17	壶铃站姿手臂侧举	2	20次	20RM	60秒	动作质量动作匀速
3-1	RM-BE003-2	双手体前接实心球	4	15次	1KG	60秒	动作控制
2-1	LM-TE002-4	壶铃蹲起	2	20次	20RM	60秒	动作质量动作匀速
3-2	RM-RE004-8	静蹲跳起侧向落跳箱	4	10次/侧	自身重量	60秒	动作控制
4-2	SM-DBE001-12	仰卧：抗阻带肩单脚撑挺髋	3	20次	轻负重	60秒	动态平衡
4-3	MM-SFE001	儿童瑜伽×10	5	15秒			静态灵活性

WU-WE（准备性练习板块-唤醒练习）
WU-ME（准备性练习板块-动员练习）
MM-DM（灵活性练习板块-动态灵活性练习）
WU-AE（准备性练习板块-激活练习）
SM-SBE（稳定性练习板块-静态平衡练习）
LM-TE（负重性练习板块-过渡练习）
RM-BE（反弹性练习板块-弹动练习）
RM-RE（反弹性练习板块-反应力量练习）
SM-DBE（稳定性练习板块-动态平衡练习）
MM-SFE（灵活性练习板块-静态灵活性练习）

示例C：区块4（37—48周）计划
■ 1项首要练习上肢主导
■ 1项次要练习下肢主导
■ 2项补充练习弹动练习和反应力量练习
■ 2项辅助练习为动态平衡练习

6项练习按照平行式组合方式进行

图5-13（c） 区块4（3×6分级训练计划）示例C

训练计划，示例 B 展示了 13—24 周的上肢训练日的训练计划，示例 C 展示了 37—48 周爆发训练日的训练计划。此时，所有初级负重性练习的选取在保持与训练日主题的同步以外，应当循环依次安排在训练计划中以获得同步发展。

② 区块 4：2×6 分级训练计划

如图 5-14 所示为区块 4 两个不同进阶阶段的 2×6 分级训练计划（每周 2 次，每次训练日包含 6 项主要练习）的安排示例，示例 A 展示了 1—12 周的上肢训练日的训练计划，示例 B 展示了 37—48 周的下肢训练日的训练计划。此时，所有初级负重性练习的选取在保持与训练日主题同步以外，应当循环依次安排在训练计划当中以获得同步发展。

区块 4（2×6 分级训练计划）							
层级	上肢训练日（90 分钟）		日期			周一	
	练习代码	练习名称	组数	次/米/秒	负重	组间休息	备注
准备	WU-WE001	泡沫轴松解 ×5	1,1,1,1,1	10 秒	自身重量		唤醒
准备	WU-ME001-8	游戏：三人跳绳	2			60 秒	动员
准备	MM-DM001	动态灵活性练习 ×5	1,1,1,1,1	10 米	自身重量	15 秒	动态灵活性
准备	WU-AE001	肩部激活 ×5	1,1,1,1,1	10 次/侧		10 秒	激活
4-1	SM-SBE001-9	仰卧：抗阻带肩单脚撑（单腿臀桥）	3	60 秒	轻负重	60 秒	静态平衡
1-1	LM-TE002-18	抗阻带站姿下拉	2	20 次	20RM	60 秒	动作质量动作匀速
2-1	LM-TE002-9	抗阻带伸髋	2	20 次	20RM	60 秒	动作质量动作匀速
1-2	LM-TE002-23	直腿触地引体换手抓杠	2	20 次	20RM	60 秒	动作质量动作匀速
2-2	LM-TE002-11	背起加转体	4	8 次/侧	自身重量	60 秒	动作质量动作匀速
3-1	RM-BE003-7	双手对墙抛球停顿接球	3	10 次	1Kg	60 秒	动作控制
4-2	MM-SFE001	儿童瑜伽 ×10		15 秒			静态灵活性

层级：1＝首要；2＝次要；3＝补充；4＝辅助
WU-WE（准备性练习板块－唤醒练习）
WU-ME（准备性练习板块－动员练习）
WU-AE（准备性练习板块－激活练习）
MM-DM（灵活性练习板块－动态灵活性练习）
SM-SBE（稳定性练习板块－静态平衡练习）
LM-TE（负重性练习板块－过渡练习）
RM-BE（反弹性练习板块－弹动练习）
MM-SFE（灵活性练习板块－静态灵活性练习）

示例 A：区块 4（1—12 周）计划
■ 2 项首要练习上肢主导
■ 2 项次要练习下肢主导
■ 1 项补充练习为弹动练习
■ 1 项辅助练习为静态平衡练习
6 项练习按照平行式组合方式进行

图 5-14（a） 区块 4（2×6 分级训练计划）示例 A

区块4（2×6分级训练计划）							
层级	下肢训练日（90分钟）			日期			周三	
	练习代码	练习名称	组数	次/米/秒	负重	组间休息	备注
准备	WU-WE001	泡沫轴松解×5	1,1,1,1,1	10秒	自身重量		唤醒
准备	WU-ME001-9	游戏：蜜蜂与花朵	2			60秒	动员
准备	MM-DM001	动态灵活性练习×5	1,1,1,1,1	10米	自身重量	15秒	动态灵活性
准备	WU-AE002	PVC横杆热身×5	1,1,1,1,1	10次/侧		10秒	激活
4-1	SM-DBE001-1	仰卧：死虫式下肢分离多方向运动	3	60秒/侧	轻负重	60秒	动态平衡
1-1	LM-TE002-4	壶铃蹲起	2	20次	20RM	60秒	动作质量 动作匀速
2-1	LM-TE002-16	壶铃站姿手臂前举	2	20次	20RM	60秒	动作质量 动作匀速
1-2	LM-TE002-8	抗阻带髋内收	2	20次	20RM	60秒	动作质量 动作匀速
2-2	LM-TE002-19	壶铃二头肌弯举	2	20次	20RM	60秒	动作质量 动作匀速
3-1	RM-RE004-4	反向跳起单腿落跳箱	4	10次/侧	自身重量	60秒	动作控制
4-2	MM-SFE001	儿童瑜伽×10	5	15秒			静态灵活性

层级：1=首要；2=次要；3=补充；4=辅助
WU-WE（准备性练习板块-唤醒练习）
WU-ME（准备性练习板块-动员练习）
MM-DM（灵活性练习板块-动态灵活性练习）
WU-AE（准备性练习板块-激活练习）
SM-DBE（稳定性练习板块-动态平衡练习）
LM-TE（负重性练习板块-过渡练习）
RM-BE（反弹性练习板块-弹响练习）
MM-SFE（灵活性练习板块-静态灵活性练习）

示例B：区块4（37—48周）计划
■ 2项首要练习上肢主导
■ 2项次要练习下肢主导
■ 1项补充练习为反应力量练习
■ 1项辅助练习为静态平衡和动态平衡练习
6项练习按照平行式组合方式进行

图5-14（b） 区块4（2×6分级训练计划）示例B

③ 区块4：1×6分级训练计划

如图5-15所示为区块4的1×6分级训练计划（每周1次，每次训练日包含6项主要练习）的安排示例，即37—48周全身训练日的训练计划。此时，所有初级负重性练习的选取在保持与训练日主题的同步以外，应当循环依次安排在训练计划当中以获得同步发展。

（3）区块5至区块7训练计划

进入到区块5之后，抗阻训练的主体部分将再次做出相对大幅的升级调整。抗阻训练的目标会更为着重地聚焦于青少年的"工作能力"。训练日中首要练习的权重会

区块4（1×6分级训练计划）							
层级	全身训练日（90分钟）		日期			周五	
	练习代码	练习名称	组数	次/米/秒	负重	组间休息	备注
准备	WU-WE001	泡沫轴按松解×5	1,1,1,1,1	10秒	自身重量		唤醒
准备	WU-ME001-12	游戏：流星大作战	2			60秒	动员
准备	MM-DM001	动态灵活性练习×5	1,1,1,1,1	10米	自身重量	15秒	动态灵活性
准备	WU-AE002	PVC横杆热身×5	1,1,1,1,1	10次/侧		10秒	激活
1-1	SM-DBE001-1	仰卧：死虫式上肢分离多方向运动	3	20次	轻负重	60秒	动态平衡
1-2	LM-TE002-18	抗阻带站姿下拉	2	20次	20RM	60秒	动作质量 动作匀速
1-3	RM-BE003-2	双手体前接实心球	4	15次	1KG	60秒	动作控制
1-4	LM-TE002-4	哑铃蹲起	2	20次	20RM	60秒	动作质量 动作匀速
1-5	RM-RE004-10	垫步跳上跳箱	4	15次	自身重量	60秒	动作控制
1-6	SM-DBE001-14	仰卧：抗阻带3点反向手脚撑挺髋	3	10次/侧	轻负重	60秒	动态平衡
4-1	MM-SFE001	儿童瑜伽×10	5	15秒			静态灵活性

层级：1＝首要；2＝次要；3＝补充；4＝辅助
WU-WE（准备性练习板块-唤醒练习）
WU-ME（准备性练习板块-动员练习）
MM-DM（灵活性练习板块-动态灵活性练习）
WU-AE（准备性练习板块-激活练习）
SM-DBE（稳定性练习板块-动态平衡练习）
LM-TE（负重性练习板块-过渡练习）
RM-BE（反弹性练习板块-弹动练习）
RM-RE（反弹性练习板块-反应力量练习）
MM-SFE（灵活性练习板块-静态灵活性练习）

示例B：区块4（37—48周）计划
🟧 1项首要练习上肢主导
🟦 1项首要练习下肢主导
🟪 2项首要练习为弹动练习和反应力量练习
🟩 2项首要练习为动态平衡练习
6项练习按照平行式组合方式进行

图5-15　区块4（1×6分级训练计划）示例

增加，主要体现在训练强度与训练容量的逐渐提升。如表5-15所示，从区块5开始，首要练习的组数将从3组练习增加到区块7的5组练习，负重目标也从区块5的10RM和区块6的8RM，增加到区块7最高的6RM。工作能力的有序储备，也为从区块7开始的高级负重性练习技术——爆发练习技术的学习奠定了坚实基础。区块5的中级负重性练习的变化还体现在练习的安排上。从这个阶段开始，首要练习将聚焦于负重性练习板块中的四类主要练习——蹲起、推举、提拉、髋铰链，次要练习内容则保留与训练日主题相对应的"过渡练习"。当然，过渡练习中也包含蹲起、铰链、提拉和推举等四项练习，也仍然可以作为首要练习纳入训练计划：

蹲起练习（Squat Exercises）——背蹲、前蹲

推举练习（Push Exercises）——卧推、军事推举、借力推举

提拉练习（Pull Exercises）——高拉、宽拉

铰链练习（Hip-Hinge Exercises）——屈腿硬拉、直腿硬拉

次要练习的负荷安排则比首要练习的负荷安排降阶一个等级，例如：首要练习为3组、最大负重强度为16RM时，次要练习则为2组×18RM。

表5-15 基础阶段（区块5至区块7）——中级负重性练习负荷进阶

负荷进阶	区块5				区块6			
	1—12周	13—24周	25—36周	37—48周	1—12周	13—24周	25—36周	37—48周
第1组练习	1×20RM 组间休息60秒	1×18RM 组间休息60秒	1×16RM 组间休息60秒	1×14RM 组间休息60秒	1×20RM 组间休息60秒	1×18RM 组间休息60秒	1×16RM 组间休息60秒	1×14RM 组间休息60秒
第2组练习	1×18RM 组间休息60秒	1×16RM 组间休息60秒	1×14RM 组间休息60秒	1×12RM 组间休息60秒	1×18RM 组间休息60秒	1×16RM 组间休息60秒	1×14RM 组间休息60秒	1×12RM 组间休息60秒
第3组练习	1×16RM 组间休息60秒	1×14RM 组间休息60秒	1×12RM 组间休息60秒	1×10RM 组间休息60秒	1×16RM 组间休息60秒	1×14RM 组间休息60秒	1×12RM 组间休息60秒	1×10RM 组间休息60秒
第4组练习					1×14RM 组间休息60秒	1×12RM 组间休息60秒	1×10RM 组间休息60秒	1×8RM 组间休息60秒
第5组练习								

负荷进阶	区块7			
	1—12周	13—24周	25—36周	37—48周
第1组练习	1×20RM 组间休息60秒	1×18RM 组间休息60秒	1×16RM 组间休息60秒	1×14RM 组间休息60秒
第2组练习	1×18RM 组间休息60秒	1×16RM 组间休息60秒	1×14RM 组间休息60秒	1×12RM 组间休息60秒
第3组练习	1×16RM 组间休息60秒	1×14RM 组间休息60秒	1×12RM 组间休息60秒	1×10RM 组间休息60秒
第4组练习	1×14RM 组间休息60秒	1×12RM 组间休息60秒	1×10RM 组间休息60秒	1×8RM 组间休息60秒
第5组练习	1×12RM 组间休息60秒	1×10RM 组间休息60秒	1×8RM 组间休息60秒	1×6RM 组间休息60秒

另一方面，反弹性练习将发生两次强度安排上的进阶（见表5-16），一次为区块5的中等强度离心负荷，一次为区块7的中高强度离心负荷练习；而反弹性练习在区块5至区块7的负荷安排则继续采用区块4的进阶安排（见表5-17）。

表 5-16　基础阶段（区块 5 至区块 7）——反弹性练习板块
（中—中高强度离心）的进阶安排

反弹性练习进阶安排	区块 5 至区块 6：中等强度离心负荷练习		区块 7：中—中高强度离心负荷练习	
	弹动练习	反应力量练习	弹动练习	反应力量练习
练习特征	离心拉长：中等强度 触地时间：短时 向心缩短：不做要求或低强度		离心拉长：中高强度 触地时间：短时 向心缩短：中高强度	
练习目标	掌握不同方向连续小幅度快速抛接技术	掌握垂直方向和水平方向上的连续性跳跃技术	掌握连续接抛技术在抛接距离和方向上的转换	正确落地和连续跳跃技术在跳跃距离和方向上的转换
具体要求	强调快速释放 • 俯卧撑小幅度快速推起 • 连续短距离（<50 厘米）接抛球时，主动"吸收"来球，短时释放 • 抛球时，由下肢蹬转向上传导至手部释放实心球 • 后引动作幅度小，且保证短时快速 • 不对抛掷球的远度做要求 • 进行不同方向的连续小幅度接抛球	强调短时触地 • 连续跳跃时，前脚掌着地，最后制动时采用全脚掌落地 • 尽可能确保较短触地时间 • 不要求跳跃的高度或远度 • 采用连续原地直膝跳或左右侧向跳练习 • 由平地连续跳进阶到 15—25 厘米低栏架	强调接抛的转换和衔接 • 俯卧开合撑起 • 连续抛接中距离（50 厘米—3 米）实心球，注意释放后的随上动作和身体的充分伸展 • 双脚、单脚、换脚、蹬地与单双手在不同方向上接抛球之间的转换和衔接	强调起跳落地的衔接 • 连续跳跃中栏架（30—50 厘米），注意手臂摆动的参与和身体充分伸展 • 线性前进跳跃与侧向跳跃的转换和衔接 • 双腿跳跃、单腿跳跃与换腿跳跃之间的转换和衔接 • 冲击跳跃（主动攻击地面式跳跃）与跳箱和栏架的结合

表 5-17　基础阶段（区块 5 至区块 7）——反弹性练习（中等强度离心）负荷进阶

负荷进阶	区块 5 至区块 7			
	1—12 周	13—24 周	25—36 周	37—48 周
垂直跳跃负荷	4×10 次或 4×8 次 / 组间休息 60 秒	3×15 次或 3×10 次 / 侧 组间休息 60 秒	5×10 次或 5×8 次 / 侧 组间休息 60 秒	4×15 次或 4×10 次 / 侧 组间休息 60 秒
水平跳跃负荷	4×10 米或 4×8 米 / 组间休息 60 秒	3×15 米或 3×15 米 / 侧 组间休息 60 秒	5×10 米或 5×8 米 / 侧 组间休息 60 秒	4×15 米或 4×10 米 / 侧 组间休息 60 秒
投掷（4 千克以下）负荷	4×10 次或 4×8 次 / 组间休息 60 秒	3×15 次或 4×10 次 / 侧 组间休息 60 秒	5×10 次或 5×8 次 / 侧 组间休息 60 秒	4×15 次或 4×10 次 / 侧 组间休息 60 秒

① 区块 5：3×6 分级训练计划

如图 5-16 所示，为区块 5 三个不同进阶阶段的 3×6 分级训练计划（每周 3 次，每次训练日包含 6 项主要练习）的安排示例，示例 A 展示了 1—12 周的下肢训练日的训练计划，示例 B 展示了 25—36 周的上肢训练日的训练计划，示例 C 展示了 37—48 周的爆发训练日的训练计划。此时，负重性练习板块的四类主要练习将成为首要练习内容，次要练习则来自过渡练习。

区块 5-6

区块 5（3×6 分级训练计划）							
层级	下肢训练日（90 分钟）		日期				周一
	练习代码	练习名称	组数	次/米/秒	负重	组间休息	备注
准备	WU-WE001	泡沫轴松解 ×5	1,1,1,1,1	10 秒	自身重量		唤醒
准备	WU-ME001-1	游戏：多人躲避瑞士球	2			60 秒	动员
准备	MM-DM001	动态灵活性练习 ×5	1,1,1,1,1	10 米	自身重量	15 秒	动态灵活性
准备	WU-AE002	PVC 横杆热身 ×5	1,1,1,1,1	10 次/侧		10 秒	激活
4-1	SM-SBE001-9	仰卧：抗阻带肩单脚撑（单腿臀桥）	3	60 秒	轻负重	60 秒	静态平衡
1-1	LM-TE002-4	哑铃蹲起	1,1,1	20,18,16 次	20/18/16RM	60 秒	下降控制加速推起
1-2	LM-TE002-5	抗阻带早安起	1,1,1	20,18,16 次	20/18/16RM	60 秒	下降控制加速推起
2-1	LM-TE002-15	哑铃站姿过顶推举	1,1	20,18 次	20/18RM	60 秒	下降控制加速推起
3-1	RM-RE005-2	行进双脚连续直膝跳接蹲停	4	8 次/侧	自身重量	60 秒	动作控制
4-2	SM-DBE004-7	坐位：抗阻带屈腿坐姿躯干扭转	3	20 次	轻负重	60 秒	动态平衡
4-3	MM-SFE001	儿童瑜伽 ×10		15 秒			静态灵活性

层级：1＝首要；2＝次要；3＝补充；4＝辅助
WU-WE（准备性练习板块-唤醒练习） WU-ME（准备性练习板块-动员练习）
WU-AE（准备性练习板块-激活练习） SM-SBE（稳定性练习板块-静态平衡练习）
LM-TE（负重性练习板块-过渡练习） RM-RE（反弹性练习板块-反应力量练习）
SM-DBE（稳定性练习板块-动态平衡练习） MM-SFE（灵活性练习板块-静态灵活性练习）

示例 A：区块 5（1—12 周）计划
■ 2 项首要练习下肢主导
■ 1 项次要练习上肢主导
■ 1 项补充练习为反应力量练习
■ 2 项辅助练习为静态平衡和动态平衡练习
6 项练习按照平行式组合方式进行

图 5-16（a） 区块 5（3×6 分级训练计划）示例 A

区块 5（3×6 分级训练计划）							
层级	上肢训练日（90 分钟）		日期				周三
	练习代码	练习名称	组数	次/米/秒	负重	组间休息	备注
准备	WU-WE001	泡沫轴松解 ×5	1,1,1,1,1	10 秒	自身重量		唤醒
准备	WU-ME001-9	游戏：蜜蜂与花朵	2			60 秒	动员
准备	MM-DM001	动态灵活性练习 ×5	1,1,1,1,1	10 米	自身重量	15 秒	动态灵活性
准备	WU-AE001	肩部激活 ×5	1,1,1,1,1	10 次/侧		10 秒	激活
4-1	SM-DBE001-14	仰卧：哑铃 3 点反向手脚撑挺髋	3	60 秒/侧	轻负重	60 秒	动态平衡
1-1	LM-TE002-13	哑铃地面卧推	1,1,1	16,14,12 次	16/14/12RM	60 秒	下降控制加速推起
2-1	LM-TE002-5	抗阻带早安起	1,1	16,14 次	16/14RM	60 秒	下降控制加速推起
1-2	LM-PHE002-4	站姿哑铃肩推	1,1,1	16,14,12 次	16/14/12RM	60 秒	下降控制加速推起
3-1	RM-BE004-2	正向：双手体前连续小幅度快速抛接实心球	5	10 次/侧	1 千克	60 秒	动作控制
4-2	SM-DBE002-8	俯卧：平板手膝撑下肢分离多方向运动	4	10 次/侧	轻负重	60 秒	动态平衡
4-3	MM-SFE001	儿童瑜伽 ×10	5	15 秒			静态灵活性

层级：1＝首要；2＝次要；3＝补充；4＝辅助
WU-WE（准备性练习板块-唤醒练习） WU-ME（准备性练习板块-动员练习）
MM-DM（灵活性练习板块-动态灵活性练习） WU-AE（准备性练习板块-激活练习）
LM-TE（负重性练习板块-过渡练习） LM-PHE（负重性练习板块-推举练习）
RM-BE（反弹性练习板块-弹动练习） SM-DBE（稳定性练习板块-动态平衡练习）
MM-SFE（灵活性练习板块-静态灵活性练习）

示例 B：区块 5（25—36 周）计划
■ 2 项首要练习下肢主导
■ 1 项次要练习上肢主导
■ 1 项补充练习为反应力量练习
■ 2 项辅助练习为静态平衡和动态平衡练习
6 项练习按照平行式组合方式进行

图 5-16（b） 区块 5（3×6 分级训练计划）示例 B

层级	区块5（3×6分级训练计划）		日期			周五	
	爆发训练日（90分钟）						
	练习代码	练习名称	组数	次/米/秒	负重	组间休息	备注
准备	WU-WE001	泡沫轴松解 ×5	1,1,1,1,1	10秒	自身重量		唤醒
准备	WU-ME001-12	游戏：流星大作战	2			60秒	动员
准备	MM-DM001	动态灵活性练习 ×5	1,1,1,1,1	10米	自身重量	15秒	动态灵活性
准备	WU-AE002	PVC横杆热身 ×5	1,1,1,1,1	10次/侧		10秒	激活
1-1	LM-TE002-4	壶铃蹲起	1,1,1	14,12,10次	14/12/10RM	60秒	下降控制加速推起
2-1	LM-TE002-6	抗阻带屈髋	1,1	14,12次	14/12RM	60秒	下降控制加速推起
3-1	RM-RE005-4	连续双脚跳上跳下矮台阶接蹲停	4	15次	自身重量	60秒	动作控制
1-2	LM-PHE003-1	壶铃单臂半程推举	1,1	14,12,10次	14/12/10RM	60秒	下降控制加速推起
2-2	LM-TE002-22	哑铃卷腕	1,1	14,12次	14/12RM	60秒	下降控制加速推起
3-2	RM-BE004-8	双手站立下砸实心球	4	15次	1千克	60秒	动作控制
4-1	MM-SFE001	儿童瑜伽 ×10	5	15秒			静态灵活性

层级：1＝首要；2＝次要；3＝补充；4＝辅助
WU-WE（准备性练习板块-唤醒练习） WU-ME（准备性练习板块-动员练习）
MM-DM（灵活性练习板块-动态灵活性练习） WU-AE（准备性练习板块-激活练习）
LM-TE（负重性练习板块-过渡练习） LM-HE（负重性练习板块-铰链练习）
RM-RE（反弹性练习板块-反应力量练习） LM-PHE（负重性练习板块-推举练习）
RM-BE（反弹性练习板块-弹动练习）

示例C：区块5（37—48周）计划
■ 1项首要练习下肢主导与1项首要练习上肢主导
■ 1项次要练习下肢主导与1项次要练习上肢主导
■ 2项补充练习为弹动练习和反应力量练习
6项练习按照平行式组合方式进行

图5-16（c） 区块5（3×6分级训练计划）示例C

② 区块5：2×6分级训练计划

如图5-17所示，为区块5两个不同进阶阶段的2×6分级训练计划（每周2次，

层级	区块5（2×6分级训练计划）		日期			周一	
	上肢训练日（90分钟）						
	练习代码	练习名称	组数	次/米/秒	负重	组间休息	备注
准备	WU-WE001	泡沫轴松解 ×5	1,1,1,1,1	10秒	自身重量		唤醒
准备	WU-ME001-5	游戏：时钟炮弹	2			60秒	动员
准备	MM-DM001	动态灵活性练习 ×5	1,1,1,1,1	10米	自身重量	15秒	动态灵活性
准备	WU-AE001	肩部激活 ×5	1,1,1,1,1	10次/侧		10秒	激活
4-1	SM-SBE002-3	俯卧：平板手膝4点或3点撑起	3	60秒	轻负重	60秒	静态平衡
1-1	LM-PHE002-4	站姿哑铃肩推	1,1,1	18,16,14次	18/16/14RM	60秒	下降控制加速推起
2-1	LM-TE002-9	抗阻带伸髋	1,1	18,16次	18/16RM	60秒	下降控制加速推起
1-2	LM-PLE002-3	单壶铃悬垂耸肩	1,1,1	18,16,14次	18/16/14RM	60秒	下降控制加速推起
2-2	LM-TE002-2	抗阻带伸膝	1,1	18,16次	18/16RM	60秒	下降控制加速推起
3-1	RM-BE004-9	双手单脚站立连续下砸实心球	3	15次	1千克	60秒	动作控制
4-2	MM-SFE001	儿童瑜伽 ×10		15秒			静态灵活性

层级：1＝首要；2＝次要；3＝补充；4＝辅助
WU-WE（准备性练习板块-唤醒练习） WU-ME（准备性练习板块-动员练习）
MM-DM（灵活性练习板块-动态灵活性练习） WU-AE（准备性练习板块-激活练习）
LM-TE（负重性练习板块-过渡练习） LM-PHE（负重性练习板块-推举练习）
LM-PLE（负重性练习板块-提拉练习） RM-BE（反弹性练习板块-弹动练习）
MM-SFE（灵活性练习板块-静态灵活性练习）

示例A：区块5（13—24周）计划
■ 2项首要练习上肢主导
■ 2项次要练习下肢主导
■ 1项补充练习为弹动练习
■ 1项辅助练习为静态平衡练习
6项练习按照平行式组合方式进行

图5-17（a） 区块5（2×6分级训练计划）示例A

抗阻训练的安排与实施

层级	下肢训练日（90分钟）		日期			周三	
	练习代码	练习名称	组数	次/米/秒	负重	组间休息	备注
准备	WU-WE001	泡沫轴松解 ×5	1,1,1,1,1	10 秒	自身重量		唤醒
准备	WU-ME001-7	游戏：打鱼小能手	2			60 秒	动员
准备	MM-DM001	动态灵活性练习 ×5	1,1,1,1,1	10 米	自身重量	15 秒	动态灵活性
准备	WU-AE002	PVC 横杆热身 ×5	1,1,1,1,1	10 次/侧		10 秒	激活
4-1	SM-DBE001-1	仰卧：死虫式下肢分离多方向运动	3	60 秒/侧	轻负重	60 秒	动态平衡
1-1	LM-TE002-4	壶铃蹲起	1,1,1	16,14,12 次	16/14/12RM	60 秒	下降控制加速推起
2-1	LM-TE002-17	哑铃站姿手臂侧举	1,1	16,14 次	16/14RM	60 秒	下降控制加速推起
1-2	LM-TE002-5	抗阻带早安起	1,1,1	16,14,12 次	16/14/12RM	60 秒	下降控制加速推起
2-2	LM-TE002-19	哑铃二头肌弯举	1,1	16,14 次	16/14RM	60 秒	下降控制加速推起
3-1	RM-RE005-9	快速钟摆跳接蹲停	5	10 次	自身重量	60 秒	动作控制
4-2	MM-SFE001	儿童瑜伽 ×10	5	15 秒			静态灵活性

区块 5（2×6 分级训练计划）

层级：1 = 首要；2 = 次要；3 = 补充；4 = 辅助
WU-WE（准备性练习板块 - 唤醒练习）
WU-ME（准备性练习板块 - 动员练习）
MM-DM（灵活性练习板块 - 动态灵活性练习）
WU-AE（准备性练习板块 - 激活练习）
LM-TE（负重性练习板块 - 过渡练习）
LM-PHE（负重性练习板块 - 推举练习）
LM-PLE（负重性练习板块 - 提拉练习）
RM-BE（反弹性练习板块 - 弹动练习）
MM-SFE（灵活性练习板块 - 静态灵活性练习）

示例 B：区块 5（25—36 周）计划
■ 2 项首要练习下肢主导
■ 2 项次要练习上肢主导
■ 1 项补充练习为反应力量练习
■ 1 项辅助练习为动态平衡练习
6 项练习按照平行式组合方式进行

图 5-17（b） 区块 5（2×6 分级训练计划）示例 B

每次训练日包含 6 项主要练习）的安排示例，示例 A 展示了 13—24 周的上肢训练日的训练计划，示例 B 展示了 25—36 周的下肢训练日的训练计划。此时，负重性练习板块的四类主要练习将成为首要练习内容，次要练习则来自过渡练习。

③ **区块 5：1×6 分级训练计划**

如图 5-18 所示，为区块 5 的 1×6 分级训练计划（每周 1 次，每次训练日包含 6 项主要练习）的安排示例，即 37—48 周的全身训练日的训练计划。此时，负重性练习板块的四类主要练习将成为首要练习内容，次要练习来自过渡练习。

④ **区块 6：3×6 分级训练计划**

如图 5-19 所示，为区块 6 三个不同进阶阶段的 3×6 分级训练计划（每周 3 次，每次训练日包含 6 项主要练习）的安排示例，示例 A 展示了 1—12 周的下肢训练日的训练计划，示例 B 展示了 13—24 周的上肢训练日的训练计划，示例 C 展示了 37—

48周的爆发训练日的训练计划。从区块6开始，将引入动态稳定性练习。负重性练习板块的四类主要练习为首要练习内容，次要练习来自过渡练习。

区块5（1×6分级训练计划）

层级	全身训练日（90分钟）		日期			周五	
	练习代码	练习名称	组数	次/米/秒	负重	组间休息	备注
准备	WU-WE001	泡沫轴松解 ×5	1,1,1,1,1	10秒	自身重量		唤醒
准备	WU-ME001-12	游戏：流星大作战	2			60秒	动员
准备	MM-DM001	动态灵活性练习 ×5	1,1,1,1	10米	自身重量	15秒	动态灵活性
准备	WU-AE002	PVC横杆热身 ×5	1,1,1,1,1	10次/侧		10秒	激活
1-1	LM-SE003-1	双哑铃肩上蹲起	1,1,1	14,12,10次	14/12/10RM	60秒	下降控制加速推起
1-2	LM-PLE002-6	单壶铃窄拉	1,1,1	14,12,10次	14/12/10RM	60秒	下降控制加速推起
2-1	LM-TE002-10	背起	1,1	14,12次	14/12RM	60秒	下降控制加速推起
2-2	LM-TE002-17	壶铃站姿手臂侧举	1,1	14,12次	14/12RM	60秒	下降控制加速推起
3-1	RM-RE005-6	原地单脚连续直膝跳接蹲停	4	15次	自身重量	60秒	动作控制
4-1	SM-DBE001-14	仰卧：壶铃3点反向手脚撑挺髋	3	10次/侧	轻负重	60秒	动态平衡
4-2	MM-SFE001	儿童瑜伽 ×10	5	15秒			静态灵活性

层级：1=首要；2=次要；3=补充；4=辅助
WU-WE（准备性练习板块 – 唤醒练习） WU-ME（准备性练习板块 – 动员练习）
MM-DM（灵活性练习板块 – 动态灵活性练习） WU-AE（准备性练习板块 – 激活练习）
LM-TE（负重性练习板块 – 过渡练习） RM-RE（反弹性练习板块 – 反应力量练习）
SM-DBE（稳定性练习板块 – 动态平衡练习） MM-SFE（灵活性练习板块 – 静态灵活性练习）

示例B：区块5（25—36周）计划
- 2项首要练习下肢主导
- 2项次要练习上肢主导
- 1项补充练习为反应力量练习
- 1项辅助练习为动态平衡练习
- 6项练习按照平行式组合方式进行

图 5-18　区块5（1×6分级训练计划）示例

区块6（3×6分级训练计划）

层级	下肢训练日（90分钟）		日期			周一	
	练习代码	练习名称	组数	次/米/秒	负重	组间休息	备注
准备	WU-WE001	泡沫轴松解 ×5	1,1,1,1,1	10秒	自身重量		唤醒
准备	WU-ME001-1	游戏：多人躲避瑞士球	2			60秒	动员
准备	MM-DM001	动态灵活性练习 ×5	1,1,1,1	10米	自身重量	15秒	动态灵活性
准备	WU-AE002	PVC横杆热身 ×5	1,1,1,1,1	10次/侧		10秒	激活
4-1	SM-SBE001-9	仰卧：抗阻带肩单脚撑（单腿臀桥）	3	60秒	轻负重	60秒	动态稳定
1-1	LM-TE002-4	抗阻带蹲起	1,1,1,1	20,18,16,14次	20/18/16/14RM	90秒	下降控制加速推起
2-1	LM-PHE002-8	杠铃借力推	1,1,1	20,18,16次	20/18/16RM	60秒	下降控制加速推起
3-1	RM-RE005-8	连续单脚跳上跳下矮台阶接蹲停	4	8次/侧	自身重量	60秒	动作控制
1-2	RM-RE005-2	行进双脚连续直膝跳接蹲停	1,1,1,1	20,18,16,14次	20/18/16/14RM	90秒	下降控制加速推起
4-2	SM-DBE004-2	坐位：屈腿坐姿躯干扭转	4	10次	轻负重	60秒	动态平衡
4-3	MM-SFE001	儿童瑜伽 ×10		15秒			静态灵活性

层级：1=首要；2=次要；3=补充；4=辅助
WU-WE（准备性练习板块 – 唤醒练习） WU-ME（准备性练习板块 – 动员练习）
MM-DM（灵活性练习板块 – 动态灵活性练习） WU-AE（准备性练习板块 – 激活练习）
SM-SBE（稳定性练习板块 – 静态平衡练习） LM-PHE（负重性练习板块 – 推举练习）
LM-TE（负重性练习板块 – 过渡练习） RM-RE（反弹性练习板块 – 反应力量练习）
SM-DBE（稳定性练习板块 – 动态平衡练习） MM-SFE（灵活性练习板块 – 静态灵活性练习）

示例A：区块6（1—12周）计划
- 2项首要练习下肢主导
- 1项次要练习上肢主导
- 2项补充练习为反应力量练习
- 2项辅助练习为动态平衡和动态稳定练习
- 6项练习按照平行式组合方式进行

图 5-19（a）　区块6（3×6分级训练计划）示例A

区块6（3×6分级训练计划）							
层级	上肢训练日（90分钟）		日期			周三	
	练习代码	练习名称	组数	次/米/秒	负重	组间休息	备注
准备	WU-WE001	泡沫轴松解×5	1,1,1,1,1	10秒	自身重量		唤醒
准备	WU-ME001-9	游戏：蜜蜂与花朵	2			60秒	动员
准备	MM-DM001	动态灵活性练习×5	1,1,1,1,1	10米	自身重量	15秒	动态灵活性
准备	WU-AE001	肩部激活×5	1,1,1,1,1	10次/侧		10秒	激活
4-1	SM-DSE005-3	跪位：分腿式单膝支撑衔接单腿支撑站位	3	60秒/侧	轻负重	60秒	动态稳定
1-1	LM-TE002-13	哑铃地面卧推	1,1,1,1	18,16,14,12次	18/16/14/12RM	90秒	下降控制加速推起
1-2	LM-TE002-14	哑铃俯身划船	1,1,1,1	18,16,14,12次	18/16/14/12RM	90秒	下降控制加速推起
2-1	LM-TE002-5	抗阻带早安起	1,1,1	18,16,14次	18/16/14RM	60秒	下降控制加速推起
3-1	RM-BE004-1	连续小幅度快速俯卧撑	3	10次/侧	自身重量	60秒	动作控制
4-2	SM-DBE003-5	侧卧：上身悬空上肢分离多方向运动	3	10次/侧	轻负重	60秒	动态平衡
4-3	MM-SFE001	儿童瑜伽×10	5	15秒			静态灵活性

层级：1=首要；2=次要；3=补充；4=辅助
WU-WE（准备性练习板块-唤醒练习） WU-ME（准备性练习板块-动员练习）
MM-DM（灵活性练习板块-动态灵活性练习） WU-AE（准备性练习板块-激活练习）
SM-DSE（稳定性练习板块-动态稳定性练习） LM-TE（负重性练习板块-过渡练习）
RM-BE（反弹练习板块-弹动练习） SM-DBE（稳定性练习板块-动态平衡练习）
MM-SFE（灵活性练习板块-静态灵活性练习）

示例B：区块6（13—24周）计划
■ 2项首要练习上肢主导
■ 1项次要练习下肢主导
■ 1项补充练习为弹动练习
■ 2项辅助练习为动态稳定练习
6项练习按照平行式组合方式进行

图5-19（b） 区块6（3×6分级训练计划）示例B

区块6（3×6分级训练计划）							
层级	爆发训练日（90分钟）		日期			周五	
	练习代码	练习名称	组数	次/米/秒	负重	组间休息	备注
准备	WU-WE001	泡沫轴松解×5	1,1,1,1,1	10秒	自身重量		唤醒
准备	WU-ME001-12	游戏：流星大作战	2			60秒	动员
准备	MM-DM001	动态灵活性练习×5	1,1,1,1,1	10米	自身重量	15秒	动态灵活性
准备	WU-AE002	PVC横杆热身×5	1,1,1,1,1	10次/侧		10秒	激活
1-1	LM-SE003-2	双哑铃上举蹲起	1,1,1,1	14,12,10,8次	14/12/10/8RM	90秒	下降控制加速推起
2-1	LM-TE002-6	抗阻带屈髋	1,1,1	14,12,10次	14/12,10RM	60秒	下降控制加速推起
3-1	RM-RE005-7	行进单脚连续直膝跳接蹲停	4	15次	自身重量	60秒	动作控制
1-2	LM-PLE002-3	单壶铃悬垂耸肩	1,1,1,1	14,12,10次	14/12/10RM	90秒	下降控制加速推起
2-2	LM-TE002-21	壶铃手臂旋后-旋前	1,1,1	14,12,10次	14/12R，10M	60秒	下降控制加速推起
3-2	RM-BE005-7	正向：双手单脚换步中距离多方向抛接实心球系列1	4	15次	1千克	60秒	动作控制
4-1	MM-SFE001	儿童瑜伽×10	5	15秒			静态灵活性

层级：1=首要；2=次要；3=补充；4=辅助
WU-WE（准备性练习板块-唤醒练习） WU-ME（准备性练习板块-动员练习）
MM-DM（灵活性练习板块-动态灵活性练习） WU-AE（准备性练习板块-激活练习）
LM-TE（负重性练习板块-过渡练习） RM-RE（反弹性练习板块-反应力量练习）
LM-PLE（负重性练习板块-提拉练习） RM-BE（反弹性练习板块-弹动练习）
MM-SFE（灵活性练习板块-静态灵活性练习）

示例C：区块6（37—48周）计划
■ 1项首要练习下肢与1项首要练习上肢主导
■ 1项次要练习下肢主导与1项次要练习上肢主导
■ 2项补充练习弹动练习和反应力量练习
6项练习按照平行式组合方式进行

图5-19（c） 区块6（3×6分级训练计划）示例C

⑤ 区块6：2×6分级训练计划

如图5-20所示，为区块6两个不同进阶阶段的2×6分级训练计划（每周2次，

区块6（3×6分级训练计划）							
层级	上肢训练日（90分钟）			日期			周一	
	练习代码	练习名称	组数	次/米/秒	负重	组间休息	备注
准备	WU-WE001	泡沫轴松解×5	1,1,1,1,1	10秒	自身重量		唤醒
准备	WU-ME001-5	游戏：时钟炮弹	2			60秒	动员
准备	MM-DM001	动态灵活性练习×5	1,1,1,1,1	10米	自身重量	15秒	动态灵活性
准备	WU-AE001	肩部激活×5	1,1,1,1,1	10次/侧		10秒	激活
4-1	SM-DSE005-5	跪位：抗阻带双膝支撑衔接全蹲	3	60秒	轻负重	60秒	动态稳定
1-1	LM-TE002-13	哑铃/壶铃地面卧推	1,1,1,1	20,18,16,14次	20/18/16/14RM	90秒	下降控制加速推起
2-1	LM-TE002-7	抗阻带髋外展	1,1,1	20,18,16次	20/18/16RM	60秒	下降控制加速推起
1-2	LM-PLE002-3	单壶铃悬垂耸肩	1,1,1,1	20,18,16,14次	20/18/16/14RM	90秒	下降控制加速推起
2-2	LM-TE002-8	抗阻带髋内收	1,1,1	20,18,16次	20/18/16RM	60秒	下降控制加速推起
3-1	RM-BE004-9	双手单脚站立连续下砸实心球	3	15次	1千克	60秒	动作控制
4-2	MM-SFE001	儿童瑜伽×10		15秒			静态灵活性

层级：1=首要；2=次要；3=补充；4=辅助
WU-WE（准备性练习板块-唤醒练习）　　　　WU-ME（准备性练习板块-动员练习）
MM-DM（灵活性练习板块-动态灵活性练习）　WU-AE（准备性练习板块-激活练习）
SM-DSE（稳定性练习板块-动态稳定练习）　　LM-TE（负重性练习板块-过渡练习）
LM-PLE（负重性练习板块-提拉练习）　　　　RM-BE（反弹性练习板块-弹动练习）
MM-SFE（灵活性练习板块-静态灵活性练习）

示例A：区块6（1—12周）计划
🟧 2项首要练习上肢主导
🟦 2项次要练习上肢主导
🟪 1项补充练习为弹动练习
🟩 1项辅助练习为动态稳定练习
6项练习按照平行式组合方式进行

图5-20（a）　区块6（2×6分级训练计划）示例A

区块6（2×6分级训练计划）							
层级	下肢训练日（90分钟）			日期			周三	
	练习代码	练习名称	组数	次/米/秒	负重	组间休息	备注
准备	WU-WE001	泡沫轴松解×5	1,1,1,1,1	10秒	自身重量		唤醒
准备	WU-ME001-7	游戏：打鱼小能手	2			60秒	动员
准备	MM-DM001	动态灵活性练习×5	1,1,1,1,1	10米	自身重量	15秒	动态灵活性
准备	WU-AE002	PVC横杆热身×5	1,1,1,1,1	10次/侧		10秒	激活
4-1	SM-DSE006-2	站位：平行站立衔接分腿站立	3	60秒/侧	轻负重	60秒	动态稳定
1-1	LM-TE002-4	抗阻带蹲起	1,1,1,1	16,14,12,10次	16/14/12/10RM	90秒	下降控制加速推起
2-1	LM-TE002-20	抗阻带三头肌下压	1,1,1	16,14,12次	16/14/12RM	60秒	下降控制加速推起
1-2	LM-TE002-5	抗阻带早安起	1,1,1,1	16,14,12,10次	16/14/12/10RM	90秒	下降控制加速推起
2-2	LM-TE002-23	直腿触地引体换手抓杠	1,1,1	16,14,12次	16/14/12RM	60秒	下降控制加速推起
3-1	RM-RE005-11	直膝跳低栏架	5	8次/侧	自身重量	60秒	动作控制
4-2	MM-SFE001	儿童瑜伽×10	5	15秒			静态灵活性

层级：1=首要；2=次要；3=补充；4=辅助
WU-WE（准备性练习板块-唤醒练习）　　　　WU-ME（准备性练习板块-动员练习）
MM-DM（灵活性练习板块-动态灵活性练习）　WU-AE（准备性练习板块-激活练习）
SM-DSE（稳定性练习板块-动态稳定练习）　　LM-TE（负重性练习板块-过渡练习）
RM-RE（反弹性练习板块-反应力量练习）　　MM-SFE（灵活性练习板块-静态灵活性练习）

示例B：区块6（25—36周）计划
🟧 2项首要练习下肢主导
🟦 2项次要练习上肢主导
🟪 1项补充练习为反应力量练习
🟩 1项辅助练习为动态平衡练习
6项练习按照平行式组合方式进行

图5-20（b）　区块6（2×6分级训练计划）示例B

抗阻训练的安排与实施

每次训练日包括6项主要练习)的安排示例,示例A展示了1—12周的上肢训练日的训练计划,示例B展示了25—36周的下肢训练日的训练计划。此时,负重性练习板块的4类主要练习为首要练习内容,次要练习来自过渡练习。

⑥ 区块6:1×6分级训练计划

如图5-21所示,为区块6的1×6分级训练计划(每周1次,每次训练日包括6项主要练习)的安排示例,即37—48周的全身训练日的训练计划。此时,负重性练习板块的四类主要练习将成为首要练习内容,次要练习来自过渡练习。

区块6(1×6分级训练计划)							
层级	全身训练日(90分钟)		组数	次/米/秒	日期	周五	
	练习代码	练习名称			负重	组间休息	备注
准备	WU-WE001	泡沫轴松解×5	1,1,1,1,1	10秒	自身重量		唤醒
准备	WU-ME001-12	游戏:流星大作战	2			60秒	动员
准备	MM-DM001	动态灵活性练习×5	1,1,1,1,1	10米	自身重量	15秒	动态灵活性
准备	WU-AE002	PVC横杆热身×5	1,1,1,1,1	10次/侧		10秒	激活
1-1	LM-TE002-5	抗阻带早安起	1,1,1,1	14,12,10,8次	14/12/10/8RM	90秒	下降控制加速推起
1-2	LM-PHE002-4	站姿哑铃肩推	1,1,1,1	14,12,10,8次	14/12/10/8RM	90秒	下降控制加速推起
2-1	LM-TE002-10	背起	1,1,1	14,12,10次	14/12/10RM	60秒	下降控制加速推起
2-2	LM-TE002-17	哑铃站姿手臂侧举	1,1,1	14,12,10次	14/12/10RM	60秒	下降控制加速推起
3-1	RM-BE004-4	侧向:双手转体连续小幅度快速抛实心球	4	15次	自身重量	60秒	动作控制
4-1	SM-DSE006-1	站位:2点支撑衔接1点支撑	3	10次/侧	轻负重	60秒	动态稳定
4-2	MM-SFE001	儿童瑜伽×10	5	15秒			静态灵活性

层级:1=首要;2=次要;3=补充;4=辅助
WU-WE(准备性练习板块-唤醒练习)　　　　WU-ME(准备性练习板块-动员练习)
MM-DM(灵活练习板块-动态灵活性练习)　　WU-AE(准备性练习板块-激活练习)
LM-TE(负重性练习板块-过渡练习)　　　　 LM-PHE(负重性练习板块-推举练习)
RM-BE(反弹性练习板块-弹动练习)　　　　 SM-DSE(稳定性练习板块-动态稳定练习)
MM-SFE(灵活性练习板块-静态灵活练习)

示例A:区块6(37—48周)计划
■ 1项首要练习下肢主导与1项首要练习上肢主导
■ 1项次要练习下肢主导与1项次要练习上肢主导
■ 1项补充练习弹动练习
■ 1项辅助练习为动态平衡练习
6项练习按照平行式组合方式进行

图5-21 区块6(1×6分级训练计划)示例

⑦ 区块7:3×6分级训练计划

作为"强化阶段"之前的衔接阶段,区块7的目标旨在为之后抗阻训练计划全面加入"爆发练习"做好技术学习和身体准备的铺垫。因此,爆发练习的技术分解学习内容作为辅助练习将在区块7得到重点关注,具体练习的安排见下表。儿童杠铃杆的长度通常为 1.2—1.5 米，重量在 5—10 千克，教练员可以根据青少年的实际情况进行选配。"过渡练习"中大部分单关节练习将在区块 7 被移除。每个训练日都将根据当日主题，选择对应部位的负重性练习同反弹性练习组成"复合式练习组合"，其中反弹性练习板块进入到中高强度离心负荷阶段。

表5-18 基础阶段（区块 7）——爆发练习基本技术学习进阶（1—36 周）

抗阻训练基本技术		区块 7		
		横1（1—12周）	横2（13—24周）	横3（25—36周）
纵1	半程无接杆	儿童杆宽握/窄握悬垂耸肩拉 LM-EE001-1 3组×15次	儿童杆宽握/窄握悬垂高拉 LM-EE001-2 3组×15次	儿童杆宽握/窄握悬垂耸肩跳 LM-EE001-3 3组×15次
纵2	全程无接杆	儿童杆宽握/窄握静蹲跳 LM-EE002-1 3组×15次	儿童杆宽握/窄握耸肩拉 LM-EE002-2 3组×15次	儿童杆宽握/窄握高拉 LM-EE002-3 3组×15次
纵3	接杆	儿童杆提踵高翻/高抓握杆下落接1/4蹲 LM-EE003-1 3组×15次	儿童杆提踵高翻/高抓握杆下落接全蹲 LM-EE003-2 3组×15次	儿童杆高翻/高抓握杆垫高下落蹲 LM-EE003-3 3组×15次

表5-19 基础阶段（区块 7）——爆发练习基本技术学习进阶（37—48 周）

抗阻训练基本技术		区块 7		
		横1（1—12周）	横2（13—24周）	横3（25—36周）
纵4	轻负重半程	儿童杆悬垂直腿高翻/高抓 LM-EE004-1 3组×15次	儿童杆悬垂提踵接高翻/高抓 LM-EE004-2 3组×15次	儿童杆悬垂翻/高抓/下蹲翻/下蹲抓 LM-EE004-3 3组×15次
纵5	轻负重全程	儿童杆提踵高翻/高抓 LM-EE005-1 3组×15次	儿童杆箱上提踵高翻/高抓 LM-EE005-2 3组×15次	儿童杆高翻/高拉/下蹲翻/下蹲抓 LM-EE005-3 3组×15次

如图 5-22 所示，为区块 7 三个不同进阶阶段的 3×6 分级训练计划（每周 3 次，每次训练日包括 6 项主要练习）的安排示例，示例 A 展示了 1—12 周的下肢训练日的训练计划，示例 B 展示了 13—24 周的上肢训练日的训练计划，示例 C 展示了 37—48 周的爆发训练日的训练计划。

由于区块 7 开始引入全身爆发练习的基本技术学习，形成了针对上肢、下肢和全身三大训练日主题，每个训练日亦都含有以上述三类为主导的训练，因此 2×6 分级的训练计划可以直接采用如图 5-22(a)、图 5-22(b)所示的示例 A 和示例 B，而 1×6 分级训练计划则可采用如图 5-22(c)所示的示例 C 的安排方式。

区块 7（3×6 分级训练计划）

层级	练习代码	下肢训练日（90 分钟）练习名称	日期 组数	次/米/秒	负重	组间休息	周一 备注
准备	WU-WE001	泡沫轴松解×5	1,1,1,1,1	10 秒	自身重量		唤醒
准备	WU-ME001-1	游戏：多人躲避瑞士球	2			60 秒	动员
准备	MM-DM001	动态灵活性练习×5	1,1,1,1,1	10 米	自身重量	15 秒	动态灵活性
准备	WU-AE002	PVC 横杆热身×5	1,1,1,1,1	10 次/侧		10 秒	激活
4-1	SM-SBE001-9	仰卧：抗阻带/哑铃/壶铃肩单腿撑（单腿臀桥）	3	60 秒	轻负重	60 秒	动态稳定
1-1	LM-TE002-4	哑铃蹲起	1,1,1,1	20,18,16,14,12 次	20/18/16/14/12RM	90 秒	下降控制加速推起
2-1	LM-PHE003-1	壶铃单臂半程推举	1,1,1,1	20,18,16,14 次	20/18/16/14RM	90 秒	下降控制加速推起
2-2	LM-EE001-1	儿童杆宽握/窄握悬垂耸肩拉	3	15 次	轻负重	60 秒	爆发技术学习
1-2	LM-HE003-1	壶铃单腿硬拉	1,1,1,1	20,18,16,14,12 次	20/18/16/14/12RM	90 秒	下降控制加速推起
3-1	RM-RE006-2	双脚连续跳上台阶	1,1,1,1	10 次	自身重量	60 秒	动作控制
4-2	MM-SFE001	儿童瑜伽×10		15 秒			静态灵活性

层级：1=首要；2=次要；3=补充；4=辅助
WU-WE（准备性练习板块－唤醒练习）　WU-ME（准备性练习板块－动员练习）
MM-DM（灵活性练习板块－动态灵活性练习）　WU-AE（准备性练习板块－激活练习）
SM-SBE（稳定性练习板块－静态平衡练习）　LM-TE（负重性练习板块－过渡练习）
LM-PHE（负重性练习板块－推举练习）　LM-EE（负重性练习板块－爆发练习）
RM-RE（反弹性练习板块－反应力量练习）　MM-SFE（灵活性练习板块－静态灵活性练习）
LM-HE（负重性练习板块－铰链练习）

示例 A：区块 7（1－12 周）计划
■ 2 项首要练习下肢主导
■ 2 项次要练习上肢主导
■ 2 项补充练习为反应力量练习
■ 2 项辅助练习为动态稳定练习
6 项练习按照混合式组合方式进行（红色框为循环式组合）

图 5-22（a） 区块 7（3×6 分级训练计划）示例 A

区块 7（3×6 分级训练计划）

层级	练习代码	上肢训练日（90 分钟）练习名称	日期 组数	次/米/秒	负重	组间休息	周三 备注
准备	WU-WE001	泡沫轴松解×5	1,1,1,1,1	10 秒	自身重量		唤醒
准备	WU-ME001-9	游戏：蜜蜂与花朵	2			60 秒	动员
准备	MM-DM001	动态灵活性练习×5	1,1,1,1,1	10 米	自身重量	15 秒	动态灵活性
准备	WU-AE001	肩部激活×5	1,1,1,1,1	10 次/侧		10 秒	激活
4-1	SM-DSE005-3	跪位：分腿式单膝支撑衔接单腿支撑站位	3	60 秒/侧	轻负重	60 秒	动态稳定
1-1	LM-TE002-13	哑铃地面卧推	1,1,1,1	18,16,14,12,10 次	18/16/14/12/10RM	90 秒	下降控制加速推起
3-1	RM-BE005-3	正向：双手体侧连续中距离抛接实心球	1,1,1,1	15 次	轻负重	60 秒	动作控制
1-2	LM-PLE002-5	单壶铃悬垂高拉	1,1,1,1	18,16,14,12,10 次	18/16/14/12/10RM	90 秒	下降控制加速推起
2-1	LM-HE003-2	单腿哑铃臀冲	1,1,1,1	18,16,14,12 次	18/16/14/12RM	90 秒	下降控制加速推起
2-2	LM-EE003-2	儿童杆提踵高翻握杠下落接全蹲	3	15 次	轻负重	60 秒	爆发技术学习
4-2	MM-SFE001	儿童瑜伽×10	5	15 秒			静态灵活性

层级：1=首要；2=次要；3=补充；4=辅助
WU-WE（准备性练习板块－唤醒练习）　WU-ME（准备性练习板块－动员练习）
MM-DM（灵活性练习板块－动态灵活性练习）　WU-AE（准备性练习板块－激活练习）
SM-DSE（稳定性练习板块－动态稳定练习）　LM-TE（负重性练习板块－过渡练习）
LM-PLE（反弹性练习板块－弹动练习）　RM-BE（反弹性练习板块－弹动练习）
LM-EE（负重性练习板块－爆发练习）　MM-SFE（灵活性练习板块－静态灵活性练习）
LM-HE（负重性练习板块－铰链练习）

示例 B：区块 7（13－24 周）计划
■ 2 项首要练习上肢主导
■ 2 项次要练习下肢主导
■ 1 项补充练习为弹动练习
■ 2 项辅助练习为动态稳定练习
6 项练习按照混合式组合方式进行（红色框为循环式组合）

图 5-22（b） 区块 7（3×6 分级训练计划）示例 B

层级	区块7（3×6分级训练计划）						
	爆发训练日（90分钟）		日期			周五	
	练习代码	练习名称	组数	次/米/秒	负重	组间休息	备注
准备	WU-WE001	泡沫轴松解×5	1,1,1,1	10秒	自身重量		唤醒
准备	WU-ME001-12	游戏：流星大作战	2			60秒	动员
准备	MM-DM001	动态灵活性练习×5	1,1,1,1	10米	自身重量	15秒	动态灵活性
准备	WU-AE002	PVC横杆热身×5	1,1,1,1	10次/侧		10秒	激活
1-1	LM-EE005-1	儿童杆提踵高翻	3	15次	轻负重	60秒	爆发技术学习
2-1	LM-PHE003-6	哑铃古巴肩推	1,1,1,1	14,12,10,8次	14/12/10/8RM	90秒	下降控制加速推起
3-1	RM-BE005-14	侧向：双手顺步中距离多方向抛接实心球系列4	4	10次/侧	1Kg	60秒	动作控制
1-2	LM-EE004-3	儿童杆悬垂下蹲翻	3	15次	轻负重	60秒	爆发技术学习
2-2	LM-HE003-2	单腿哑铃臀冲	1,1,1,1	14,12,10,8次	14/12/10/8RM	90秒	下降控制加速推起
3-2	RM-RE006-12	双脚连续冲击转体跳过中栏架	4	15次	自身重量	60秒	动作控制
4-1	MM-SFE001	儿童瑜伽×10	5	15秒			静态灵活性

层级：1=首要；2=次要；3=补充；4=辅助
WU-WE（准备性练习板块-唤醒练习）　　　　WU-ME（准备性练习板块-动员练习）
MM-DM（灵活性练习板块-动态灵活性练习）　WU-AE（准备性练习板块-激活练习）
LM-EE（负重性练习板块-爆发练习）　　　　LM-HE（负重性练习板块-铰链练习）
RM-RE（反弹性练习板块-反应力量练习）　　MM-SFE（灵活性练习板块-静态灵活性练习）
RM-BE（反弹性练习板块-弹动练习）

示例C：区块7（37—48周）计划
■ 2项首要练习为全身主导爆发练习
■ 2项次要练习上肢和下肢主导
■ 2项补充练习为弹动练习和反应力量练习
6项练习按照混合式组合方式进行（红色框为循环式组合）

图 5-22（c）　区块7（3×6分级训练计划）示例C

7. 强化阶段——以力量素质为导向

进入强化阶段后，抗阻训练的整体安排将围绕不同力量素质的发展和提升。对普通青少年而言，由于不需要考虑专项训练与竞技比赛的周期，因此可以将每种力量素质的发展作为一个中周期，然后按照中周期的次序持续循环推进。但是对于青少年运动员而言，抗阻训练的强化阶段既要为力量素质的全面发展继续做好准备，同时也要围绕年度的比赛目标有针对性地统筹安排好抗阻训练计划。

（1）总体指导原则

教练员或体育教师在指导强化阶段的青少年时，应该当遵从以下一般性指导原则：

- 对灵活性的关注度达到青少年时期的峰值，并注重解决影响灵活性的运动代偿和功能障碍问题。
- 提升至完整的稳定性练习，因PHV到来而受到影响的青少年则可适当退阶。

- PHV之后可以进行完整的、以发展全部力量素质为目的的抗阻训练，但前提是已经系统地完成了前两个阶段负重性练习的铺垫。
- 在青春期后期开展中高离心负荷的反弹性练习，也可以同负重性练习结合。

关于青少年运动员的特殊性指导原则：

- 以特定力量素质迁移为目标，抗阻训练应与专项力量需求相结合。

（2）区块8训练计划

作为进入完全结构化的抗阻训练周期前最重要的承上启下阶段，区块8的年度安排将继续体现稳健进阶的特点。全面引入高级负重性练习可对五类主要负重性练习（蹲起、提拉、推举、铰链以及爆发练习）进行结构化安排，同时也能继续巩固中高离心负荷的反弹性练习。然而，为了更好地强化抗阻训练的技术学习效果，增加训练的多样性，此阶段的年度训练安排将采用日间波动周期模式（Undulating Periodization，UP），即在训练日之间不断提高和降低训练容量和强度（通常较高的强度对应较低的容量，反之同理）。与之前按照练习相关的身体部位来确定训练日主题不同，区块8的训练日主题以不同力量素质发展为导向（具体训练区间如图5-23所示），即动态努力日、最大努力日以及重复努力日，这些主题决定了日间波动的训练容量和强度。

① 动态努力日。动态努力日旨在发展青少年的快速发力，以及吸收并迅速释放施加在身体上的压力的能力。该主题日的训练强度在50% 1RM—75% 1RM的范围之间，练习中使用的阻力一般小于个人10RM对应的重量，每组举起负重的次数在2—10次之间波动。为了保证做到动作的快速释放，弹动练习的负重不要高于卧推20% 1RM的重量。练习中，强调向心动作快速而具有爆发力。每组练习之间应当完全休息。在这一阶段，应继续巩固中高离心强度的反弹性练习。

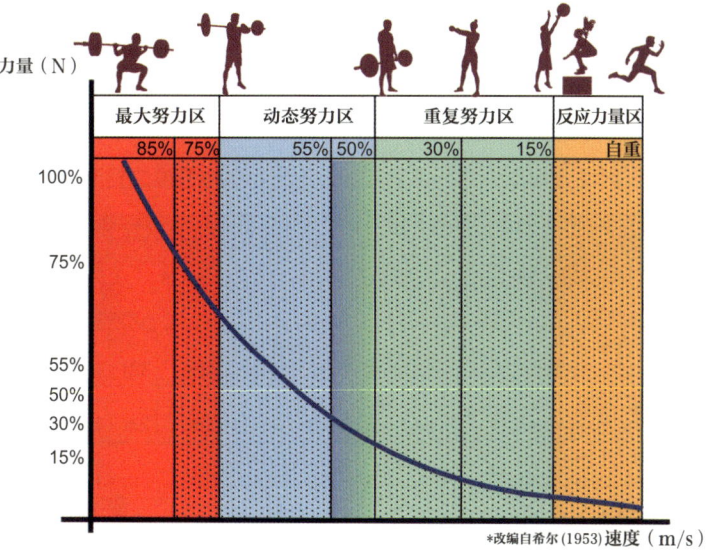

图 5-23 青少年力量素质训练的力-速区间

② 最大努力日。最大努力日旨在发展青少年神经募集肌纤维生成最大力量的能力。该主题日的训练强度在 75% 1RM—85% 1RM 的范围之间，阻力采用 6—10RM 对应的重量范围。为了保证训练的安全，青春期及青春期后期的青少年举起的最大负重不应超过 85% 1RM，每组举起负重的次数在 1—5 次之间波动。练习中，强调练习者以最大意图举起负重，每组练习之间应当充分休息。

③ 重复努力日。重复努力日旨在发展青少年抵抗疲劳、维持力量输出的能力。该主题日的训练强度在 15% 1RM—55% 1RM 的范围之间，阻力采用小于个人 25RM 对应的重量，每组举起负重的次数在 8—15 次之间波动。练习中，强调练习者快速且有控制地举起负重，每组练习之间不要完全休息。

在 3×6 分级训练计划中，动态努力日的总体负荷刺激中等，一般安排在周初。经过周末的休息，可以保证训练中爆发性动作的质量。最大努力日安排在周中，能够对练习者的神经系统产生较大的刺激，但由于训练容量不大，可以较快地恢复，也不会产生过多的疲劳积累。周五重复努力日的强度为一周中最低，但是容量较大，能够对练习者的肌肉系统产生外周性疲劳,因此衔接周末休息日,从而有助于更好的恢复。教练员和体育教师可从练习库中选择相应的练习填充到如表5-20所示的训练计划之中。

表5-20 区块8每周主题训练日的训练容量与训练强度之日渐波动安排

3×6分级训练计划	区块8		
	动态努力日（50%1RM—75%1RM或负重<10RM）	最大努力日（75%1RM—85%1RM或负重=6—10RM）	重复努力日（15%1RM—50%1RM或负重<30RM）
首要练习1	高翻/抓举/挺举 2组×6次,休息2分钟,快速爆发	蹲起/铰链 3组×5次,休息3分钟,最大意图	蹲起/铰链 3组×12次,休息1.5分钟,快速控制
次要练习1	蹲起/铰链 3组×8次,休息2分钟,快速爆发	推拉/提举变式练习 2组×3次,休息3分钟,最大意图	推拉/提举变式练习 2组×12次,休息1.5分钟,快速控制
补充练习1	弹动练习(<15%1RM) 3组×6次,休息2分钟,快速爆发	弹动练习(<15%1RM) 2组×4次,休息2分钟,快速爆发	高翻/抓举/挺举 2组×10次,休息1.5分钟,快速控制
首要练习2	高翻/抓举/挺举 2组×6次,休息2分钟,快速爆发	推拉/提举 3组×5次,休息3分钟,最大意图	推拉/提举 3组×12次,休息1.5分钟,快速控制
次要练习2	蹲起/铰链 3组×8次,休息2分钟,快速爆发	蹲起/铰链变式练习 2组×3次,休息3分钟,最大意图	推拉/提举变式练习 2组×12次,休息1.5分钟,快速控制
补充练习2	反应力量练习(自重) 3组×10次,休息2分钟,快速爆发	反应力量练习(自重) 2组×10次,休息3分钟,快速爆发	高翻/抓举/挺举 2组×10次,休息1.5分钟,快速控制

在2×6分级训练计划中,每周只能安排两天抗阻训练日,故建议每周保留最大努力日,另一个训练日在动态努力日和重复努力日中轮流选取。如果每周只能安排1次抗阻训练,那么建议在周中进行最大努力日的主题训练,但是该训练的频次安排可能无法对力量素质的进一步发展产生积极的作用。

为了保证抗阻训练强度设置的有效性,每隔4—6周应当在体能专业人员的监督下进行一次全面的上肢和下肢力量的1RM测试,继而在接下来的训练中使用新的以1RM计算的负重性练习的强度。

（3）区块9训练计划

进入到区块9之后,抗阻训练的安排将完全结构化。训练计划中的每个部分都将获得系统性的考虑。首要练习的安排将服从于中周期的力量素质发展目标,每次训练课中训练强度和训练容量的设定应贯穿于刺激—疲劳—恢复—适应的全过程之中。[12]由于区块9已经处于一般青少年的生长高峰期(PHV),更多的生长激素分泌使得抗阻训练带来的肌肉维度和肌肉力量增益愈发显著。随着训练复杂性的提升以及更大负荷的引入，训练强度持续积累，青少年将会经历疲劳。因此，为了避免疲劳以及潜在损伤达到临界水平，教练员和体育教师对抗阻训练的负荷管理变得更为重要。由于本书主要介绍的是抗阻训练对青少年运动参与的积极作用，因此训练负荷管理规划中以单项素质发展为目的的板块周期（Block Periodization，BP）模式相对更适用于诱导力量素质的发展。当然，对于希望开发多种专项动作能力的青少年运动员而言，就需要在以水平方向依序推进不同力量素质发展的同时，考虑整合其他能力要素的权重排序，这对于实现预期的训练成果至关重要。

在这一阶段，随着对离心负荷的吸收能力不断提升，教练员要为青少年运动员适当引入反应力量练习的高强度离心负荷练习（具体要求如表5-21所示）并与负重性练习进行整合。

表5-21 强化阶段（区块9）——反弹性练习板块（高强度离心）的进阶安排

反弹性练习进阶安排	区块9：高强度离心负荷练习	
	弹动练习	反应力量练习
练习特征	离心拉长：高强度	触地时间：短时　向心缩短：高强度
练习目标	不同张力下的接抛增强式练习	以下落跳进行增强式跳跃训练
具体要求	强调不同张力下的高速释放 • 下落俯卧撑 • 抗阻俯卧撑 • 抗阻带助力俯卧撑 • 在释放时增加阻力，加大后引动作的负荷 • 在释放时增加助力，增加释放时的向心发力 • 在上肢负重性练习之后进行上述接抛练习	强调更大的落地冲击力 • 下落跳后尽可能快的跳高 • 强调手臂的锁定和摆动两种情况 • 连续跳跃超过50厘米高度的栏架 • 下落跳与落地后跳远结合 • 下落跳与侧向跳结合 • 下落跳与冲击跳相结合 • 在下肢负重性练习之后进行上述跳跃练习 • 抗阻带助力跳

（4）周期安排

下文将结合上海高中校历和青少年赛季安排，将板块周期模式应用在区块9及之后的多年期安排当中。此处假定进阶到该区块的青少年已经将顺利完成了之前8个区块的训练。此外，在真实的学校环境中，训练计划的结构还应当适应校园活动、假期和每日课后时间安排等因素的影响。

① 大周期安排

大周期的时间跨度将以一个完整学年为单位，因此可将整个高中阶段视作三个抗阻训练的大周期。国内普通高中学生第 1 学期的校历一般从每年 9 月 1 日开始，学期共 21 周，4 周寒假过后，第 2 学期持续 20 周，之后便是 8 周的暑假。

处于高中阶段的普通青少年的抗阻训练大周期以寒暑假为"过渡期"，可以分为两个相对独立的阶段，每个阶段都包含了四个力量发展板块中周期，即力量耐力发展阶段、最大力量发展阶段、力量速度发展阶段和速度力量发展阶段。

根据运动项目的不同，青少年运动员的每赛季会存在一定差异，但通常会持续 6 个月的时间。赛季中会有分站赛设立，获得足够积分的运动员将参加 9 月底前后举办的年终总决赛。他们的年度训练板块中周期也会设置一个过渡期，安排在总决赛结束之后的两周。力量素质发展的两个独立阶段都包含有三个中周期，即力量积累阶段、力量强化阶段以及力量实现阶段。需要注意的是，为了将前期已经建立起的力量水平在整个竞赛期稳定，因此依然需要在赛季中将三个阶段合理地安排到位，只是每个阶段的持续时间与准备期相对缩短，尤其是积累期的持续时间。

表 5-22 普通青少年年度抗阻训练大周期负荷安排

日期	月份	周数	学年	普通青少年力量素质发展中周期	青少年运动员专项力量发展中周期
9/1	9 月	1	学年度第一学期	力量耐力阶段	竞赛期力量实现期
9/8		2			
9/15		3			
9/22		4			
9/29		5			
10/6	10 月	6			
10/13		7			过渡期
10/20		8			
10/27		9			
11/3	11 月	10		最大力量阶段	力量积累期
11/10		11			
11/17		12			
11/24		13			
12/1	12 月	14		负重功率发展阶段	
12/8		15			
12/15		16			

续表

日期	月份	周数	学年	普通青少年力量素质发展中周期	青少年运动员专项力量发展中周期
12/22	12月	17	学年度第一学期	负重功率发展阶段	力量积累期
12/29		18			
1/5	1月	19		反弹功率发展阶段	力量强化期
1/12		20			
1/19		21			
1/20	2月	22	寒假	过渡期	
1/27		23			
2/3		24			
2/10		25			
2/17	3月	26	学年度第二学期	力量耐力阶段	力量实现阶段
2/24		27			
3/3		28			
3/10		29			
3/17		30			
3/24		31			
3/31	4月	32		最大力量阶段	竞赛期
4/7		33			
4/14		34			
4/21		35			
4/28	5月	36			力量积累期
5/5		37			
5/12		38		负重功率发展阶段	
5/19		39			
5/26	6月	40			力量强化期
6/2		41			
6/9		42		反弹功率发展阶段	力量实现期
6/16		43			
6/23		44			
6/30	7月	45	暑假	过渡期	力量积累期
7/7		46			
7/14		47			
7/21		48			
7/28	8月	49			力量强化期
8/4		50			
8/11		51			
8/18		52			

② 中周期安排

根据力-速曲线连续体上的主要力量素质发展区间，可确定普通青少年抗阻训练的四个中周期发展主题,分别是力量耐力发展阶段、最大力量发展阶段,负重功率发展阶段以及反弹功率发展阶段。经过寒假的过渡期,第2学期将重复第1学期训练计划的四个中周期。

力量耐力发展阶段(见图5-24中的数字1区间):该阶段主要建立解剖学适应,增加持续施力能力。第1学期的力量耐力发展阶段共由8周组成,分别设置两个3:1中周期(3周加载,1周卸载)。训练强度处于中等区间(51%—70%)[13],整个阶段内训练缓冲始终保持在8%,但可通过增加组数实现训练负荷的渐进式发展,同时有助于技术能力的巩固以及工作能力的提升。位于第2学期的力量耐力发展阶段的持续则稍短,共有6周,因此可以采用一个4:2或两个2:1的中周期结构。

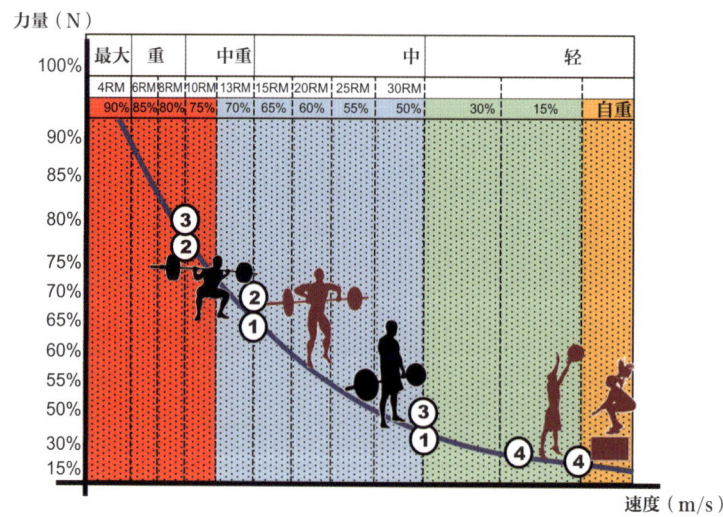

图5-24 普通青少年抗阻训练中周期力量素质发展的力-速曲线连续体

最大力量发展阶段(见图5-24中的数字2区间):该阶段主要针对中枢神经系统,通过激活快肌纤维运动单位,提升肌纤维的募集能力,从而建立起个人的绝对力量储备。由于在青春期之前不建议进行超过85% 1RM的负重,因而更多地转向肌间协调适应。该阶段共5周,采用4:1的中周期模式。训练强度处于中重区间(71%—80%),整个阶段内在保持训练容量不变的情况下,逐渐减小训练缓冲。

负重功率发展阶段(见图5-24中的数字3区间):该阶段旨在不牺牲动作速度的情况下产生最大的力。该阶段共4周,采用3∶1的中周期模式。训练强度处于中等至中重区间(51%—80%),整个阶段内在保持低训练容量不变的情况下,逐渐增加训练缓冲,从而实现晚期发力率(超过100毫秒)向早期发力率的转换。

反弹功率发展阶段(见图5-24中的数字4区间):该阶段旨在提升能量加载后快速卸载的能力,提升轻负重或无负重下的动作速度。该阶段共4周,采用3∶1的中周期模式。训练强度处于低强度区间以下(20%)。整个阶段内在保持训练容量不变的情况下,进一步降低强度或无负重的自重练习,强调慢速伸缩负荷循环(250毫秒以上)向快速伸缩负荷循环的转换。

实际上,中周期发展主题主要体现在对首要练习发展目标的明确,在较长的时间范围内还需要兼顾到其他力量素质的保持。根据力量训练的痕迹效应和力量素质之间的兼容性[14],在中周期的非主题力量素质将依次分布在次要练习、补充练习和辅助练习部分。力量耐力发展阶段按顺序需要依次兼顾的是功率耐力、最大力量以及最大功率;最大力量发展阶段依次兼顾的是最大功率、功率耐力和力量耐力;负重功率发展阶段依次兼顾的是最大力量、力量耐力和功率耐力;反弹功率发展阶段依次兼顾的是最大力量、力量耐力和功率耐力。具体训练安排可参见下文"小周期安排"。

表5-23 普通青少年年度抗阻训练中周期负荷安排

日期	月份	周数	学年	普通青少年	首要练习训练容量	首要练习训练强度	强度区间	缓冲	训练目标
9/1	9月	1	学年度第1学期	力量耐力发展阶段 >功率耐力>最大力量>最大功率	1组×14次	60%1RM 或 20RM	中	8%	建立解剖学适应,增加持续施力能力
9/8		2			2组×14次	60%1RM 或 20RM	中	8%	
9/15		3			3组×14次	60%1RM 或 20RM	中	8%	
9/22		4			1组×14次	60%1RM 或 20RM	中	8%	
9/29		5			2组×14次	60%1RM 或 20RM	中	8%	
10/6	10月	6			3组×14次	60%1RM 或 20RM	中	8%	
10/13		7			4组×14次	60%1RM 或 20RM	中	8%	
10/20		8			2组×14次	60%1RM 或 20RM	中	8%	
10/27		9		最大力量发展阶段 >最大功率>功率耐力>力量耐力	3组×5次	75%1RM 或 10RM	中重	12%	建立力量储备,提升力量生成能力,提高肌间协调
11/3	11月	10			3组×5次	77%1RM 或 9RM	中重	10%	
11/10		11			3组×5次	79%1RM 或 9RM	中重	8%	
11/17		12			3组×5次	81%1RM 或 8RM	重	6%	
11/24		13			2组×5次	75%1RM 或 10RM	中重	12%	

续表

日期	月份	周数	学年	普通青少年	首要练习训练容量	首要练习训练强度	强度区间	缓冲	训练目标
12/1	12月	14	学年度第1学期	负重功率发展阶段 >最大力量>力量耐力/功率耐力	3组×5次	75%1RM 或 10RM	中重	12%	提升快速发力能力
12/8		15			3组×5次	65%1RM 或 10RM	中	22%	
12/15		16			3组×5次	55%1RM 或 10RM	中	32%	
12/22		17			2组×5次	50%1RM 或 10RM	中	37%	
12/29	1月	18		反弹功率发展阶段 >最大力量>力量耐力/功率耐力	3组×10次	15%1RM/自重	低	—	提升动作速度和加速能力
1/5		19			3组×10次	10%1RM/自重	低	—	
1/12		20			3组×10次	5%1RM/自重	低	—	
1/19		21			2组×10次	5%1RM/自重	低	—	

青少年运动员的抗阻训练中周期需要将年度赛季的准备作为目标之一，同时立足力量能力的长期发展。年终总决赛通常会在十月上旬进行，其后两周即过渡期。再之后，将有23周的时间可以用于为下一年度的赛季进行力量素质准备。与普通青少年的抗阻训练中周期不同，青少年运动员在进行力量准备的同时还应当结合运动专项的特征需求。由于本书并不涉及具体运动专项内容，因此选择了适合大部分运动项目的功率发展训练计划，其中包括了三个中周期——力量积累阶段、力量强化阶段以及力量实现阶段，涉及功率、最大力量以及力量耐力三项主要力量素质在阶段内并行发展（训练区间详见图5-25）。

力量积累阶段将持续10周，分别由两个为期5周的中周期组成。功率、最大力量以及力量耐力素质的发展在每个中周期都采用1∶4的方式（第1周卸载负荷，后4周为加载负荷）。

在远离赛季的阶段，功率旨在改善大负重下的晚期发力率。前5周的强度从中重强度区间（70%1RM）开始，在第2个5周的中周期将负重降低至65%1RM。

最大力量在这一阶段旨在继续完善负重性练习板块中蹲起、推举、提拉、髋铰链以及爆发这五类主要练习的技术，采用中等强度区间的（65%1RM）开始，并在下一个5周的中周期将负重提升至70%1RM，每组练习的重复次数由10次减少至8次。

本阶段力量耐力发展旨在建立肌腱韧带结缔组织的组织韧性，增加工作能力，选

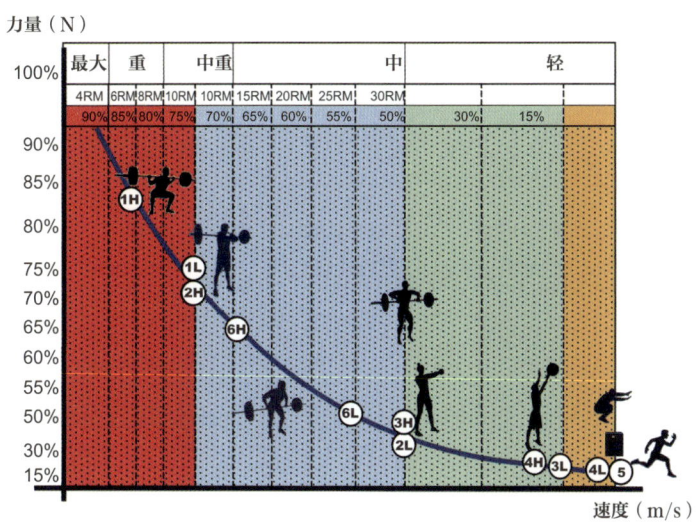

最大力量训练（1H—1L）：75%—85%　　晚期发力率训练（2H—2L）：50%—75%
早期发力率训练（3H—3L）：15%—50%　　弹动训练（4H—4L）：20%以下
反应力量训练（5）：自重（无负重）　　力量耐力训练（6H—6L）：55%—70%（1×20训练体系）

图 5-25　青少年运动员抗阻训练中周期力量素质发展的力-速曲线连续体

择负重性练习板块中的过渡练习（单关节练习优选）和五类主要动作模式的变式练习，采用（60% 1RM 或 20RM）的负重并保持该强度不变，每组练习从前 5 周的 15 次，到后 5 周的 12 次。

这一阶段的其他能力训练更加聚焦一般而非专项能力的提升，线性速度发展以更短距离的冲刺跑为主，聚焦起动和加速跑的动力学机制，变向速度以更短的距离和更高的容量为主，速度耐力以更长距离短间歇的训练为主。

力量强化阶段将持续 8 周，分别由两个为期 4 周的中周期组成。功率、最大力量以及力量耐力素质的发展在每个中周期都采用 1∶3 的方式（第 1 周卸载负荷，后 3 周为加载负荷）。

在准备期的中间阶段，功率将向中等负重下的早期发力率转换。前 4 周的强度从中等强度区间（60% 1RM）开始，在后 4 周负重降低至 60% 1RM。

最大力量在这一阶段旨在通过更大负荷建立肌间协调，向神经适应转换，从中重

表 5-24　青少年运动员年度抗阻训练中周期负荷安排

日期	月份	周数	学年	青少年运动员专项力量发展中周期	功率训练训练容量	功率训练训练强度	最大力量训练训练容量	最大力量训练训练强度	力量耐力训练训练容量	力量耐力训练训练强度	训练目标
9/1	9月	1	学年度第1学期	竞赛期	2组×5次	20%1RM/自重	2组×3次	85%1RM或6RM	2组×6次	60%1RM或20RM	保持运动表现水平
9/8		2			3组×5次	20%1RM/自重	3组×3次	85%1RM或6RM	3组×6次	60%1RM或20RM	
9/15		3			3组×5次	20%1RM/自重	3组×3次	85%1RM或6RM	3组×6次	60%1RM或20RM	
9/22		4			3组×5次	15%1RM/自重	3组×3次	85%1RM或6RM	3组×6次	60%1RM或20RM	
9/29		5			3组×5次	15%1RM/自重	3组×3次	85%1RM或6RM	3组×6次	60%1RM或20RM	
10/6	10月	6			年终总决赛						
10/13		7			过渡期						
10/20		8			过渡期						
10/27		9		力量积累期	2组×5次	70%1RM或13RM	2组×10次	65%1RM或15RM	2组×15次	60%1RM或20RM	建立一般力量储备
11/3	11月	10			3组×5次	70%1RM或13RM	3组×10次	65%1RM或15RM	3组×15次	60%1RM或20RM	
11/10		11			3组×5次	70%1RM或13RM	3组×10次	65%1RM或15RM	3组×15次	60%1RM或20RM	
11/17		12			3组×5次	70%1RM或13RM	3组×10次	65%1RM或15RM	3组×15次	60%1RM或20RM	
11/24		13			3组×5次	70%1RM或13RM	3组×10次	65%1RM或15RM	3组×15次	60%1RM或20RM	
12/1	12月	14			2组×5次	65%1RM或15RM	2组×8次	70%1RM或13RM	2组×12次	60%1RM或20RM	
12/8		15			3组×5次	65%1RM或15RM	3组×8次	70%1RM或13RM	3组×12次	60%1RM或20RM	
12/15		16			3组×5次	65%1RM或15RM	3组×8次	70%1RM或13RM	3组×12次	60%1RM或20RM	
12/22		17			3组×5次	65%1RM或15M	3组×8次	70%1RM或13RM	3组×12次	60%1RM或20RM	
12/29		18			3组×5次	65%1RM或15RM	3组×8次	70%1RM或13RM	3组×12次	60%1RM或20RM	

续表

日期	月份	周数	学年	青少年运动员专项力量发展中周期	功率训练训练容量	功率训练训练强度	最大力量训练训练容量	最大力量训练训练强度	力量耐力训练训练容量	力量耐力训练训练强度	训练目标
1/5	1月	19	学年度第1学期	力量强化期	2组×5次	60%1RM或20RM	2组×6次	75%1RM或10RM	2组×10次	60%1RM或20RM	提升一般力量向专项力量转换
1/12		20			3组×5次	60%1RM或20RM	3组×6次	75%1RM或10RM	3组×10次	60%1RM或20RM	
1/19		21			3组×5次	60%1RM或20RM	3组×6次	75%1RM或10RM	3组×10次	60%1RM或20RM	
1/20		22	寒假		3组×5次	60%1RM或20RM	3组×6次	75%1RM或10RM	3组×10次	60%1RM或20RM	
1/27		23			2组×5次	50%1RM或30RM	2组×5次	80%1RM或8RM	2组×8次	60%1RM或20RM	
2/3	2月	24			3组×5次	50%1RM或30RM	3组×5次	80%1RM或8RM	2组×8次	60%1RM或20RM	
2/10		25			3组×5次	50%1RM或30RM	3组×5次	80%1RM或8RM	2组×8次	60%1RM或20RM	
2/17		26			3组×5次	50%1RM或30RM	3组×5次	80%1RM或8RM	2组×8次	60%1RM或20RM	
2/24		27	学年度第2学期	力量实现阶段	2组×5次	20%1RM/自重	2组×3次	85%1RM或6RM	2组×6次	60%1RM或20RM	满足专项力量需求
3/3	3月	28			3组×5次	20%1RM/自重	3组×3次	85%1RM或6RM	3组×6次	60%1RM或20RM	
3/10		29			3组×5次	20%1RM/自重	3组×3次	85%1RM或6RM	3组×6次	60%1RM或20RM	
3/17		30			3组×5次	15%1RM/自重	3组×3次	85%1RM或6RM	3组×6次	60%1RM或20RM	
3/24		31			3组×5次	15%1RM/自重	3组×3次	85%1RM或6RM	3组×6次	60%1RM或20RM	

强度区间（75%1RM）开始，并在第二个4周的中周期将负重提升至80%1RM，每组练习的重复次数由前4周的每组6次减少至后4周的每组5次。

本阶段力量耐力发展旨在保持工作能力，继续采用（60%1RM或20RM）的负重，但是训练容量进一步减少，每组练习从前4周的每组10次，降低至后4周的每组8次。

这一阶段的其他能力训练更加着重于由一般向专项能力的转换，线性速度发展以更长距离的冲刺跑训练为主，聚焦于最大速度的动力学机制；变向速度以更长的距离和更低的容量为主，速度耐力以更短距离更长间歇的训练为主。

力量实现阶段将持续 5 周，功率、最大力量以及力量耐力素质的发展在每个中周期都采用 1∶4 的方式（第 1 周卸载负荷，后 4 周为加载负荷）。

在接近赛季的阶段，功率发展将聚焦于低负重或自重下的高速反弹功率训练；强度采用低强度区间（20% 1RM）以下，在距离比赛的前 2 周负重降低至 15% 1RM 或自重；上肢弹动与下肢反应力量练习将完全接近于与比赛中的真实需求场景，快速伸缩循环的发展是该阶段的最终目标。

最大力量在这一阶段将达到强度的峰值（85% 1RM），该强度也是青少年运动员在这一阶段的上限，而每组练习的重复次数也将下降到 3 次，通过提升强度、降低训练容量而实现避免疲劳、保持神经兴奋性是这一阶段最大力量的发展目标。

本阶段力量耐力发展旨在延长抵御疲劳的能力，继续采用（60% 1RM 或 20RM）的负重，但是训练容量降低至最低的每组 6 次。

这一阶段的其他能力训练应当在专项训练场景中进行全面开发。

③ 小周期安排

普通青少年抗阻训练小周期：

如表 5-25 所示，在力量耐力发展阶段的小周期中，3×6 分级训练计划的 3 个训练日分别专注上肢力量耐力、下肢力量耐力以及功率耐力训练日。除此之外，在功率训练日分别增加一次低容量、中重强度区间的最大力量训练。

表 5-25 力量耐力发展阶段小周期的 3×6 分级训练计划

下肢力量耐力训练日 1		第 1 周			第 2 周			第 3 周			第 4 周（卸载周）		
层级	练习	组数	次数	负重	组数	次数	负重	组数	次数	负重	组数	次数	负重
首要 1-1	蹲起练习	1	14	60%1RM	2	14	60%1RM	3	14	60%1RM	1	14	60%1RM
次要 2-1	过渡练习（上肢）	1	12	60%1RM	2	12	60%1RM	3	12	60%1RM	1	12	60%1RM
补充 3-1	爆发练习	1	10	50%1RM	2	10	50%1RM	3	10	50%1RM	1	10	50%1RM
首要 1-2	铰链练习	1	14	60%1RM	2	14	60%1RM	3	14	60%1RM	1	14	60%1RM
次要 2-2	过渡练习（上肢）	1	12	60%1RM	2	12	60%1RM	3	12	60%1RM	1	12	60%1RM
补充 3-2	反应力量练习	1	10	自重	2	10	自重	3	10	自重	1	10	自重

续表

下肢力量耐力训练日2		第1周			第2周			第3周			第4周（卸载周）		
层级	练习	组数	次数	负重	组数	次数	负重	组数	次数	负重	组数	次数	负重
首要1-1	推举练习	1	14	60%1RM	2	14	60%1RM	3	14	60%1RM	1	14	60%1RM
次要2-1	过渡练习（下肢）	1	12	60%1RM	2	12	60%1RM	3	12	60%1RM	1	12	60%1RM
补充3-1	爆发练习	1	10	50%1RM	2	10	50%1RM	3	10	50%1RM	1	10	50%1RM
首要1-2	提拉练习	1	14	60%1RM	2	14	60%1RM	3	14	60%1RM	1	14	60%1RM
次要2-2	过渡练习（下肢）	1	12	60%1RM	2	12	60%1RM	3	12	60%1RM	1	12	60%1RM
补充3-2	弹动练习	1	10	15%1RM	2	10	15%1RM	3	10	15%1RM	1	10	15%1RM
下肢力量耐力训练日3		第1周			第2周			第3周			第4周（卸载周）		
层级	练习	组数	次数	负重	组数	次数	负重	组数	次数	负重	组数	次数	负重
首要1-1	推举练习	1	3	75%1RM	2	3	75%1RM	3	3	75%1RM	1	3	75%1RM
次要2-1	爆发练习	1	8	50%1RM	2	8	50%1RM	3	8	50%1RM	1	8	50%1RM
补充3-1	过渡练习（上肢）	1	10	60%1RM	2	10	60%1RM	3	10	60%1RM	1	10	60%1RM
首要1-2	蹲起练习	1	3	75%1RM	2	3	75%1RM	3	3	75%1RM	1	3	75%1RM
次要2-2	爆发练习	1	8	50%1RM	2	8	50%1RM	3	8	50%1RM	1	8	50%1RM
补充3-2	过渡练习（下肢）	1	10	60%1RM	2	10	60%1RM	3	10	60%1RM	1	10	60%1RM

如表5-26所示，在最大力量发展阶段的小周期中，3×6分级训练计划的3个训练日分别专注上肢最大力量、下肢最大力量以及最大功率训练日。其中，在最大功率训练日加入中等负重的爆发练习。

表5-26 最大力量发展阶段小周期的3×6分级训练计划

下肢最大力量训练日1		第1周			第2周			第3周			第4周			第5周（卸载周）		
层级	练习	组数	次数	负重	组数	次数	负重	组数	次数	负重	组数	次数	负重	组数	次数	负重
首要1-1	蹲起练习	3	5	75%1RM	3	5	77%1RM	3	5	79%1RM	3	5	81%1RM	2	5	75%1RM
次要2-1	推举变式练习	3	5	75%1RM	3	5	77%1RM	3	5	79%1RM	3	5	81%1RM	2	5	75%1RM
补充3-1	爆发练习	3	5	60%1RM	3	5	60%1RM	3	5	60%1RM	3	5	60%1RM	2	5	60%1RM
首要1-2	铰链练习	3	5	75%1RM	3	5	77%1RM	3	5	79%1RM	3	5	81%1RM	2	5	75%1RM
次要2-2	提拉变式练习	3	5	75%1RM	3	5	77%1RM	3	5	79%1RM	3	5	81%1RM	2	5	75%1RM
补充3-2	反应力量练习	3	10	自重	3	10	自重	3	10	自重	3	10	自重	2	10	自重
上肢最大力量训练日2		第1周			第2周			第3周			第4周			第5周（卸载周）		
层级	练习	组数	次数	负重	组数	次数	负重	组数	次数	负重	组数	次数	负重	组数	次数	负重
首要1-1	推举练习	3	5	75%1RM	3	5	77%1RM	3	5	79%1RM	3	5	81%1RM	2	5	75%1RM
次要2-1	蹲起变式练习	3	5	75%1RM	3	5	77%1RM	3	5	79%1RM	3	5	81%1RM	2	5	75%1RM
补充3-1	爆发练习	3	5	60%1RM	3	5	60%1RM	3	5	60%1RM	3	5	60%1RM	2	5	60%1RM
首要1-2	提拉练习	3	5	75%1RM	3	5	77%1RM	3	5	79%1RM	3	5	81%1RM	2	5	75%1RM
次要2-2	铰链变式练习	3	5	75%1RM	3	5	77%1RM	3	5	79%1RM	3	5	81%1RM	2	5	75%1RM
补充3-2	弹动练习	3	5	20%1RM	3	5	20%1RM	3	5	20%1RM	3	5	20%1RM	2	5	20%1RM
最大功率训练日3		第1周			第2周			第3周			第4周			第5周（卸载周）		
层级	练习	组数	次数	负重	组数	次数	负重	组数	次数	负重	组数	次数	负重	组数	次数	负重
首要1-1	爆发练习	3	5	60%1RM	3	5	60%1RM	3	5	60%1RM	3	5	60%1RM	2	5	60%1RM
次要2-1	推举练习	3	5	75%1RM	3	5	77%1RM	3	5	79%1RM	1	8	50%1RM	2	5	75%1RM
补充3-1	弹动练习	3	5	20%1RM	3	5	20%1RM	3	5	20%1RM	3	5	20%1RM	2	5	20%1RM
首要1-2	爆发练习	3	5	60%1RM	3	5	60%1RM	3	5	60%1RM	3	5	60%1RM	2	5	60%1RM
次要2-2	蹲起练习	3	5	75%1RM	3	5	77%1RM	3	5	79%1RM	3	5	81%1RM	2	5	75%1RM
补充3-2	反应力量练习	3	10	自重	3	10	自重	3	10	自重	3	10	自重	2	10	自重

如表 5-27 所示，在负重功率发展阶段的小周期中，3×6 分级训练计划的 3 个训练日分别专注上肢负重功率、下肢负重功率以及最大力量训练日。其中，在上肢负重功率和下肢负重功率发展日加入中等强度区间的力量耐力练习。

表 5-27　负重功率发展阶段小周期的 3×6 分级训练计划

下肢负重功率训练日 1		第 1 周			第 2 周			第 3 周			第 4 周（卸载周）		
层级	练习	组数	次数	负重	组数	次数	负重	组数	次数	负重	组数	次数	负重
首要 1-1	爆发练习	3	5	75%1RM	3	5	65%1RM	3	5	55%1RM	2	5	50%1RM
次要 2-1	蹲起练习变式	3	5	75%1RM	3	5	75%1RM	3	5	75%1RM	2	5	75%1RM
补充 3-1	反应力量练习	3	10	自重	3	10	自重	3	10	自重	2	10	自重
首要 1-2	爆发练习	3	5	75%1RM	3	5	65%1RM	3	5	55%1RM	2	5	50%1RM
次要 2-2	提拉变式练习	3	5	75%1RM	3	5	75%1RM	3	5	75%1RM	2	5	75%1RM
补充 3-2	推举练习	3	10	60%1RM	3	10	60%1RM	3	10	60%1RM	2	10	60%1RM
上肢负重功率训练日 2		第 1 周			第 2 周			第 3 周			第 4 周（卸载周）		
层级	练习	组数	次数	负重	组数	次数	负重	组数	次数	负重	组数	次数	负重
首要 1-1	爆发练习	3	5	75%1RM	3	5	65%1RM	3	5	55%1RM	2	5	50%1RM
次要 2-1	提拉练习变式	3	5	75%1RM	3	5	75%1RM	3	5	75%1RM	2	5	75%1RM
补充 3-1	弹动练习	3	10	20%1RM	3	10	20%1RM	3	10	20%1RM	2	10	20%1RM
首要 1-2	爆发练习	3	5	75%1RM	3	5	65%1RM	3	5	55%1RM	2	5	50%1RM
次要 2-2	铰链练习变式	3	5	75%1RM	3	5	75%1RM	3	5	75%1RM	2	5	75%1RM
补充 3-2	蹲起练习	3	10	60%1RM	3	10	60%1RM	3	10	60%1RM	2	10	60%1RM
最大力量训练日 3		第 1 周			第 2 周			第 3 周			第 4 周（卸载周）		
层级	练习	组数	次数	负重	组数	次数	负重	组数	次数	负重	组数	次数	负重
首要 1-1	推举练习	3	5	75%1RM	3	5	65%1RM	3	5	55%1RM	2	5	50%1RM
次要 2-1	爆发练习	3	5	75%1RM	3	5	75%1RM	3	5	75%1RM	2	5	75%1RM
补充 3-1	弹动练习	3	10	20%1RM	3	10	20%1RM	3	10	20%1RM	2	10	20%1RM
首要 1-2	蹲起练习	3	5	75%1RM	3	5	65%1RM	3	5	55%1RM	2	5	50%1RM
次要 2-2	爆发练习	3	5	75%1RM	3	5	75%1RM	3	5	75%1RM	2	5	75%1RM
补充 3-2	反应力量练习	3	10	自重	3	10	自重	3	10	自重	2	10	自重

如表 5-28 所示，在反弹功率发展阶段的小周期中，3×6 分级训练计划的三个训练日分别专注上肢反弹功率、下肢反弹功率以及最大力量训练日。其中，在上肢反弹功率和下肢反弹功率发展日加入中重强度区间的最大力量练习。

表 5-28　反弹功率发展阶段小周期的 3×6 分级训练计划

下肢反弹功率训练日 1		第 1 周			第 2 周			第 3 周			第 4 周（卸载周）		
层级	练习	组数	次数	负重	组数	次数	负重	组数	次数	负重	组数	次数	负重
首要 1-1	反应力量练习	3	10	自重	3	5	自重	3	5	自重	2	10	自重
次要 2-1	蹲起练习	3	3	75%1RM	3	3	75%1RM	3	3	75%1RM	2	3	75%1RM
补充 3-1	爆发练习	2	5	50%1RM	2	5	50%1RM	2	5	50%1RM	2	5	50%1RM
首要 1-2	弹动练习	3	10	15%1RM	3	10	10%1RM	3	10	5%1RM	2	10	5%1RM
次要 2-2	推举练习	3	3	75%1RM	3	3	75%1RM	3	3	75%1RM	2	3	75%1RM
补充 3-2	提拉练习	3	10	50%1RM	3	10	50%1RM	3	10	50%1RM	2	10	50%1RM

续表

上肢反弹功率训练日2		第1周			第2周			第3周			第4周（卸载周）		
层级	练习	组数	次数	负重	组数	次数	负重	组数	次数	负重	组数	次数	负重
首要1-1	弹动练习	3	10	15%1RM	3	10	10%1RM	3	10	5%1RM	2	10	5%1RM
次要2-1	推举练习	3	3	75%1RM	3	3	75%1RM	3	3	75%1RM	2	3	75%1RM
补充3-1	爆发练习	2	5	50%1RM	2	5	50%1RM	2	5	50%1RM	2	5	50%1RM
首要1-2	反应力量练习	3	10	自重	3	5	自重	3	5	自重	2	10	自重
次要2-2	蹲起练习	3	3	75%1RM	3	3	75%1RM	3	3	75%1RM	2	3	75%1RM
补充3-2	铰链练习	3	10	50%1RM	3	10	50%1RM	3	10	50%1RM	2	10	50%1RM
最大力量训练日3		第1周			第2周			第3周			第4周（卸载周）		
层级	练习	组数	次数	负重	组数	次数	负重	组数	次数	负重	组数	次数	负重
首要1-1	推举练习	3	3	75%1RM	3	3	75%1RM	3	3	75%1RM	2	3	75%1RM
次要2-1	弹动练习	3	10	15%1RM	3	10	10%1RM	3	10	5%1RM	2	10	5%1RM
补充3-1	爆发练习	2	5	50%1RM	2	5	50%1RM	2	5	50%1RM	2	5	50%1RM
首要1-2	蹲起练习	3	3	75%1RM	3	3	75%1RM	3	3	75%1RM	2	3	75%1RM
次要2-2	反应力量练习	3	10	自重	3	5	自重	3	5	自重	2	10	自重
补充3-2	爆发练习	2	5	50%1RM	2	5	50%1RM	2	5	50%1RM	2	5	50%1RM

青少年运动员抗阻训练小周期：

如表5-29所示，在力量积累阶段的小周期中，3×6分级训练计划的前两个训练日分别将功率和最大力量进行兼容训练，功率训练的强度区间处于中重区间，最大力量训练处于中等区间。第三个训练日则将力量耐力与功率耐力进行兼容训练。

表5-29 力量积累阶段小周期的3×6分级训练计划

训练日1		第1周（卸载周）			第2周			第3周			第4周			第5周		
层级	练习	组数	次数	负重	组数	次数	负重	组数	次数	负重	组数	次数	负重	组数	次数	负重
首要1-1	爆发练习	2	5	70%1RM	3	5	70%1RM	3	5	70%1RM	3	5	70%1RM	3	5	70%1RM
次要2-1	铰链练习	2	10	65%1RM	3	10	65%1RM	3	10	65%1RM	3	10	65%1RM	3	10	65%1RM
补充3-1	反应力量练习	2	10	自重	3	10	自重	3	10	自重	3	10	自重	3	10	自重
首要1-2	蹲起练习	2	10	65%1RM	3	10	70%1RM	3	10	65%1RM	3	10	65%1RM	3	10	65%1RM
次要2-2	推举练习	2	10	65%1RM	3	10	75%1RM	3	10	65%1RM	3	10	65%1RM	3	10	65%1RM
补充3-2	提拉练习	2	10	65%1RM	3	10	65%1RM	3	10	65%1RM	3	10	65%1RM	3	10	65%1RM
训练日2		第1周（卸载周）			第2周			第3周			第4周			第5周		
层级	练习	组数	次数	负重	组数	次数	负重	组数	次数	负重	组数	次数	负重	组数	次数	负重
首要1-1	爆发练习	2	5	70%1RM	3	5	70%1RM	3	5	70%1RM	3	5	70%1RM	3	5	70%1RM
次要2-1	推举练习	2	10	65%1RM	3	10	65%1RM	3	10	65%1RM	3	10	65%1RM	3	10	65%1RM
补充3-1	弹动练习	2	10	20%1RM	3	10	20%1RM	3	10	20%1RM	3	10	20%1RM	3	10	20%1RM
首要1-2	提拉练习	2	10	65%1RM	3	10	65%1RM	3	10	65%1RM	3	10	65%1RM	3	10	65%1RM
次要2-2	蹲起练习	2	10	65%1RM	3	10	65%1RM	3	10	65%1RM	3	10	65%1RM	3	10	65%1RM
补充3-2	铰链练习	2	10	65%1RM	3	10	65%1RM	3	10	65%1RM	3	10	65%1RM	3	10	65%1RM
训练日3		第1周（卸载周）			第2周			第3周			第4周			第5周		
层级	练习	组数	次数	负重	组数	次数	负重	组数	次数	负重	组数	次数	负重	组数	次数	负重
首要1-1	爆发练习	2	8	50%1RM	3	8	50%1RM	3	8	50%1RM	3	8	50%1RM	3	8	50%1RM
次要2-1	提拉练习	2	15	60%1RM	3	15	60%1RM	3	15	60%1RM	3	15	60%1RM	3	15	60%1RM
补充3-1	铰链练习变式	2	15	60%1RM	3	15	60%1RM	3	15	60%1RM	3	15	60%1RM	3	15	60%1RM
首要1-2	推举练习	2	15	60%1RM	3	15	60%1RM	3	15	60%1RM	3	15	60%1RM	3	15	60%1RM
次要2-2	蹲起练习	2	15	60%1RM	3	15	60%1RM	3	15	60%1RM	3	15	60%1RM	3	15	60%1RM
补充3-2	提拉练习变式	2	15	60%1RM	3	15	60%1RM	3	15	60%1RM	3	15	60%1RM	3	15	60%1RM

如表 5-30 所示，在力量强化阶段的小周期中，3×6 分级训练计划的前两个训练日分别将功率和最大力量进行兼容训练，功率训练的强度区间处于中等区间，最大力量训练处于中重区间。第三个训练日则将力量耐力与功率耐力进行兼容训练，力量耐力的容量下降至每组 10 次。

表 5-30　力量强化阶段小周期的 3×6 分级训练计划

训练日1		第1周（卸载周）			第2周			第3周			第4周		
层级	练习	组数	次数	负重	组数	次数	负重	组数	次数	负重	组数	次数	负重
首要1-1	爆发练习	2	5	60%1RM	3	5	60%1RM	3	5	60%1RM	3	5	60%1RM
次要2-1	铰链练习	2	6	75%1RM	3	6	75%1RM	3	6	75%1RM	3	6	75%1RM
补充3-1	反应力量练习	2	10	自重	3	10	自重	3	10	自重	3	10	自重
首要1-2	蹲起练习	2	6	75%1RM	3	6	75%1RM	3	6	75%1RM	3	6	75%1RM
次要2-2	推举练习	2	6	75%1RM	3	6	75%1RM	3	6	75%1RM	3	6	75%1RM
补充3-2	提拉练习	2	6	75%1RM	3	6	75%1RM	3	6	75%1RM	3	6	75%1RM
训练日2		第1周（卸载周）			第2周			第3周			第4周		
层级	练习	组数	次数	负重	组数	次数	负重	组数	次数	负重	组数	次数	负重
首要1-1	爆发练习	2	5	60%1RM	3	5	60%1RM	3	5	60%1RM	3	5	60%1RM
次要2-1	推举练习	2	6	75%1RM	3	6	75%1RM	3	6	75%1RM	3	6	75%1RM
补充3-1	弹动练习	2	10	20%1RM	3	10	20%1RM	3	10	20%1RM	3	10	20%1RM
首要1-2	提拉练习	2	6	75%1RM	3	6	75%1RM	3	6	75%1RM	3	6	75%1RM
次要2-2	蹲起练习	2	6	75%1RM	3	6	75%1RM	3	6	75%1RM	3	6	75%1RM
补充3-2	铰链练习	2	6	75%1RM	3	6	75%1RM	3	6	75%1RM	3	6	75%1RM
训练日3		第1周（卸载周）			第2周			第3周			第4周		
层级	练习	组数	次数	负重	组数	次数	负重	组数	次数	负重	组数	次数	负重
首要1-1	爆发练习	2	5	50%1RM	3	5	50%1RM	3	5	50%1RM	3	5	50%1RM
次要2-1	提拉练习	2	6	60%1RM	3	6	60%1RM	3	6	60%1RM	3	6	60%1RM
补充3-1	铰链练习变式	2	6	60%1RM	3	6	60%1RM	3	6	60%1RM	3	6	60%1RM
首要1-2	推举练习	2	6	60%1RM	3	6	60%1RM	3	6	60%1RM	3	6	60%1RM
次要2-2	蹲起练习	2	6	60%1RM	3	6	60%1RM	3	6	60%1RM	3	6	60%1RM
补充3-2	提拉练习变式	2	6	60%1RM	3	6	60%1RM	3	6	60%1RM	3	6	60%1RM

如表 5-31 所示，在力量实现阶段的小周期中，3×6 分级训练计划的前两个训练日分别将功率和最大力量进行兼容训练；功率训练将进入到以速度为主导的低强度反弹功率发展，同时低强度弹动练习和自重下反弹性练习的训练容量将增加；最大力量的训练强度达到年度的峰值（85% 1RM），但训练容量更低，为每组 3 次或以下。第三个训练日仍以低容量的力量耐力训练为主。

表 5-31　力量实现阶段小周期的 3×6 分级训练计划

训练日 1		第 1 周（卸载周）			第 2 周			第 3 周			第 4 周		
层级	练习	组数	次数	负重	组数	次数	负重	组数	次数	负重	组数	次数	负重
首要 1-1	爆发练习	2	5	20%1RM	3	5	20%1RM	3	5	20%1RM	3	5	20%1RM
次要 2-1	铰链练习	2	3	85%1RM	3	3	85%1RM	3	3	85%1RM	3	3	85%1RM
补充 3-1	反应力量练习	2	8	自重	3	8	自重	3	8	自重	3	8	自重
首要 1-2	蹲起练习	2	3	85%1RM	3	3	85%1RM	3	3	85%1RM	3	3	85%1RM
次要 2-2	推举练习	2	3	85%1RM	3	3	85%1RM	3	3	85%1RM	3	3	85%1RM
补充 3-2	提拉练习	2	3	85%1RM	3	3	85%1RM	3	3	85%1RM	3	3	85%1RM
训练日 2		第 1 周（卸载周）			第 2 周			第 3 周			第 4 周		
层级	练习	组数	次数	负重	组数	次数	负重	组数	次数	负重	组数	次数	负重
首要 1-1	爆发练习	2	5	20%1RM	3	5	20%1RM	3	5	20%1RM	3	5	20%1RM
次要 2-1	推举练习	2	3	85%1RM	3	3	85%1RM	3	3	85%1RM	3	3	85%1RM
补充 3-1	弹动练习	2	8	15%1RM	3	8	15%1RM	3	8	15%1RM	3	8	15%1RM
首要 1-2	提拉练习	2	3	85%1RM	3	3	85%1RM	3	3	85%1RM	3	3	85%1RM
次要 2-2	蹲起练习	2	3	85%1RM	3	3	85%1RM	3	3	85%1RM	3	3	85%1RM
补充 3-2	铰链练习	2	3	85%1RM	3	3	85%1RM	3	3	85%1RM	3	3	85%1RM
训练日 3		第 1 周（卸载周）			第 2 周			第 3 周			第 4 周		
层级	练习	组数	次数	负重	组数	次数	负重	组数	次数	负重	组数	次数	负重
首要 1-1	爆发练习	2	8	50%1RM	3	8	50%1RM	3	8	50%1RM	3	8	50%1RM
次要 2-1	提拉练习	2	10	60%1RM	3	10	60%1RM	3	10	60%1RM	3	10	60%1RM
补充 3-1	铰链练习变式	2	10	60%1RM	3	10	60%1RM	3	10	60%1RM	3	10	60%1RM
首要 1-2	推举练习	2	10	60%1RM	3	10	60%1RM	3	10	60%1RM	3	10	60%1RM
次要 2-2	蹲起练习	2	10	60%1RM	3	10	60%1RM	3	10	60%1RM	3	10	60%1RM
补充 3-2	提拉练习变式	2	10	60%1RM	3	10	60%1RM	3	10	60%1RM	3	10	60%1RM

④ 关于周期安排的其他说明

对于 2×6 和 1×6 分级训练计划，本书不再做进一步展示。如果在区块 9 之后，每周还可以安排两次抗阻训练，那么一次训练日选择与中周期主题相一致的训练，另外一次训练日可参照 3×6 分级训练计划内容在每周进行交替选择。如果每周只能安排一次抗阻训练日，建议选择以力量耐力为主题的训练日计划。

进入到强化阶段之后，针对灵活性的运动代偿和动作功能障碍等问题，应当通过在训练课中系统性地加入灵活性板块中的纠正类练习借以改善。

为了保证抗阻训练强度设置的有效性，每个阶段开始前应当在体能专业人员的监督下进行一次全面的上肢和下肢力量的 1RM 测试，而在接下来的计划中使用更新的 1RM 计算负重性练习的强度。

6 抗阻训练方法分类

作为抗阻训练规划的最小单元，练习的进退安排和组合设置不仅可以产生特定的生理适应性，而且也在不同发育阶段与训练课的不同组成部分中发挥着特定功能。根据它们的特征，可以将青少年抗阻训练的方法划分为五大板块，即准备性练习板块、灵活性练习板块、稳定性练习板块、负重性练习板块以及反弹性练习板块。本章将对这些板块的分类情况进行详细介绍。

一、准备性练习板块

准备性练习可以视作抗阻训练前的热身练习，旨在充分调动青少年的中枢神经系统和骨骼肌肉系统，为后序的练习板块提供从静息状态到运动状态的充分衔接，预防可能出现的运动损伤。在青少年早期阶段，热身练习板块还可以和灵活性练习板块、稳定性练习板块相融合。热身板块练习按练习进行的先后顺序，依次包括唤醒练习、动员练习、激活练习、迁移练习和增强练习。尽可能保证在每次抗阻训练中都能够纳入所有类别的练习，如果一定需要做出取舍或调整，激活练习和增强练习应该是强制性的保留内容。

1. 唤醒练习：筋膜准备

唤醒练习主要针对筋膜、肌肉和软组织。利用泡沫轴及练习者自身的体重在肢体和躯干的主要肌群上产生一定压力，可使肌肉张力增加从而激活感受张力变化的感受器——高尔基腱器官（GTO）。高尔基腱器官活跃后，会进一步抑制肌肉中的另外一个感受肌肉长度变化的感受器——肌梭。最终减小肌肉的收缩张力，减少粘连，使肌肉得以放松，同时逐渐消除软组织中的结节及扳机点，以适应接下来的高强度训练。

2. 动员练习：心肺准备

动员练习旨在通过循序渐进的运动实现血液循环增加、肌肉温度升高、核心温度升高、呼吸加快、心率加快、肌肉收缩加快。尤其是在气温较低的天气，动员练习可以适当延长。动员练习的形式可以包括原地低强度的十字象限或九宫格跳跃，以及行进间的多方向中速移动。无论选择哪种形式的练习，都应该确保动作完成的质量以及运动时的专注度。对于低龄儿童，教练员或体育教师可以采取运动密度较高的游戏形式进行动员练习。

3. 激活练习：动作准备

激活练习主要是在越来越动态的场景中完成负重运动中涉及的动作模式，可增加关节灵活性和技术熟练度。激活练习的形式从局部到全身逐渐进阶。身体局部练习包括肩部激活、足踝激活、躯干激活、髋部激活；全身激活以成套的复合性动作为主，拥有初级和中高级水平的青少年可以采用豪斯（House）肩部激活组合、改良伯格纳（Burgener）横杆热身组合。低龄或新手级的青少年可以采用稳定性练习板块中的静态平衡练习作为替代练习。同时，这一部分也可以整合纠正类练习，进一步强化正确的动作模式。

4. 迁移练习：专项准备

迁移练习即低阻力下的动作模式模拟，为末端释放和开链运动做准备。通过增加动作幅度、动作组合复杂性以及动作控制难度，模拟后续主要板块的练习，逐渐对整体运动能力提出更大的挑战，亚沃雷克（Javorek）提出的哑铃/杠铃复合练习可作为中级负重练习热身时的迁移练习。在此类练习中，教练员或体育教师应关注青少年运动能力的差异，合理安排进阶。

5. 增强练习：神经准备

最后一个部分的增强练习是通过渐进式的方式达到100%的最大努力程度。在热身环节的最后部分尽可能多地募集运动单位，为之后训练的主要部分建立充分的神经肌肉过渡。此类练习要求完成时保持高度注意力集中，全力完成如跳跃、投掷、推拉、转体、冲刺跑以及最大等长收缩运动，进一步提升神经系统的兴奋性。

二 灵活性练习板块

灵活性练习板块旨在提升青少年身体关节肌肉、肌腱、韧带等软组织的弹性和延展能力，以及主要关节正常功能的活动范围和幅度，以安全和可控的方式达到理想姿势或体位，通常与准备性练习板块中的激活练习整合使用，或是作为抗阻训练课结束阶段的冷身部分。灵活性练习与负重性练习结合，不仅有助于发展青少年的功能稳定性，运动前的灵活性训练对青少年运动员而言也是一种有效的运动学习策略，能够在解决伤病预防和运动障碍方面发挥作用。[1]具体而言，该练习板块主要包括动态灵活性练习、静态灵活性练习和纠正类练习这三类。

处在青春期之前阶段（6—10岁）的青少年，在8岁以前，应鼓励他们在不同表面、在不同环境中参与涉及基础运动技能的各类活动，包括移动、肢体操控、平衡、节奏类和反应类的协调性游戏而不需要进行专门性的灵活性练习，此类练习内容的比重建议达到抗阻训练课总时间的一半以上（参见图5-6）；在8岁之后，应当在抗阻训练之前安排动态灵活性练习，练习中强调四肢向远端的伸够和转体的动态拉伸，静态灵活性练习主要以静态拉伸为主，练习中肢体和关节每次在到达目标位置后的停顿时间不宜超过20秒[2]，确保肢体拉伸过程中舒展缓慢，避免弹振式的快速运动。

进入青春期后，由于身体的快速生长，骨骼与肌肉的非同步发育，容易导致青少年的柔韧性下降，男孩表现得尤为明显。因此，动态灵活性和静态灵活性练习不仅应当在抗阻训练中成为比重较大的强制板块，也应该作为健康、积极生活方式的重要组成部分，坚持每日进行。在生长高峰期过后，灵活性练习应该达到关注度的最高峰。无论动态拉伸练习还是静态拉伸练习，在这一阶段都应注意不要超出不适的压力阈值。静态拉伸的时长循序渐进，但是单次牵伸保持时间最久不要超过30秒。静态灵活性练习可以放置于抗阻训练课的结束部分，作为锻炼后的冷身或整理部分。对于青少年运动员而言，应当将灵活性练习视为身体安全运动的"保养"内容，在抗阻训练计划的开始和结束部分都要有针对性地进行安排。

此外，在青春期的抗阻训练计划中，需要针对青少年存在的运动功能障碍问题加入纠正类练习，从而保证在强化阶段进行较大重量的负重性练习时动作模式的准确。

1. 动态灵活性练习

身体多个关节以有节奏的可控方式完成多个运动平面的主动发力运动，直至完成关节的全幅度活动。动态灵活性练习注重运动模式和关键肌群与关节的功能整合。

2. 静态灵活性练习

静态拉伸是在拉伸至动作的最大活动幅度之后，保持该姿势静止一段时间。在练习的全过程中，应当放松被拉伸的肌群，实现关节活动的最大幅度。儿童瑜伽练习是静态拉伸的代表性练习。

主动式分离拉伸技术（Active Isolated Stretching，AIS），也称为马特斯法，由亚伦·马特斯（Aaron L. Mattes）首创。主动式分离拉伸技术对目标肌肉进行孤立性拉伸，牵拉时呼气，吸气时释放，重复拉伸8—20次，每次拉伸不超过2秒，而不会触发保护性牵张反射和随后的相互拮抗肌肉收缩，从而使孤立肌肉达到放松状态。[3]

易化牵伸（PNF）可拉伸关节至最大活动幅度，然后紧接一次对抗同伴阻力的短时静力性收缩。随后，可以伸展肢体超过之前的最大活动范围至更大的角度。当运动员从关节的最大活动幅度恢复之后，可以再次进行一次对抗同伴阻力的静力等长收缩。

3. 纠正类练习

纠正类练习是针对导致青少年运动功能障碍的运动代偿与身体静态姿势等问题而进行的一系列运动干预练习，包括自我筋膜松解练习、反射性神经肌肉训练（Reactive Neuromuscular Training，RNT）。自我筋膜松解练习是对身体中过度活跃的神经筋膜组织进行张力松解或活性降低的纠正性练习。神经肌肉拉伸练习是增加身体神经筋膜组织延展性、长度和关节活动度的纠正性练习。反射性神经肌肉训练是通过促进反应或反射的一种修正运动而自然增加灵活性的练习。

三　稳定性练习板块

稳定性练习板块旨在提升青少年核心区域的控制能力和抗阻训练过程中的力量传导，同时有助于在青少年发育过程中建立本体感受性的坚实基础，对于促进长期运动成功和健康至关重要。核心区的肌肉功能也是人体流畅工作运转的重要枢纽，其主要作用是在上肢和下肢之间传递能量，同时在骨盆和脊柱水平层面提供稳定。稳定性训练可以视作抗阻训练课的准备性训练或前导性训练。随着移动、操控以及身体控制能力的逐渐完善，儿童中期（7岁以后）是引入稳定性训练的适宜阶段，且应持续并贯穿整个青春期。需要强调的是生长高峰期（PHF）。作为连接四肢的纽带，身体躯干部位的力量提升速度并不能合理地与快速生长的身体保持协同发展，这便导致了抗阻训练课中对核心部位稳定性的需求进一步加剧。因此，这一阶段的稳定性训练的比重将达到整个青少年时期的峰值（参见图5-6）。

尽管如此，核心肌肉组织还是更多地被人从稳定功能的角度看待，而其他如腘绳肌、股四头肌、背阔肌等集群则被视为力量的吸收器和生成器。但实际上，在人体的运动过程中，核心区必须满足动态活动的需求。这意味着不能将核心部位孤立地作为稳定器进行训练。因此，核心力量的发展本质上应当是运作良好的核心系统（稳定子系统和运动子系统）：在面对不同任务场景时，通过不同水平的合理施力，应同时应对低负荷和高负荷对稳定性的挑战。

很多学者和专家将腹部、胸椎、肩胛甚至是颈椎的意识、控制和力量都纳入核心肌群的功能，旨在抑制躯干多余的活动，并在三个平面内通过提供稳定的支撑平台实现肢体远端的发力和精准运动。为了满足"核心稳定，肢端分离"这一运动功能需求，大量研究开始关注核心躯干肌群激活的最优策略、稳定平面与非稳定平面上训练时核心肌群活动的差异以及单侧与双侧肢体抗阻练习对核心稳定性的迁移效果等。

归纳起来，稳定性练习应从以下四个方面加以考量：

- 姿势的稳定性控制是建立在一种灵活的、功能性的动作技能基础之上的，而这种技能可以随着对支撑面干扰训练以及四肢和躯干的机械性姿势扰动训练的适应还有经验的增加而提高；
- 与稳定平面上的练习相比，躯干稳定肌群在非稳定平面上训练时具有更高的激活水平，同时肢体肌肉活动和收缩效应得到增强；
- 使用单侧肢体对抗阻力的练习会引起躯干稳定肌群的更大激活；
- 稳定性训练应当置于发展和优化特定运动需求和竞技运动相关的场景之中，

分别针对高级中枢和脊髓水平控制下的运动功能。

在正式引入稳定性练习之前，应当首先让儿童及青少年掌握对身体的中立位觉察和正确的呼吸方式。这两类练习在抗阻训练计划实施的全过程中尤为重要，但同时也是最容易被忽视的。

1. 体姿中立位觉察练习

体位控制是指在特定的场景中，有意识地、最优化地组织身体各部分，从而尽可能有效地保持特定体位或完成特定动作项目和肢体动作的能力。体位控制首先要求的是关节"排列对位"，即控制身体位置的方式。无论环境如何，体位控制都需要"对齐"身体的各部分与其他部位。姿势控制是一种保持脊柱中立位稳定性的能力，是体位控制中最重要的一个方面。脊柱的健康、稳定和最佳的躯干功能都始于对正确姿势的主动觉察和认识。尤其在青少年时期，姿势意识和中立位对于保持运动中合理脊柱负荷显得尤为重要。

为了找到腰椎骨盆-髋部复合体的中立位，可以让运动员分别在仰卧位、站立位和屈髋位下通过向前和向后倾斜移动骨盆，然后再次回到骨盆中立位，加强对中立位的感知。教练员或体育教师在教授抗阻训练之前，应率先进行这一部分的练习。根据不同体位，体姿中立位觉察练习可以进一步划分为以下三项练习：

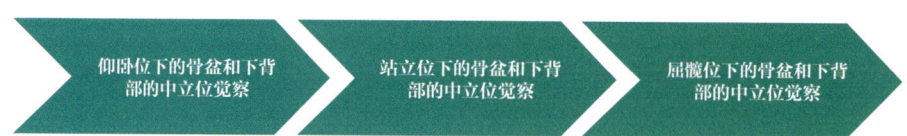

图 6-1　体姿中立位觉察练习进阶示例

2. 呼吸练习

无论是在平静状态下还是在进行身体活动的时候，自然、高效的呼吸都是以腹部的横膈膜为中心。同样，稳定性训练的一个重要组成部分就是呼吸，每个稳定性练习本质上都以呼吸为中心。横膈膜非常重要，因为当运动员在运动前制造腹内压效应时，横膈膜与"气球效应"直接相关（见图6-2）。

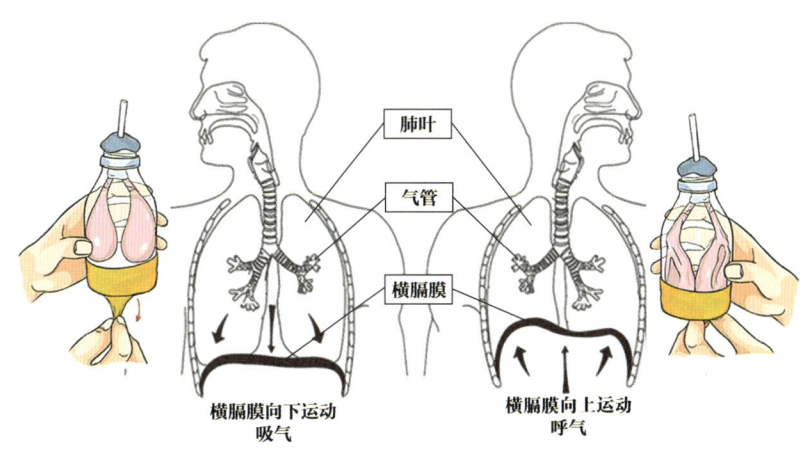

图6-2 呼吸时横膈膜的运动

为了能够在脊柱的中立曲度下实现完全"支撑"，应用鼻子深呼吸，并以横膈膜为呼吸目标点。反观呼吸效率低下的人，他们总是先将空气吸入胸腔，随后才进入胃部。在呼气时，则应用嘴将空气排出体外。为了进一步增加对腹部核心肌群的激活，呼气时微闭牙齿，将气体从牙齿缝隙中挤压出去。呼气应该是有控制的深呼气，关注建立隔膜与盆底平行的堆叠位置，同时在腹斜肌、多裂肌和竖肌深层肌肉组织中感受到张力。建立呼吸模式的进阶练习可以按照如图6-3所示的路径完成。

图6-3 理想呼吸模式的进阶示例

稳定性训练以自重练习和轻质阻力（木杆、阻力带等）练习为主，具体分为静态平衡练习、动态平衡练习以及动态稳定性练习共三类。鉴于儿童和青少年阶段，尤其是幼龄时期，姿势控制能力尚未完全形成，因此稳定性训练首先应在练习任务上体现难度进阶：从较低难度的静态平衡练习开始，逐步过渡到中间段的动态平衡练习，直至最终过渡到动态稳定性练习。

3. 静态平衡练习

在静止、稳定的支撑平面上挑战保持质心的能力，是稳定性需求最低的练习，即"肢体锁定/重心不变"。此时，身体与支撑表面的接触部位没有发生变化，所有非承重的肢体处于锁定的静态保持状态，身体重心与支撑面中心重合，如平板肘撑就是符合该种情况的典型练习。

4. 动态平衡练习

在支撑面受到干扰的情况下，挑战将质心维持在固定支撑平面上方的能力，即"肢体分离/重心扰动"。此时，身体与支撑表面的接触部位虽然还是没有发生变化，但是非承重的肢体在核心保持稳定的前提下被分离出来执行"三个平面"的运动，身体重心随之在支撑面内扰动。具有良好稳定性的个体，依然可以保证重心扰动范围与支撑面的中心高度重合，例如鸟狗式下的单侧手臂远端伸够练习。

5. 动态稳定性练习

动态稳定性练习培养的是在动态行动期间保持平衡的能力（身体处于某种位移状态），使平衡的要求与专门性的运动任务中涉及的关节稳定性相关，即"肢体分离/重心转移"。这也是最具挑战性，也最能够符合专项运动场景的稳定性练习。随着身体与支撑表面的接触部位减少或增加，身体重心逐渐远离支撑面的中心直至移出并与重新建立的支撑面中心尽可能重合，以确保在保持核心稳定的同时依然可以分离出非承重肢体执行三个平面的运动，例如侧向移动时的上肢推拉练习。

四 负重性练习板块

负重性练习板块是青少年抗阻训练课的重点板块。从训练适应的角度来看，对抗一定形式的阻力可以促进青少年力量水平的发展。在选择负重性练习时，需要明确的是上肢和下肢力量按比例发展。在兼顾身体部位的同时，必须从较低的负重开始强化韧带、肌腱、肌肉以及关节，从而帮助身体复原、生长，并为举起更大负重所需的神经协调建立基础，因而要选择蹲起、推举、提拉、髋铰链以及爆发等五类动作模式为主要的负重性练习，包括它们的变式练习（参见图5-6）。

在儿童期，不建议不经前期积累就贸然进入负重性练习板块，而应整合三大基础运动技能的过渡练习和以自重练习为主的稳定性练习作为负重性练习的铺垫。负重性练习的动作技术学习是这一阶段的重点。青少年运动员由于训练的相对系统性，可以在青春期之前阶段逐步进阶到轻负重性练习，负重可包括阻力带、哑铃以及壶铃。这一阶段的抗阻训练课突出练习项目的多样性，即应当包含上肢、下肢以及全身内容，可以从单关节过渡到多关节练习，每项练习的重复次数以确保动作质量的前提下完成25RM。全身的爆发性练习不在本阶段引入。

进入青春期后，优化中枢神经激活和肌间协调成为这一阶段的目标。练习的负重逐步递增，可以在确保动作质量的前提下完成最多14RM，每次以5RM作为一个阶段性的进阶负重，两次进阶的时间间隔4—6个月。青少年运动员在本阶段以建立一般力量储备为目标，同时在抗阻训练课中引入全身性爆发练习的技术学习。

生长高峰期过后以及青春期后期，激素水平的突增使得负重性练习能够更加显著地促进力量水平的提高，此时是负重性练习关键的峰值期。经过两个阶段的过渡，负重性练习板块的全部练习可以出现在青少年抗阻训练计划当中，可有针对性地发展肌肉耐力、肌肉肥大、最大力量以及功率等多种力量素质。青少年运动员在这一阶段的负重性练习应当与专项训练的周期相结合，注重由一般力量向专项力量——尤其是提高运动员在短时间内对抗来自重力、器械或同练人员施加的阻力时表现出的最大力量的迁移,并逐渐地将负重性练习系统性地纳入到运动表现提升的计划当中。

蹲起练习(Squat Exercises)——背蹲、前蹲及其变式
推举练习(Push Exercises)——卧推、实力推举、借力推举及其变式
提拉练习(Pull Exercises)——高拉、宽拉及其变式
铰链练习(Hip-Hinge Exercises)——屈腿硬拉、直腿硬拉及其变式
爆发练习(Explosive Exercises)——高翻、抓举、挺举及其变式
过渡练习(Transitional Exercises)——整合移动、操控、稳定三大基础运动技能的搬运、投掷、提举、接抓、悬挂

五 反弹性练习板块

反弹性练习是通过短时间内对抗自身重量或轻负重器械后强有力收缩从而快速完成发力的练习,涉及被动力量、骨骼弹性、肌肉、肌腱、韧带和神经系统的高效传输。身体就像弹力带一样,在肌肉和肌腱被拉伸的同时储存一定的弹性势能然后再反弹,而与此同时肌肉、肌腱和脊柱的反射循环会侦测到拉伸所施加于身体的压力并通过快速收缩肌肉的方式将施加于身体上的压力释放。当这些能力因素都得到充分发展提高后,身体就可以更快地吸收势能并释放,整个减速再加速环节所用的时间会更短。本板块的练习具体包括弹动练习和反应力量练习(参见图5-6)。

在儿童中期前的"入门练习"包含于基础运动技能中的移动和操控技能学习过程中,此时离心负荷强度最低,不作为抗阻训练课的结构化内容。

到了儿童期的后期阶段,反弹性练习以低强度的离心力量吸收为主,学习主要的落地技术(如跳上跳箱的落地技术学习),但不对离心—向心转换时间和向心力量释放做要求。

进入到青春期之后,反弹性练习可以适当进阶到中等离心负荷和短时离心—向心

转换（如低矮栏架的连续跳跃），依然对向心力量的释放不做要求。

在生长高峰期之后以及青春期后期，反弹性练习的强度可以进一步增加，可学习中高强度的离心力的吸收、短时离心—向心转换以及中高强度的向心力量释放（如高栏架的连续跳跃），最终实现吸收最大离心力量之后在尽可能短的时间内达成最大向心力量的释放（如跳深接水平跳远）。

1. 弹动练习

弹动练习以上肢为主，在保持肌肉快速有力收缩产生动作的模式中，通过一次全幅动作，让实心球、重力球等轻质器材持续加速，并最终释放器材。弹动练习的重点是投掷动作保持动作的速率。

2. 反应力量练习

反应力量练习以下肢为主，跳跃前肌肉处于离心负荷状态下（被拉长）的肌纤维反射性收缩，然后紧接着肌肉立即向心收缩（缩短），产生跳跃动作。这种拉长—收缩动作能够激活肌纤维，使其将肌肉的力量转化为跳跃的高度和速度。

六　小结

如图 6-4 所示，将所有连续练习板块在抗阻训练连续体中进阶的路径进行了汇总，浅青色方块代表入门练习的引入，主要集中在负重性练习板块和反弹性练习板块，为儿童初期接触抗阻训练而进行的入门类练习。灰色方块代表基本技术学习的引入，为儿童抗阻技术的学习提供分解练习。中青色方块代表抗阻练习的引入，这一阶段以建立正确动作模式为主。深青色方块代表抗阻练习的巩固阶段引入，在训练强度和训练容量上做进一步的进阶。

图例：入门练习 | 基本技术学习 | 引入练习 | 巩固练习

板块	练习	区块0	区块1	区块2	区块3	区块4	区块5	区块6	区块7	区块8	区块9
准备性练习板块	唤醒练习	入门	巩固	巩固	巩固	巩固	巩固	巩固	巩固	巩固	巩固
	动员练习	入门	巩固	巩固	巩固	巩固	巩固	巩固	巩固	巩固	巩固
	激活练习	入门	巩固	巩固	巩固	巩固	巩固	巩固	巩固	巩固	巩固
	迁移练习	入门	巩固	巩固	巩固	巩固	巩固	巩固	巩固	巩固	巩固
	增强练习	入门	引入	巩固	巩固	巩固	巩固	巩固	巩固	巩固	巩固
灵活性练习板块	动态灵活性练习	入门	巩固	巩固	巩固	巩固	巩固	巩固	巩固	巩固	巩固
	静态灵活性练习	入门	巩固	巩固	巩固	巩固	巩固	巩固	巩固	巩固	巩固
	纠正类练习	入门	引入	巩固	巩固	巩固	巩固	巩固	巩固	巩固	巩固
稳定性练习板块	静态平衡练习	入门	巩固	巩固	巩固	巩固	巩固	巩固	巩固	巩固	巩固
	动态平衡练习	入门	巩固	巩固	变换阻力形式	巩固	巩固	巩固	巩固	巩固	巩固
	动态稳定性练习	入门	巩固	巩固	变换阻力形式	巩固	巩固	巩固	巩固	巩固	巩固
负重性练习板块	过渡练习	入门	初级负重性练习24项	巩固	巩固	巩固	巩固	巩固	巩固	巩固	巩固
	蹲起练习	入门		基本技术学习			中级负重性练习4类			高级负重性练习4类	
	推举练习	入门		基本技术学习			中级负重性练习4类			高级负重性练习4类	
	提拉练习	入门		基本技术学习			中级负重性练习4类			高级负重性练习4类	
	铰链练习	入门		基本技术学习			中级负重性练习4类			高级负重性练习4类	
	爆发练习	入门							基本技术学习		
反弹性练习板块	弹动练习	入门	引入	基本投掷技术学习	基本跳跃技术学习	低强度离心负荷	中等强度离心负荷	中高强度离心负荷	中高强度离心负荷		高强度离心负荷
	反应力量练习	入门	引入			低强度离心负荷	中等强度离心负荷	中高强度离心负荷	中高强度离心负荷		高强度离心负荷

图 6-4 各练习板块在抗阻训练连续体中的进阶路径

7 练习库

扫一扫观看视频

练习库代码

1级	准备性练习库 (Warm-Up Module)	WM	灵活性练习库 (Mobility Module)	MM	稳定性练习库 (Stability Module)	SM	负重性练习库 (Lifts Module)	LM	反弹性练习库 (Resilience Module)	RM
2级	唤醒练习 (Wake-Up Exercises)	WE	动态灵活性练习 (Dynamic Mobility Exercises)	DM	静态平衡练习 (Static Balance Exercises)	SE	蹲起练习 (Squat Exercises)	SE	弹动练习 (Ballistic Exercises)	BE
	动员练习 (Mobilization Exercises)	ME	静态灵活性练习 (Static Flexibility Exercises)	SE	动态平衡练习 (Dynamic Balance Exercises)	DBE	推举练习 (Push Exercises)	PE	反应力量练习 (Reactive Exercises)	RE
	激活练习 (Activation Exercises)	AE	纠正类练习 (Corrective Exercises)	CE	动态稳定性练习 (Dynamic Stability Exercises)	DSE	提拉练习 (Pull Exercises)	PE		
	迁移练习 (Transferring Exercises)	TE					铰链练习 (Hip-Hinge Exercises)	HE		
	增强练习 (Potentiation Exercises)	PE					爆发练习 (Explosive Exercises)	EE		
							过渡练习 (Transitional Exercises)	TE		
3级	WM-WE000		MM-DM000		SM-SE000		LM-SE000		RM-BE000	
	WM-ME000		MM-SE000		SM-DBE000		LM-PHE000		RM-RE000	
	WM-AE000		MM-CE000		SM-DSE000		LM-PLE000			
	WM-TE000						LM-HE000			
	WM-PE000						LM-EE000			
							LM-TE000			

练习库 135

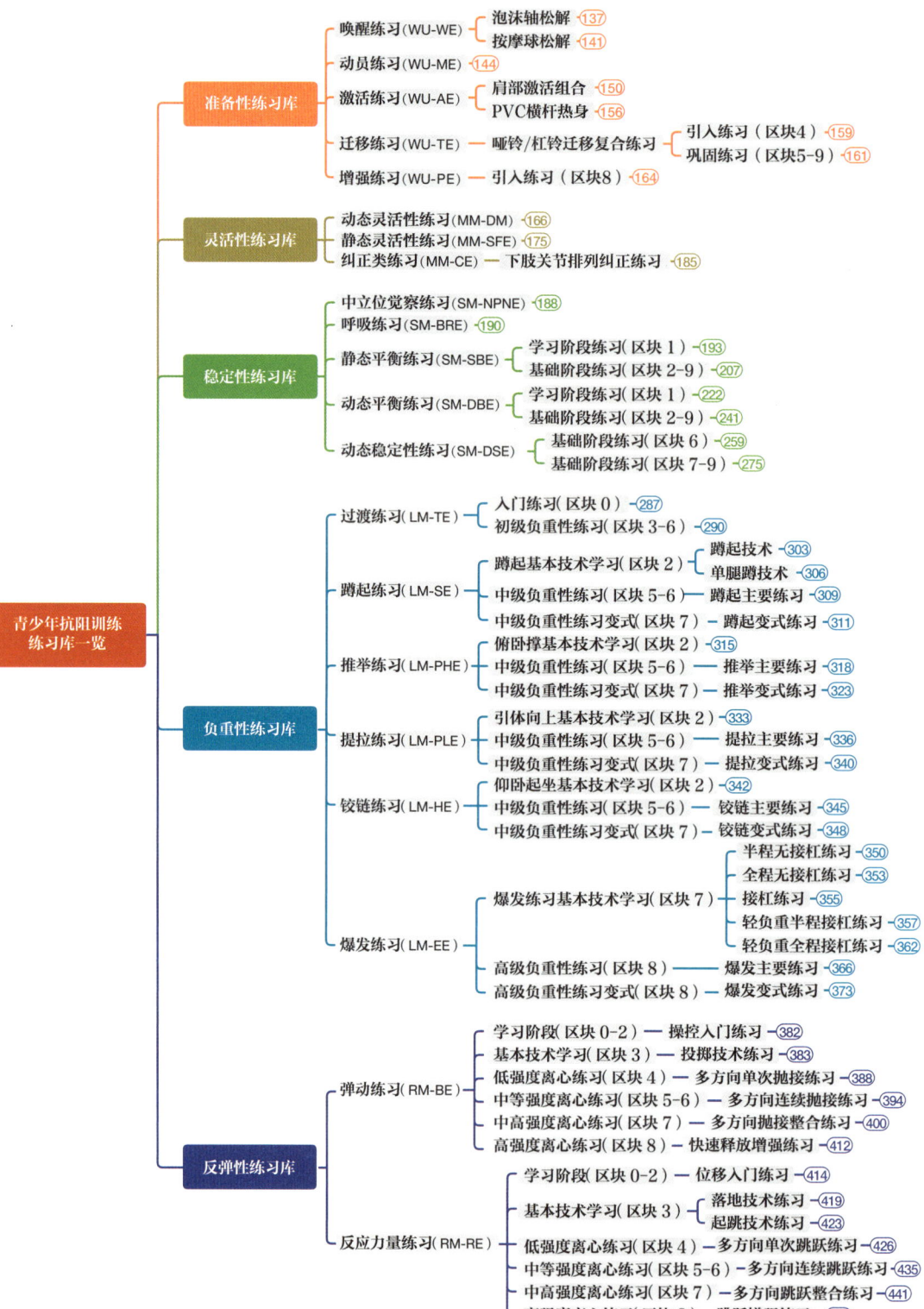

图 7-1 青少年抗阻训练五大练习库练习分布图

一 准备性练习库

1. 唤醒练习（WU-WE）

（1）泡沫轴松解（WU-WE001）

泡沫轴：腓肠肌、比目鱼肌松解 WU-WE001-1

1. 坐位开始，泡沫轴置于左侧小腿下方，右腿屈曲撑地，双手沿体侧与右腿共同将躯干撑离地面。
2. 滚动时利用双手及右腿的力量驱动身体前后移动，左侧小腿部位在泡沫轴上缓慢滚动，在酸痛处竖直向下增加按压力量。
3. 滚压30—60秒后，换另一侧重复上述动作。

进阶练习：右腿叠放在左腿上方，双手撑地，增加重量以提高刺激强度。

泡沫轴：胫骨前肌松解 WU-WE001-2

1. 俯卧双手撑地，右腿屈曲，右脚撑地，左腿胫骨前肌置于泡沫轴上，骨盆略向外侧倾斜，腹肌收紧，后背平直。
2. 滚动时利用右脚及双手的力量驱动身体前后移动，胫骨前肌在泡沫轴上缓慢滚动，在酸痛处竖直向下增加按压力量。

进阶练习：可将右侧小腿置于左侧小腿之上双膝跪姿，增加重量以提高刺激强度。

泡沫轴：腘绳肌松解 WU-WE001-3

1. 坐位开始，泡沫轴置于左侧大腿下方，右腿屈曲撑地，双手沿体侧与右腿共同将躯干撑离地面。
2. 滚动时利用双手及右腿的力量驱动身体前后移动，左侧腘绳肌部位在泡沫轴上缓慢滚动，在酸痛处竖直向下增加按压力量。
3. 滚压30—60秒后，换另一侧重复上述动作。

进阶练习：右腿置于左腿上，仅利用双手将身体撑离地面，增加重量以提高刺激强度。

泡沫轴：股四头肌松解 WU-WE001-4

1. 俯卧双肘撑地，双腿伸直，将泡沫轴置于大腿正下方。
2. 滚动时利用肘部驱动身体前后移动，大腿前侧的股四头肌在泡沫轴上缓慢滚动，在酸痛处竖直向下增加按压力量。

进阶练习：可将右侧小腿置于左侧小腿之上，增加重量以提高刺激强度。

泡沫轴：内收肌松解 WU-WE001-5

1. 俯卧双肘撑地，右腿伸直，脚部触地，左腿屈髋屈膝，将泡沫轴置于左侧大腿中部，腹肌收紧，后背平直，右腿伸直。
2. 滚动时利用右脚及双肘的力量驱动身体前后移动，左腿内侧的内收肌在泡沫轴上缓慢滚动，在酸痛

处竖直向下增加按压力量。

3. 滚压 30—60 秒后，换另一侧重复上述动作。

进阶练习：在同伴或教练员协助下于左侧大腿处向下施加压力，增加重量以提高刺激强度。

泡沫轴：髂胫束松解 WU-WE001-6

1. 侧卧右肘触地，左腿屈曲置于身体前侧，泡沫轴置于右侧大腿中部，左手叉腰，腹肌收紧，后背平直，双腿伸直。
2. 滚动时利用右肘及左腿的力量驱动身体前后移动，右腿髂胫束在泡沫轴上缓慢滚动，在酸痛处竖直向下增加按压力量。
3. 滚压 30—60 秒后，换另一侧重复上述动作。

进阶练习：左腿与右腿并拢，只保留右肘撑地，增加重量以提高刺激强度。

泡沫轴：臀肌松解 WU-WE001-7

1. 坐位开始，左手及右脚撑地，泡沫轴置于左侧臀肌下部，左膝屈曲置于右膝上方，躯干略向左侧倾

斜，身体重量置于左侧臀肌处。
2. 滚动时利用左手及右脚的力量驱动身体前后移动，左侧臀肌部位在泡沫轴上缓慢滚动，在酸痛处竖直向下增加按压力量。
3. 滚压 30—60 秒后，换另一侧重复上述动作。

进阶练习：利用按摩球替代泡沫轴，减少接触面积从而增加压力。

泡沫轴：下背部松解 WU-WE001-8

1. 仰卧位开始，屈膝双脚撑地，泡沫轴置于腰椎下部，双手抱头，腹肌收缩略微含胸。
2. 滚动时利用双脚的力量驱动身体前后移动，腰椎至骶髂部位在泡沫轴上缓慢滚动，在酸痛处竖直向下增加按压力量。

进阶练习：利用按摩球替代泡沫轴，减少接触面积从而增加压力。

泡沫轴：背阔肌松解 WU-WE001-9

1. 侧卧或 45°侧卧位开始，泡沫轴置于背阔肌位置，相应一侧手背伸直上举。
2. 滚动时利用双脚的力量驱动身体前后移动，背阔部位在泡沫轴上缓慢滚动，在酸痛处竖直向下增加按压力量。
3. 滚压 30—60 秒后，换另一侧重复上述动作。

进阶练习：利用按摩球替代泡沫轴，减少接触面积从而增加压力。

泡沫轴：胸肌松解 WU-WE001-10

1. 俯卧位开始，泡沫轴放于一侧胸部下方。
2. 沿胸部上方缓慢滚压，在酸痛处竖直向下增加按压力量。
3. 滚压 30—60 秒后，换另一侧重复上述动作。

泡沫轴：胸椎松解 WU-WE001-11

1. 仰卧位开始，泡沫轴放于上背下方，双手抱头。
2. 从背部中段向上至颈部以下缓慢滚动，在酸痛处竖直向下增加按压力量。

（2）按摩球松解（WU-WE002）

按摩球：足底筋膜 WU-WE002-1

1. 赤足站立位开始，将按摩球置于足底下方，通过一定身体重心增减按压力度。
2. 通过单腿移动带动按摩球缓慢滚动，在酸痛点竖直向下增加按压力量。
3. 滚压 30—60 秒后，换另一侧重复上述动作。

按摩球：腓肠肌 WU-WE002-2

1. 坐位开始，左腿屈膝 90°撑地，将按摩球置于右侧小腿腓肠肌处，双臂伸直将身体撑起。
2. 通过双臂及左腿用力使身体带动按摩球前后缓慢滚动，在酸痛点竖直向下增加按压力量。
3. 滚压 30—60 秒后，换另一侧重复上述动作。

按摩球：臀肌 WU-WE002-3

1. 坐位开始，左手及右脚撑地，按摩球置于左侧臀肌下部，左膝屈曲置于右膝上方，躯干略向左侧倾斜，身体重量置于左侧臀肌处。
2. 滚动时利用左手及右脚的力量驱动身体前后移动，左侧臀肌部位在泡沫轴上缓慢滚动，在酸痛处竖直向下增加按压力量。
3. 滚压 30—60 秒后，换另一侧重复上述动作。

进阶练习：利用按摩球替代泡沫轴，减少接触面积从而增加压力。

按摩球：髂腰肌 WU-WE002-4

1. 坐位开始，将按摩球置于臀部的前下方，双手支撑于身体的后方。
2. 调整位置直至找到酸痛点，通过双腿蹬地带动按摩球缓慢滚动，在酸痛点竖直向下增加按压力量。
3. 滚压 30—60 秒后，换另一侧重复上述动作。

按摩球：背阔肌 WU-WE002-5

1. 侧卧位开始，将按摩球放在腋窝后壁的背阔肌处，找到明显酸痛点位置，手臂成外旋位，向前伸展。
2. 在酸痛点周围软组织进行缓缓滚压，逐渐将压力集中于酸痛点的中心位置滚压 30—60 秒。
3. 如果压力过大难以忍受，可以通过身体位置的变化，减轻一部分压力。
4. 逐渐适应酸痛点位置的压力后，可以将身体进行左右的侧向微微滚动，重复 5—10 次。
5. 如果酸痛点明显，可以多次重复 1—4 步骤。

按摩球：胸椎 WU-WE002-6

1. 仰卧位开始，在脊柱下放置双按摩球（或将两个网球捆扎在一起成花生状），位于下背部正下方，双手置于头后。
2. 做 3 次仰卧起坐。
3. 双臂向上伸直举过胸部，然后一侧手臂沿弧形举过头顶。
4. 回到起始姿势后，另一侧手臂重复动作。
5. 每侧手臂连续交替 3 次。
6. 双按摩球向脊柱上方移动 2.5—5 厘米后，重复仰卧起坐和手臂伸展动作。

7. 继续向上移动双按摩球，直至位于肩胛骨之上颈部之下。

按摩球：胸肌 WU-WE002-7

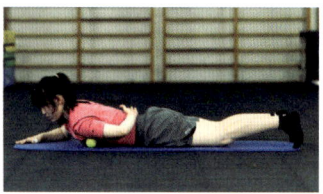

1. 俯卧位开始，将按摩球置于左侧胸大肌肌腱下方，正好在腋窝之上，相应侧手臂屈曲置于背后，拉长胸肌。
2. 调整位置直至找到酸痛点，通过身体带动使胸肌在按摩球上缓慢移动，在酸痛点竖直向下增加按压力量。

2. 动员练习（WU-ME）

游戏：多人躲避瑞士球 WU-ME001-1

小朋友在场地随机活动。教练员指定一名小朋友，该名小朋友朝目标伙伴的方向推出瑞士球。若球未碰到人，则该名小朋友继续发球；若球碰到人，则被碰到的小朋友自动成为下一个发球者。

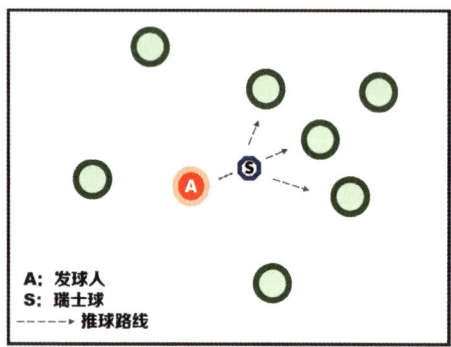

游戏：多人坐姿抛球接龙 WU-ME001-2

1. 小朋友两两一对排成一列，每对两人面对面坐下（屈膝或直腿均可），相邻两对背靠背。

1-A/1-B：第1对小朋友
2-C/1-D：第2对小朋友
3-E/3-F：第3对小朋友
S：球
----→ 传球路线
‒‒‒→ 跑动路线

2. 队列中的第二个人 B 发球给队首的小朋友 A，A 接到球后快速将球抛向下一对与其面对面的 D，D 接到球后快速将球抛给自己对面的 C……以此类推，快速传球。完成抛球的小朋友依次快速跑至队尾坐下，等待传接球。

进阶练习：可以分两列比赛。

游戏：多人对抗抢尾巴 WU-ME001-3

两人一组，每个人腰间系一条毛巾，通过进攻或躲避保护自己毛巾不被抢掉，同时以争取扯下对方毛巾为目标。

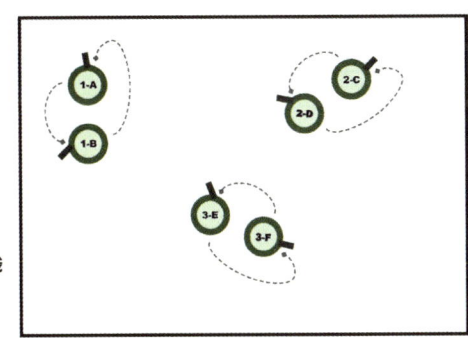

1-A/1-B：第1对小朋友
2-C/1-D：第2对小朋友
3-E/3-F：第3对小朋友
——：毛巾
‒‒‒→ 移动抢夺毛巾路线

游戏：双人拉手绕标志桶 WU-ME001-4

所有人排成一列。一个人从起点出发跑向对面标志桶并绕一圈，折返回起点处与第二个伙伴拉手一起跑向标志桶并绕圈，折返回起点处与拉上第三个伙伴一起跑向标志桶并绕圈……以此类推，直到拉上最后一名伙伴并绕过标志桶跑回起点。

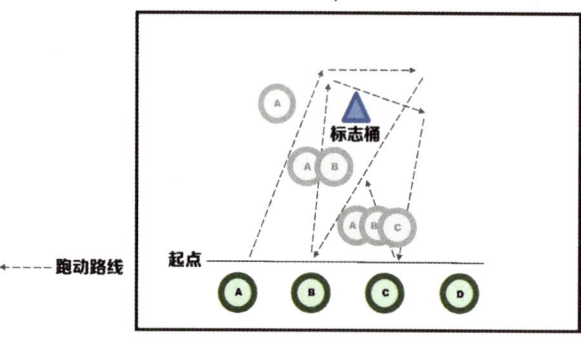

游戏：时钟炮弹 WU-ME001-5

小朋友围成一圈。由一名小朋友旋转矿泉水瓶，瓶子停下后瓶口对准的人快速拿起地上的球砸向未躲闪的小朋友。

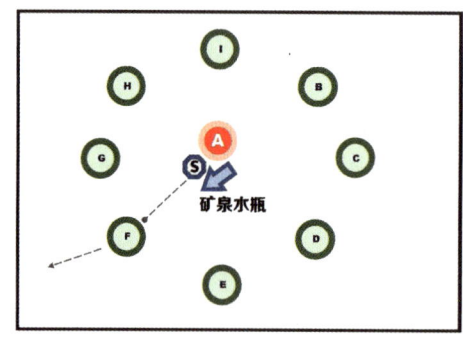

游戏：冰激凌保卫战 WU-ME001-6

小三角锥标志桶里放入海绵球或弹力球模拟冰激凌。小朋友需要保护自己桶中的球不被打落，同时伺机将他人的球拍落。

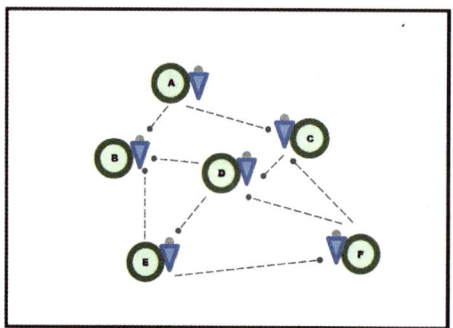

游戏：打鱼小能手 WU-ME001-7

将大标志圈系在绳一端。一只手拿着标志圈，另一只手攥紧绳的另一端。将标志盘或小三角锥标志桶摆放在一定距离外（如 20－30 厘米），小朋友应将手中大标志圈甩出打捞远处的标志盘或标志桶。

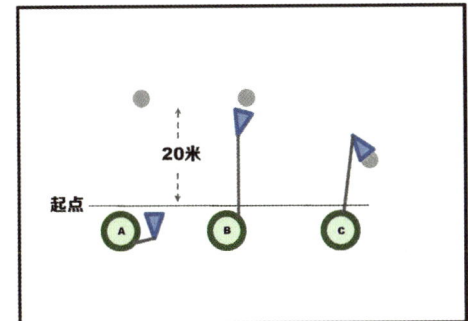

游戏：三人跳绳 WU-ME001-8

三人一组。两人分别拿软棍跳绳的两头并摇绳，边摇边往前走。第三名小朋友跳绳，距离 10－15 米。

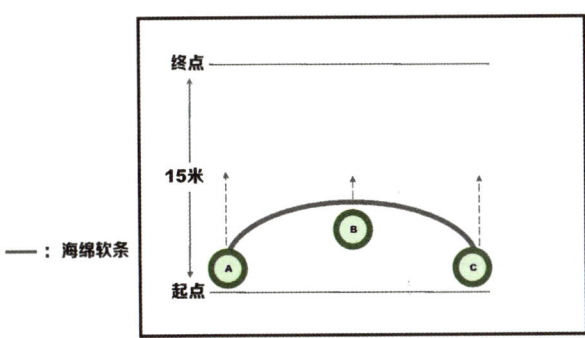

游戏：蜜蜂与花朵 WU-ME001-9

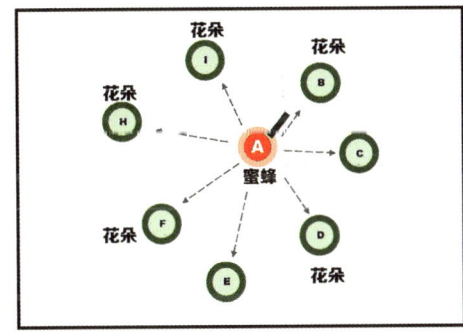

一名小朋友将软棍一头绕圈固定在头上，用另一头去触碰其他人。被碰到的小朋友成为下一个蜜蜂，或碰到一定数量小朋友则交换蜜蜂角色。

游戏：穿越火线 WU-ME001-10

设置一块长方形地带并布满各色标志圈或标志桶，小朋友听到教练员喊出指定颜色后，快速穿过障碍物带且不踩到指定颜色。

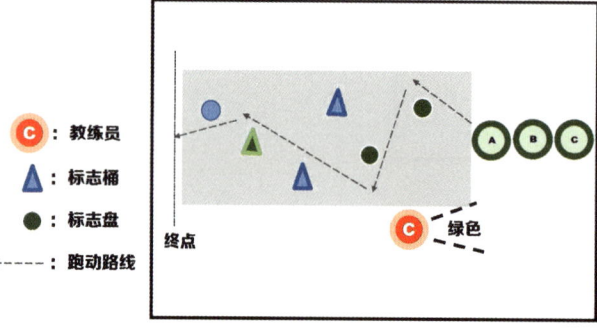

游戏：袋鼠运蛋 WU-ME001-11

小朋友双脚间夹球（或软正方形块），双脚跳将球运至5—10米处纸箱并用双脚将球投入纸箱中。

要求：必须用双脚把球投入纸箱。

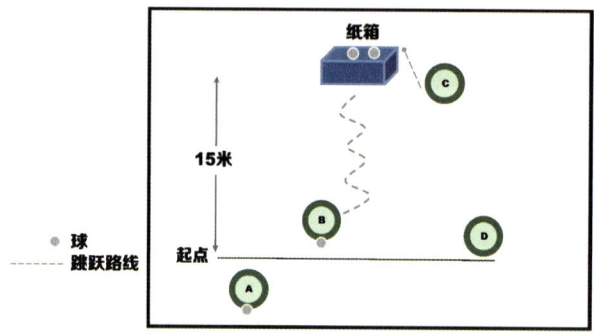

游戏：流星大作战 WU-ME001-12

将羽毛球、纸团、软棒投到对方的区域。

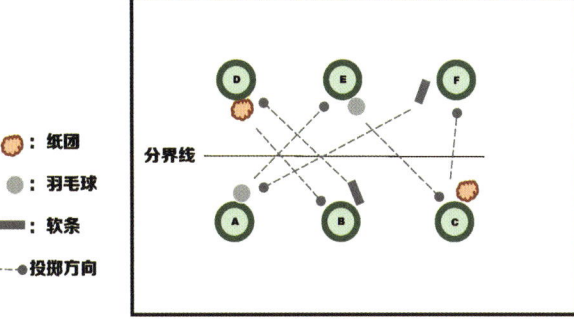

游戏：拔萝卜 WU-ME001-13

小朋友站在起始线上。在 5—10 米处放置若干三角锥桶。小朋友须单脚跳至放置点拿起锥桶，并带回起点处放好。

要求：中途不能换脚、一次只能拿一个锥桶。

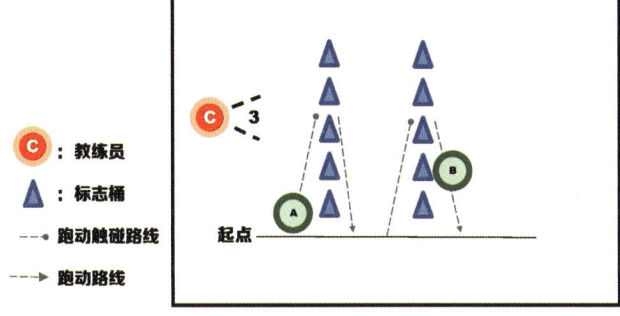

游戏：标志桶计数跑 WU-ME001-14

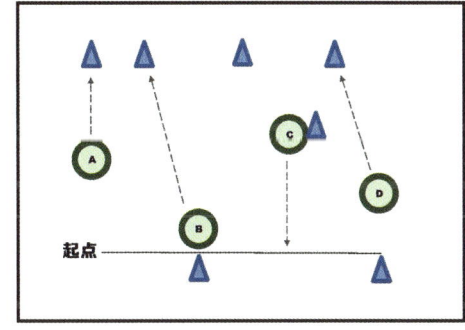

以相同规则摆放两列标志桶，小朋友在起跑线处准备，教练随机喊一个数字（$1 \leq n \leq$ 每列标志桶数量），小朋友听到数字后快速跑到相应标志桶轻拍并折返回起点。

要求：不可以把标志桶打翻。

3. 激活练习（WU-AE）

（1）肩部激活组合（WU-AE001）

肘屈：矢状面肩部时钟 WU-AE001-1

1. 运动站姿，双脚略宽于肩膀。
2. 沉肩屈肘，双手掌心向下，双臂贴近躯干前后摆动 10 次。
3. 转动前臂，双手掌心相对，双臂贴近躯干前后摆动 10 次。
4. 转动前臂，双手掌心向上，双臂贴近躯干前后摆动 10 次。
5. 摆动的整个过程肩部保持放松。

肘屈：冠状面肩部时钟 WU-AE001-2

1. 运动站姿，双脚略宽于肩膀。
2. 沉肩屈肘，上臂外展，双手掌心朝向身体，双臂贴近躯干在水平面开合摆动 10 次。
3. 转动前臂，双手掌心上下相对，双臂贴近躯干在水平面开合摆动 10 次。

4. 转动前臂，双手掌心向下，双臂贴近躯干在水平面开合摆动 10 次。
5. 摆动的整个过程肩部保持放松。

肘屈：冠状面开合 WU-AE001-3

1. 运动站姿，双脚略宽于肩膀。
2. 屈肘、上臂内收，使前臂在躯干前紧贴（尺骨侧），双手掌内侧靠拢，大拇指指向外侧，双手掌心朝向身体，上臂保持不动，以肘关节为支点使前臂在冠状面尽可能向左右开合 10 次。
3. 转动前臂，双手掌心朝向外，大拇指相靠，以肘关节为支点使前臂在冠状面尽可能向左右开合 10 次。

变式：前臂冠状面开合变为前后交叠。

肘屈：水平面开合 WU-AE001-4

1. 运动站姿，双脚略宽于肩膀。
2. 屈肘、上臂内收，使前臂在躯干前紧贴（尺骨侧），双手掌内侧靠拢，大拇指指向外侧，双手掌心朝上，上臂保持不动，以肘关节为支点使前臂在水平面开合 10 次。
3. 转动前臂，双手掌心朝下，大拇指相靠，以肘关节为支点使前臂在水平面尽可能向左右开合 10 次。

变式：前臂水平开合变为上下交叠。

肘屈：前臂静力对抗 WU-AE001-5

1. 运动站姿，双脚略宽于肩膀。
2. 上臂内收并屈肘，使前臂在躯干前紧贴（掌心侧），前臂与身体平行、掌心相对，前臂和手掌相互紧贴，同时施力保持静力性对抗，维持 10－15 秒。

肘屈：双手静力交握对抗 WU-AE001-6

1. 运动站姿，双脚略宽于肩膀。
2. 上臂前举、内收与肩齐高，屈肘使前臂平行于躯干，双手相互交握，前臂和双手同时施力保持静力性对抗，维持 10—15 秒。
3. 交换，左、右手依次在内侧。

招财猫式 WU-AE001-7

1. 运动站姿，双脚略宽于肩膀。
2. 上臂外展至与肩齐高，屈肘 90°，掌心朝前，以大臂为轴转动手臂，双手由肩上位转动至下位，掌心朝后。
3. 回到起始位置，重复转动 10 次。

双手静力对抗牵拉 WU-AE001-8

1. 运动站姿，双脚略宽于肩膀。
2. 上臂外展并胸前屈肘，使上臂和前臂与肩齐高，掌心相对，双手前指勾握，同时向相反方向施力保持静力性对抗牵拉，维持 10—15 秒。
3. 交换左右手位置，重复静力性对抗牵拉 10—15 秒。

双手动态对抗牵拉 WU-AE001-9

1. 运动站姿，双脚略宽于肩膀。
2. 上臂外展并胸前屈肘，使上臂和前臂与肩齐高，掌心相对，双手前指勾握，向相反方向施力保持对抗牵拉的同时以肩关节为支点，双手在矢状面向内/向外做圆周运动 10 次。
3. 以肩关节为支点，双臂逆时针/顺时针做划船运动 10 次。

肘屈：肩平举静力下压对抗 WU-AE001-10

1. 运动站姿，双脚略宽于肩膀。
2. 屈肘 90°的同时，侧平举一侧手臂，掌心朝下。
3. 对侧手置于抬起侧手背的上方，施加向下的压力；抬起侧手臂始终保持侧平举，静力对抗约 10—

15 秒。
4. 翻转抬起侧手掌，掌心朝上，对侧手继续施加向下压力，静力对抗 10—15 秒。
5. 交换双臂，重复上述动作。

双臂侧平举高频振荡 WU-AE001-11

1. 运动站姿，双脚略宽于肩膀。
2. 双臂侧平举、掌心朝前，以肩关节为支点分别在额状面上下、水平面前后小幅度高频率运动 10—15 秒。

双臂侧平举高频环绕 WU-AE001-12

1. 运动站姿，双脚略宽于肩膀。
2. 双臂侧平举、掌心朝前，以肩关节为支点在矢状面顺时针和逆时针绕环高频率运动 10—15 秒。

双手静力下压背部 WU-AE001-13

1. 运动站姿，双脚略宽于肩膀。
2. 双手置于下背部，施力保持静力性下压，维持 10—15 秒。
3. 下压过程中，背部始终保持平直。

（2）PVC 横杆热身（WU-AE002）

横杆耸肩 WU-AE002-1

站立位开始，双脚与肩同宽，双臂伸直，双手持木杆贴于髋关节前方，握距大于肩宽。快速耸肩，重复 10 次。

横杆高拉 WU-AE002-2

站立位开始，双脚与肩同宽，双臂伸直，双手持木杆贴于髋关节前方，握距大于肩宽。快速耸肩将木杆拉至肩部高度，重复 10 次。

横杆站立抓举 WU-AE002-3

站立位开始，双脚与肩同宽，双臂伸直，双手持木杆贴于髋关节前方，握距大于肩宽。提踵并快速耸肩将木杆拉过肩部，翻腕将木杆举至头顶上方，重复10次。

横杆高抓接杠 WU-AE002-4

站立位开始，双脚提踵与肩同宽，双臂伸直、双手持木杆置于头顶上方，握距大于肩宽。自由下落并快速屈膝下降至四分之一蹲位，回到起始位置，重复10次。

横杆抓举深蹲接杠 WU-AE002-5

站立位开始，双脚与肩同宽，双臂伸直、双手持木杆置于头顶上方，握距大于肩宽。双脚起跳落地并快速屈膝下降至深蹲位，回到起始位置，重复10次。

横杆悬垂下蹲抓 WU-AE002-6

站立位开始，双脚与肩同宽，双臂伸直、双手持木杆贴于髋关节前方，握距大于肩宽。双脚跳开落地并快速屈膝下降至深蹲位，同时快速耸肩将木杆拉过肩部，翻腕将木杆举至头顶上方，回到起始位置，重复10次。

抓举完全伸展练习 WU-AE002-7

1. 半蹲姿开始，大腿与地面平行，双脚与肩同宽，腰背挺直，双臂伸直，双手持木杆位于踝关节前方，握距宽于肩膀。
2. 快速将木杆拉起，拉至髋关节处时提踵，然后将杠铃拉至肩关节高度时翻腕举至头顶。

翻举完全伸展练习 WU-AE002-8

1. 半蹲姿开始，大腿与地面平行，双脚与肩同宽，腰背挺直，双臂伸直，双手持木杆位于踝关节前方，握距略宽于肩膀。
2. 快速将木杆拉起，拉至髋关节处时提踵，然后将杠铃拉至肩关节高度时翻腕举至锁骨处。

4. 迁移练习（WU-TE）

（1）哑铃/杠铃迁移复合练习（WU-TE001）

哑铃悬垂高拉 WU-TE001-1——引入练习（区块4）

站立位开始，双脚与肩同宽，双手分别持哑铃在大腿前侧，掌心朝向大腿。缓慢将哑铃悬垂下蹲后，下肢迅速蹬伸提踵的同时耸肩主导将哑铃快速拉至肩膀高度，注意过程中哑铃贴近身体，两侧上臂外展，哑铃在提拉到达最高点之前肘部始终高于腕部。

哑铃高拉接站立抓举 WU-TE001-2——引入练习（区块4）

站立位开始，双脚与肩同宽，双手分别持哑铃在大腿前侧，掌心朝向大腿。躯干前倾并沿双腿缓慢下放哑铃，而后瞬间迅速提踵并将哑铃举至头顶最高处。注意过程中哑铃贴近身体。

哑铃深蹲接推举 WU-TE001-3——引入练习（区块4）

站立位开始，双脚与肩同宽，双手分别持哑铃在肩膀上方，掌心相对。缓慢下蹲后回到直立位时提踵并将哑铃举至头顶最高处，同时旋转哑铃至掌心朝前。

哑铃俯身划船 WU-TE001-4——引入练习（区块4）

站立位开始，双脚与肩同宽，躯干前倾，两臂持哑铃自然下垂，膝关节微屈。两臂屈曲并外展，将哑铃靠近身体后再次自然下垂。

空杠铃杆悬垂高拉 WU-TE001-5——巩固练习（区块 5 至区块 9）

1. 站立位开始，双脚与肩同宽，采用翻举（窄握距）握杠方式抓握杠铃。
2. 缓慢将杠铃杆悬垂下蹲后，下肢迅速蹬伸提踵的同时耸肩主导，将杠铃杆快速拉至肩膀高度。自然下放杠铃杆，髋部和膝盖同时弯曲，以缓冲杠对肩膀的冲击。回到起始位置。
3. 重复 6 次。
4. 注意：过程中杠铃杆贴近身体，杠铃在提拉达到最高点之前肘部始终高于腕部。

空杠铃杆悬垂下蹲抓 WU-TE001-6——巩固练习（区块 5 至区块 9）

1. 站立位开始，双脚与肩同宽，采用抓举（宽握距）握杠方式抓握杠。
2. 缓慢将杠铃杆悬垂并下蹲后，下肢迅速蹬伸提踵的同时耸肩将杠铃杆举至头顶最高处，在深蹲位接杠。回到起始位置。

3. 重复6次。

4. 注意：过程中杠铃杆贴近身体。

空杠铃杆背蹲接推举 WU-TE001-7——巩固练习（区块5至区块9）

1. 站立位开始，双脚与肩同宽，将杠铃杆放在斜方肌上束处。

2. 缓慢下蹲至深蹲位后，手臂完全伸展将杠铃在头上推举。

3. 下肢蹬伸站立，将杠铃下放，回到起始位置。

4. 重复6次。

空杠铃杆早安举 WU-TE001-8——巩固练习（区块 5 至区块 9）

1. 站立位开始，双脚与肩同宽，将杠铃杆放在斜方肌上束处。
2. 膝关节微屈，髋部屈曲至身体与地面平行。
3. 伸展髋关节，回到起始位置。
4. 重复 6 次。

空杠铃杆罗马尼亚硬拉 WU-TE001-9——巩固练习（区块 5 至区块 9）

1. 站立位开始，双脚内侧与肩同宽，手臂自然伸展，双手于小腿外侧正握或正反交握在体前拉住杠铃。杠铃贴近大腿前侧。
2. 膝盖保持微屈的同时，以退让性的方式下放杠铃，屈髋臀部后顶俯身至躯干与地面平行，直至杠铃以在大腿滑动的方式下降至膝盖下方。
3. 臀部发力主导髋关节伸展前移的同时，紧贴腿部前侧竖直拉起杠铃，胸部向上提起，直至髋关节、膝关节先后完全伸展，手臂始终保持伸展，回到起始位置。
4. 重复6次。

空杠铃杆俯身划船 WU-TE001-10——巩固练习（区块5至区块9）

1. 运动站姿，双脚内侧与肩同宽，采用翻举（窄握距）握杠方式抓握杠铃。手臂自然伸展，背部保持平直。
2. 收缩背部肌肉，屈肘后引提起杠铃，手臂紧贴身体两侧，颈部与身体成一条直线，目视前方。
3. 杠铃触碰到身体前侧后，肘部退让性伸展，下放杠铃，回到起始位置。
4. 重复6次。

5. 增强练习（WU-PE）——引入练习（区块8）

全力跳 WU-PE001-1

分别以60%、80%、100%自主最大用力度完成5—10次连续垂直跳跃，或进行5—10次连续水平跳跃，起跳的形式可以包括双脚起跳、单脚起跳、垫步起跳、助跑起跳、负重起跳。起跳后均采用双脚落地。

全力跑 WU-PE001-2

分别以60%、80%、100%自主最大用力度完成10米、40次的冲刺跑，跑步形式可以包括高步频冲刺跑、大步幅冲刺跑、折返冲刺跑、途中冲刺跑、高抬腿冲刺跑、阻力冲刺跑、反应冲刺跑。所有冲刺跑在终点线之后均设有 5—10 米的减速区，要求在该区域内完成制动。

全力投 WU-PE001-3

分别以 105%自主最大用力度完成 2—8 千克实心球投掷，投掷形式可以包括胸前推掷实心球、头上投掷实心球、转体投掷实心球、侧身投掷实心球、背身投掷实心球、下砸实心球。墙上均标注目标区域，要求实心球投掷落点在区域内。

全力推 WU-PE001-4

分别进行 5 秒、10 秒、15 秒的最大等长卧推，每次全力推之前先进行 15 次空杠铃的卧推。

全力拉 WU-PE001-5

分别进行 5 秒、10 秒、15 秒的大腿中段最大等长硬拉，每次全力推之前先进行 15 次空杠硬拉。

全力蹲 WU-PE001-6

分别进行 5 秒、10 秒、15 秒的最大等长四分之一蹲，每次全力蹲之前先进行 15 次空杠铃的全幅度蹲起。

全力站姿转体 WU-PE001-7

分别进行 5 秒、10 秒、15 秒的最大等长站姿转体（双手胸前抓握阻力带，躯干主导水平转动），每次全力转体之前先进行 15 次轻负重全幅度站姿转体。

全力坐姿下拉 WU-PE001-8

分别进行 5 秒、10 秒、15 秒的最大等长坐姿下拉，每次全力坐姿下拉之前先进行 15 次轻负重全幅度下拉。

全力弓步蹲起 WU-PE001-9

分别进行 5 秒、10 秒、15 秒的六角杠铃最大等长弓步蹲，每次全力弓步蹲起之前先进行 15 次空杠铃杆的弓步蹲起。

二 灵活性练习库

1. 动态灵活性练习（MM-DM）

足尖走 MM-DM001-1

1. 站立位开始，双脚足跟上提，以前脚掌站立，肩部后收。
2. 左腿向前迈出的同时重心前移，保持踝关节的紧绷，身体重心尽量不要起伏。
3. 双腿持续交替向前行进 10 米。

足跟走 MM-DM001-2

1. 站立位开始，双脚足尖上提，以足跟站立，肩部后收。
2. 左腿向前迈出的同时重心前移，保持踝关节的紧绷，身体重心尽量不要起伏。
3. 双腿持续交替向前行进 10 米。

踝侧走 MM-DM001-3

1. 站立位开始，双脚内翻，依靠双脚外缘保持平衡，肩部后收。
2. 右脚迈出，将身体全部重量置于右脚外侧，踝关节保持紧绷，双脚不断交替向前行进 10 米。

踝小跳 MM-DM001-4

1. 站立位开始，双脚分开与肩同宽，肩部后收。
2. 左脚快速、有力地落地，在接触地面的同时右脚抬起并上翘指向天空。
3. 练习时上身核心部位正直，双脚交替跳跃向前行进 10 米。

二 灵活性练习库

抱膝走 MM-DM001-5

1. 站立位开始，肩部后收。
2. 双手提起左膝，保持踝背屈，将膝盖拉向前胸后，提起右脚足跟，保持身体正直姿势 2 秒。
3. 慢慢放开膝盖，向前迈步，右腿重复上述动作，双脚不断交替向前行进 10 米。

四头肌拉伸走 MM-DM001-6

1. 站立位开始，肩部后收。
2. 右手在身体后侧抓住右脚背的同时，提起左侧足跟，左侧手臂上举伸够，保持身体正直姿势约 2 秒。
3. 放下右脚，向前迈出，左腿重复上述动作，双腿不断交替向前行进 10 米。

蛙式原地侧向提膝 MM-DM001-7

1. 站立位开始，肩部后收，双手侧平举，手心向前。
2. 右侧腿外展的同时，尽力向腋下方向提膝。

3. 右腿落下后，左腿重复上述动作，双腿交替向前行进 10 米。

变式：以跳跃动作完成。

单腿鸵鸟走 MM-DM001-8

1. 站立位开始，肩部后收。
2. 左腿向前迈出，右臂上举伸够，同时保持膝盖微屈。
3. 屈曲左侧髋部，缓慢向后伸直右腿，保持踝背屈的同时，右臂水平外展尽量伸够。
4. 躯干保持中立位，目视前方，缓慢俯身，同时右臂伸直向下伸够触碰左侧足尖，左臂水平外展尽量伸够，保持姿势 2 秒。

变式：俯身的同时双手侧平举。

高抬直腿走 MM-DM001-9

1. 站立位开始，肩部后收，向前抬起双臂至与肩同高。

2. 直腿勾脚向前踢腿，尽量在保证不屈膝的情况下让脚趾尖触碰手掌，同时注意保持正直站姿。

3. 在另一侧重复踢腿。双侧交替向前行进 10 米。

变式：高抬直腿小跳，动作与高抬直腿走相类似，但以小跳的方式更快速地进行。

直线弓步走 MM-DM001-10

1. 站立位开始，肩部后收，双臂在体前交叠。
2. 右脚向前迈出，屈曲左腿直至左膝保持在左侧臀部正下方。
3. 右膝屈曲约 90°，右膝要位于右踝正上方。
4. 左腿发力，抬起身体，然后迈出左腿。双腿以此交替向前行进 10 米。

变式：手臂向前伸够，或手臂向上伸够，或弓步后衔接转体。

抱膝弓步 MM-DM001-11

1. 站立位开始，肩部后收。
2. 双手提起左膝，保持踝背屈，将膝盖拉向前胸后，提起右脚足跟，保持身体正直姿势 2 秒。

3. 慢慢放开膝盖，向前弓步下落，前侧腿和后侧腿膝关节屈曲 90°。右腿重复上述动作，双脚不断交替向前行进 10 米。

手走拉伸 - 虫蠕式行走 MM-DM001-12

1. 站立位开始，全脚掌着地，体前屈俯身双手撑地，双臂尽可能向前伸展。
2. 保持整个背部和腿部平直，手部慢速向前走，直至肩部在手部正上方。

3. 手部撑地向后推肩低头，臀部向上移动，保持背部平直和腿部伸直，提踵增加压肩的幅度。
4. 臀部下压，抬头看向天花板。手臂和腿部始终保持伸直。
5. 回到手撑位后，保持双腿伸直情况下双脚尽可能向撑地的双手移动。（腘绳肌和下背部有拉伸感。）
6. 当双脚接近撑地手后，慢慢地用手向前走，腿部保持不动。
7. 重复动作，向前行进 10 米。

蜘蛛人式爬行 MM-DM001-13

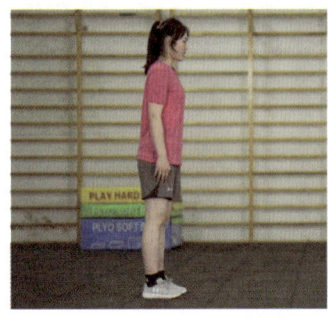

1. 站立位开始，体前屈向右侧 45°手走至肩部在手臂正上方。
2. 上右腿至右脚在左手外侧，保持身体平直。
3. 向左前 45°手走至肩部在手臂正上方。
4. 转髋的同时，上左腿至左脚在左手外侧，保持身体平直。
5. 重复动作，俯身交替行进 10 米。

头顶上举蹲起 MM-DM001-14

1. 站立位，双脚内侧与肩同宽，双臂在体前平举伸够。
2. 身体向下蹲起。
3. 重复动作，向前行进 10 米。

变式：双臂竖直向上方伸够。

相扑式深蹲走 MM-DM001-15

1. 站立位开始，双脚分开与肩同宽，肩部后收。
2. 前臂交叠，手位于对侧手臂肩膀处。向右侧迈出右腿，同时将双脚向两侧外展。将身体重量置于臀部，躯干保持中立位，胸部打开肩部后收。
3. 保证上半身姿势的同时尽量向下深蹲，至最低点保持大约 2 秒。
4. 站起，转身 180° 后重复上述动作。

侧弓步 MM-DM001-16

1. 运动站姿开始。
2. 向右侧迈出右腿，始终保持全脚掌着地。慢慢降低重心，至大腿与地面平行，屈膝 90°，保持姿势 2 秒。始终保持躯干中立位。
3. 收回右腿，向左侧迈出左腿，重复动作。

低姿深蹲走 MM-DM001-17

1. 降低重心至深蹲位，要求大腿至少平行于地面，双膝可稍微向外打开，宽于双肩。
2. 尽量让重心低于膝关节并保持上身绷直、腹部收紧。双臂水平前举，前臂水平交叠，双手位于对侧肘关节处。
3. 保持深蹲姿势和重心高度，右脚小步向前迈出。
4. 左脚重复上述动作，向前行进 10 米。

4 式深蹲 MM-DM001-18

1. 站立位开始，双脚分开约与肩同宽，双臂水平前举，两臂水平交叠，双手位于对侧肘关节处。
2. 抬起右腿，屈右膝将右脚置于左膝处，向外展髋，慢慢降低重心至单腿深蹲姿势。

3. 起身回到初始姿势，转身180°在身体左侧重复上述动作。

伟大拉伸 MM-DM001-19

1. 站立位开始，提起右膝，右脚向前弓步落于左手内侧，屈右肘俯身下压，手臂与地面平行后，再次伸直向上伸够的同时转动躯干，目视右手保持10秒。
3. 回到俯身位后，臀部后移，前侧脚掌离开地面，腿部伸直。后侧腿的脚跟落地，保持拉伸姿势10秒。
4. 还原到支撑中立位，交换至另一侧重复上述动作，向前行进10米。

2. 静态灵活性练习（MM-SFE）

（1）儿童瑜伽（MM-SFE001）

俯卧时钟式 MM-SFE001-1

1. 俯卧位，双手向两侧伸展，想象头部位于12点钟方向，左侧腿保持中立位，踝关节背屈，脚部位于6点钟方向，右侧腿外展指向3点钟方向，右手伸直尽量触碰右脚趾。

2. 保持在最大幅度位置静态拉伸 15 秒，均匀呼吸 6—8 次，伴随吐气进一步增加拉伸幅度。

3. 两侧交替完成 5 次。

仰卧时钟式 MM-SFE001-2

1. 仰卧位，双手向两侧伸展，想象头部位于 12 点钟方向，左侧腿保持中立位，踝关节背屈，脚部位于 6 点钟方向，右侧腿外展指向 3 点钟方向，右手伸直尽量触碰右脚趾。

2. 保持在最大幅度位置静态拉伸 15 秒，均匀呼吸 6—8 次，伴随吐气进一步增加拉伸幅度。

3. 两侧交替完成 5 次。

俯卧蛙式 MM-SFE001-3

1. 俯卧位，用两侧小臂、肘部（也可以用手部）、膝关节小腿和足部内侧支撑。头部、脊椎和骨盆始终处于中立位。

2. 缓慢后移臀部，双腿内收肌有明显拉伸感。

3. 保持在最大幅度位置静态拉伸 15 秒，均匀呼吸 6—8 次，伴随吐气进一步增加拉伸幅度。

俯卧蝎式 MM-SFE001-4

1. 俯卧位，双手尽量向头顶上方伸够。整个拉伸过程中，保持身体的俯卧姿势。

2. 向后抬起右侧腿，尽量向身体左侧方向的远端伸够，足尖触地。

3. 保持在最大幅度位置静态拉伸 15 秒，均匀呼吸 6—8 次，伴随吐气进一步增加拉伸幅度。

4. 两侧交替完成 5 次。

俯卧超人式 MM-SFE001-5

1. 俯卧位，双手尽量向头顶上方伸够。整个拉伸过程中，保持腿部和手臂充分伸展分别向远端伸够。

2. 背部充分伸展，手臂和腿部保持伸展的同时离开地面，腹部与髂前上棘触地。

3. 保持在最大幅度位置静态拉伸 15 秒，均匀呼吸 6—8 次，伴随吐气进一步增加拉伸幅度。

俯卧背叠式 MM-SFE001-6

1. 俯卧位，双臂置于身体两侧。

2. 双膝屈曲，在身后叠放，双手拉住脚背，尽量让足跟触碰臀部，充分拉伸股四头肌。

3. 保持在最大幅度位置静态拉伸 15 秒，均匀呼吸 6—8 次，伴随吐气进一步增加拉伸幅度。

变式：屈曲一侧膝关节在身后叠放，双手拉住脚背，尽量让足跟触碰臀部。

俯卧推起 – 眼镜蛇式 MM-SFE001-7

1. 俯卧位，整个身体前侧贴于地面，双手置于胸部两侧，头部、脊椎和骨盆始终处于中立位。
2. 双手将上半身推起的同时，保持髂前上棘和下肢始终贴于地面。
3. 保持在最大幅度位置静态拉伸 15 秒，均匀呼吸 6—8 次，伴随吐气进一步增加拉伸幅度。

俯身腿屈伸 – 鸽式 MM-SFE001-8

1. 俯卧位，右腿在身后伸展，左膝在体前屈曲至大腿外侧贴于地面。
2. 两侧手臂在体前伸够的同时，缓慢向前俯身。
3. 保持在最大幅度位置静态拉伸 15 秒，均匀呼吸 6—8 次，伴随吐气进一步增加拉伸幅度。
4. 两侧交替完成 5 次。

仰卧转体 MM-SFE001-9

1. 侧卧，髋部和膝部屈曲 90°，双手在体前伸展。
2. 下肢保持固定，侧卧下方的手臂紧贴地面，转动躯干的同时上方手臂随之打开，在身体另一侧置于地面。
3. 眼睛始终跟随转动侧的手臂。
4. 保持在最大幅度位置静态拉伸 15 秒，均匀呼吸 6—8 次，伴随吐气进一步增加拉伸幅度。
5. 两侧交替完成 5 次。

变式：侧卧，下肢采用分腿式髋部和膝部屈曲 90°。下方一侧的手尽量上拉上方一侧的大腿，上方一侧的手上提下方一侧的脚背。背部尽量平放在地面。

侧卧转体 MM-SFE001-10

1. 侧卧位开始，位于上方一侧的手抱住位于下方一侧腿的踝关节。
2. 位于下方一侧的手向上拉住上方一侧的大腿，成屈髋 90°。
3. 转动躯干至仰卧位，背部尽可能完全贴于地面，双腿也尽可能与地面接触。
4. 均匀呼吸 6—8 次，伴随吐气进一步增加拉伸幅度。
5. 两侧交替完成 5 次。

V 字坐下潜式 – 龟式 MM-SFE001-11

1. 坐位，双腿 V 字向两侧分开。
2. 俯身的同时双臂尽量向前伸够，手臂和前胸尽量贴向地面。
3. 保持在最大幅度位置静态拉伸 15 秒，均匀呼吸 6—8 次，伴随吐气进一步增加拉伸幅度。

转体触脚 MM-SFE001-12

1. 坐位，双腿 V 字向两侧分开。
2. 伸展一侧手臂触碰对侧脚的同时，转动躯干。
3. 保持在最大幅度位置静态拉伸 15 秒，均匀呼吸 6—8 次，伴随吐气进一步增加拉伸幅度。
4. 两侧交替完成 5 次。

坐姿脊柱扭转 MM-SFE001-13

1. 坐位，右膝屈曲，右脚置于完全伸展的左腿膝关节外侧。
2. 左侧手臂肘关节抵住右膝的同时，向右侧尽量转动躯干。
3. 保持在最大幅度位置静态拉伸 15 秒，均匀呼吸 6—8 次，伴随吐气进一步增加拉伸幅度。
4. 两侧交替完成 5 次。

坐姿体前腿屈伸 MM-SFE001-14

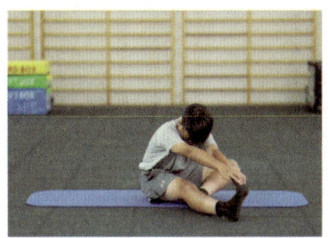

1. 坐位，右腿在体前伸展，左膝屈曲倒向左侧至大腿外侧贴于地面。
2. 两侧手臂在体前伸展并拉住右脚的同时，缓慢向前俯身。
3. 保持在最大幅度位置静态拉伸 15 秒，均匀呼吸 6—8 次，伴随吐气进一步增加拉伸幅度。
4. 两侧交替完成 5 次。

跪姿后坐前伸 - 虾式 MM-SFE001-15

1. 跪位双腿并拢，臀部向后移动坐在足跟上的同时俯身向前伸够手臂，手臂与胸部尽量贴于地面。低头，下颌靠近胸骨。
2. 保持在最大幅度位置静态拉伸 15 秒，均匀呼吸 6—8 次，伴随吐气进一步增加拉伸幅度。

分腿跪姿拉伸股四头肌 MM-SFE001-16

1. 前后分腿高跪位，后腿屈膝，同侧手拉起脚踝，使小腿贴于大腿。

2. 保持躯干处于中立位，在拉动后腿的同时，身体重心缓慢前移至前脚。
3. 保持在最大幅度位置静态拉伸 15 秒，均匀呼吸 6—8 次，伴随吐气进一步增加拉伸幅度。
4. 两侧交替完成 5 次。

分腿跪姿拉伸髂腰肌 MM-SFE001-17

1. 分腿高跪位，后腿与前腿夹角成 90°，骨盆保持中立位。
2. 两侧手臂与同侧大腿方向保持一致，外旋手臂的同时尽量向远端伸够。
3. 保持在最大幅度位置静态拉伸 15 秒，均匀呼吸 6—8 次，伴随吐气进一步增加拉伸幅度。
4. 两侧交替完成 5 次。

分腿后坐拉伸腓肠肌 MM-SFE001-18

1. 前后分腿高跪位，骨盆保持中立位。
2. 前侧腿伸膝的同时，身体重心缓慢后移至后侧腿，拉伸前侧腿的小腿肌群。
3. 保持在最大幅度位置静态拉伸 15 秒，均匀呼吸 6—8 次，伴随吐气进一步增加拉伸幅度。
4. 两侧交替完成 5 次。

相扑蹲拉伸内收肌 MM-SFE001-19

1. 双脚平行站立，脚内侧与肩同宽。
2. 双脚外旋指向身体外侧后，缓慢下蹲至大腿与地面平行。双臂肘关节向外侧继续推动大腿外展，拉伸内收肌。
3. 保持在最大幅度位置静态拉伸 15 秒，均匀呼吸 6—8 次，伴随吐气进一步增加拉伸幅度。

站姿分腿拉伸内收肌 MM-SFE001-20

1. 双脚平行站立，脚内侧与肩同宽。
2. 一侧脚支撑，另一侧脚向外侧逐步蹬出，直至两侧腿分开达到最大距离。
3. 一侧脚足跟为轴外旋，踝背屈的同时向该侧脚转体，双臂伸直俯身触碰足尖。
4. 保持在最大幅度位置静态拉伸 15 秒，均匀呼吸 6—8 次，伴随吐气进一步增加拉伸幅度。
5. 两侧交替完成 5 次后，逐步返回至起始的站立位。

单腿站姿拉伸股四头肌 MM-SFE001-21

1. 双脚并拢站立，向后提起一侧脚，对侧手拉住提起脚的脚踝。身体始终保持中立位。
2. 保持在最大幅度位置静态拉伸 15 秒，均匀呼吸 6—8 次，伴随吐气进一步增加拉伸幅度。
3. 两侧交替完成 5 次。

变式：双手同时提起一侧脚踝。

手脚撑拉伸腓肠肌 MM-SFE001-22

1. 双手双脚支撑，保持手臂和腿部伸展。
2. 一侧脚置于另一侧脚上方，支撑脚前脚掌触地，拉伸小腿后侧肌群。
3. 保持在最大幅度位置静态拉伸 15 秒，均匀呼吸 6—8 次，伴随吐气进一步增加拉伸幅度。
4. 两侧交替完成 5 次。

站姿交叉站立体前屈 MM-SFE001-23

1. 双脚并拢站立，一侧脚体前交叉置于支撑脚的外侧。

2. 俯身体前屈的同时，手臂伸够触摸交叉一侧脚的内侧足弓。

3. 保持在最大幅度位置静态拉伸 15 秒，均匀呼吸 6—8 次，伴随吐气进一步增加拉伸幅度。

4. 两侧交替完成 5 次。

3. 纠正类练习（MM-CE）

（1）下肢关节排列纠正练习（MM-CE001）

仰卧夹球挺髋练习 MM-CE001-1

纠正目标：臀肌无力

1. 仰卧位，双膝屈曲 90°，双膝中间夹一定重量的药球，双手置于身体两侧。

2. 双膝夹紧药球，呼气的同时挺髋至上半身和大腿呈一条直线，配合吸气慢慢将髋部落回地面，重复规定的次数。

仰卧抗阻带髋外展反射练习 MM-CE001-2

纠正目标：臀肌无力

1. 仰卧位，双膝屈曲 90°，环形抗阻带环绕膝关节上方，双膝对抗抗阻带阻力保持与肩同宽，双手置于身体两侧。

2. 外侧腿对抗阻力外展，重复规定的次数。

四分之一蹲抗阻带膝外翻反射练习 MM-CE001-3

纠正目标：下肢关节排列

1. 采用四分之一蹲站姿，双脚与肩同宽。同伴或教练员将一定磅数的弹力抗阻带绕过膝关节外侧施加阻力。
2. 对抗阻力进行蹲起，始终保持膝关节之间的距离，重复规定的次数。

四分之一蹲抗阻带膝内翻反射练习 MM-CE001-4

纠正目标：下肢关节排列

1. 采用四分之一蹲站姿，双脚与肩同宽。同伴或教练员将一定磅数的弹力抗阻带绕过从后膝关节内侧施加阻力。
2. 对抗阻力进行蹲起，始终保持膝关节之间的距离，重复规定的次数。

四分之一蹲抗阻带躯干前倾反射练习 MM-CE001-5

纠正目标：下肢关节排列

1. 采用四分之一蹲站姿，双脚与肩同宽。同伴或教练员站在练习者的身体前方，将一定磅数的弹力抗阻带从后至前绕过一侧肩部，对单侧肩部施加阻力。
2. 对抗阻力进行蹲起，始终保持躯干的中立位，两侧交替重复规定的次数。

四分之一蹲抗阻带躯干后倾反射练习 MM-CE001-6

纠正目标：下肢关节排列

1. 采用四分之一蹲站姿，双脚与肩同宽。同伴或教练员站在练习者的后方，将一定磅数的弹力抗阻带从前至后绕过一侧肩部，对单侧肩部施加阻力。
2. 对抗阻力进行蹲起，始终保持躯干的中立位，两侧交替重复规定的次数。

三　稳定性练习库

1. 中立位觉察练习（SM-NPNE）

仰卧位中立位觉察 SM-NPNE001

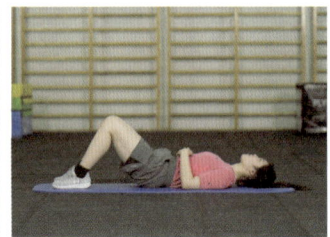

1. 仰卧屈膝，双脚自然分开与髋同宽、平放于地面，双手置于身体两侧。想象骨盆的背面是一面时钟，6点在尾骨，12点在骨盆的顶端（连接到腰椎）。当骨盆重量平均分配在6点和12点时，表明腰椎骨盆-髋部复合体处于中立位。
2. 与地面接触的双脚用力"踩"地。臀部肌群收缩的同时，腹部肌群收缩将骨盆拉向头部方向。整个骨盆承受最大重量的地方停留在12点，腰椎压向地面，与地面之间的缝隙变小，骨盆处于后倾位。想象腰椎与地面紧贴，没有任何缝隙。在骨盆后倾运动时，处于躯干关节对位顶端的支撑点——枕骨随之向上滑动。
3. 与地面接触的双脚用力"抓"地。股四头肌群收缩的同时，背部肌群收缩将骨盆拉向脚部方向，整个骨盆承受最大重量的地方停留在6点，腰椎离开地面，与地面之间的缝隙变大，骨盆处于前倾位。想象腰椎向天花板方向运动，与地面之间拱起的缝隙可以钻过一只小老鼠。在骨盆前倾运动时，处于躯干关节对位顶端的支撑点——枕骨随之向下滑动。
4. 配合呼吸，骨盆缓慢交替完成12点和6点的触地运动各5次后，再回到中立位进行对比觉察。
5. 当可以自然、顺畅地完成上述两点的运动之后，尝试按照顺时针的方向，按照想象的骨盆时钟依次完成表盘上1点至12点每个整点位置的触地运动。也可以按照逆时针再完成一周的触地运动。

站立位中立位觉察 SM-NPNE002

尝试在镜子前完成这个练习从而获得视觉反馈，但也应该能够在不看的情况下感受并在脑海里"想象"这个位置。

1. 腰椎骨盆－髋部复合体处于中立位站立，双手置于腰部或交叉于胸前。想象髂前上棘如同两个射灯，此时光柱水平照向前方。
2. 下背部肌群（竖脊肌）和髂腰肌收紧，轻微地伸展腰椎段（下腰部或脊柱），拉动骨盆向前倾斜。想象髂前上棘如同两个射灯，此时光柱略微向下照向地面。
3. 腹部肌群和臀部肌群收紧，轻微屈曲腰椎段，拉动骨盆向后倾斜。想象髂前上棘如同两个射灯，此时光柱略微向上照向天空。
4. 配合呼吸，骨盆缓慢交替完成前倾和后倾运动各 5 次后，再回到中立位进行对比觉察。

屈髋位中立位觉察 SM-NPNE003

1. 腰椎骨盆－髋部复合体处于中立位站立，双手置于腰部或交叉于胸前。屈髋、屈膝下蹲至运动站姿（同时屈髋和屈膝 90°），继续保持腰椎骨盆－髋部复合体处于中立位。

2. 在屈髋位下，背部肌群（竖脊肌）和髂腰肌收紧，轻微的伸展腰椎段（下腰部或脊柱），拉动骨盆向前倾斜，觉察下背部轻微凹陷（腰椎段前凸）。
3. 腹部肌群和臀部肌群收紧，轻微屈曲腰椎段，拉动骨盆向后倾斜，觉察下背部轻微拱起。
4. 配合呼吸，骨盆缓慢交替完成前倾和后倾运动各 5 次后，再回到中立位进行对比觉察。

2. 呼吸练习（SM-BRE）

高低呼吸觉察练习 SM-BRE001

1. 仰卧位开始，右手置于腹部正上方，左手置于胸部正上方。
2. 耳朵、肩膀、髋部、膝盖处于同一水平面。
3. 保持自然呼吸 10 次，觉察双手随呼吸高低起伏的先后顺序。
4. 进行高低呼吸觉察练习，吸气时膈肌向臀部方向移动，腹部上的手被推起；呼气时膈肌向头部方向移动，挤压肺部，排出气体，腹部上的手下降。对比前后两次呼吸方式的变化。
5. 呼气时，咬合牙齿，增加空腔气体吐出时的阻力。

变式：双手置于身体两侧，将一只鞋轻轻置于腹部上方，继续觉察呼气时鞋子随腹部下降，吸气时鞋子被腹部推起。

横向呼吸觉察练习 SM-BRE002

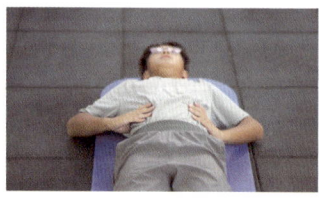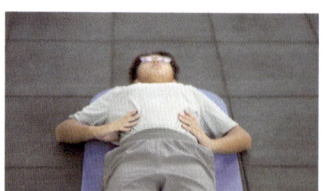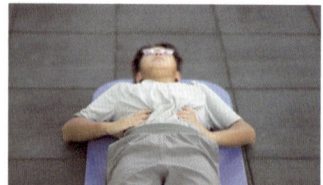

1. 仰卧位开始，双手虎口卡住肋骨下缘两侧，呼吸过程中始终保持对腹部施加压力。
2. 耳朵、肩膀、髋部、膝盖处于同一水平面。

3. 吸气时膈肌向臀部方向移动，肋骨横向扩张，将双手向外侧推动；呼气时膈肌向头部方向移动，双手挤压肋骨下缘向腹部中央移动。

4. 呼气时，咬合牙齿，增加空腔气体吐出时的阻力。

理想呼吸模式 SM-BRE003

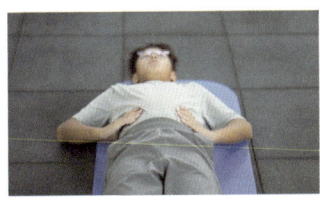 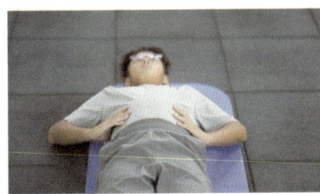 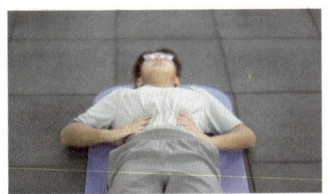

1. 仰卧位开始，手掌置于肋骨下缘和腹壁之上，呼吸过程中始终保持对腹部施加压力。
2. 耳朵、肩膀、髋部、膝盖处于同一水平面。
3. 吸气时膈肌向臀部方向移动，肋骨横向扩张，将双手向外侧推动；呼气时膈肌向头部方向移动，双手挤压肋骨下缘向腹部中央移动。
4. 呼气时，咬合牙齿，增加空腔气体吐出时的阻力。

变式：双膝屈曲，双脚置于地面。与站立时一样，保持整个脚底压力均匀分布的同时，进行理想呼吸模式。

仰卧：90/90 呼吸 SM-BRE004

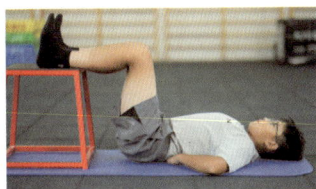  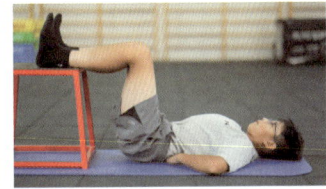

1. 仰卧位开始，双脚抬高置于高台上，确保髋部和膝部屈曲 90°。
2. 头部、颈部以及脊柱保持中立位排列，呼吸时骶骨应始终紧贴地面，收紧盆底肌。
3. 按照 4 秒吸气—2 秒屏气—6 秒吐气的节奏，进行 10 次理想呼吸模式。
4. 呼气时，咬合牙齿，增加空腔气体吐出时的阻力。

变式：双脚悬空，保持髋部和膝部屈曲 90°的同时，进行 10 次理想呼吸模式。

仰卧：臀桥呼吸 SM-BRE005

1. 仰卧位开始，屈膝的同时臀部离开地面，踝背屈，足跟紧压地面。
2. 头部、颈部以及脊柱保持中立位排列，呼吸时骶骨应始终紧贴地面，收紧盆底肌。
3. 按照4秒吸气－2秒屏气－6秒吐气的节奏，进行10次理想呼吸模式。
4. 呼气时，咬合牙齿，增加空腔气体吐出时的阻力。

变式：保持单腿臀桥的同时，进行10次理想呼吸模式。

仰卧：屈髋直腿下放呼吸 SM-BRE006

1. 仰卧位开始，直腿屈髋90°，脚底朝向天花板。
2. 头部、颈部以及脊柱保持中立位排列，呼吸时骶骨应始终紧贴地面，收紧盆底肌。
3. 按照4秒吸气－2秒屏气－6秒吐气的节奏，进行10次理想呼吸模式。
4. 呼气时，咬合牙齿，增加空腔气体吐出时的阻力。呼气时缓慢下放左腿，直至下落至即将触地的伸髋位，转换吸气的同时，左侧腿缓慢抬高，直至起始屈髋位。交替另一侧完成相同动作。

变式：双腿一并起落的同时，进行10次理想呼吸模式。

俯卧：呼吸 SM-BRE007

1. 俯卧位开始，双手置于身体两侧。
2. 耳朵、肩膀、髋部、膝盖处于同一水平面。
3. 按照4秒吸气－2秒屏气－6秒吐气的节奏，进行10次理想呼吸模式。觉察腹部、胸部与地面接触的压力和身体的起伏。

4. 呼气时，咬合牙齿，增加空腔气体吐出时的阻力。

俯卧：6 点支撑呼吸 SM-BRE008

1. 俯卧位开始，采用双手、双膝和双足的 6 点支撑。
2. 头部、颈部以及脊柱保持中立位排列，呼吸时收紧盆底肌。
3. 按照 4 秒吸气—2 秒屏气—6 秒吐气的节奏，进行 10 次理想呼吸模式。吸气时，脊柱隆起；呼气时，脊柱下沉的同时抬头吐气。
4. 呼气时，咬合牙齿，增加空腔气体吐出时的阻力。

变式：保持脊柱中立位的同时，单侧腿伴随呼气做 3 次伸展，吸气时回到起始位。

3. 静态平衡练习（SM-SBE）

（1）仰卧位静态平衡练习（SM-SBE001）——学习阶段练习（区块 1）

仰卧：死虫式上/下肢 SM-SBE001-1

1. 仰卧位开始，背部紧贴地面。双臂打开伸直，指向天花板。屈髋屈膝90°。
2. 脊柱保持中立位，采用理想呼吸模式，激活核心区域的肌群。
3. 保持直至达到规定时长。

仰卧：上/下身悬空保持 SM-SBE001-2

1. 仰卧在长凳上，上半身悬空（髂后上棘抵住长凳边缘，臀部与下肢紧贴长凳），下半身由同伴固定；或下半身悬空（髂后上棘抵住长凳边缘，尾骨、背部和枕骨紧贴长凳），上半身由同伴固定。
2. 脊柱保持中立位，采用理想呼吸模式，激活核心区域的肌群。
3. 保持直至达到规定时长。

仰卧：肩双脚撑（双腿臀桥）SM-SBE001-3

1. 仰卧位开始，双腿弯曲，双脚置于地上。
2. 臀部发力主导伸展髋关节，使其离开地面。以肩部和双脚作为支撑。

3. 脊柱保持中立位，采用理想呼吸模式，激活核心区域的肌群。
4. 顶髋到尽可能高的位置后，保持直至达到规定时长。

仰卧：肩单脚撑（单腿臀桥）SM-SBE001-4

1. 仰卧位开始，双腿弯曲，双脚置于地面。然后提起一侧腿，屈髋、屈膝90°。
2. 臀部发力主导伸展支撑腿的髋关节，使其离开地面。以肩部和单脚作为支撑。
3. 脊柱保持中立位，采用理想呼吸模式，激活核心区域的肌群。
4. 顶髋到尽可能高的位置后，保持直至达到规定时长。
5. 换另一侧重复上述动作。

仰卧：4点或3点反向肘脚撑 SM-SBE001-5

1. 仰卧位开始，双脚置于地上，膝关节屈曲90°，肘关节屈曲90°支撑身体。以双臂、双脚构成4点支撑。
2. 耳朵、肩膀、髋部、膝盖处于同一水平面。
3. 保持直至达到规定时长。

（备注：3点支撑变式为"2手臂1脚"或"2脚1手臂"支撑，提起的手或脚向远端伸够。）

仰卧：4点、3点或2点反向手脚撑 SM-SBE001-6

1. 仰卧位开始，双脚置于地面，膝关节屈曲90°，手臂垂直向下支撑身体。以双手、双脚构成4点支撑。

2. 耳朵、肩膀、髋部、膝盖处于同一水平面。

3. 脊柱保持中立位，采用理想呼吸模式，激活核心区域的肌群。

4. 保持直至达到规定时长。

（备注：3点支撑变式为"2手1脚"或"2脚1手"支撑；2点支撑变式为对侧手脚支撑，提起的手或脚向远端伸够。）

（2）俯卧位静态平衡练习（SM-SBE002）——学习阶段练习（区块1）

俯卧：6点或5点跪式手膝脚撑 SM-SBE002-1

1. 以手、膝、脚支撑，俯卧于地面，屈膝、屈髋90°，双膝触地。背部平直，颈部与身体成一条直线。

2. 保持头部、肩膀、臀部处于同一水平面。

3. 脊柱保持中立位，采用理想呼吸模式，激活核心区域的肌群。

（备注：以双脚、双膝、双手作6点支撑，或以单手、双膝、双脚作5点支撑。）

俯卧：上/下身悬空保持 SM-SBE002-2

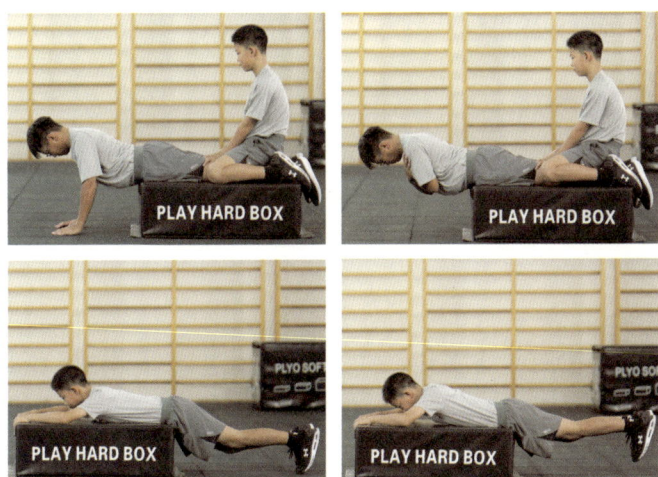

1. 俯卧在长凳上，上半身悬空（髂前上棘抵住长凳边缘，下腹与下肢前侧紧贴长凳），下半身由同伴固定；或下半身悬空（髂前上棘抵住长凳边缘，胸部和腹部紧贴长凳），上半身以双臂环绕长凳固定。
2. 脊柱保持中立位，采用理想呼吸模式，激活核心区域的肌群。
3. 保持直至达到规定时长。

俯卧：4点或3点平板肘膝撑 SM-SBE002-3

1. 以肘、膝支撑，俯卧于地面，屈肘，前臂、屈膝触地，抬高双脚，背部平直，颈部与身体成一条直线。
2. 脊柱保持中立位，采用理想呼吸模式，激活核心区域的肌群。

变式：以双手臂、双膝作4点支撑，或以单膝、双手臂作3点支撑。

俯卧：4点或3点平板手膝撑 SM-SBE002-4

1. 以手膝支撑，俯卧于地面，屈膝触地，抬高双脚，背部平直，颈部与身体成一条直线。

2. 脊柱保持中立位，采用理想呼吸模式，激活核心区域的肌群。

变式：以双手、双膝作 4 点支撑，或以单膝、双手作 3 点支撑。

俯卧：4 点、3 点或 2 点平板肘脚撑 SM-SBE002-5

1. 仰卧位开始，双脚置于地面，膝关节屈曲 90°，肘关节屈曲 90° 支撑身体。以双臂、双脚构成 4 点支撑。
2. 耳朵、肩膀、髋部、膝盖处于同一水平面。
3. 保持直至达到规定时长。

（备注：3 点支撑变式为"2 手臂 1 脚"或"2 脚 1 手臂"支撑，提起的手或脚向远端伸够。）

俯卧：4 点、3 点或 2 点平板手脚撑 SM-SBE002-6

1. 以手脚支撑，俯卧于地面，双脚并拢，背部平直，颈部与身体成一条直线。
2. 脊柱保持中立位，采用理想呼吸模式，激活核心区域的肌群。

（备注：以双脚、双手作 4 点支撑，或以双脚、单手 / 单手、双脚作 3 点支撑，或以单手、单脚作 2 点支撑。）

俯卧：4点、3点或2点跪式手脚撑 SM-SBE002-7

1. 以手脚支撑，俯卧于地面，屈膝、屈髋90°，膝盖抬离地面。背部平直，颈部与身体成一条直线。
2. 保持头部、肩膀、臀部处于同一水平面。
3. 脊柱保持中立位，采用理想呼吸模式，激活核心区域的肌群。

（备注：以双脚、双手作4点支撑，或以双脚、单手／单手、双脚作3点支撑，或以单手、单脚作2点支撑。）

（3）侧卧位静态平衡练习（SM-SBE003）——学习阶段练习（区块1）

侧卧：手膝撑 SM-SBE003-1

1. 侧卧位开始，身体下方手臂完全伸展，用手掌将身体支撑起来，双腿开拢，膝关节屈曲90°，脊柱保持中立位，使肩、髋、膝保持一条直线。身体上方的手臂向远端伸够。
2. 采用理想呼吸模式，激活核心区域的肌群。
3. 保持直至达到规定时长。

侧卧：肘膝撑 SM-SBE003-2

1. 侧卧位开始，身体下方手臂屈肘，用整个前臂将身体支撑起来，双腿并拢，膝关节屈曲90°，脊柱保持中立位，使肩、髋、膝保持一条直线。身体上方的手臂向远端伸够。
2. 采用理想呼吸模式，激活核心区域的肌群。
3. 保持直至达到规定时长。

侧卧：3点或2点手脚撑 SM-SBE003-3

1. 侧卧位开始，身体下方手臂完全伸展，用手掌将身体支撑起来，双腿伸直，双脚并拢叠放或前后错开触地，脊柱保持中立位，使身体保持一条直线。身体上方的手臂或叠放上方的脚向远端伸够。
2. 采用理想呼吸模式，激活核心区域的肌群。
3. 保持直至达到规定时长。

（备注：单手、双脚前后错开作3点支撑，或单手、双脚上下叠放作2点支撑。）

侧卧：3点或2点肘脚撑 SM-SBE003-4

1. 侧卧位开始，身体下方手臂屈肘，用整个前臂将身体支撑起来，双腿伸直，双脚并拢叠放或前后错开触地，脊柱保持中立位，使身体保持一条直线。身体上方的手臂或叠放上方的脚向远端伸够。
2. 采用理想呼吸模式，激活核心区域的肌群。

3. 保持直至达到规定时长。

（备注：单臂、双脚前后错开作 3 点支撑，或单臂、双脚上下叠放作 2 点支撑。）

侧卧：上／下身悬空保持 SM-SBE003-5

1. 侧卧在长凳上，将上半身悬空（髂骨抵住长凳边缘，大腿侧面紧贴长凳），下半身由同伴固定；或下半身悬空（髂骨抵住长凳边缘，上半身的身体侧面紧贴），上半身以手臂环绕长凳固定。
2. 脊柱保持中立位，采用理想呼吸模式，激活核心区域的肌群。
3. 保持直至达到规定时长。

（4）坐位静态平衡练习（SM-SBE004）——学习阶段练习（区块 1）

坐位：屈腿臀脚支撑保持 SM-SBE004-1

1. 坐位开始，双腿屈曲 90°，双脚置于地面，双手向头上方伸直，手臂胸前叠放，或在两耳侧方伸展向远方伸够。

2. 身体向后倾斜至与地面成 45°角，脊柱保持中立位，采用理想呼吸模式，激活核心区域的肌群。
3. 保持直至达到规定时长。

坐位：平地 V 字保持 SM-SBE004-2

1. 坐位开始，双腿伸直置于地面上方，双手向头上方伸直。手臂和双腿向远端伸够。
2. 身体向后倾斜至与地面成 45°角，身体呈 V 字形，脊柱保持中立位，采用理想呼吸模式，激活核心区域的肌群。
3. 保持直至达到规定时长。

坐位：上/下身悬空 V 字保持 SM-SBE004-3

1. 坐位开始，臀部触地为支撑点，上半身悬空（向后倾斜 45°－30°），双手向头上方伸直，下半身由同伴固定；或下半身悬空（腿部伸直，与地面夹角 45°－30°），上半身由同伴固定。

2. 脊柱保持中立位，采用理想呼吸模式，激活核心区域的肌群。

3. 保持直至达到规定时长。

（5）跪位静态平衡练习（SM-SBE005）——学习阶段练习（区块1）

跪位：开放式单膝支撑上肢保持 SM-SBE005-1

1. 双膝跪位开始，前腿膝关节呈90°，后腿脚外旋的同时内侧着地，成开放式单膝支撑。

2. 背部平直，双臂向远端伸够并静态保持，可以过头举、前平举、侧平举。

3. 脊柱保持中立位，采用理想呼吸模式，激活核心区域的肌群。

4. 保持直至达到规定时长。

跪位：分腿式单膝支撑上肢保持 SM-SBE005-2

1. 双膝跪位开始，前腿膝关节呈90°，采用前后分腿跪位支撑。

2. 背部平直，双臂向远端伸够并静态保持，可以过头举、前平举、侧平举。

3. 脊柱保持中立位，采用理想呼吸模式，激活核心区域的肌群。

4. 保持直至达到规定时长。

跪位：双膝支撑上肢保持 SM-SBE005-3

1. 双膝并拢，高跪位支撑。
2. 背部平直，双臂向远端伸够并静态保持，可以过头举、前平举、侧平举。
3. 脊柱保持中立位，采用理想呼吸模式，激活核心区域的肌群。
4. 保持直至达到规定时长。

（6）站位静态平衡练习（SM-SBE006）——学习阶段练习（区块1）

站位：四分之一蹲保持 SM-SBE006-1

1. 运动站姿开始，双脚内侧与肩同宽，全脚掌触地，屈髋、屈膝，大腿与地面夹角45°，小腿与躯干平行。
2. 背部平直，双臂向远端伸够并静态保持，可以过头举、前平举、侧平举。
3. 脊柱保持中立位，采用理想呼吸模式，激活核心区域的肌群。
4. 保持直至达到规定长。

站位：分腿蹲保持 SM-SBE006-2

1. 分腿站立位开始，双膝屈髋屈膝90°，前侧腿的大腿与地面平行，后侧腿的大腿与地面垂直，前后脚成 1 字弓步蹲保持。

2. 背部平直，双臂向远端伸够并静态保持，可以过头举、前平举、侧平举。

3. 脊柱保持中立位，采用理想呼吸模式，激活核心区域的肌群。

4. 保持直至达到规定时长。

5. 换另一侧重复上述动作。

站位：分腿四分之一蹲保持 SM-SBE006-3

1. 运动站姿开始，一侧腿向前跨出一步，双膝屈曲，前侧腿成四分之一蹲，前后脚成 1 字弓步蹲保持。

2. 背部平直，双臂向远端伸够并静态保持，可以过头举、前平举、侧平举。

3. 保持动作直到规定时长。

4. 换另一侧重复上述动作。

站位：平行站立保持 SM-SBE006-4

1. 站立位开始，伸直双膝，双脚平行但分离得尽可能远。

2. 背部平直，双臂向远端伸够并静态保持，可以过头举、前平举、侧平举。

3. 脊柱保持中立位，采用理想呼吸模式，激活核心区域的肌群。

4. 保持直至达到规定时长。

站位：分腿站立保持 SM-SBE006-5

1. 分腿站立位开始，伸直双膝，前后脚成1字弓步蹲保持。
2. 背部平直，双臂向远端伸够并静态保持，可以过头举、前平举、侧平举。
3. 脊柱保持中立位，采用理想呼吸模式，激活核心区域的肌群。
4. 保持动作直到规定时长。
5. 换另一侧重复上述动作。

站位：单腿站立保持 SM-SBE006-6

1. 单腿站立开始,一侧腿屈髋提膝 90°,单腿支撑保持。
2. 背部平直,双臂向远端伸够并静态保持,可以过头举、前平举、侧平举。
3. 脊柱保持中立位,采用理想呼吸模式,激活核心区域的肌群。
4. 保持直至达到规定时长。
5. 换另一侧重复上述动作。

(7)抗阻仰卧位静态平衡练习(SM-SBE001)——基础阶段练习(区块 2 至区块 9)

仰卧:抗阻带/哑铃/壶铃死虫式上/下肢 SM-SBE001-7

1. 仰卧位开始,背部紧贴地面,双臂伸展竖直向上伸够,屈髋屈膝 90°。
2. 举起的手或抬起的腿在 3 个运动方向持续对抗不同阻力(抗阻带/哑铃/壶铃)。
3. 脊柱保持中立位,采用理想呼吸模式,激活核心区域的肌群。
4. 保持直至达到规定时长。

(备注:也可以对单侧肢体施加持续阻力。)

仰卧:抗阻带/哑铃/壶铃肩双脚撑(双腿臀桥)SM-SBE001-8

1. 仰卧位开始,双腿弯曲,双脚置于地面。双臂伸展,竖直上举伸够。
2. 臀部发力主导伸展髋关节,使其离开地面,同时以肩部和双脚作为支撑。
3. 举起的手或顶起的髋部在 3 个运动方向持续对抗不同阻力(抗阻带/哑铃/壶铃)。
4. 脊柱保持中立位,采用理想呼吸模式,激活核心区域的肌群。

5. 顶髋到尽可能高的位置后，保持直至达到规定时长。

（备注：也可以对单侧肢体施加持续阻力。）

仰卧：抗阻带 / 哑铃 / 壶铃肩单脚撑（单腿臀桥）SM-SBE001-9

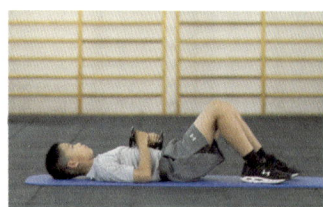 

1. 仰卧位开始，双腿弯曲，双脚置于地面。抬起一条腿并伸直或屈膝 90°，双臂伸展竖直上举伸够。
2. 臀部发力主导伸展髋关节，使其离开地面，同时以肩部和单脚作为支撑。
3. 举起的手或脚在 3 个运动方向持续对抗不同阻力（抗阻带 / 哑铃 / 壶铃）。
4. 脊柱保持中立位，采用理想呼吸模式，激活核心区域的肌群。
5. 顶髋到尽可能高的位置后，保持直至达到规定时长。
6. 滚压 30—60 秒后，换另一侧重复上述动作。

仰卧：抗阻带 / 哑铃 / 壶铃 3 点反向肘脚撑 SM-SBE001-10

1. 仰卧位开始，双脚置于地面，膝关节屈曲 90°、肘关节屈曲 90° 支撑身体。以前臂和脚构成 3 点支撑。3 点支撑变式为"2 手臂 1 脚"或"2 脚 1 手臂"支撑，提起的手臂或脚在 3 个运动方向持续对抗不同阻力（抗阻带 / 哑铃 / 壶铃）。
2. 耳朵、肩膀、髋部、膝盖处于同一水平面。
3. 脊柱保持中立位，采用理想呼吸模式，激活核心区域的肌群。
4. 保持直至达到规定时长。

仰卧：抗阻带 / 哑铃 / 壶铃 3 点或 2 点反向手脚撑 SM-SBE001-11

1. 仰卧位开始，双脚置于地面，膝关节屈曲 90°，手臂垂直向下支撑身体。以手脚构成 3 点支撑或 2 点支撑）。3 点支撑变式为"2 手 1 脚"或"2 脚 1 手"支撑，2 点支撑变式为对侧手脚支撑，提起的手臂或脚在 3 个运动方向持续对抗不同阻力（抗阻带 / 哑铃 / 壶铃）。
2. 耳朵、肩膀、髋部、膝盖处于同一水平面。
3. 脊柱保持中立位，采用理想呼吸模式，激活核心区域的肌群。
4. 保持直至达到规定时长。

仰卧：抗阻带 / 哑铃 / 壶铃上 / 下身悬空保持 SM-SBE001-12

1. 仰卧在长凳上，上半身悬空（髂后上棘抵住长凳边缘，臀部与下肢紧贴长凳），下半身由同伴固定；或下半身悬空（髂后上棘抵住长凳边缘，尾骨、背部和枕骨紧贴长凳），上半身由同伴固定。

2. 悬空的身体部位在 3 个运动方向持续对抗不同阻力（抗阻带 / 哑铃 / 壶铃）。
3. 脊柱保持中立位，采用理想呼吸模式，激活核心区域的肌群。
4. 保持直至达到规定时长。

（备注：也可以对单侧肢体施加持续阻力。）

（8）抗阻俯卧位静态平衡练习（SM-SBE002）——基础阶段练习（区块 2 至区块 9）

俯卧：抗阻带 / 哑铃 / 壶铃 5 点或 3 点手膝脚撑 SM-SBE002-8

1. 以手、膝、脚支撑，俯卧于地面，屈膝、屈髋 90°，双膝触地。背部平直，颈部与身体成一条直线。以手、膝、脚构成 5 点支撑（单手、双膝、双脚支撑）或 3 点支撑（单手、单膝、单脚），提起的手臂或脚在 3 个运动方向持续对抗不同阻力（抗阻带 / 哑铃 / 壶铃）。
2. 保持头部、肩膀、臀部处于同一水平面。
3. 脊柱保持中立位，采用理想呼吸模式，激活核心区域的肌群。
4. 保持直至达到规定时长。

俯卧：抗阻带 / 哑铃 / 壶铃 3 点平板肘膝撑 SM-SBE002-9

1. 以肘、膝支撑，俯卧于地面，屈肘前臂触地，屈膝触地，抬高双脚，背部平直，颈部与身体成一条直线。以单侧手臂和双膝构成 3 点支撑，提起的手臂在 3 个运动方向持续对抗不同阻力（抗阻带 / 哑铃 / 壶铃）。

2. 脊柱保持中立位，采用理想呼吸模式，激活核心区域的肌群。
3. 保持直至达到规定时长。

俯卧：抗阻带/哑铃/壶铃 3 点平板手膝撑 SM-SBE002-10

1. 以手、膝支撑，俯卧于地面，屈膝触地，抬高双脚，背部平直，颈部与身体成一条直线。以单侧手臂和双膝构成 3 点支撑，提起的手臂在 3 个运动方向持续对抗不同阻力（抗阻带/哑铃/壶铃）。
2. 脊柱保持中立位，采用理想呼吸模式，激活核心区域的肌群。
3. 保持直至达到规定时长。
4. 滚压 30—60 秒后，换另一侧重复上述动作。

俯卧：抗阻带/哑铃/壶铃 3 点或 2 点平板肘脚撑 SM-SBE002-11

1. 以手、肘支撑，俯卧于地面，双脚并拢，背部平直，颈部与身体成一条直线。肘部屈曲，以前臂和脚构成 3 点支撑（2 手臂 1 脚或 2 脚 1 手臂）；或 2 点支撑（单手、臂单脚支撑），提起的手臂或脚在 3 个运动方向持续对抗不同阻力（抗阻带/哑铃/壶铃）。
2. 脊柱保持中立位，采用理想呼吸模式，激活核心区域的肌群。
3. 保持直至达到规定时长。

俯卧：抗阻带/哑铃/壶铃 3 点或 2 点平板手脚撑 SM-SBE002-12

1. 以手、脚支撑，俯卧于地面，双脚并拢，背部平直，颈部与身体成一条直线。以手、脚构成 3 点支撑（"2 手 1 脚"或"2 脚 1 手"支撑）或 2 点支撑（单手、单脚支撑），提起的手臂或脚在 3 个运动方向持续对抗不同阻力（抗阻带/哑铃/壶铃）。
2. 脊柱保持中立位，采用理想呼吸模式，激活核心区域的肌群。
3. 保持直至达到规定时长。

俯卧：抗阻带/哑铃/壶铃 3 点或 2 点跪式手脚撑 SM-SBE002-13

1. 以手、脚支撑，俯卧于地面，屈膝、屈髋 90°，膝盖抬离地面。背部平直，颈部与身体成一条直线。以手和脚构成 3 点支撑（2 手臂 1 脚或 2 脚 1 手臂）；或 2 点支撑（单手臂、单脚支撑），提起的手臂或脚在 3 个运动方向持续对抗不同阻力（抗阻带/哑铃/壶铃）。
2. 保持头部、肩膀、臀部处于同一水平面。
3. 脊柱保持中立位，采用理想呼吸模式，激活核心区域的肌群。
4. 保持直至达到规定时长。

俯卧：抗阻带/哑铃/壶铃上/下身悬空保持 SM-SBE002-14

1. 俯卧在长凳上，上半身悬空（髂前上棘抵住长凳边缘，下腹与下肢前侧紧贴长凳），下半身由同伴固定；或下半身悬空（髂前上棘抵住长凳边缘，胸部和腹部紧贴长凳），上半身以双臂环绕长凳固定。

2. 悬空的身体部位在 3 个运动方向持续对抗不同阻力（抗阻带 / 哑铃 / 壶铃）。
3. 脊柱保持中立位，采用理想呼吸模式，激活核心区域的肌群。
4. 保持直至达到规定时长。

（备注：也可以对单侧肢体施加持续阻力。）

（9）抗阻侧卧位静态平衡练习（SM-SBE003）——基础阶段练习（区块 2 至区块 9）

侧卧：抗阻带 / 哑铃 / 壶铃手膝撑 SM-SBE003-6

1. 侧卧位开始，身体下方手臂完全伸展，用手掌将身体支撑起来，双腿并拢，膝关节屈曲 90°，脊柱保持中立位，使肩、髋、膝保持一条直线。
2. 身体上方的手臂或叠放于上方的腿在 3 个运动方向持续对抗不同阻力（抗阻带 / 哑铃 / 壶铃）。

3. 采用理想呼吸模式，激活核心区域的肌群。

4. 保持直至达到规定时长。

侧卧：抗阻带/哑铃/壶铃肘膝撑 SM-SBE003-7

1. 侧卧位开始，身体下方手臂屈肘，用整个前臂将身体支撑起来，双腿并拢，膝关节屈曲90°，脊柱保持中立位，使肩、髋、膝保持一条直线。
2. 身体上方的手臂或叠放于上方的腿在3个运动方向持续对抗不同阻力（抗阻带/哑铃/壶铃）。
3. 采用理想呼吸模式，激活核心区域的肌群。
4. 保持直至达到规定时长。

侧卧：抗阻带/哑铃/壶铃3点或2点手脚撑 SM-SBE003-8

1. 侧卧位开始，身体下方手臂完全伸展，用手掌将身体支撑起来，双腿伸直，双脚并拢叠放或前后错开触地，脊柱保持中立位，使身体保持一条直线。单手、双脚前后错开作3点支撑，或单手、双脚上下叠放作2点支撑。
2. 身体上方的手臂或叠放上方的腿在3个运动方向持续对抗不同阻力（抗阻带/哑铃/壶铃）。
3. 采用理想呼吸模式，激活核心区域的肌群。
4. 保持直至达到规定时长。

侧卧：抗阻带／哑铃／壶铃 3 点或 2 点肘脚撑 SM-SBE003-9

1. 侧卧位开始，身体下方手臂屈肘，用整个前臂将身体支撑起来，双腿伸直，双脚并拢叠放或前后错开触地，脊柱保持中立位，使身体保持一条直线。单臂、双脚上下叠放作 2 点支撑。
2. 身体上方的手臂或叠放于上方的腿在 3 个运动方向持续对抗不同阻力（抗阻带／哑铃／壶铃）。
3. 采用理想呼吸模式，激活核心区域的肌群。
4. 保持直至达到规定时长。

侧卧：抗阻带／哑铃／壶铃上／下身悬空保持 SM-SBE003-10

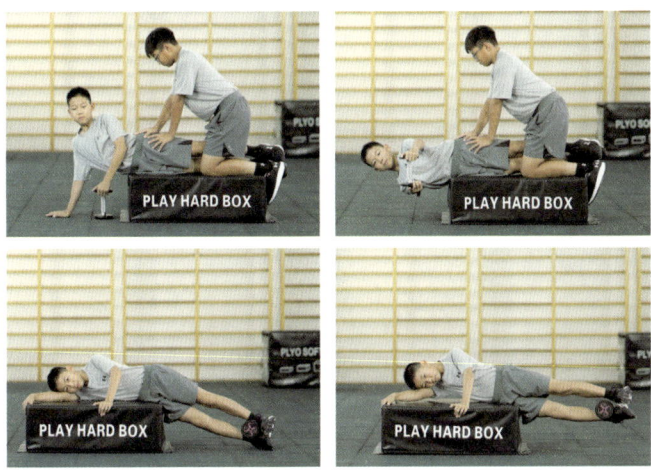

1. 侧卧在长凳上，上半身悬空（髂骨抵住长凳边缘，大腿侧面紧贴长凳），下半身由同伴固定；或下半身悬空（髂骨抵住长凳边缘，上半身的身体侧面紧贴），上半身以手臂环绕长凳固定。
2. 悬空的身体部位在 3 个运动方向持续对抗不同阻力（抗阻带／哑铃／壶铃）。
3. 脊柱保持中立位，采用理想呼吸模式，激活核心区域的肌群。

4. 保持直至达到规定时长。

（备注：也可以对单侧肢体施加持续阻力。）

（10）抗阻坐位静态平衡练习（SM-SBE004）——基础阶段练习（区块 2 至区块 9）

坐位：抗阻带 / 哑铃 / 壶铃屈腿臀脚支撑保持 SM-SBE004-4

1. 坐位开始，双腿屈曲 90°，双脚置于地面，双手向头上方伸直，手臂和双腿向远端伸够。
2. 身体上方的手臂在 3 个运动方向持续对抗不同阻力（抗阻带 / 哑铃 / 壶铃）。
3. 身体向后倾斜至与地面 45° 角，脊柱保持中立位，采用理想呼吸模式，激活核心区域的肌群。
4. 保持直至达到规定时长。

（备注：也可以对单侧肢体施加持续阻力。）

坐位：抗阻带 / 哑铃 / 壶铃平地 V 字保持 SM-SBE004-5

1. 坐位开始，双腿伸直置于地面，双手向头上方伸直。
2. 手臂或双脚在 3 个运动方向持续对抗不同阻力（抗阻带 / 哑铃 / 壶铃）。
3. 身体向后倾斜至与地面成 45° 角，身体呈 V 字形，脊柱保持中立位，采用理想呼吸模式，激活核心区域的肌群。
4. 保持直至达到规定时长。

（备注：也可以对单侧肢体施加持续阻力。）

坐位：抗阻带/哑铃/壶铃上/下身悬空 V 字保持 SM-SBE004-6

1. 坐位开始，臀部触地作为支撑点，上半身悬空（向后倾斜 45°－30°），双手向头上方伸直，下半身由同伴固定；或下半身悬空（腿部伸直，与地面夹角 45°－30°），上半身由同伴固定。
2. 手臂或双脚在 3 个运动方向持续对抗不同阻力（抗阻带/哑铃/壶铃）。
3. 脊柱保持中立位，采用理想呼吸模式，激活核心区域的肌群。
4. 保持直至达到规定时长。

（备注：也可以对单侧肢体施加持续阻力。）

（11）抗阻跪位静态平衡练习（SM-SBE005）——基础阶段练习（区块 2 至区块 9）

跪位：抗阻带/哑铃/壶铃开放式单膝支撑上肢保持 SM-SBE005-4

1. 双膝跪位开始，前腿膝关节呈 90°，后腿脚外旋的同时内侧着地，成开放式单膝支撑。
2. 背部平直，双臂在 3 个运动方向持续对抗不同阻力（抗阻带/哑铃/壶铃）。

3. 脊柱保持中立位，采用理想呼吸模式，激活核心区域的肌群。

4. 保持直至达到规定时长。

（备注：也可以对单侧肢体施加持续阻力。）

跪位：抗阻带／哑铃／壶铃分腿式单膝支撑上肢保持 SM-SBE005-5

1. 双膝跪位开始，前腿膝关节呈90°，采用前后分腿跪位支撑。

2. 背部平直，双臂在3个运动方向持续对抗不同阻力（抗阻带／哑铃／壶铃）。

3. 脊柱保持中立位，采用理想呼吸模式，激活核心区域的肌群。

4. 保持直至达到规定时长。

（备注：也可以对单侧肢体施加持续阻力。）

跪位：抗阻带／哑铃／壶铃双膝支撑上肢保持 SM-SBE005-6

1. 双膝并拢，高跪位支撑。

2. 背部平直，双臂在3个运动方向持续对抗不同阻力（抗阻带／哑铃／壶铃）。

3. 脊柱保持中立位，采用理想呼吸模式，激活核心区域的肌群。

4. 保持直至达到规定时长。

（备注：也可以对单侧肢体施加持续阻力。）

（12）抗阻站位静态平衡练习（SM-SBE006）——基础阶段练习（区块 2 至区块 9）

站位：抗阻带 / 哑铃 / 壶铃四分之一蹲保持 SM-SBE006-7

1. 运动站姿开始，双脚内侧与肩同宽，全脚掌触地，屈髋、屈膝，大腿与地面夹角 45°，小腿与躯干平行。
2. 背部平直，双臂在 3 个运动方向持续对抗不同阻力（抗阻带 / 哑铃 / 壶铃）。
3. 脊柱保持中立位，采用理想呼吸模式，激活核心区域的肌群。
4. 保持直至达到规定时长。

（备注：也可以对单侧肢体施加持续阻力。）

站位：抗阻带 / 哑铃 / 壶铃分腿蹲保持 SM-SBE006-8

1. 分腿站立位开始，双膝屈髋屈膝 90°，前侧腿的大腿与地面平行，后侧腿的大腿与地面垂直，前后脚成 1 字弓步蹲保持。
2. 背部平直，双臂在 3 个运动方向持续对抗不同阻力（抗阻带 / 哑铃 / 壶铃）。
3. 脊柱保持中立位，采用理想呼吸模式，激活核心区域的肌群。
4. 保持直至达到规定时长。

5. 换另一侧重复上述动作。

（备注：也可以对单侧肢体施加持续阻力。）

站位：抗阻带 / 哑铃 / 壶铃分腿四分之一蹲保持 SM-SBE006-9

1. 运动站姿开始，一侧腿向前跨出一步，双膝屈曲，前侧腿成四分之一蹲，前后脚成 1 字弓步蹲保持。
2. 背部平直，双臂在 3 个运动方向持续对抗不同阻力（抗阻带 / 哑铃 / 壶铃）。
3. 保持动作直到规定时长。
4. 换另一侧重复上述动作。

（备注：也可以对单侧肢体施加持续阻力。）

站位：抗阻带 / 哑铃 / 壶铃平行站立保持 SM-SBE006-10

1. 站立位开始，伸直双膝，双脚平行但分离得尽可能远。
2. 背部平直，双臂在 3 个运动方向持续对抗不同阻力（抗阻带 / 哑铃 / 壶铃）。
3. 脊柱保持中立位，采用理想呼吸模式，激活核心区域的肌群。

4. 保持直至达到规定时长。

（备注：也可以对单侧肢体施加持续阻力，如下劈上拉。）

站位：抗阻带/哑铃/壶铃分腿站立保持 SM-SBE006-11

1. 分腿站立位开始，伸直双膝，前后脚成 1 字弓步蹲保持。
2. 背部平直，双臂在 3 个运动方向持续对抗不同阻力（抗阻带/哑铃/壶铃）。
3. 脊柱保持中立位，采用理想呼吸模式，激活核心区域的肌群。
4. 保持动作直到规定时长。
5. 换另一侧重复上述动作。

（备注：也可以对单侧肢体施加持续阻力，如下劈上拉。）

站位：抗阻带/哑铃/壶铃单腿站立保持 SM-SBE006-12

1. 单腿站立开始，一侧腿屈髋提膝 90°，单腿支撑保持。
2. 背部平直，双臂或提起腿在 3 个运动方向持续对抗不同阻力（抗阻带/哑铃/壶铃）。

3. 脊柱保持中立位，采用理想呼吸模式，激活核心区域的肌群。

4. 保持直至达到规定时长。

5. 换另一侧重复上述动作。

（备注：也可以对单侧肢体施加持续阻力。）

4. 动态平衡练习（SM-DBE）

（1）仰卧位动态平衡练习（SM-DBE001）——学习阶段练习（区块1）

仰卧：死虫式上下肢分离多方向运动 SM-DBE001-1

1. 仰卧位开始，背部紧贴地面，双臂伸展竖直向上伸够，屈髋、屈膝90°。

2. 举起的手或抬起的腿在3个运动方向做高频振荡运动，直至在10秒内完成尽可能多的重复次数。

3. 运动过程中，脊柱保持中立位，采用理想呼吸模式，激活核心区域的肌群。

（备注：分离出来的肢体可以做同侧/对侧模式运动，也可以做简单图案的描绘运动，如在空中书写数字。）

仰卧：上/下身悬空下/上肢分离多方向运动 SM-DBE001-2

  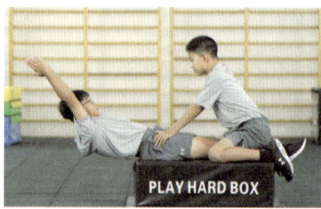

1. 仰卧在长凳上，上半身悬空（髂后上棘抵住长凳边缘，臀部与下肢紧贴长凳），下半身由同伴固定；或下半身悬空（髂后上棘抵住长凳边缘，尾骨、背部和枕骨紧贴长凳），上半身由同伴固定。
2. 分离悬空的肢体在 3 个运动方向做高频振荡运动，直至在 10 秒内完成尽可能多的重复次数。
3. 运动过程中，脊柱保持中立位，采用理想呼吸模式，激活核心区域的肌群。

（备注：分离出来的肢体也可以做简单图案的描绘运动，如在空中书写数字。）

仰卧：肩单脚撑交替换腿 SM-DBE001-3

1. 仰卧位开始，单脚置于地面，对侧脚屈髋提膝 90°。双臂置于身体两侧的地面。
2. 支撑腿臀部发力主导伸展髋关节，使其离开地面，形成单腿臀桥，以肩部和单脚作为支撑。
3. 双腿交替支撑，进行空中换腿迈步走，直至在 10 秒内完成尽可能多的重复次数。
4. 运动过程中，脊柱保持中立位，支撑腿与躯干在一条直线，采用理想呼吸模式，激活核心区域的肌群。

仰卧：肩双脚撑挺髋 SM-DBE001-4

1. 仰卧位开始，双腿弯曲，双脚置于地面，双臂置于身体两侧的地面。
2. 臀部发力主导伸展髋关节，使其离开地面，以肩部和双脚作为支撑。
3. 臀部缓慢退让性下降，回到起始位置。重复下一次挺髋动作，直至在 10 秒内完成尽可能多的重复次数。

4. 运动过程中，脊柱保持中立位，支撑腿与躯干在一条直线，采用理想呼吸模式，激活核心区域的肌群。

5. 完成后，换另一侧腿支撑重复上述动作。

仰卧：肩单脚撑挺髋 SM-DBE001-5

1. 仰卧位开始，单脚置于地面，对侧脚屈髋提膝 90°，双臂置于身体两侧的地面。
2. 支撑腿臀部发力主导伸展髋关节，使其离开地面，形成单腿臀桥，以肩部和单脚作为支撑。
3. 臀部缓慢退让性下降，回到起始位置。重复下一次挺髋动作，直至在 10 秒内完成尽可能多的重复次数。
4. 运动过程中，脊柱保持中立位，支撑腿与躯干在一条直线，采用理想呼吸模式，激活核心区域的肌群。
5. 完成后，换另一侧腿支撑重复上述动作。

（备注：也可以以屈髋直膝式提起腿，伴随挺髋向正上方伸够。）

仰卧：肩双脚撑上肢分离多方向运动 SM-DBE001-6

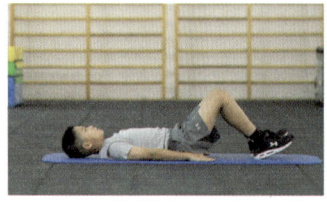  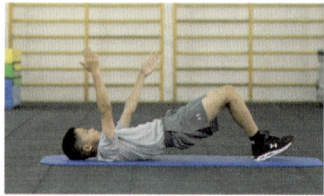

1. 仰卧位开始，双腿弯曲，双脚置于地面，双臂置于身体两侧的地面。
2. 臀部发力主导伸展髋关节，使其离开地面，形成双腿臀桥，以肩部和双脚作为支撑。提起的手臂在 3 个运动方向做高频振荡运动，直至在 10 秒内完成尽可能多的重复次数。
3. 运动过程中，脊柱保持中立位，支撑腿与躯干在一条直线，采用理想呼吸模式，激活核心区域的肌群。

（备注：分离出来的肢体也可以做简单图案的描绘运动，如在空中书写数字。）

仰卧：肩单脚撑上下肢分离多方向运动 SM-DBE001-7

1. 仰卧位开始，单脚置于地面，对侧脚屈髋提膝 90°，双臂置于身体两侧的地面。
2. 支撑腿臀部发力主导伸展髋关节，使其离开地面，形成单腿臀桥，以肩部和单脚作为支撑。提起的手臂或脚在 3 个运动方向做高频振荡运动，直至在 10 秒内完成尽可能多的重复次数。
3. 运动过程中，脊柱保持中立位，支撑腿与躯干在一条直线，采用理想呼吸模式，激活核心区域的肌群。
4. 完成后，换另一侧腿支撑重复上述动作。

（备注：分离出来的肢体也可以做简单图案的描绘运动，如在空中书写数字。）

仰卧：4 点或 3 点反向手脚撑挺髋 SM-DBE001-8

1. 仰卧位开始，双脚置于地面，膝关节屈曲 90°，手臂垂直向下支撑身体。
2. 以双手、双脚构成 4 点支撑，髋关节屈伸进行连续挺髋，直至在 10 秒内完成尽可能多的重复次数；或以 3 点支撑变式为 "2 手 1 脚" 或 "2 脚 1 手" 支撑，挺髋的同时提起的手或脚向远端伸够。
3. 运动过程中，脊柱保持中立位，采用理想呼吸模式，激活核心区域的肌群。

仰卧：3点或2点反向手脚撑上下肢分离多方向运动 SM-DBE001-9

1. 仰卧位开始，双脚置于地面，膝关节屈曲90°，肘关节屈曲90°支撑身体。以手、脚3点支撑（"2手1脚"或"2脚1手"支撑）或2点支撑（对侧手脚支撑）提起的手臂或脚在3个运动方向上做高频振荡运动。
2. 耳朵、肩膀、髋部、膝盖处于同一水平面。
3. 运动过程中，脊柱保持中立位，采用理想呼吸模式，激活核心区域的肌群。
4. 直至在10秒内完成尽可能多的重复次数。

（备注：分离出来的肢体可以做同侧/对侧交替运动，也可以做简单图案的描绘运动，如在空中书写数字。）

（2）俯卧位动态平衡练习（SM-DBE002）——学习阶段练习（区块1）

俯卧：平板手膝4点或3点撑起 SM-DBE002-1

1. 以手膝支撑，俯卧于地面，屈膝触地，抬高双脚，背部平直，颈部与身体成一条直线。以双手、双膝4点支撑或3点支撑（"1手2膝"支撑）进行平板支撑起的同时，在非稳定平面（实心球或同伴支撑）保持晃动干扰（主动扰动/被动扰动），重复运动直至在10秒内完成尽可能多的重复次数。
2. 运动过程中，脊柱保持中立位，采用理想呼吸模式，激活核心区域的肌群。

俯卧：平板肘膝 4 点或 3 点撑起 SM-DBE002-2

1. 以肘、膝支撑，俯卧于地面，屈膝触地，抬高双脚，背部平直，颈部与身体成一条直线。以双臂、双膝 4 点支撑或 3 点支撑（"1 手 2 膝"支撑）进行手肘交替平板撑起的同时，重复运动直至在 10 秒内完成尽可能多的重复次数。
2. 运动过程中，脊柱保持中立位，采用理想呼吸模式，激活核心区域的肌群。

俯卧：平板手脚 4 点或 3 点撑起 SM-DBE002-3

1. 以手、脚支撑，俯卧于地面，双脚并拢，背部平直，颈部与身体成一条直线。以双手、双脚 4 点支撑或 3 点支撑（"2 手 1 脚"或"1 手 2 脚"）进行平板支撑的同时，在非稳定平面（实心球或同伴支撑）保持晃动干扰（主动扰动/被动扰动），重复运动直至在 10 秒内完成尽可能多的重复次数。
2. 运动过程中，脊柱保持中立位，采用理想呼吸模式，激活核心区域的肌群。

俯卧：跪式手膝脚撑上下肢分离多方向运动 SM-DBE002-4

1. 以手、膝、脚支撑，俯卧于地面，屈膝屈髋90°，双膝触地。背部平直，颈部与身体成一条直线。以手、膝、脚构成5点支撑（单手、双膝、双脚支撑）或3点支撑（单手、单膝、单脚），提起的手臂或脚在3个运动方向上做高频振荡运动，直至在10秒内完成尽可能多的重复次数。
2. 保持头部、肩膀、臀部处于同一水平面。
3. 运动过程中，脊柱保持中立位，采用理想呼吸模式，激活核心区域的肌群。

（备注：分离出来的肢体也可以做简单图案的描绘运动，如在空中书写数字。）

俯卧：平板肘脚撑上下肢分离多方向运动 SM-DBE002-5

1. 以手肘支撑，俯卧于地面，双脚并拢，背部平直，颈部与身体成一条直线。肘部屈曲，以前臂和脚构成3点支撑（"2手臂1脚"或"2脚1手臂"支撑）或2点支撑（单臂、单脚支撑），提起的手臂或脚在3个运动方向上做高频振荡运动，直至在10秒内完成尽可能多的重复次数。
2. 运动过程中，脊柱保持中立位，采用理想呼吸模式，激活核心区域的肌群。

（备注：分离出来的肢体也可以做简单图案的描绘运动，如在空中书写数字。）

俯卧：平板手脚撑上下肢分离多方向运动 SM-DBE002-6

1. 以手、脚支撑，俯卧于地面，双脚并拢，背部平直，颈部与身体成一条直线。以手、脚构成3点支撑（"2手1脚"或"2脚1手"支撑）或2点支撑（单手、单脚支撑），提起的手臂或脚在3个运动方向上做高频振荡运动，直至在10秒内完成尽可能多的重复次数。
2. 运动过程中，脊柱保持中立位，采用理想呼吸模式，激活核心区域的肌群。

（备注：分离出来的肢体也可以做简单图案的描绘运动，如在空中书写数字。）

俯卧：平板肘膝撑上肢分离多方向运动 SM-DBE002-7

1. 以肘、膝支撑，俯卧于地面，屈肘前臂、屈膝触地，抬高双脚，背部平直，颈部与身体成一条直线。以单侧手臂和双膝构成3点支撑，提起的手臂或脚在3个运动方向上做高频振荡运动，直至在10秒内完成尽可能多的重复次数。
2. 运动过程中，脊柱保持中立位，采用理想呼吸模式，激活核心区域的肌群。

（备注：分离出来的肢体也可以做简单图案的描绘运动，如在空中书写数字。）

俯卧：平板手膝撑上下肢分离多方向运动 SM-DBE002-8

1. 以手、膝支撑，俯卧于地面，屈膝触地，抬高双脚，背部平直，颈部与身体成一条直线。以单侧手臂和双膝构成3点支撑，提起的手臂或脚在3个运动方向上做高频振荡运动，直至在10秒内完成尽可能多的重复次数。
2. 运动过程中，脊柱保持中立位，采用理想呼吸模式，激活核心区域的肌群。

（备注：分离出来的肢体也可以做简单图案的描绘运动，如在空中书写数字。）

俯卧：跪式手脚撑上下肢分离多方向运动 SM-DBE002-9

1. 以手、脚支撑，俯卧于地面，屈膝、屈髋90°，膝盖抬离地面。背部平直，颈部与身体成一条直线。以手和脚构成3点支撑（"2手臂1脚"或"2脚1手臂"支撑）或2点支撑（单手臂、单脚支撑），提起的手臂或脚在 3 个运动方向上做高频振荡运动，直至在 10 秒内完成尽可能多的重复次数。

2. 保持头部、肩膀、臀部处于同一水平面。

3. 运动过程中，脊柱保持中立位，采用理想呼吸模式，激活核心区域的肌群。

（备注：分离出来的肢体也可以做简单图案的描绘运动，如在空中书写数字。）

俯卧：上／下身悬空下／上肢分离多方向运动 SM-DBE002-10

1. 俯卧在长凳上，上半身悬空（髂前上棘抵住长凳边缘，下腹与下肢前侧紧贴长凳），下半身由同伴固定；或下半身悬空（髂前上棘抵住长凳边缘，胸部和腹部紧贴长凳），上半身以双臂环绕长凳固定。

2. 分离悬空的肢体在 3 个运动方向做高频振荡运动，直至在 10 秒内完成尽可能多的重复次数。

3. 运动过程中，脊柱保持中立位，采用理想呼吸模式，激活核心区域的肌群。

（备注：分离出来的肢体也可以做简单图案的描绘运动，如在空中书写数字。）

（3）侧卧位动态平衡练习（SM-DBE003）——学习阶段练习（区块 1）

侧卧：肘膝撑上肢分离多方向运动 SM-DBE003-1

1. 侧卧位开始，身体下方手臂屈肘，用整个前臂将身体支撑起来，双腿并拢，膝关节屈曲 90°，脊柱保持中立位，使肩、髋、膝保持在一条直线。
2. 分离悬空的肢体在 3 个运动方向做高频振荡运动，直至在 10 秒内完成尽可能多的重复次数。
3. 采用理想呼吸模式，激活核心区域的肌群。

侧卧：手膝撑上肢分离多方向运动 SM-DBE003-2

1. 侧卧位开始，身体下方手臂完全伸展，用手掌将身体支撑起来，双腿并拢，膝关节屈曲 90°，脊柱保持中立位，使肩、髋、膝保持在一条直线。
2. 分离悬空的肢体在 3 个运动方向做高频振荡运动，直至在 10 秒内完成尽可能多的重复次数。
3. 采用理想呼吸模式，激活核心区域的肌群。
（备注：分离出来的肢体也可以做简单图案的描绘运动，如在空中书写数字。）

侧卧：3 点或 2 点肘脚撑上下肢分离多方向运动 SM-DBE003-3

1. 侧卧位开始，身体下方手臂屈肘，用整个前臂将身体支撑起来，双腿伸直，双脚并拢叠放或前后错开触地，脊柱保持中立位，使身体保持一条直线。单臂、双脚上下叠放作 2 点支撑。
2. 分离悬空的肢体在 3 个运动方向做高频振荡运动，直至在 10 秒内完成尽可能多的重复次数。
3. 采用理想呼吸模式，激活核心区域的肌群。

（备注：分离出来的肢体也可以做简单图案的描绘运动，如在空中书写数字。）

侧卧：3 点或 2 点手脚撑上下肢分离多方向运动 SM-DBE003-4

1. 侧卧位开始，身体下方手臂完全伸展，用手掌将身体支撑起来，双腿伸直，双脚并拢叠放或前后错开触地，脊柱保持中立位，使身体保持一条直线。单手、双脚前后错开作 3 点支撑，或单手、双脚上下叠放作 2 点支撑。
2. 分离悬空的肢体在 3 个运动方向做高频振荡运动，直至在 10 秒内完成尽可能多的重复次数。
3. 采用理想呼吸模式，激活核心区域的肌群。

（备注：分离出来的肢体可以做同侧/对侧模式交替运动，也可以做简单图案的描绘运动，如在空中书写数字、躯干扭转和屈伸运动。）

侧卧：上/下身悬空上/下肢分离多方向运动 SM-DBE003-5

1. 侧卧在长凳上，上半身悬空（髂骨抵住长凳边缘，大腿侧面紧贴长凳），下半身由同伴固定；或下半身悬空（髂骨抵住长凳边缘，上半身的身体侧面紧贴），上半身以手臂环绕长凳固定。

2. 分离悬空的肢体在 3 个运动方向做高频振荡运动，直至在 10 秒内完成尽可能多的重复次数。
3. 脊柱保持中立位，采用理想呼吸模式，激活核心区域的肌群。

（备注：也可以对单侧肢体施加持续阻力。）

（4）坐位动态平衡练习（SM-DBE004）——学习阶段练习（区块 1）

坐位：屈腿臀脚支撑上肢多方向运动 SM-DBE004-1

1. 坐位开始，双腿屈曲 90°，双脚置于地面，双手向头上方伸直。以臀部和双脚构成 3 点支撑或 2 点支撑（臀部和单脚支撑），提起的手臂或脚在 3 个运动方向上做高频振荡运动，直至在 10 秒内完成尽可能多的重复次数。
2. 身体向后倾斜至与地面成 45° 角，脊柱保持中立位，采用理想呼吸模式，激活核心区域的肌群。

坐位：屈腿坐姿躯干扭转 SM-DBE004-2

1. 坐位开始，双腿伸直置于地面，双手向头上方伸直。
2. 躯干左右连续扭转，直至在 10 秒内完成尽可能多的重复次数。
3. 身体向后倾斜至与地面成 45°角，身体呈 V 字形。
4. 脊柱保持中立位，采用理想呼吸模式，激活核心区域的肌群。

坐位：两头起运动 SM-DBE004-3

1. 坐位开始，双腿伸直置于地面，双手向头上方伸直。
2. 以臀部为支撑点，双臂和双腿在保持伸展的同时尽量触碰，身体向后倾斜至与地面成 45°角，直至在 10 秒内完成尽可能多的重复次数。
3. 脊柱保持中立位，采用理想呼吸模式，激活核心区域的肌群。

（备注：分离出来的手臂也可以做高频运动。）

坐位：仰卧起坐运动 SM-DBE004-4

1. 坐位开始，双腿屈曲 90°，双脚置于地面，双手放在头部两侧。
2. 以臀部为支撑点，躯干在与地面夹角的 30°—45°之间快速起伏，直至在 10 秒内完成尽可能多的重复次数。
3. 脊柱保持中立位，采用理想呼吸模式，激活核心区域的肌群。

（备注：分离出来的手臂也可以做高频运动。在仰卧起坐过程中，一侧腿保持屈曲的同时另一侧腿伸展。）

坐位：上／下身悬空上／下肢分离多方向运动 SM-DBE004-5

1. 坐位开始，臀部触地为支撑点，上半身悬空（向后倾斜 45°－30°），双手向头上方伸直，下半身由同伴固定；或下半身悬空（腿部伸直，与地面夹角 45°－30°），上半身由同伴固定。
2. 分离悬空的肢体在 3 个运动方向做高频振荡运动，直至在 10 秒内完成尽可能多的重复次数。
3. 脊柱保持中立位，采用理想呼吸模式，激活核心区域的肌群。

（备注：也可以对单侧肢体施加持续阻力。）

（5）跪位动态平衡练习（SM-DBE005）——学习阶段练习（区块 1）
跪位：双膝支撑高低位切换 SM-DBE005-1

1. 双膝跪位开始，躯干直立，膝盖与双脚支撑。
2. 屈髋，臀部后坐至低跪姿，然后伸髋，臀部离开小腿至高跪姿，重复进行 10 次。

3. 脊柱保持中立位，采用理想呼吸模式，激活核心区域的肌群。

跪位：分腿式单膝支撑衔接分腿站式 SM-DBE005-2

1. 双膝跪位开始，前腿膝关节呈 90°，采用前后分腿跪位支撑。
2. 背部平直，双腿伸展，起身成分腿站式，保持 2 秒，双腿退让性屈曲，回到起始位置，重复进行 10 次。
3. 脊柱保持中立位，采用理想呼吸模式，激活核心区域的肌群。

（备注：分离出来的手臂可以做同侧/对侧模式抗阻运动，也可以做简单图案的描绘抗阻运动，如在空中书写数字或躯干对抗阻力进行扭转和屈伸运动。）

跪位：开放式单膝支撑上肢分离多方向运动 SM-DBE005-3

1. 双膝跪位开始,前腿膝关节呈 90°,后腿脚外旋的同时内侧着地,成开放式单膝支撑。
2. 背部平直,双臂在 3 个运动方向做高频振荡运动,直至在 10 秒内完成尽可能多的重复次数。
3. 脊柱保持中立位,采用理想呼吸模式,激活核心区域的肌群。
(备注:分离出来的手臂可以做同侧 / 对侧模式运动,也可以做简单图案的描绘运动,如在空中书写数字或躯干进行扭转和屈伸运动。)

跪位:双膝支撑上肢分离多方向运动 SM-DBE005-4

1. 双膝并拢,高跪位支撑。
2. 背部平直,双臂在 3 个运动方向做高频振荡运动,直至在 10 秒内完成尽可能多的重复次数。
3. 脊柱保持中立位,采用理想呼吸模式,激活核心区域的肌群。
(备注:分离出来的手臂可以做同侧 / 对侧模式运动,也可以做简单图案的描绘运动,如在空中书写数字。)

跪位:分腿式单膝支撑上肢分离多方向运动 SM-DBE005-5

1. 双膝跪位开始,前腿膝关节呈 90°,采用前后分腿跪位支撑。
2. 背部平直,双臂在 3 个运动方向做高频振荡运动,直至在 10 秒内完成尽可能多的重复次数。
3. 脊柱保持中立位,采用理想呼吸模式,激活核心区域的肌群。

（备注：分离出来的手臂可以做同侧/对侧模式运动，也可以做简单图案的描绘运动，如在空中书写数字或躯干进行扭转和屈伸运动。）

（6）站位动态平衡练习（SM-DBE006）——学习阶段练习（区块1）

站位：四分之一蹲上肢多向运动 SM-DBE006-1

1. 运动站姿开始，双脚内侧与肩同宽，全脚掌触地，屈髋屈膝，大腿与地面夹角45°，小腿与躯干平行。
2. 背部平直，双臂向远端伸够的同时，在3个运动方向做高频振荡运动，直至在10秒内完成尽可能多的重复次数。
3. 脊柱保持中立位，采用理想呼吸模式，激活核心区域的肌群。

（备注：分离出来的手臂可以做同侧/对侧交替模式运动，也可以做简单图案的描绘运动，如在空中书写数字或躯干进行扭转和屈伸运动。）

站位：分腿蹲上肢多向运动 SM-DBE006-2

1. 分腿站立位开始，双膝屈髋屈膝90°，前侧腿的大腿与地面平行，后侧腿的大腿与地面垂直，前后脚成1字弓步蹲支撑。

2. 背部平直，双臂向远端伸够的同时，在 3 个运动方向做高频振荡运动，直至在 10 秒内完成尽可能多的重复次数，换另一侧腿重复上述动作。

3. 脊柱保持中立位，采用理想呼吸模式，激活核心区域的肌群。

（备注：分离出来的手臂可以做同侧 / 对侧交替模式运动，也可以做简单图案的描绘运动，如在空中书写数字或躯干进行扭转和屈伸运动。）

站位：分腿四分之一蹲上肢多向运动 SM-DBE006-3

1. 运动站姿开始，一侧腿向前跨出一步，双膝屈曲，前侧腿成四分之一蹲，前后脚成 1 字弓步蹲支撑。

2. 背部平直，双臂向远端伸够的同时，在 3 个运动方向做高频振荡运动，直至在 10 秒内完成尽可能多的重复次数，换另一侧腿重复上述动作。

3. 脊柱保持中立位，采用理想呼吸模式，激活核心区域的肌群。

（备注：分离出来的手臂可以做同侧 / 对侧交替模式运动，也可以做简单图案的描绘运动，如在空中书写数字或躯干进行扭转和屈伸运动。）

站位：平行站立多向运动 SM-DBE006-4

1. 站立位开始，伸直双膝，双脚平行但分离得尽可能远。
2. 背部平直，双臂向远端伸够的同时，在 3 个运动方向做高频振荡运动，直至在 10 秒内完成尽可能多的重复次数。
3. 脊柱保持中立位，采用理想呼吸模式，激活核心区域的肌群。

（备注：分离出来的手臂可以做同侧/对侧交替模式运动，也可以做简单图案的描绘运动，如在空中书写数字或躯干进行扭转和屈伸运动。）

站位：分腿站立上肢多向运动 SM-DBE006-5

1. 分腿站立位开始，伸直双膝，前后脚成 1 字弓步蹲支撑。
2. 背部平直，双臂向远端伸够的同时，在 3 个运动方向做高频振荡运动，直至在 10 秒内完成尽可能多的重复次数，换另一侧腿重复上述动作。
3. 脊柱保持中立位，采用理想呼吸模式，激活核心区域的肌群。

（备注：分离出来的手臂可以做同侧/对侧交替模式运动，也可以做简单图案的描绘运动，如在空中书写数字或躯干进行扭转和屈伸运动。）

站位：单腿站立上下肢分离多方向运动 SM-DBE006-6

1. 单腿站立开始，一侧腿屈髋提膝 90°，以单腿支撑。
2. 背部平直，双臂向远端伸够的同时，在 3 个运动方向做高频振荡运动，直至在 10 秒内完成尽可能多的重复次数，换另一侧腿重复上述动作。
3. 脊柱保持中立位，采用理想呼吸模式，激活核心区域的肌群。

（备注：分离出来的手臂可以做同侧/对侧交替模式运动，也可以做简单图案的描绘运动，如在空中书写数字或躯干进行扭转和屈伸运动。）

（7）抗阻仰卧位动态平衡练习（SM-DBE001）——基础阶段练习（区块2至区块9）

仰卧：抗阻带/哑铃/壶铃死虫式上下肢分离多方向运动 SM-DBE001-10

  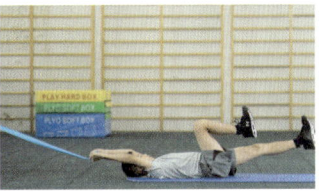

1. 仰卧位开始，背部紧贴地面，双臂伸展竖直向上伸够，屈髋、屈膝90°。
2. 举起或抬起手臂或脚在3个运动方向对抗不同阻力（抗阻带/哑铃/壶铃）高频运动，直至在10秒内完成尽可能多的重复次数。
3. 运动过程中，脊柱保持中立位，采用理想呼吸模式，激活核心区域的肌群。

（备注：分离出来的肢体可以做同侧/对侧模式运动，也可以做简单图案的抗阻描绘运动，如在空中书写数字。）

仰卧：抗阻带/哑铃/壶铃肩双脚撑挺髋 SM-DBE001-11

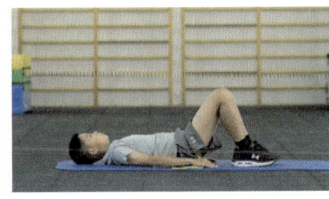 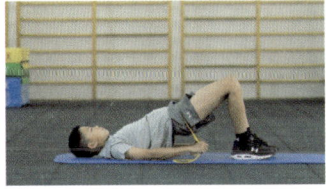 

1. 仰卧位开始，双腿弯曲，双脚置于地面，双臂置于身体两侧的地面，双手对抗阻力保持向远端伸够。

2. 臀部发力主导伸展髋关节，使其离开地面，以肩部和双脚作为支撑。
3. 臀部缓慢退让性下降，回到起始位置。重复下一次挺髋动作，直至在 10 秒内完成尽可能多的重复次数。
4. 运动过程中，脊柱保持中立位，支撑腿与躯干在一条直线，采用理想呼吸模式，激活核心区域的肌群。
5. 完成后，换另一侧腿支撑重复上述动作。

仰卧：抗阻带／哑铃／壶铃肩单脚撑挺髋 SM-DBE001-12

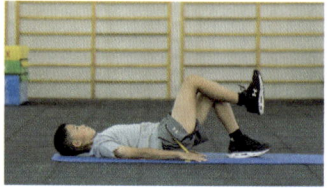

1. 仰卧位开始，单脚置于地面，对侧脚屈髋提膝 90°，双手对抗阻力保持向远端伸够。
2. 支撑腿臀部发力主导伸展髋关节，使其离开地面，形成单腿臀桥，以肩部和单脚作为支撑。
3. 臀部缓慢退让性下降，回到起始位置。重复下一次挺髋动作，直至在 10 秒内完成尽可能多的重复次数。
4. 运动过程中，脊柱保持中立位，支撑腿与躯干在一条直线，采用理想呼吸模式，激活核心区域的肌群。
5. 完成后，换另一侧腿支撑重复上述动作。

（备注：也可以以屈髋直膝式提起腿，伴随挺髋向正上方对抗保持向远端伸够。）

仰卧：抗阻带／哑铃／壶铃肩单脚撑交替换腿 SM-DBE001-13

1. 仰卧位开始，单脚置于地面，对侧脚屈髋提膝 90°，双手对抗阻力保持向远端伸够。

2. 支撑腿臀部发力主导伸展髋关节，使其离开地面，形成单腿臀桥，以肩部和单脚作为支撑。
3. 双腿交替支撑，进行空中换腿迈步走，直至在 10 秒内完成尽可能多的重复次数。
4. 运动过程中，脊柱保持中立位，支撑腿与躯干在一条直线，采用理想呼吸模式，激活核心区域的肌群。

仰卧：抗阻带 / 哑铃 / 壶铃 3 点反向手脚撑挺髋 SM-DBE001-14

1. 仰卧位开始，双脚置于地面，膝关节屈曲 90°，手臂垂直向下支撑身体。
2. 以双手、双脚构成 4 点支撑，髋关节屈伸进行连续挺髋，直至在 10 秒内完成尽可能多的重复次数；或作 3 点支撑（"2 手 1 脚"或"2 脚 1 手"支撑），挺髋的同时，提起的手或脚对抗阻力保持向远端伸够。
3. 运动过程中，脊柱保持中立位，采用理想呼吸模式，激活核心区域的肌群。

仰卧：抗阻带 / 哑铃 / 壶铃肩双脚撑上肢分离多方向运动 SM-DBE001-15

1. 仰卧位开始，双腿弯曲，双脚置于地面，双臂置于身体两侧的地面。
2. 臀部发力主导伸展髋关节，使其离开地面，形成双腿臀桥，以肩部和双脚作为支撑。提起的手臂或脚在 3 个运动方向对抗不同阻力（抗阻带 / 哑铃 / 壶铃）高频运动，直至在 10 秒内完成尽可能多的重复次数。
3. 运动过程中，脊柱保持中立位，支撑腿与躯干在一条直线，采用理想呼吸模式，激活核心区域的肌群。

（备注：分离出来的肢体也可以做简单图案的抗阻描绘运动，如在空中书写数字。）

仰卧：抗阻带/哑铃/壶铃肩单脚撑上下肢分离多方向运动 SM-DBE001-16

1. 仰卧位开始，单脚置于地面，对侧脚屈髋提膝 90°。
2. 支撑腿的臀部发力主导伸展髋关节，使其离开地面，形成单腿臀桥，以肩部和单脚作为支撑。提起的手臂或脚在 3 个运动方向对抗不同阻力（抗阻带/哑铃/壶铃）高频运动，直至在 10 秒内完成尽可能多的重复次数。
3. 运动过程中，脊柱保持中立位，支撑腿与躯干在一条直线，采用理想呼吸模式，激活核心区域的肌群。
4. 完成后，换另一侧腿支撑重复上述动作。

（备注：分离出来的肢体也可以做简单图案的抗阻描绘运动，如在空中书写数字。）

仰卧：抗阻带/哑铃/壶铃 3 点或 2 点反向手脚撑上下肢分离多方向运动 SM-DBE001-17

1. 仰卧位开始，双脚置于地面，膝关节屈曲 90°，肘关节屈曲 90°支撑身体。以手、脚 3 点支撑（"2 手 1 脚"或"2 脚 1 手"支撑）或 2 点支撑（对侧手脚支撑），提起的手臂或脚在 3 个运动方向对抗不同阻力（抗阻带/哑铃/壶铃）高频运动。
2. 耳朵、肩膀、髋部、膝盖处于同一水平面。

3. 运动过程中，脊柱保持中立位，采用理想呼吸模式，激活核心区域的肌群。

4. 直至在 10 秒内完成尽可能多的重复次数。

（备注：分离出来的肢体可以做同侧／对侧交替抗阻运动，也可以做简单图案的抗阻描绘运动，如在空中书写数字。）

仰卧：抗阻带／哑铃／壶铃上／下身悬空下／上肢分离多方向运动 SM-DBE001-18

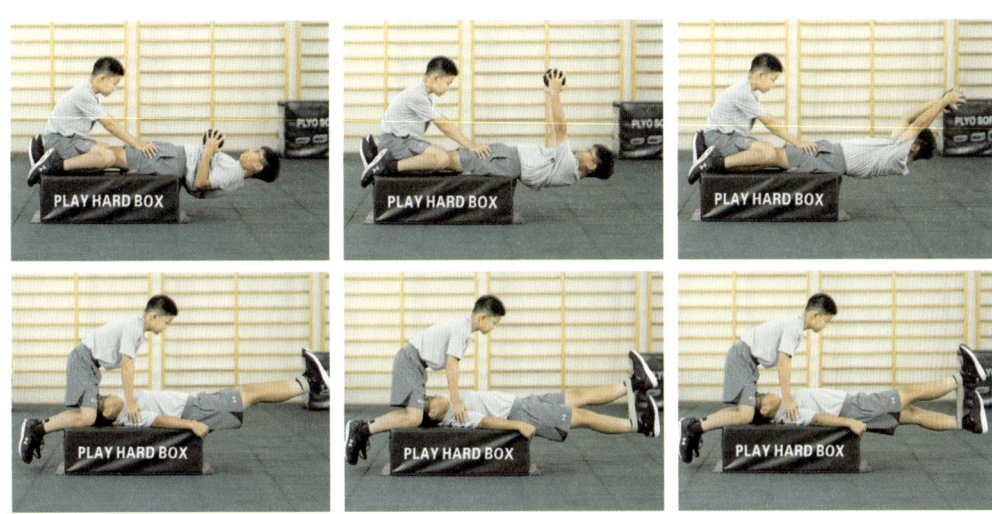

1. 仰卧在长凳上，上半身悬空（髂后上棘抵住长凳边缘，臀部与下肢紧贴长凳），下半身由同伴固定；或下半身悬空（髂后上棘抵住长凳边缘，尾骨、背部和枕骨紧贴长凳），上半身由同伴固定。

2. 分离悬空的肢体在 3 个运动方向对抗不同阻力（抗阻带／哑铃／壶铃）高频运动，直至在 10 秒内完成尽可能多的重复次数。

3. 运动过程中，脊柱保持中立位，采用理想呼吸模式，激活核心区域的肌群。

（备注：分离出来的肢体也可以做简单图案的描绘运动，如在空中书写数字。）

（8）抗阻俯卧位动态平衡练习（SM-DBE002）——基础阶段练习（区块 2 至区块 9）

俯卧：抗阻平板手膝撑起 SM-DBE002-11

1. 以手、膝支撑，俯卧于地面，屈膝触地，抬高双脚，背部平直，颈部与身体成一条直线。以双手、双膝 4 点进行平板支撑的同时，在支撑手侧的肩部上方对抗同伴或抗阻带施加的阻力，重复运动直至在 10 秒内完成尽可能多的重复次数。

2. 运动过程中，脊柱保持中立位，采用理想呼吸模式，激活核心区域的肌群。

俯卧：抗阻平板手脚 4 点或 3 点撑起 SM-DBE002-12

1. 以手、脚支撑，俯卧于地面，双脚并拢，背部平直，颈部与身体成一条直线。以双手、双脚 4 点支撑或 3 点支撑（"2 手 1 脚"或"1 手 2 脚"支撑）进行平板支撑的同时，在支撑手或脚的身体上方对抗同伴施加的阻力，重复运动直至在 10 秒内完成尽可能多的重复次数。

2. 运动过程中，脊柱保持中立位，采用理想呼吸模式，激活核心区域的肌群。

（备注：提起的手臂或脚也可以在 3 个运动方向对抗同伴施加的阻力。）

俯卧：抗阻带 / 哑铃 / 壶铃跪式手膝脚撑上下肢分离多方向运动 SM-DBE002-13

1. 以手、膝、脚支撑，俯卧于地面，屈膝、屈髋 90°，双膝触地。背部平直，颈部与身体成一条直线。以手、膝、脚构成 5 点支撑（单手、双膝、双脚支撑）或 3 点支撑（单手、单膝、单脚），提起的手臂或脚在 3 个运动方向对抗不同阻力（抗阻带 / 哑铃 / 壶铃）高频运动，直至在 10 秒内完成尽可能多的重复次数。
2. 保持头部、肩膀、臀部处于同一水平面。
3. 运动过程中，脊柱保持中立位，采用理想呼吸模式，激活核心区域的肌群。
（备注：分离出来的肢体也可以做简单图案的描绘抗阻运动，如在空中书写数字。）

俯卧：抗阻带/哑铃/壶铃平板手膝撑上下肢分离多方向运动 SM-DBE002-14

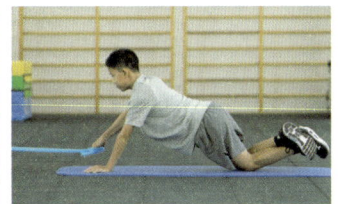

1. 以手、膝支撑，俯卧于地面，屈膝触地，抬高双脚，背部平直，颈部与身体成一条直线。以单侧手臂和双膝构成3点支撑，提起的手臂或脚在3个运动方向对抗不同阻力（抗阻带/哑铃/壶铃）高频运动，直至在10秒内完成尽可能多的重复次数。
2. 运动过程中，脊柱保持中立位，采用理想呼吸模式，激活核心区域的肌群。

（备注：分离出来的肢体也可以做简单图案的描绘抗阻运动，如在空中书写数字。）

俯卧：抗阻带/哑铃/壶铃平板肘膝撑上肢分离多方向运动 SM-DBE002-15

1. 以肘、膝支撑，俯卧于地面，屈肘前臂、屈膝触地，抬高双脚，背部平直，颈部与身体成一条直线。以单侧手臂和双膝构成3点支撑，提起的手臂或脚在3个运动方向对抗不同阻力（抗阻带/哑铃/壶铃）高频运动，直至在10秒内完成尽可能多的重复次数。
2. 运动过程中，脊柱保持中立位，采用理想呼吸模式，激活核心区域的肌群。

（备注：分离出来的肢体也可以做简单图案的描绘抗阻运动，如在空中书写数字。）

俯卧：抗阻带／哑铃／壶铃平板手脚撑上下肢分离多方向运动 SM-DBE002-16

1. 以手、脚支撑，俯卧于地面，双脚并拢，背部平直，颈部与身体成一条直线。以手脚构成 3 点支撑（"2 手 1 脚"或"2 脚 1 手"支撑）或 2 点支撑（单手单脚支撑），提起的手臂或脚在 3 个运动方向对抗不同阻力（抗阻带／哑铃／壶铃）高频运动，直至在 10 秒内完成尽可能多的重复次数。
2. 运动过程中，脊柱保持中立位，采用理想呼吸模式，激活核心区域的肌群。

（备注：分离出来的肢体也可以做简单图案的描绘抗阻运动，如在空中书写数字。）

俯卧：抗阻带／哑铃／壶铃跪式手脚撑上下肢分离多方向运动 SM-DBE002-17

1. 以手、脚支撑，俯卧于地面，屈膝、屈髋 90°，膝盖抬离地面。背部平直，颈部与身体成一条直线。以手和脚构成 3 点支撑（"2 手臂 1 脚"或"2 脚 1 手臂"支撑）或 2 点支撑（单手臂、单脚支撑），提起的手臂或脚在 3 个运动方向对抗不同阻力（抗阻带／哑铃／壶铃）高频运动，直至在 10 秒内完成尽可能多的重复次数。
2. 保持头部、肩膀、臀部处于同一水平面。
3. 运动过程中，脊柱保持中立位，采用理想呼吸模式，激活核心区域的肌群。

（备注：分离出来的肢体也可以做简单图案的描绘抗阻运动，如在空中书写数字。）

俯卧：抗阻带／哑铃／壶铃上／下身悬空下／上肢分离多方向运动 SM-DBE002-18

1. 俯卧在长凳上，上半身悬空（髂前上棘抵住长凳边缘，下腹与下肢前侧紧贴长凳），下半身由同伴固定；或下半身悬空（髂前上棘抵住长凳边缘，胸部和腹部紧贴长凳），上半身以双臂环绕长凳固定。

2. 分离悬空的肢体在3个运动方向对抗不同阻力（抗阻带/哑铃/壶铃）高频运动，直至在10秒内完成尽可能多的重复次数。
3. 运动过程中，脊柱保持中立位，采用理想呼吸模式，激活核心区域的肌群。
（备注：分离出来的肢体也可以做简单图案的描绘抗阻运动，如在空中书写数字。）

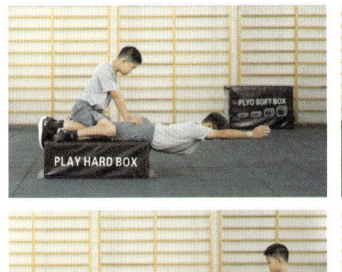  

（9）抗阻侧卧位动态平衡练习（SM-DBE003）——基础阶段练习（区块2至区块9）

侧卧：抗阻带/哑铃/壶铃 3点或 2点手脚撑上下肢分离多方向运动 SM-DBE003-6

1. 侧卧位开始，身体下方手臂完全伸展，用手掌将身体支撑起来，双腿伸直，双脚并拢叠放或前后错开触地，脊柱保持中立位，使身体保持一条直线。单手、双脚前后错开作3点支撑或单手、双脚上下叠放作2点支撑。
2. 分离悬空的肢体在3个运动方向对抗不同阻力（抗阻带/哑铃/壶铃）高频运动，直至在10秒内完成尽可能多的重复次数。
3. 采用理想呼吸模式，激活核心区域的肌群。
（备注：分离出来的肢体也可以做简单图案的描绘抗阻运动，如在空中书写数字。）

侧卧：抗阻带/哑铃/壶铃3点或2点肘脚撑上下肢分离多方向运动 SM-DBE003-7

1. 侧卧位开始，身体下方手臂屈肘，用整个前臂将身体支撑起来，双腿伸直，双脚并拢叠放或前后错开触地，脊柱保持中立位，使身体保持一条直线。单臂、双脚上下叠放作2点支撑。
2. 分离悬空的肢体在3个运动方向对抗不同阻力（抗阻带/哑铃/壶铃）高频运动，直至在10秒内完成尽可能多的重复次数。
3. 采用理想呼吸模式，激活核心区域的肌群。

（备注：分离出来的肢体也可以做简单图案的描绘抗阻运动，如在空中书写数字。）

侧卧：抗阻带/哑铃/壶铃手膝撑上肢分离多方向运动 SM-DBE003-8

1. 侧卧位开始，身体下方手臂完全伸展，用手掌将身体支撑起来，双腿并拢，膝关节屈曲90°，脊柱保持中立位，使肩、髋、膝保持一条直线。
2. 分离悬空的肢体在3个运动方向对抗不同阻力（抗阻带/哑铃/壶铃）高频运动，直至在10秒内完成尽可能多的重复次数。
3. 采用理想呼吸模式，激活核心区域的肌群。

（备注：分离出来的肢体也可以做简单图案的描绘抗阻运动，如在空中书写数字。）

侧卧：抗阻带/哑铃/壶铃肘膝撑上肢分离多方向运动 SM-DBE003-9

1. 侧卧位开始，身体下方手臂屈肘，用整个前臂将身体支撑起来，双腿并拢，膝关节屈曲90°，脊柱保持中立位，使肩、髋、膝保持一条直线。

2. 分离悬空的肢体在 3 个运动方向对抗不同阻力（抗阻带 / 哑铃 / 壶铃）高频运动，直至在 10 秒内完成尽可能多的重复次数。
3. 采用理想呼吸模式，激活核心区域的肌群。

（备注：分离出来的肢体也可以做简单图案的描绘抗阻运动，如在空中书写数字。）

侧卧：抗阻带 / 哑铃 / 壶铃上下身悬空上下肢分离多方向运动 SM-DBE003-10

1. 侧卧在长凳上，上半身悬空（髂骨抵住长凳边缘，大腿侧面紧贴长凳），下半身由同伴固定；或下半身悬空（髂骨抵住长凳边缘，上半身的身体侧面紧贴），上半身以手臂环绕长凳固定。
2. 分离悬空的肢体在 3 个运动方向对抗不同阻力（抗阻带 / 哑铃 / 壶铃）高频运动，直至在 10 秒内完成尽可能多的重复次数。
3. 脊柱保持中立位，采用理想呼吸模式，激活核心区域的肌群。

（备注：分离出来的肢体也可以做简单图案的描绘抗阻运动，如在空中书写数字。）

（10）抗阻坐位动态平衡练习（SM-DBE004）——基础阶段练习（区块 2 至区块 9）

坐位：抗阻带／哑铃／壶铃屈腿臀脚支撑上肢分离多方向运动 SM-DBE004-6

1. 坐位开始，双腿屈曲 90°，双脚置于地面，双手向头上方伸直，以臀部和双脚构成 3 点支撑或 2 点支撑（臀部和单脚支撑）。提起的手臂或脚在 3 个运动方向对抗不同阻力（抗阻带／哑铃／壶铃）高频运动，直至在 10 秒内完成尽可能多的重复次数。
2. 身体向后倾斜至与地面成 45° 角，脊柱保持中立位，采用理想呼吸模式，激活核心区域的肌群。

坐位：抗阻带／哑铃／壶铃屈腿坐姿躯干扭转 SM-DBE004-7

1. 坐位开始，双腿伸直置于地面，双手向头上方伸直。
2. 躯干在对抗阻力（抗阻带／哑铃／壶铃）的情况下左右连续扭转，直至在 10 秒内完成尽可能多的重复次数。
3. 身体向后倾斜至与地面成 45° 角，身体呈 V 字形，脊柱保持中立位，采用理想呼吸模式，激活核心区域的肌群。

（备注：分离出来的手臂也可以做高频抗阻运动。）

坐位：抗阻带／哑铃／壶铃仰卧起坐运动 SM-DBE004-8

1. 坐位开始，双腿屈曲 90°，双脚置于地面，双手放在头部两侧。
2. 以臀部为支撑点，躯干在对抗阻力的情况下在与地面所成的 30°—45° 夹角之间快速起伏，直至在 10 秒内完成尽可能多的重复次数。

3. 脊柱保持中立位，采用理想呼吸模式，激活核心区域的肌群。

[备注：分离出来的手臂也可以在 3 个运动方向对抗不同阻力（抗阻带 / 哑铃 / 壶铃）。]

坐位：抗阻带 / 哑铃 / 壶铃上下身悬空上下肢分离多方向运动 SM-DBE004-9

1. 坐位开始，臀部触地为支撑点，上半身悬空（向后倾斜 45°－30°），双手向头上方伸直，下半身由同伴固定；或下半身悬空（腿部伸直，与地面夹角 45°－30°），上半身由同伴固定。
2. 分离悬空的肢体在 3 个运动方向对抗不同阻力（抗阻带 / 哑铃 / 壶铃）高频运动，直至在 10 秒内完成尽可能多的重复次数。
3. 脊柱保持中立位，采用理想呼吸模式，激活核心区域的肌群。

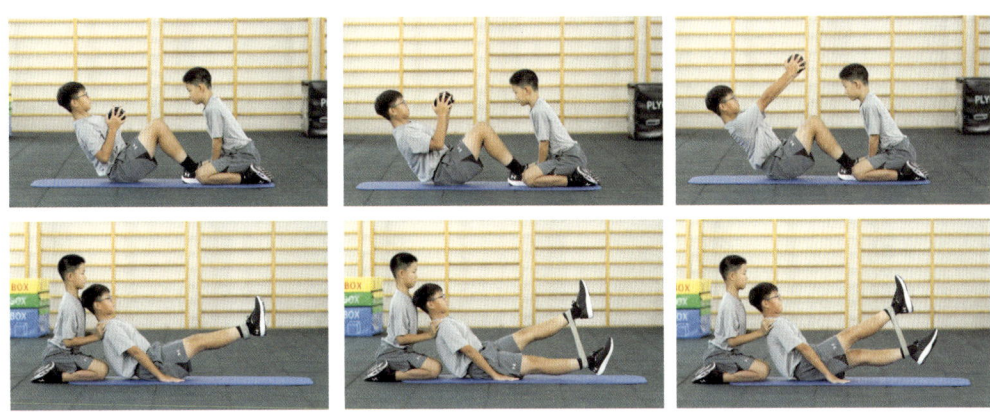

（11）抗阻跪位动态平衡练习（SM-DBE005）——基础阶段练习（区块 2 至区块 9）

跪位：抗阻带 / 哑铃 / 壶铃双膝支撑反向运动高低位切换 SM-DBE005-6

1. 双膝跪位开始，躯干直立，膝盖与双脚支撑。
2. 屈髋，臀部后坐至低跪姿，然后伸髋，臀部离开小腿至高跪姿。提起的手臂在 3 个运动方向对抗不同阻力（抗阻带 / 哑铃 / 壶铃），重复进行 10 次。
3. 脊柱保持中立位，采用理想呼吸模式，激活核心区域的肌群。

跪位：抗阻带/哑铃/壶铃分腿式单膝支撑衔接分腿站式 SM-DBE005-7

1. 双膝跪位开始，前腿膝关节呈90°，采用前后分腿跪位支撑。
2. 背部平直，双腿伸展，起身成分腿站式，保持2秒，双腿退让性屈曲，回到起始位置。双臂在3个运动方向对抗不同阻力（抗阻带/哑铃/壶铃），重复10次。
3. 脊柱保持中立位，采用理想呼吸模式，激活核心区域的肌群。

（备注：分离出来的手臂可以做同侧/对侧模式抗阻运动，也可以做简单图案的描绘抗阻运动，如在空中书写数字或躯干对抗阻力进行扭转和屈伸运动。）

跪位：抗阻带/哑铃/壶铃双膝支撑上肢分离多方向运动 SM-DBE005-8

1. 双膝并拢，高跪位支撑。
2. 背部平直，双臂在 3 个运动方向对抗不同阻力（抗阻带/哑铃/壶铃）高频运动，直至在 10 秒内完成尽可能多的重复次数。
3. 脊柱保持中立位，采用理想呼吸模式，激活核心区域的肌群。
（备注：分离出来的手臂可以做同侧/对侧模式抗阻运动，也可以做简单图案的描绘抗阻运动，如在空中书写数字或躯干对抗阻力进行扭转和屈伸运动。）

跪位：抗阻带/哑铃/壶铃开放式单膝支撑上肢分离多方向运动 SM-DBE005-9

1. 双膝跪位开始，前腿膝关节呈 90°，后腿脚外旋的同时内侧着地，成开放式单膝支撑。
2. 背部平直，提起的双臂在 3 个运动方向对抗不同阻力（抗阻带/哑铃/壶铃）高频运动，直至在 10 秒内完成尽可能多的重复次数。
3. 脊柱保持中立位，采用理想呼吸模式，激活核心区域的肌群。
（备注：分离出来的手臂可以做同侧/对侧模式抗阻运动，也可以做简单图案的描绘抗阻运动，如在空中书写数字或躯干对抗阻力进行扭转和屈伸运动。）

跪位：抗阻带/哑铃/壶铃分腿式单膝支撑上肢分离多方向运动 SM-DBE005-10

1. 双膝跪位开始，前腿膝关节呈 90°，采用前后分腿跪位支撑。

2. 背部平直，提起的双臂在 3 个运动方向对抗不同阻力（抗阻带 / 哑铃 / 壶铃）高频运动，直至在 10 秒内完成尽可能多的重复次数。

3. 脊柱保持中立位，采用理想呼吸模式，激活核心区域的肌群。

（备注：分离出来的手臂可以做同侧 / 对侧模式抗阻运动，也可以做简单图案的描绘抗阻运动，如在空中书写数字或躯干对抗阻力进行扭转和屈伸运动。）

（12）抗阻站位动态平衡练习（SM-DBE006）——基础阶段练习（区块 2 至区块 9）

站位：四分之一蹲上肢多向运动 SM-DBE006-7

1. 运动站姿开始，双脚内侧与肩同宽，全脚掌触地，屈髋、屈膝，大腿与地面夹角 45°，小腿与躯干平行。

2. 背部平直，双臂向远端伸够的同时，在 3 个运动方向对抗不同阻力（抗阻带 / 哑铃 / 壶铃）高频运动，直至在 10 秒内完成尽可能多的重复次数。

3. 脊柱保持中立位，采用理想呼吸模式，激活核心区域的肌群。

（备注：分离出来的手臂可以做同侧 / 对侧模式抗阻运动，也可以做简单图案的描绘抗阻运动，如在空中书写数字或躯干对抗阻力进行扭转和屈伸运动。）

站位：分腿蹲上肢多向运动 SM-DBE006-8

1. 分腿站立位开始，双膝屈髋屈膝 90°，前侧腿的大腿与地面平行，后侧腿的大腿与地面垂直，前后脚成 1 字弓步蹲支撑。

2. 背部平直，双臂向远端伸够的同时，在 3 个运动方向对抗不同阻力（抗阻带 / 哑铃 / 壶铃）高频运动，直至在 10 秒内完成尽可能多的重复次数，换另一侧腿重复上述动作。

3. 脊柱保持中立位，采用理想呼吸模式，激活核心区域的肌群。

（备注：分离出来的手臂可以做同侧/对侧模式抗阻运动，也可以做简单图案的描绘抗阻运动，如在空中书写数字或躯干对抗阻力进行扭转和屈伸运动。）

站位：分腿四分之一蹲上肢多向运动 SM-DBE006-9

1. 运动站姿开始，一侧腿向前跨出一步，双膝屈曲，前侧腿成四分之一蹲，前后脚成1字弓步蹲支撑。
2. 背部平直，双臂向远端伸够的同时，在3个运动方向对抗不同阻力（抗阻带/哑铃/壶铃）高频运动，直至在10秒内完成尽可能多的重复次数，换另一侧腿重复上述动作。
3. 脊柱保持中立位，采用理想呼吸模式，激活核心区域的肌群。

（备注：分离出来的手臂可以做同侧/对侧模式抗阻运动，也可以做简单图案的描绘抗阻运动，如在空中书写数字或躯干对抗阻力进行扭转和屈伸运动。）

站位：平行站立多向运动 SM-DBE006-10

1. 站立位开始，伸直双膝，双脚平行但分离得尽可能远。
2. 背部平直，双臂向远端伸够的同时，在3个运动方向对抗不同阻力（抗阻带/哑铃/壶铃）高频运动，直至在10秒内完成尽可能多的重复次数。
3. 脊柱保持中立位，采用理想呼吸模式，激活核心区域的肌群。

（备注：分离出来的手臂可以做同侧/对侧模式抗阻运动，也可以做简单图案的描绘抗阻运动，如在空中书写数字或躯干对抗阻力进行扭转和屈伸运动。）

站位：分腿站立上肢多向运动 SM-DBE006-11

1. 分腿站立位开始，伸直双膝，前后脚成1字弓步蹲支撑。
2. 背部平直，双臂向远端伸够的同时，在3个运动方向对抗不同阻力（抗阻带/哑铃/壶铃）高频运动，直至在10秒内完成尽可能多的重复次数，换另一侧腿重复上述动作。
3. 脊柱保持中立位，采用理想呼吸模式，激活核心区域的肌群。

（备注：分离出来的手臂可以做同侧/对侧模式抗阻运动，也可以做简单图案的描绘抗阻运动，如在空中书写数字或躯干对抗阻力进行扭转和屈伸运动。）

站位：单腿站立上下肢分离多方向运动 SM-DBE006-12

1. 单腿站立开始，一侧腿屈髋提膝90°，以单腿支撑。
2. 背部平直，双臂向远端伸够的同时，在3个运动方向对抗不同阻力（抗阻带/哑铃/壶铃）高频运动，直至在10秒内完成尽可能多的重复次数，换另一侧腿重复上述动作。

3. 脊柱保持中立位，采用理想呼吸模式，激活核心区域的肌群。

（备注：分离出来的手臂可以做同侧/对侧模式抗阻运动，也可以做简单图案的描绘抗阻运动，如在空中书写数字或躯干对抗阻力进行扭转和屈伸运动。）

5. 动态稳定性练习（SM-DSE）

（1）仰卧位动态稳定性练习（SM-DSE001）——基础阶段练习（区块 6）

仰卧：4 点－3 点 /4 点－2 点支撑反向手脚向前爬行 SM-DSE001-1

1. 仰卧位开始，双脚置于地面，膝关节屈曲 90°。双臂伸直，双手手掌触地并位于肩部投影正下方，五指分开指向脚部反方向。以双手、双脚构成 4 点支撑开始。
2. 采用 4 点－3 点支撑手足爬行模式进行前进移动，即每次移动提起 1 个支撑点，然后再回到 4 点支撑位。在 3 点和 4 点支撑之间变换，同时也是同侧和对侧位置之间的交替。也可以采用 4 点－2 点支撑手足爬行模式，即每次移动的同时提起对侧上下肢支撑点，然后再回到 4 点支撑，在 2 点和 4 点支撑之间变换。
3. 运动过程中，脊柱保持中立位，支撑位时手臂外旋，采用理想呼吸模式，激活核心区域的肌群。
4. 有节奏地完成 10 米移动。

（备注：也可以双脚作为固定支撑点，双手交替推地，沉髋接近双足，之后再手走返回到起始位置。）

仰卧：4点—3点/4点—2点支撑反向手脚侧向爬行 SM-DSE001-2

1. 仰卧位开始，双脚置于地面，膝关节屈曲90°。双臂伸直，双手手掌触地位于肩部投影正下方，五指分开指向脚部反方向。以双手、双脚构成4点支撑开始。
2. 采用4点—3点支撑手足爬行模式进行侧向移动，即每次移动提起1个支撑点，然后再回到4点支撑位。在3点和4点支撑之间变换，同时也是同侧和对侧位置之间的交替。也可以采用4点—2点支撑手足爬行模式，即每次移动的同时提起对侧上下肢支撑点，然后再回到4点支撑，在2点和4点支撑之间变换。
3. 运动过程中，脊柱保持中立位，支撑位时手臂外旋，采用理想呼吸模式，激活核心区域的肌群。
4. 有节奏地完成10米移动。

仰卧：4点—3点/4点—2点支撑反向手脚后退爬行 SM-DSE001-3

1. 仰卧位开始，双脚置于地面，膝关节屈曲90°。双臂伸直，双手手掌触地位于肩部投影正下方，五指分开指向脚部方向。以双手、双脚构成4点支撑开始。
2. 采用4点—3点支撑手足爬行模式进行后退移动，即每次移动提起1个支撑点，然后再回到4点支撑位。在3点和4点支撑之间变换，同时也是同侧和对侧位置之间的交替。也可以采用4点—2点支撑手足爬行模式，即每次移动的同时提起对侧上下肢支撑点，然后再回到4点支撑，在2点和4点支撑之间变换。
3. 运动过程中，脊柱保持中立位，支撑位时手臂外旋，采用理想呼吸模式，激活核心区域的肌群。
4. 有节奏地完成10米移动。

（备注：也可以双手作为固定支撑点，双脚交替蹬地，沉髋接近双手，之后再脚走返回到起始位置。）

仰卧：肩脚撑臀桥向前/后滑动 SM-DSE001-4

1. 仰卧位开始，双腿弯曲，双脚置于地面。双臂交叉叠放于胸前。以肩部和双脚作为支撑，臀部发力主导伸展髋关节，挺髋臀部离开地面。
2. 双脚交替向后蹬地，以肩部为支撑，拉动身体向前滑动。也可以双脚向前蹬地，以肩部为支撑，推动身体向后滑动。
3. 运动过程中，脊柱保持中立位，支撑腿与躯干在一条直线，采用理想呼吸模式，激活核心区域的肌群。
4. 有节奏地完成10米移动。

仰卧：反向手撑向前/后滑动 SM-DSE001-5

1. 仰卧位开始，双腿伸直，双脚踝背屈，双脚足跟置于地面。双臂伸直，双手手掌触地位于肩部投影正下方，五指分开指向脚部方向。以双手、双脚构成4点支撑开始。
2. 将滑垫置于足跟下方，双手交替向前/向后推地，带动身体向前/向后滑动10次。
3. 运动过程中，脊柱保持中立位，支撑腿与躯干在一条直线，采用理想呼吸模式，激沽核心区域的肌群。
4. 有节奏地完成10米移动。

仰卧：反向手脚撑上下肢交替运动 SM-DSE001-6

1. 仰卧位开始，双腿伸直，双脚踝背屈，足跟置于地面或四块瑜伽砖上。双臂伸直，双手手掌触地位于肩部投影正下方，五指分开指向脚部方向。以双手、双脚构成 4 点支撑开始。
2. 以手、脚作 3 点交替支撑（左右手交替、左右脚交替支撑）或 2 点交替支撑（对侧手脚交替支撑），提起的手臂或脚在 3 个运动方向上交替运动。
3. 耳朵、肩膀、髋部、膝盖处于同一水平面。
4. 运动过程中，脊柱保持中立位，采用理想呼吸模式，激活核心区域的肌群。
5. 直至在 10 秒内完成尽可能多的重复次数。

（2）俯卧动态稳定性练习（SM-DSE002）——基础阶段练习（区块 6）

俯卧：平板支撑脚走 SM-DSE002-1

1. 俯卧位开始，双腿伸直，双脚置于地面。双臂伸直，双手手掌触地位于肩部投影正下方，五指分开指向头部方向。以双手、双脚构成 4 点支撑开始。

2. 以双手作为固定支撑点，双脚交替蹬地，臀部上提接近双足，之后再脚走返回到起始位置。
3. 运动过程中，脊柱保持中立位，支撑位时手臂外旋，采用理想呼吸模式，激活核心区域的肌群。
4. 有节奏地完成 10 米移动。

（备注：也可以双脚作为固定支撑点，双手交替推地，沉髋接近双足，之后再手走返回到起始位置。）

俯卧：平板支撑手走 SM-DSE002-2

1. 俯卧位开始，双腿伸直，双脚置于地面。双臂伸直，双手手掌触地位于肩部投影正下方，五指分开指向头部方向。以双手、双脚构成 4 点支撑开始。
2. 以双脚作为固定支撑点，双手交替推地接近双足，臀部上提，之后再手走返回到起始位置。
3. 运动过程中，脊柱保持中立位，支撑位时手臂外旋，采用理想呼吸模式，激活核心区域的肌群。
4. 有节奏地完成 10 米移动。

俯卧：4 点—3 点 /4 点—2 点支撑手脚向前爬行 SM-DSE002-3

1. 俯卧位开始，双脚置于地面。双臂伸直，双手手掌触地位于肩部投影正下方，五指分开指向头部方向。以双手、双脚构成 4 点支撑开始。

2. 采用4点-3点支撑手足爬行模式进行向前移动，即每次移动提起1个支撑点，然后再回到4点支撑位。在3点和4点支撑之间变换，同时也是同侧和对侧位置之间的交替。也可以采用4点-2点支撑手足爬行模式，即每次移动的同时提起对侧上下肢支撑点，然后再回到4点支撑，在2点和4点支撑之间变换。

3. 运动过程中，脊柱保持中立位，采用理想呼吸模式，激活核心区域的肌群。
4. 有节奏地完成10米移动。

俯卧：4点-3点/4点-2点支撑手脚侧向爬行 SM-DSE002-4

1. 俯卧位开始，双脚置于地面。双臂伸直，双手手掌触地位于肩部投影正下方，五指分开指向头部方向。以双手、双脚构成4点支撑开始。
2. 采用4点-3点支撑手足爬行模式进行侧向移动，即每次移动提起1个支撑点，然后再回到4点支撑位。在3点和4点支撑之间变换，同时也是同侧和对侧位置之间的交替。也可以采用4点-2点支撑手足爬行模式，即每次移动的同时提起对侧上下肢支撑点，然后再回到4点支撑，在2点和4点支撑之间变换。

3. 运动过程中，脊柱保持中立位，采用理想呼吸模式，激活核心区域的肌群。
4. 有节奏地完成 10 米移动。

俯卧：4 点—3 点/4 点—2 点支撑手脚后退爬行 SM-DSE002-5

1. 俯卧位开始，双脚置于地面。双臂伸直，双手手掌触地位于肩部投影正下方，五指分开指向头部方向。以双手、双脚构成 4 点支撑开始。
2. 采用 4 点—3 点支撑手足爬行模式进行后退移动，即每次移动提起 1 个支撑点，然后再回到 4 点支撑位。在 3 点和 4 点支撑之间变换，同时也是同侧和对侧位置之间的交替。也可以采用 4 点—2 点支撑手足爬行模式，即每次移动的同时提起对侧上下肢支撑点，然后再回到 4 点支撑，在 2 点和 4 点支撑之间变换。

练习库　265

3. 运动过程中，脊柱保持中立位，采用理想呼吸模式，激活核心区域的肌群。
4. 有节奏地完成 10 米移动。

俯卧：4 点—3 点 /4 点—2 点支撑肘脚向前爬行 SM-DSE002-6

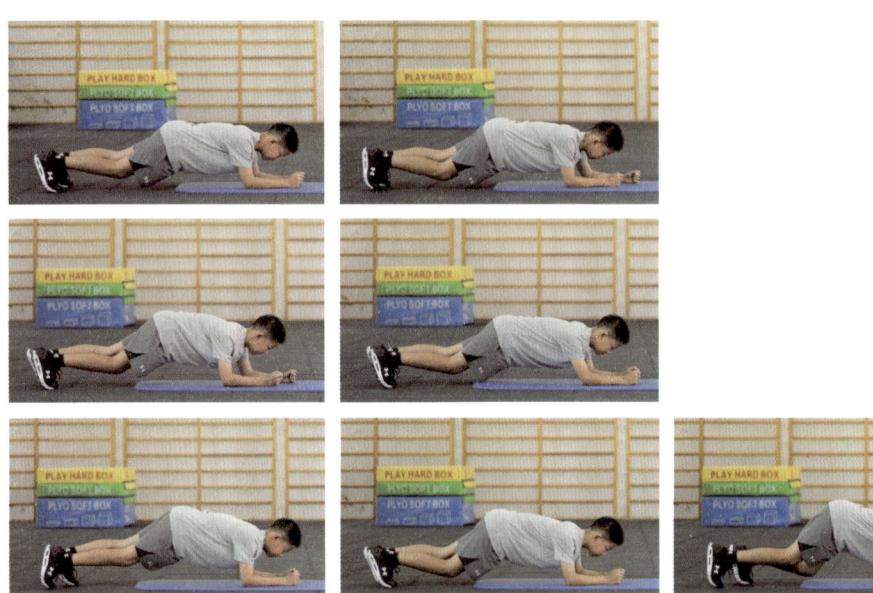

1. 俯卧位开始，双腿伸直，双脚置于地面。肘关节屈曲 90°，前臂置于地面。以双臂、双脚构成 4 点支撑开始。
2. 采用 4 点—3 点支撑臂足爬行模式进行前进移动，即每次移动提起 1 个支撑点，然后再回到 4 点支撑位。在 3 点和 4 点支撑之间变换，同时也是同侧和对侧位置之间的交替。也可以采用 4 点—2 点支撑臂足爬行模式，即每次移动的同时提起对侧上下肢支撑点，然后再回到 4 点支撑，在 2 点和 4 点支撑之间变换。
3. 运动过程中，脊柱保持中立位，采用理想呼吸模式，激活核心区域的肌群。
4. 有节奏地完成 10 米移动。

俯卧：平板手撑向前 / 后滑动 SM-DSE002-7

1. 俯卧位开始，双腿伸直，双脚置于地面。双臂伸直，双手手掌触地位于肩部投影正下方，五指分开指向头部方向。以双手、双脚构成 4 点支撑开始。
2. 双手固定，将滑垫置于双脚下方，双脚交替或同时向前 / 向后蹬地，带动身体向前 / 向后滑动。
3. 运动过程中，脊柱保持中立位，支撑腿与躯干在一条直线，采用理想呼吸模式，激活核心区域的肌群。
4. 有节奏地完成快速移动。

俯卧：平板脚撑向前 / 后滑动 SM-DSE002-8

1. 俯卧位开始，双腿伸直，足跟置于地面。双臂伸直，双手手掌触地位于肩部投影正下方，五指分开指向头部方向。以双手、双脚构成 4 点支撑开始。
2. 双脚固定，将滑垫置于双手下方，双手交替或同时向前 / 向后推地，带动身体向前 / 向后滑动。
3. 运动过程中，脊柱保持中立位，支撑腿与躯干在一条直线，采用理想呼吸模式，激活核心区域的肌群。
4. 有节奏地完成快速移动。

俯卧：跪式手撑向前 / 后滑动 SM-DSE002-9

1. 俯卧位开始，屈髋、屈膝 90°，双脚置于地面，膝盖抬离地面。双臂伸直，双手手掌触地位于肩

部投影正下方，五指分开指向头部方向。以双手、双脚构成 4 点支撑开始。
2. 双手固定，将滑垫置于双脚下方，双脚交替或同时向前 / 向后蹬地，带动身体向前 / 向后滑动。
3. 运动过程中，脊柱保持中立位，支撑腿与躯干在一条直线，采用理想呼吸模式，激活核心区域的肌群。
4. 有节奏地完成快速移动。

俯卧：跪式脚撑向前 / 后滑动 SM-DSE002-10

1. 俯卧位开始，屈髋、屈膝 90°，双脚置于地面，膝盖抬离地面。双臂伸直，双手手掌触地位于肩部投影正下方，五指分开指向头部方向。以双手、双脚构成 4 点支撑开始。
2. 双脚固定，将滑垫置于前脚掌下方，双手交替或同时向前 / 向后推地，带动身体向前 / 向后滑动。
3. 运动过程中，脊柱保持中立位，支撑腿与躯干在一条直线，采用理想呼吸模式，激活核心区域的肌群。
4. 有节奏地完成快速移动。

俯卧：手脚撑上下肢交替运动 SM-DSE002-11

1. 俯卧位开始，双腿伸直，足跟置于地面或四块瑜伽砖上。双臂伸直，双手手掌触地位于肩部投影正下方，五指分开指向头部方向。以双手、双脚构成 4 点支撑开始。
2. 以手、脚 3 点交替支撑（左右手交替、左右脚交替支撑）或 2 点交替支撑（对侧手脚交替支撑），提起的手臂或脚在 3 个运动方向上交替运动。
3. 耳朵、肩膀、髋部、膝盖处于同一水平面。
4. 运动过程中，脊柱保持中立位，采用理想呼吸模式，激活核心区域的肌群。
5. 直至在 10 秒内完成尽可能多的重复次数。

（3）侧卧位动态稳定性练习（SM-DSE003）——基础阶段练习（区块 6）

侧卧：3 点或 2 点肘脚撑衔接俯卧肘脚撑 SM-DSE003-1

1. 侧卧位开始，屈肘 90°，用前臂将身体支撑起来，双腿伸直，双脚并拢叠放或前后错开触地，脊柱保持中立位，使身体保持一条直线。单手臂、双脚前后错开作 3 点支撑或单手臂、双脚上下叠放作 2 点支撑。
2. 躯干在分离悬空的肢体引导下转动至俯卧位肘脚撑，保持 2 秒后再返回到起始位置，重复 10 次。
3. 采用理想呼吸模式，激活核心区域的肌群。

侧卧：3 点或 2 点手脚撑转体衔接反向手脚撑 SM-DSE003-2

1. 侧卧位开始，身体下方手臂完全伸展，用手掌将身体支撑起来，双腿伸直，双脚并拢叠放或前后错开触地，脊柱保持中立位，使身体保持一条直线。单手、双脚前后错开作 3 点支撑或单手、双脚上下叠放作 2 点支撑。
2. 躯干在分离悬空的肢体引导下转动至仰卧位手脚撑，保持 2 秒后回到起始位置，重复 10 次。
3. 采用理想呼吸模式，激活核心区域的肌群。

侧卧：3 点或 2 点手脚撑转体衔接俯卧手脚撑 SM-DSE003-3

1. 侧卧位开始，身体下方手臂完全伸展，用手掌将身体支撑起来，双腿伸直，双脚并拢叠放或前后错开触地，脊柱保持中立位，使身体保持一条直线。单手、双脚前后错开作 3 点支撑或单手、双脚上下叠放作 2 点支撑。
2. 躯干在分离悬空的肢体引导下转动至俯卧位手脚撑，保持 2 秒后回到起始位置，重复 10 次。
3. 采用理想呼吸模式，激活核心区域的肌群。

侧卧：手脚撑上下肢多方向运动 SM-DSE003-4

1. 侧卧位开始，身体下方手臂完全伸展，用手掌将身体支撑起来，双腿伸直，双脚并拢叠放或前后错开触地，脊柱保持中立位，使身体保持一条直线。单手、双脚前后错开作 3 点支撑或单手、双脚上下叠放作 2 点支撑。

2. 处于上方分离悬空的手臂引导躯干转动，并完成与下方的手臂交替支撑，每侧重复 5 次。

3. 采用理想呼吸模式，激活核心区域的肌群。

（4）坐位动态稳定性练习（SM-DSE004）——基础阶段练习（区块 6）

坐位：背部跷跷板 SM-DSE004-1

1. 坐位开始，双腿屈曲 90°，双脚置于地面，双手放在头部两侧。
2. 以臀部为支撑点，身体向后倾倒，背部触地，想象如跷跷板一样，背部至颈部触地后，借助惯性返回到起始位置，直至重复 10 次。
3. 保持采用理想呼吸模式，激活核心区域的肌群。

坐位：背部跷跷板衔接下肢 2 点或 1 点支撑 SM-DSE004-2

1. 坐位开始，双腿屈曲 90°，双脚置于地面，双手放在头部两侧。

2. 以臀部为支撑点，身体向后倾倒，背部触地，想象如跷跷板一样，背部至颈部触地后，借助惯性返回到起始位置，衔接双腿2点蹲位支撑。整个过程腹部收紧，保持屈髋、屈膝团身状态。也可以衔接一侧腿屈曲、一侧腿伸展的1点蹲位支撑。重复10次。
3. 起身后，脊柱保持中立位，保持采用理想呼吸模式，激活核心区域的肌群。

坐位：分腿跪位转换 SM-DSE004-3

1. 坐位开始，一侧腿在身体前侧屈膝90°，对侧腿在下，大腿外旋的同时外侧着地。双臂在体前平举向远端伸够。
2. 在手臂前伸的引导下，支撑点由臀部向下方腿切换，直至转为分腿高跪位，反向运动回到起始位置。
3. 起身后，脊柱保持中立位，保持采用理想呼吸模式，激活核心区域的肌群。
4. 完成5次后，双腿位置互换，重复上述动作。

（5）跪位动态稳定性练习（SM-DSE005）——基础阶段练习（区块6）

跪位：双膝支撑衔接分腿式单膝支撑 SM-DSE005-1

1. 双膝并拢，高跪位支撑。
2. 背部平直，一侧腿向前迈出一步，使大腿与地面平行，后腿保持高跪位支撑，保持2秒，反向运动回到起始位置。换对侧腿重复运动，每侧完成5次。
3. 脊柱保持中立位，采用理想呼吸模式，激活核心区域的肌群。

跪位：双膝支撑衔接全蹲 SM-DSE005-2

1. 双膝并拢，高跪位支撑，立足。双臂自然平举伸直，置于体前。
2. 身体后倾，膝盖支撑点切换至双脚支撑的全蹲位，保持 2 秒，反向运动回到起始位置。重复运动，直至完成 10 次。
3. 脊柱保持中立位，采用理想呼吸模式，激活核心区域的肌群。

跪位：分腿式单膝支撑衔接单腿支撑站位 SM-DSE005-3

1. 双膝跪位开始，前腿膝关节呈 90°，采用前后分腿跪位支撑，双臂前平举。
2. 背部平直，后腿蹬地主导站立，前腿支撑；后腿屈髋提膝，大腿与地面平行，保持 2 秒，反向运动回到起始位置。重复运动，直至完成 10 次。
3. 脊柱保持中立位，采用理想呼吸模式，激活核心区域的肌群。

跪位：双膝支撑衔接前扑手膝撑 SM-DSE005-4

1. 双膝并拢，高跪位支撑，立足。双臂自然平举伸直，置于体前。

2. 身体前倾，以膝盖为支撑点，借助重力作用俯身向前，双臂屈曲退让性手支撑，保持 2 秒，伸臂将身体推起至起始位置。重复运动，直至完成 10 次。
3. 脊柱保持中立位，采用理想呼吸模式，激活核心区域的肌群。

（6）站位动态稳定性练习（SM-DSE006）——基础阶段练习（区块 6）

站位：2 点支撑衔接 1 点支撑 SM-DSE006-1

1. 站立位开始，双脚内侧与肩同宽，全脚掌触地。双臂在头顶上方，自然伸展。
2. 背部平直，一侧腿屈髋提膝至大腿与地面平行，后腿保持直立支撑，保持 2 秒，反向运动回到起始位置。换对侧腿重复运动，每侧完成 5 次。
3. 运动过程中，脊柱保持中立位，采用理想呼吸模式，激活核心区域的肌群。

站位：平行站立衔接分腿站立 SM-DSE006-2

1. 站立位开始，双脚内侧与肩同宽，全脚掌触地。双臂在头顶上方，自然伸展。
2. 身体前倾，以单侧腿为支撑点，借助重力作用，一侧腿提起向前迈步，切换为分腿蹲的 2 点支撑，保持2秒，前侧腿蹬伸主导反向运动回到起始位置。换对侧腿重复运动，每侧完成5次。
3. 运动过程中，脊柱保持中立位，采用理想呼吸模式，激活核心区域的肌群。

（7）抗阻仰卧位动态稳定性练习（SM-DSE001）——基础阶段练习（区块7至区块9）
仰卧：反向手脚撑上下肢交替运动 SM-DSE001-7

1. 仰卧位开始，双腿伸直，双脚踝背屈，足跟置于地面。双臂伸直，双手手掌触地位于肩部投影正下方，五指分开指向脚部方向。以双手、双脚构成4点支撑开始。
2. 以手、脚3点交替支撑（左右手交替、左右脚交替支撑）或2点交替支撑（对侧手脚交替支撑），提起的手臂或脚在3个运动方向上交替运动。

3. 将抗阻带/杠铃片固定于躯干或肢体，施加与运动方向相反的阻力。
4. 耳朵、肩膀、髋部、膝盖处于同一水平面。
5. 运动过程中，脊柱保持中立位，采用理想呼吸模式，激活核心区域的肌群。
6. 直至在10秒内完成尽可能多的重复次数。

仰卧：抗阻带4点—3点/4点—2点支撑反向手脚多方向爬行 SM-DSE001-8

1. 仰卧位开始，双脚置于地上，膝关节屈曲90°。双臂伸直，双手手掌触地位于肩部投影正下方，五指分开指向脚部方向。以双手、双脚构成4点支撑开始。
2. 采用4点—3点支撑手足爬行模式进行前进/侧向/后退移动，即每次移动提起1个支撑点，然后再回到4点支撑位。在3点支撑和4点支撑之间变换，同时也是同侧和对侧位置之间的交替。也可以采用4点—2点支撑手足爬行模式，即每次移动的同时提起对侧上下肢支撑点，然后再回到4点支撑，在2点支撑和4点支撑之间变换。
3. 将抗阻带/杠铃片固定于躯干或单侧下肢，施加与运动方向相反的阻力。
4. 运动过程中，脊柱保持中立位，支撑位时手臂外旋，采用理想呼吸模式，激活核心区域的肌群。
5. 有节奏地完成10米移动。

（备注：也可以练习拖运负重雪橇。）

仰卧：抗阻带肩脚撑臀桥向前/后滑动 SM-DSE001-9

1. 仰卧位开始，双腿弯曲，双脚置于地面，双臂交叉叠放置于胸前。以肩部和双脚作为支撑，臀部发力主导伸展髋关节，挺髋臀部离开地面。
2. 双脚固定抗阻带，施加与运动方向相反的阻力。以肩部为支撑，拉动身体向前滑动。
3. 运动过程中，脊柱保持中立位，支撑腿与躯干在一条直线，采用理想呼吸模式，激活核心区域的肌群。
4. 重复滑动 10 次。

（备注：也可以练习拖运负重雪橇或者双脚向前蹬地。以肩部为支撑，推动身体向后滑动；或在上肢对抗阻力的同时，下肢交替前后移动。）

仰卧：抗阻带反向手撑向前/后滑动 SM-DSE001-10

1. 仰卧位开始，双腿伸直，双脚踝背屈，足跟置于地面。双臂伸直，双手手掌触地位于肩部投影正下方，五指分开指向脚部方向。以双手、双脚构成 4 点支撑开始。
2. 将滑垫置于足跟下方，双手交替向前/向后推地，带动身体向前/向后滑动。
3. 将抗阻带固定于躯干或下肢，施加与运动方向相反的阻力。
4. 运动过程中，脊柱保持中立位，支撑腿与躯干在一条直线，采用理想呼吸模式，激活核心区域的肌群。
5. 重复滑动 10 次。

（备注：也可以练习拖运负重雪橇。）

（8）抗阻俯卧位动态稳定性练习（SM-DSE002）——基础阶段练习（区块7至区块9）

俯卧：抗阻带手脚撑上下肢交替运动 SM-DSE002-12

1. 俯卧位开始，双腿伸直，足跟置于地面或四块瑜伽砖上。双臂伸直，双手手掌触地位于肩部投影正下方，五指分开指向头部方向。以双手、双脚构成4点支撑开始。
2. 将抗阻带/杠铃片固定于躯干或肢体，以手、脚3点交替支撑（左右手交替、左右脚交替支撑）或2点交替支撑（对侧手脚交替支撑），耳朵、肩膀、髋部、膝盖处于同一水平面。
3. 运动过程中，脊柱保持中立位，采用理想呼吸模式，激活核心区域的肌群。
4. 直至在10秒内完成尽可能多的重复次数。

（备注：也可以练习拖运负重雪橇。）

俯卧：抗阻带4点−3点/4点−2点支撑手脚多方向爬行 SM-DSE002-13

1. 俯卧位开始，双脚置于地面。双臂伸直，双手手掌触地位于肩部投影正下方，五指分开指向头部方向。以双手、双脚构成4点支撑开始。
2. 采用4点−3点支撑手足爬行模式进行向前/侧向/后腿移动，即每次移动提起1个支撑点，然后

再回到 4 点支撑位。在 3 点支撑和 4 点支撑之间变换，同时也是同侧和对侧位置之间的交替。也可以采用 4 点-2 点支撑手足爬行模式，即每次移动的同时提起对侧上下肢支撑点，然后再回到 4 点支撑，在 2 点支撑和 4 点支撑之间变换。

3. 将抗阻带固定于躯干或肢体，施加与运动方向相反的阻力。
4. 运动过程中，脊柱保持中立位，采用理想呼吸模式，激活核心区域的肌群。
5. 有节奏地完成 10 米移动。

（备注：也可以练习拖运负重雪橇。）

俯卧：抗阻带平板手撑向前/后滑动 SM-DSE002-14

1. 俯卧位开始，双腿伸直，双脚置于地面。双臂伸直，双手手掌触地位于肩部投影正下方，五指分开指向头部方向。以双手、双脚构成 4 点支撑开始。
2. 双手固定，将滑垫置于双脚下方，双脚交替或同时向前/向后蹬地，带动身体向前/向后滑动。
3. 将抗阻带固定于躯干或下肢，施加与运动方向相反的阻力。
4. 运动过程中，脊柱保持中立位，支撑腿与躯干在一条直线，采用理想呼吸模式，激活核心区域的肌群。
5. 有节奏地完成快速移动。

（备注：也可以练习拖运负重雪橇。）

俯卧：抗阻带平板脚撑向前/后滑动 SM-DSE002-15

1. 俯卧位开始，双腿伸直，足跟置于地面。双臂伸直，双手手掌触地位于肩部投影正下方，五指分开指向头部方向。以双手、双脚构成 4 点支撑开始。

2. 双脚固定，将滑垫置于前手下方，双手交替或同时向前/向后推地，带动身体向前/向后滑动。
3. 将抗阻带固定于躯干或上肢，施加与运动方向相反的阻力。
4. 运动过程中，脊柱保持中立位，支撑腿与躯干在一条直线，采用理想呼吸模式，激活核心区域的肌群。
5. 有节奏地完成快速移动。

（备注：也可以练习拖运负重雪橇。）

俯卧：抗阻带跪式手撑向前/后滑动 SM-DSE002-16

1. 俯卧位开始，屈髋屈膝90°，双脚置于地面，膝盖抬离地面。双臂伸直，双手手掌触地位于肩部投影正下方，五指分开指向头部方向。以双手、双脚构成4点支撑开始。
2. 双手固定，将滑垫置于双脚下方，双脚交替或同时向前/向后蹬地，带动身体向前/向后滑动。
3. 将抗阻带固定于躯干或下肢，施加与运动方向相反的阻力。
4. 运动过程中，脊柱保持中立位，支撑腿与躯干在一条直线，采用理想呼吸模式，激活核心区域的肌群。
5. 有节奏地完成快速移动。

（备注：也可以练习拖运负重雪橇。）

俯卧：抗阻带跪式脚撑向前/后滑动 SM-DSE002-17

1. 俯卧位开始，屈髋屈膝90°，双脚置于地面，膝盖抬离地面。双臂伸直，双手手掌触地位于肩部投影正下方,五指分开指向头部方向。以双手、双脚构成 4 点支撑开始。

2. 双脚固定,将滑垫置于双手下方,双手交替或同时向前/向后推地,带动身体向前/向后滑动。
3. 将抗阻带固定于躯干或上肢,施加与运动方向相反的阻力。
4. 运动过程中,脊柱保持中立位,支撑腿与躯干在一条直线,采用理想呼吸模式,激活核心区域的肌群。
5. 有节奏地完成快速移动。

(备注:也可以练习拖运负重雪橇。)

(9)抗阻侧卧位动态稳定性练习(SM-DSE003)——基础阶段练习(区块 7 至区块 9)

侧卧:抗阻带 3 点或 2 点手脚撑转体衔接反向手脚撑 SM-DSE003-5

1. 侧卧位开始,身体下方手臂完全伸展,用手掌将身体支撑起来,双腿伸直,双脚并拢叠放或前后错开触地,脊柱保持中立位,使身体保持一条直线。单手、双脚前后错开作 3 点支撑或单手、双脚上下叠放作 2 点支撑。
2. 躯干在分离悬空的上肢抓握弹力带,在对抗阻力的情况下引导下转动至仰卧位手脚撑,保持 2 秒后再返回到起始位置,直至重复 10 次。
3. 采用理想呼吸模式,激活核心区域的肌群。

(备注:也可以将弹力带绕过躯干,增加在转动时持续的拉力。)

侧卧：抗阻带 3 点或 2 点手脚撑转体衔接俯卧手脚撑 SM-DSE003-6

1. 侧卧位开始，身体下方手臂完全伸展，用手掌将身体支撑起来，双腿伸直，双脚并拢叠放或前后错开触地，脊柱保持中立位，使身体保持一条直线。单手、双脚前后错开作 3 点支撑或单手、双脚上下叠放作 2 点支撑。
2. 躯干在分离悬空的上肢抓握弹力带，在对抗阻力的情况下引导下肢转动至俯卧位手脚撑，保持 2 秒后返回起始位置，直至重复 10 次。
3. 采用理想呼吸模式，激活核心区域的肌群。

（备注：也可以将弹力带绕过躯干，增加在转动时持续的拉力。）

侧卧：抗阻带手脚撑上下肢多方向运动 SM-DSE003-7

1. 侧卧位开始，身体下方手臂完全伸展，用手掌将身体支撑起来，双腿伸直，双脚并拢叠放或前后错开触地，脊柱保持中立位，使身体保持一条直线。单手、双脚前后错开作 3 点支撑或单手、双脚上下叠放作 2 点支撑。
2. 处于上方分离悬空的手臂引导躯干转动，并完成与下方的手臂交替支撑，直至重复 10 次。
3. 将抗阻带绕过躯干，增加在转动时持续的拉力。
4. 采用理想呼吸模式，激活核心区域的肌群。

（10）抗阻坐位动态稳定性练习（SM-DSE004）——基础阶段练习（区块 7 至区块 9）

坐位：抗阻带 / 哑铃 / 壶铃分腿跪位转换 SM-DSE004-4

1. 坐位开始，一侧腿在身体前侧屈膝 90°，对侧腿在下，大腿外旋的同时外侧着地。双臂在体前平举抓握抗阻带 / 壶铃 / 哑铃。
2. 在手臂前伸的引导下，支撑点由臀部向下方腿切换，直至成分腿高跪位，反向运动回到起始位置。
3. 起身后，脊柱保持中立位，保持采用理想呼吸模式，激活核心区域的肌群。
4. 完成 5 次后，双腿位置互换，重复上述动作。

坐位：哑铃 / 壶铃背部跷跷板 SM-DSE004-5

1. 坐位开始，双腿屈曲 90°，双脚置于地面，双臂平举，在胸前持握哑铃 / 壶铃。
2. 以臀部为支撑点，身体向后倾倒的同时，双臂屈曲回拉哑铃 / 壶铃至胸前，背部触地，想象如跷跷板一样，背部至颈部触地后，借助惯性返回到起始位置。双臂在坐立后向前伸展并推出哑铃 / 壶铃，直至重复 10 次。
3. 保持采用理想呼吸模式，激活核心区域的肌群。

坐位：哑铃 / 壶铃背部跷跷板衔接下肢 2 点或 1 点支撑 SM-DSE004-6

1. 坐位开始，双腿屈曲 90°，双脚置于地面，双臂平举，在胸前持握哑铃 / 壶铃。
2. 以臀部为支撑点，身体向后倾倒的同时双臂屈曲回拉哑铃 / 壶铃至胸前，背部触地，想象如跷跷板一样，背部至颈部触地后，借助惯性返回到起始位置。双臂在坐立后向前伸展推出哑铃/壶铃，并衔接双腿 2 点蹲位支撑。整个过程腹部收紧，保持屈髋、屈膝团身状态。也可以衔接一侧腿屈曲，一侧腿伸展的 1 点蹲位支撑。重复 10 次。

3. 起身后，脊柱保持中立位，保持采用理想呼吸模式，激活核心区域的肌群。

（11）抗阻跪位动态稳定性练习（SM-DSE005）——基础阶段练习（区块 7 至区块 9）

跪位：抗阻带 / 哑铃 / 壶铃双膝支撑衔接全蹲 SM-DSE005-5

1. 双膝并拢，高跪位支撑，立足。双臂自然平举伸直，置于体前。双臂伸直平举持握哑铃/壶铃。
2. 身体后倾，膝盖支撑点切换至双脚支撑的全蹲位，保持 2 秒，反向运动回到起始位置。重复运动，直至完成 10 次。
3. 脊柱保持中立位，采用理想呼吸模式，激活核心区域的肌群。

（备注：也可以练习单侧上肢持握哑铃/壶铃。）

跪位：抗阻带/哑铃/壶铃双膝支撑衔接分腿式单膝支撑 SM-DSE005-6

1. 双膝并拢，高跪位支撑。双臂胸前持哑铃/壶铃。
2. 背部平直，一侧腿向前迈出一步，至大腿与地面平行的同时头上推举哑铃/壶铃，后腿保持高跪位支撑，保持 2 秒，反向运动回到起始位置。换对侧腿重复运动，每侧完成 5 次。
3. 脊柱保持中立位，采用理想呼吸模式，激活核心区域的肌群。

（备注：也可以将弹力带绕过躯干，施加与运动方向相反的阻力；或练习单侧上肢持握持哑铃/壶铃。）

跪位：抗阻带/哑铃/壶铃分腿式单膝支撑衔接单腿支撑站位 SM-DSE005-7

1. 双膝跪位开始，前腿膝关节呈 90°，采用前后分腿跪位支撑。双臂胸前持哑铃/壶铃。
2. 背部平直，后腿蹬地主导站立，前腿支撑，后腿屈髋提膝 90°的同时，双臂伸展，头上推举哑铃/壶铃，保持 2 秒，反向运动回到起始位置。重复运动，直至完成 10 次。
3. 脊柱保持中立位，采用理想呼吸模式，激活核心区域的肌群。

（备注：也可以将弹力带绕过躯干，施加与运动方向相反的阻力；或练习单侧上肢持握哑铃/壶铃。）

（12）抗阻站位动态稳定性练习（SM-DSE006）——基础阶段练习（区块 7 至区块 9）

站位：抗阻带/哑铃/壶铃平行站立衔接分腿站立 SM-DSE006-3

1. 站立位开始，双脚内侧与肩同宽，全脚掌触地。双臂胸前持哑铃/壶铃。

2. 身体前倾，以单侧腿为支撑点，借助重力作用，一侧腿提起向前迈步的同时头上推举哑铃/壶铃，切换为分腿蹲的2点支撑，保持2秒，前侧腿蹬伸主导反向运动回到起始位置。换对侧腿重复运动，每侧完成5次。
3. 运动过程中，脊柱保持中立位，采用理想呼吸模式，激活核心区域的肌群。

（备注：也可以将弹力带绕过躯干，施加与运动方向相反的阻力；或练习单侧上肢持握哑铃/壶铃。）

站位：抗阻带/哑铃/壶铃2点支撑衔接单腿站立 SM-DSE006-4

1. 站立位开始，双脚内侧与肩同宽，全脚掌触地，双臂胸前持哑铃/壶铃。
2. 背部平直，一侧腿屈髋提膝至大腿与地面平行的同时头上推举哑铃/壶铃，后腿保持直立支撑，保持2秒，反向运动回到起始位置。换对侧腿重复运动，每侧完成5次。
3. 运动过程中，脊柱保持中立位，采用理想呼吸模式，激活核心区域的肌群。

（备注：也可以将抗阻带绕过躯干，施加与运动方向相反的阻力；或练习单侧上肢持握哑铃/壶铃。）

四 负重性练习库

1. 过渡练习（LM-TE001）

儿童物体抬放 LM-TE001-1——入门练习（区块 0）

站立位开始，将物体从地面提举至臀部以上高度的支撑平台之上，不强调具体的抬放技术。

鼓励儿童尝试不同的方式完成任务，例如双手、单手一次性提举物体，或将物体抬至膝部高度后，将物体放在膝上的同时，下肢用力抬起或托举物体，分段式抬放物体。

- 尝试将物体抬放至不同高度的支撑平台之上。
- 尝试抬起不同物体，如儿童版沙包、水袋、药球等。
- 尝试连续抬放多个物体。
- 尝试将物体从高处抬放回地面。

（备注：物体的重量不宜过大，根据儿童能力逐渐进阶。）

儿童物体肩扛搬运 LM-TE001-2——入门练习（区块 0）

站立位开始，将物体从地面抬举至肩部之上，将物体搬运一定距离后重新放置，不强调具体的抬举技术。

鼓励儿童尝试不同的持物方式，例如双手肩抗搬运物体、单手肩抗搬运物体、双人前后肩抗搬运物体。

- 尝试搬运前后采用不同的抬举物体方式，如高处取物，肩抗搬运后下放至地面；同伴接力肩抗搬运物体。
- 尝试在不同表面肩抗搬运物体，如沙地、平衡木、高低地面等。
- 尝试肩抗搬运不同物体，如儿童版沙包、水袋、药球等。
- 尝试连续多次肩扛搬运物体。
- 尝试将物体从高处抬放回地面。

（备注：物体的重量不宜过大，根据儿童能力逐渐进阶。）

儿童手提搬运 LM-TE001-3——入门练习（区块 0）

站立位开始，单手或双手将物体从地面提起并置于身体前方或侧方，将物体搬运一定距离后重新放置，不强调具体的提拉技术。鼓励儿童尝试不同的持物方式，例如双手提物搬运、单手提物搬运、双人协作手提搬运物体。

- 尝试搬运前后采用不同的手提方式，如高处取物，手提搬运后下放至地面；同伴接力手提搬运物体。
- 尝试在不同表面手提搬运物体，如沙地、平衡木、高低地面等。
- 尝试手提搬运不同物体，如儿童版沙包、水袋、水桶、药球等。
- 尝试连续多次手提搬运物体。

（备注：物体的重量不宜过大，根据儿童能力逐渐进阶。）

儿童物体环抱搬运 LM-TE001-4——入门练习（区块 0）

站立位开始，单手或双手将物体从地面提起置于胸前、腋下或背后，将物体搬运一定距离后重新放置，不强调具体的环抱技术。鼓励儿童尝试不同的持物方式，例如双手胸部环抱搬运物体、单手腋下环抱搬运物体、背后环抱搬运物体、双人协作前架式搬运物体。

- 尝试搬运前后采用不同的环抱方式，如高处取物，环抱搬运后下放至地面；同伴接力环抱物体。
- 尝试在不同表面环抱搬运物体，如沙地、平衡木、高低地面等。
- 尝试环抱搬运不同物体，如儿童版沙包、水袋、药球等。
- 尝试连续多次手提搬运物体。

（备注：物体的重量不宜过大，根据儿童能力逐渐进阶。）

儿童物体拖拽 LM-TE001-5——入门练习（区块 0）

站立位开始，单手或双手抓握物体，在地面拖拽一定距离后重新放置，不强调具体的拖拽技术。鼓励儿童尝试不同的拖拽方式，例如双手倒退走拖拽物体、双手腰间固定前行拖拽物体、单手侧向走拖拽物体、双人协作拖拽物体、四足爬行拖拽物体。

- 尝试在不同表面拖拽运物体，如沙地、高低地面等。
- 尝试拖拽不同物体，如儿童版沙包、水袋、药球等。
- 尝试连续多次拖拽物体。

（备注：物体的重量不宜过大，根据儿童能力逐渐进阶。）

儿童物体滚运 LM-TE001-6——入门练习（区块 0）

站立位开始，单手或双手滚远物体，在行进一定距离后重新放置，不强调具体的翻滚技术。鼓励儿童尝试不同的滚运方式，例如双手滚动物体、双手翻动物体、双人协作滚运物体。

- 尝试在不同表面滚运物体，如沙地、高低地面等。
- 尝试拖拽不同物体，如儿童版沙包、轮胎、水袋、药球等。
- 尝试连续多次滚运物体。

（备注：物体的重量不宜过大，根据儿童能力逐渐进阶。）

双手悬挂 LM-TE001-7——入门练习（区块 0）

双手抓握高处支撑面（墙体边缘或横杆），身体处于悬空状态，保持一定的时间。鼓励儿童尝试不同的抓握方式，例如双手直臂宽距抓握、双手直臂窄距抓握、双手直臂正反抓握、双手前后交握、双手上下抓握、双手屈臂抓握、单手抓握。

- 尝试在不同支撑物上悬挂，例如墙体、单杠、双杠、攀岩、绳索墙等。
- 尝试在不同的悬挂方式之间切换。

（备注：确保落地表面安全，练习高度保持在略微离地即可。）

双臂悬挂 LM-TE001-8——入门练习（区块 0）

以整个手臂内侧或肘部固定于高处支撑面（墙体边缘或横杆），身体处于悬空状态，保持一定的时间。鼓励儿童尝试不同的抓握方式，例如低位双前臂内侧支撑（下颌低于支撑面）、高位双大臂内侧支撑（下颌高于支撑面）、低位双前臂前后交叠支撑、双腋窝支撑、单臂肘部勾握。

- 尝试在不同支撑物上悬挂，例如墙体、单杠、双杠等。
- 尝试在不同的悬挂方式之间切换。

（备注：确保落地表面安全，练习高度保持在略微离地即可。）

手脚悬挂 LM-TE001-9——入门练习（区块 0）

上下肢同时参与高处固定和支撑，保持一定的时间。鼓励儿童尝试不同的抓握方式，例如手腿悬挂、手脚悬挂、手腿悬挂、臂腿悬挂、手脚悬挂、手腿勾挂、手腿盘挂等。

- 尝试在不同支撑物上悬挂，例如墙体、单杠、双杠、树干、绳索等。
- 尝试在不同的悬挂方式之间切换。

（备注：确保落地表面安全，练习高度保持在略微离地即可。）

四 负重性练习库

双手悬挂移动 LM-TE001-10——入门练习（区块 0）

双手抓握高处支撑面（墙体边缘或横杆），身体处于悬空状态，依靠双手交替支撑行进一定的距离。鼓励儿童尝试不同的抓握方式移动，例如双手直臂宽距抓握、双手直臂窄距抓握、双手直臂正反抓握、双手前后交握、双手上下抓握、双手屈臂抓握、单手抓握。

- 尝试在不同支撑物上悬挂移动，例如墙体、单杠、双杠、攀岩、绳索墙等。
- 移动时，尝试身体侧对、正对、背对行进方向。
- 移动时，尝试在不同的悬挂方式之间切换。

（备注：确保落地表面安全，练习高度保持在略微离地即可。）

双臂悬挂移动 LM-TE001-11——入门练习（区块 0）

以整个手臂内侧或肘部固定于高处支撑面（墙体边缘或横杆），身体处于悬空状态，依靠双臂交替支撑行进一定的距离。鼓励儿童尝试不同的支撑方式移动，例如双手直臂宽距抓握、双手直臂窄距抓握、双手直臂正反抓握、双手前后交握、双手上下抓握、双手屈臂抓握、单手抓握。

- 尝试在不同支撑物上悬挂移动，例如墙体、单杠、双杠、攀岩、绳索墙等。
- 移动时，尝试身体侧对、正对、背对行进方向。
- 移动时，尝试在不同的悬挂方式之间切换。

（备注：确保落地表面安全，练习高度保持在略微离地即可。）

手脚悬挂移动 LM-TE001-12——入门练习（区块 0）

上下肢同时参与高处固定和支撑，依靠上下肢交替支撑行进一定的距离。鼓励儿童尝试不同的悬挂方式移动，例如手腿悬挂、手脚悬挂、手腿悬挂、臂腿悬挂、手脚悬挂、手腿勾挂、手腿盘挂等。

- 尝试在不同支撑物上悬挂移动，例如墙体、单杠、双杠、树干、绳索等。
- 水平移动时，尝试身体侧对、正对、背对行进方向。
- 竖直移动时，尝试向上或向下行进。
- 移动时，尝试在不同的悬挂方式之间切换。

（备注：确保落地表面安全，练习高度保持在略微离地即可。）

抗阻带 / 哑铃 / 壶铃提踵 LM-TE002-1——初级负重性练习（区块 3 至区块 6）

1. 站立位开始，双手胸前持哑铃 / 壶铃或拉紧远端固定在脚下的抗阻带，对身体施加向下的拉力。双脚前脚掌置于垫高的举重台或台阶的边缘。
2. 对抗向下的阻力或拉力提踵，足跟离开地面，只由前脚掌支撑。
3. 达到最高点后停留 2 秒钟，再缓慢降低足跟，回到起始位置。
4. 重复 10 次。
5. 运动过程中，脊柱保持中立位，在提踵之前或开始时呼气（或全程屏气），下降时吸气。

抗阻带伸膝 LM-TE002-2——初级负重性练习（区块 3 至区块 6）

1. 单腿屈膝支撑站立位开始，对侧腿提起。
2. 抗阻带一端绕过膝关节后方的腘窝，另一端固定在膝关节前方位置，以对膝关节伸展产生对抗的拉力。
3. 支撑腿保持全脚掌着地的同时，对抗阻力伸展膝关节，达到完全伸展位直膝站立后停留 2 秒。
4. 缓慢退让性屈曲支撑腿膝关节，回到起始位置。
5. 完成 5 次后，换另一侧重复上述动作。
6. 运动过程中，脊柱保持中立位，在伸膝之前或开始时呼气（或全程屏气），退让性屈膝时吸气。

抗阻带屈膝 LM-TE002-3——初级负重性练习（区块 3 至区块 6）

1. 单腿支撑站立位开始，对侧腿直腿提起，处于伸髋和伸膝位，脚踝背屈。
2. 抗阻带一端固定在对侧腿的脚踝，另一端固定在脚踝前方的位置，以对该侧腿的膝关节屈膝产生对抗的拉力。
3. 提起腿始终保持伸髋位的同时，膝盖指向地面，对抗阻力屈曲膝关节。屈曲时，足跟尽量向臀部靠近，达到完全屈曲位后停留 2 秒，膝关节再缓慢退让性伸展，回到起始位置。重复下一次动作。
4. 完成 5 次后，换另一侧重复上述动作。
5. 运动过程中，脊柱保持中立位，脚踝保持背屈，在提踵之前或开始时呼气（或全程屏气），下降时吸气。

抗阻带/哑铃/壶铃蹲起 LM-TE002-4——初级负重性练习（区块 3 至区块 6）

1. 站立位开始，双脚内侧与肩同宽，骨盆保持中立位，双手在下颌处托举哑铃/壶铃或双脚踩着抗阻带的中段，双手在胸前握住弹力带两端，以对蹲起产生对抗的拉力。
2. 下肢缓慢地退让性屈曲，下蹲至大腿与地面平行，停留 2 秒，背部保持平直，踝、膝、髋排列在一条直线，全脚掌始终触地。

3. 对抗向下的阻力或拉力，臀部发力主导起身，双腿踝、膝、髋伸展，回到起始位置。
4. 运动过程中，脊柱保持中立位，在伸髋起身开始之前或开始时呼气（或全程屏气），屈髋下蹲时吸气。

抗阻带早安起 LM-TE002-5——初级负重性练习（区块 3 至区块 6）

1. 站立位开始，双脚内侧与肩同宽，骨盆保持中立位，双臂交叉叠放置于胸前。
2. 抗阻带一端从骨盆的髂前上棘绕过，另一端固定在臀部后方位置，以从身体后方对伸髋产生对抗的拉力。
3. 在膝盖保持微屈的同时，退让性屈髋，臀部后顶俯身至躯干与地面平行。
4. 臀部发力主导髋关节伸展前移，回到起始位置。
5. 运动过程中，脊柱保持中立位，膝关节角度不变，在直立伸展之前或开始时呼气（或全程屏气），俯身下降时吸气。

抗阻带屈髋 LM-TE002-6——初级负重性练习（区块 3 至区块 6）

1. 单腿支撑站立位开始，对侧腿在伸髋位下屈膝 90°，膝盖指向地面，脚踝背屈。

2. 抗阻带一端固定在对侧腿的脚踝，另一端固定在脚踝后方的位置，以对该侧腿的髋关节屈曲产生对抗的拉力。
3. 提起腿始终保持90°屈膝位的同时，对抗阻力屈曲髋关节直至屈髋90°，大腿与地面平行，保持2秒。
4. 提起腿缓慢退让性伸髋，回到起始位置。
5. 完成5次后，换另一侧重复上述动作。
6. 运动过程中，脊柱保持中立位，脚踝保持背屈，在屈髋之前或开始时呼气（或全程屏气），退让性伸髋时吸气。

抗阻带髋外展 LM-TE002-7——初级负重性练习（区块3至区块6）

1. 站立位开始，骨盆保持中立位，右侧腿支撑，左侧腿在体前交叉置于右脚的外侧。
2. 抗阻带一端固定在左侧腿的脚踝，另一端固定在右脚外侧位置，以对左侧腿向左侧外展产生对抗的拉力。
3. 右腿保持直膝，脚部始终置于地面的同时，提起左侧腿对抗阻力，向左侧远端外展摆腿，至最大幅度后，保持2秒。外展过程中，左腿保持直膝，踝关节背屈。
4. 左侧腿缓慢退让性内收，回到起始位置。
5. 完成5次后，换另一侧重复上述动作。
6. 运动过程中，脊柱保持中立位，在外展之前或开始时呼气（或全程屏气），退让性内收时吸气。

抗阻带髋内收 LM-TE002-8——初级负重性练习（区块3至区块6）

1. 站立位开始，骨盆保持中立位，右侧腿支撑，左侧腿处于外展位。
2. 抗阻带一端固定在左侧腿的脚踝，另一端固定在左脚外侧位置，以对左侧腿向右内收产生对抗的拉力。
3. 右腿保持直膝，脚部始终置于地面的同时，左侧腿对抗阻力向右侧内收摆腿，在体前交叉至右脚外侧，保持 2 秒。内收过程中，左腿保持直膝，踝关节背屈。
4. 左侧腿缓慢退让性外展，回到起始位置。
5. 完成 5 次后，换另一侧重复上述动作。
6. 运动过程中，脊柱保持中立位，在内收之前或开始时呼气（或全程屏气），退让性外展时吸气。

抗阻带伸髋 LM-TE002-9——初级负重性练习（区块 3 至区块 6）

1. 单腿支撑站立位开始，对侧腿在伸膝位下体前屈髋 30°，脚踝背屈。
2. 抗阻带一端固定在对侧腿的脚踝，另一端固定在脚踝前方的位置，以对该侧腿的髋关节伸展产生对抗的拉力。
3. 提起腿并始终保持直膝位的同时，对抗阻力向体后伸展髋关节，直至脚尖可触及的最远端地面，保持 2 秒。
4. 提起腿缓慢退让性屈髋，回到起始位置。
5. 完成 5 次后，换另一侧重复上述动作。

6. 运动过程中，脊柱保持中立位，脚踝保持背屈，在伸髋之前或开始时呼气（或全程屏气），退让性屈髋时吸气。

背起 LM-TE002-10——初级负重性练习（区块 3 至区块 6）

1. 俯卧在平板凳上，髂前上棘以上部位伸出长凳边缘，同伴辅助固定下肢。上半身自然下降到最低点，躯干垂直于地面，双手交叉叠放置于胸前。
2. 身体后侧链收缩发力，主导躯干向上伸展至与地面平行，保持 2 秒。
3. 缓慢退让性下降，回到起始位置。
4. 完成 10 次。
5. 运动过程中，脊柱保持中立位，在背部伸展之前或开始时呼气（或全程屏气），退让性下放时吸气。

背起加转体 LM-TE002-11——初级负重性练习（区块 3 至区块 6）

1. 俯卧在平板凳上，髂前上棘以上部位伸出长凳边缘，同伴辅助固定下肢。上半身自然下降到最低点，躯干垂直于地面，双臂伸展抓握木杆置于肩部上方。
2. 身体后侧链收缩发力，主导躯干向上伸展至与地面平行的同时，躯干主导转体，分别向左侧和右侧

各转动 1 次 90°，头部跟随手臂同时转动。
3. 回到中立位，身体缓慢退让性下降，回到起始位置。
4. 完成 10 次。
5. 运动过程中，脊柱保持中立位，在背部伸展之前或开始时呼气（或全程屏气），退让性下放时吸气，转体时腹部收紧。

仰卧直腿下放 LM-TE002-12——初级负重性练习（区块 3 至区块 6）

1. 仰卧于地面，双腿直膝微微抬离地面，脚踝背屈，双手掌心向下置于臀部下方。
2. 腹部收紧主导将双腿向上拉起，直至屈髋 90°，保持 2 秒。保持膝关节角度，下背部紧压在双手之上。
3. 缓慢退让性伸髋，下放双腿，直至与地面平行，回到起始位置。
4. 完成 10 次。
5. 运动过程中，脊柱保持中立位，在屈髋抬腿之前或开始时呼气（或全程屏气），退让性下放时吸气。

抗阻带 / 哑铃 / 壶铃地面卧推 LM-TE002-13——初级负重性练习（区块 3 至区块 6）

1. 仰卧于地面，屈膝、屈髋，双脚置于地面，肩胛骨后缩下沉。
2. 正握哑铃 / 壶铃，或将抗阻带从背后绕过，双手抓握抗阻带两端，以对直臂推起产生对抗的力。握距稍大于肩宽，肘关节处屈曲 90°，大臂于身体夹角 45°。
3. 视线竖直向上，锁定在天花板的一个点。胸部发力，将哑铃 / 壶铃 / 抗阻带竖直向上推起。

4. 退让性屈肘，下放哑铃/壶铃/抗阻带，回到起始位置。

5. 完成10次。

6. 运动过程中，脊柱保持中立位，在推起之前或开始时呼气（或全程屏气），退让性下降时吸气。

抗阻带/哑铃/壶铃俯身划船 LM-TE002-14——初级负重性练习（区块3至区块6）

1. 运动站姿，双脚内侧与肩同宽，俯身双手正握哑铃/壶铃，或双脚踩住抗阻带，双手正握抗阻带一端，以对屈肘上拉产生对抗的力。握距略比肩宽，手臂自然伸展，背部保持平直。

2. 收缩背部肌肉，屈肘后引并提起哑铃/壶铃/抗阻带，手臂紧贴身体两侧，颈部与身体成一条直线，目视前方。保持2秒。

3. 肘部退让性伸展，下放哑铃/壶铃/抗阻带，回到起始位置。

4. 完成10次。

5. 运动过程中，脊柱保持中立位，在屈肘上提之前或开始时呼气（或全程屏气），退让性下放时吸气。

抗阻带/哑铃/壶铃站姿过顶推举 LM-TE002-15——初级负重性练习（区块3至区块6）

1. 站立位开始，双脚内侧与肩同宽，骨盆保持中立位，双手正握壶铃/壶铃，或双脚踩住抗阻带，双手正握抗阻带一端，以对伸肘向上推起产生对抗的力。握距比肩略宽，置于肩部上方，肘始终保持完全屈曲，手、肘和肩膀在同一垂直平面上。
2. 向上推起，大臂靠近耳朵直到肘部完全伸展。踝、膝、髋排列在一条直线，始终保持全脚掌触地。
3. 退让性屈肘，下放哑铃，回到起始位置。
4. 完成 10 次。
5. 运动过程中，视线跟随壶铃运动，脊柱保持中立位，在推起开始之前或开始时呼气（或全程屏气），下降时吸气。

抗阻带/哑铃/壶铃站姿手臂前举 LM-TE002-16——初级负重性练习（区块 3 至区块 6）

1. 运动站姿开始，双脚内侧与肩同宽，骨盆保持中立位，双手正握哑铃/壶铃，掌心向下，或双脚踩住抗阻带一端，双手正握抗阻带另一端，以对前平举产生对抗的力，直臂自然垂放于大腿外侧，肩胛骨后缩下沉。
2. 肩部前屈的同时，提起哑铃/壶铃/抗阻带至手臂水平位置，保持手臂伸展。保持 2 秒。
3. 肩部伸展的同时，退让性下放哑铃/壶铃/抗阻带，直至回到起始位置。
4. 两臂同时或交替依次前平举 10 次，亦可交替前平举，每侧各完成 5 次。
5. 运动过程中，脊柱保持中立位，在平举之前或开始时呼气（或全程屏气），屈肘下降时吸气。

抗阻带/哑铃/壶铃站姿手臂侧举 LM-TE002-17——初级负重性练习（区块 3 至区块 6）

1. 运动站姿开始，双脚内侧与肩同宽，骨盆保持中立位，双手正握哑铃/壶铃，掌心相对，或双脚踩住抗阻带，双手正握抗阻带一端，以对侧平举产生对抗的力，直臂自然垂放于大腿外侧，肩胛骨后缩下沉。
2. 肩部外展的同时，提起哑铃/壶铃/抗阻带至手臂水平位置，保持手臂伸展。保持 2 秒。

3. 肩部内收的同时，退让性下放哑铃/壶铃/抗阻带，直至回到起始位置。
4. 完成 10 次。
5. 运动过程中，脊柱保持中立位，在平举之前或开始时呼气（或全程屏气），屈肘下降时吸气。

抗阻带站姿下拉 LM-TE002-18——初级负重性练习（区块 3 至区块 6）

1. 运动站姿开始，双脚内侧与肩同宽，骨盆保持中立位，抗阻带一端固定在头部上方，双手正握抗阻带另一端，以对竖直下拉产生对抗的力，双臂自然伸展上举至耳朵两侧，肩胛骨后缩下沉。
2. 肩部伸展，将抗阻带下拉至大腿两侧，保持 2 秒。
3. 肩部屈曲，退让性上举，直至回到起始位置。
4. 完成 10 次。
5. 运动过程中，脊柱保持中立位，在下拉之前或开始时呼气（或全程屏气），上举时吸气。

抗阻带/哑铃/壶铃二头肌弯举 LM-TE002-19——初级负重性练习（区块 3 至区块 6）

1. 运动站姿开始，双脚内侧与肩同宽，双手各反握一个哑铃/壶铃，或双脚踩住抗阻带一端，双手反握抗阻带另一端，以对肘屈产生对抗的力，双臂自然伸展置于身体两侧，掌心远离自己。

2. 上臂保持固定，收缩肱二头肌，前臂向上弯举，直至大臂与小臂尽可能接近，上举过程中前臂旋后，掌心朝向自己。保持 2 秒。
3. 肘部退让性伸展，下放哑铃 / 壶铃 / 抗阻带，直至回到起始位置。
4. 完成 10 次。
5. 运动过程中，脊柱保持中立位，在肘屈之前或开始时呼气（或全程屏气），伸肘时吸气。

抗阻带三头肌下压 LM-TE002-20——初级负重性练习（区块 3 至区块 6）

1. 运动站姿开始，双脚内侧与肩同宽，骨盆保持中立位，抗阻带一端固定在头部上方，双手正握抗阻带另一端，以对竖直下拉产生对抗的力，双臂屈肘，上臂贴于身体两侧，手部置于锁骨高度，肩胛骨后缩下沉。
2. 上臂保持固定，收缩肱三头肌，肘部伸展，直至前臂贴于大腿两侧。保持 2 秒。
3. 肘部退让性屈曲，直至回到起始位置。
4. 完成 10 次。
5. 运动过程中，脊柱保持中立位，在伸肘之前或开始时呼气（或全程屏气），屈肘时吸气。

抗阻带 / 哑铃 / 壶铃手臂旋后 - 旋前 LM-TE002-21——初级负重性练习（区块 3 至区块 6）

1. 坐位开始，双脚置于地面，前臂完全贴于同侧大腿上部，手腕中立位在膝盖上方悬空，正握哑铃 /

壶铃，或抗阻带一端踩在脚下，另一端绕过掌心抓握，以对前臂的旋后—旋前产生对抗的力。

2. 手腕从中立位先做旋前，回到中立位后，再做旋后。
3. 完成 5 次后，换另一侧重复上述动作。

抗阻带 / 哑铃 / 壶铃卷腕 LM-TE002-22——初级负重性练习（区块 3 至区块 6）

1. 坐位开始，双脚置于地面，前臂完全贴于同侧大腿上部，手腕反握哑铃 / 壶铃在膝盖上方悬空，或抗阻带一端踩在脚下，另一端绕过掌心抓握，以对前臂的旋后—旋前产生对抗的力，掌心朝上。
2. 手腕以膝盖触点为支撑，进行屈腕后，回到反握位，再做伸腕。
3. 完成 5 次后，换另一侧重复上述动作。

直腿触地引体换手抓杠 LM-TE002-23——初级负重性练习（区块 3 至区块 6）

1. 单杠的高度设置在站立位时大腿的中段,仰卧于单杠下方,双手正握抓杠,握距略宽于肩宽,肩部位于抓握位置的正下方,双腿保持完全伸展,脚踝背屈。
2. 双手轮流依次进行抓杠,整个过程中保持腿部完全伸展,下肢不要触地,身体尽可能小幅度地晃动。

直腿触地引体抓握毛巾 LM-TE002-24——初级负重性练习(区块 3 至区块 6)

1. 仰卧位开始,双手上下靠近抓握毛巾的一端,另一端由同伴在身体正上方抓握固定,双腿保持完全伸展,脚踝背屈。
2. 双手轮流依次向上交替移动抓握,整个过程中保持腿部完全伸展,下肢不要触地,身体尽可能小幅度地晃动。
3. 到达顶端之后,双手再依次轮流向下抓握,直至回到起始位置。

2. 蹲起练习(LM-SE)

(1)蹲起技术(LM-SE001)——蹲起基本技术学习(区块 2)

站姿屈髋后顶 LM-SE001-1

1. 站立位开始,距离墙壁一脚远,双脚内侧与肩同宽,骨盆处于中立位。

2. 运动过程中，脊柱保持中立位，在伸髋开始之前或开始时呼气（或全程屏气），屈髋时吸气。

3. 髋部屈曲，臀部后坐，触碰到墙壁后回到起始位置，背部始终保持平直。

坐位起立 LM-SE001-2

1. 坐在椅子的前三分之一处，座位与小腿同高，双脚置于地面，内侧与肩同宽，两臂胸前交叉。

2. 身体缓慢前倾至重心投影位于两脚之间后，在重力作用下将身体拉起站立，躯干始终保持平直。

3. 运动过程中，脊柱保持中立位，在伸髋起身之前或开始时呼气（或全程屏气），屈髋后坐时吸气。

4. 从站立位开始屈髋后坐，直至臀部触碰到椅子后，躯干后移回到起始位置。

手臂胸前交叉深蹲起 LM-SE001-3

1. 站立位开始，双脚内侧与肩同宽，骨盆保持中立位，两臂胸前交叉。

2. 下蹲至大腿与地面平行，背部保持平直。

3. 运动过程中，脊柱保持中立位，在伸髋起身开始之前或开始时呼气（或全程屏气），屈髋下蹲时吸气。

4. 臀部发力主导起身，感受大腿和臀部同时发力，回到起始位置。

双手扶髋深蹲起 LM-SE001-4

1. 站立位开始,双脚内侧与肩同宽,骨盆保持中立位,双手在髋部两侧。
2. 下蹲至大腿与地面平行,背部保持平直。
3. 运动过程中,脊柱保持中立位,在伸髋起身开始之前或开始时呼气(或全程屏气),屈髋下蹲时吸气。
4. 臀部发力主导起身,感受大腿和臀部同时发力,回到起始位置。

手臂前平举深蹲起 LM-SE001-5

1. 站立位开始,双脚内侧与肩同宽,骨盆保持中立位,双臂前平举。
2. 下蹲至大腿与地面平行,背部保持平直。
3. 运动过程中,脊柱保持中立位,在伸髋起身开始之前或开始时呼气(或全程屏气),屈髋下蹲时吸气。
4. 臀部发力主导起身,感受大腿和臀部同时发力,回到起始位置。

过头举手深蹲起 LM-SE001-6

1. 站立位开始,双脚内侧与肩同宽,骨盆保持中立位,双臂上举伸够。
2. 下蹲至大腿与地面平行,背部保持平直。

3. 运动过程中，脊柱保持中立位，在伸髋起身开始之前或开始时呼气（或全程屏气），屈髋下蹲时吸气。

4. 臀部发力主导起身，感受大腿和臀部同时发力，回到起始位置。

（2）单腿蹲技术（LM-SE002）——蹲起基本技术学习（区块2）

前腿抬高弓步蹲起 LM-SE002-1

1. 弓步站姿，前脚踩在踏板上，膝盖与足尖同向。后腿膝关节指向地面，大腿与地面垂直。
2. 下蹲至前腿的大腿与地面平行，背部保持平直，踝、膝、髋排列在一条直线。
3. 运动过程中，脊柱保持中立位，在伸髋起身开始之前或开始时呼气（或全程屏气），屈髋下蹲时吸气。
4. 臀部发力主导起身，回到起始位置。
5. 两侧交替完成5次。

前腿蹬下台阶 LM-SE002-2

1. 单腿站立于30厘米台阶上，膝盖与足尖同向。
2. 身体前移，将重心移出支撑脚的同时，支撑腿屈髋、屈膝。在重力作用下，前导脚前探触地，确保落地时踝、膝、髋排列在一条直线。

3. 运动过程中，脊柱保持中立位，在伸髋起身开始之前或开始时呼气（或全程屏气），屈髋下蹲时吸气。
4. 前导脚坐位支撑腿完全承受身体重量，回到单腿站姿。
5. 两侧腿交替完成。

后腿抬高弓步蹲起 LM-SE002-3

1. 弓步站姿，后脚踩在踏板上，膝关节指向地面，大腿与地面垂直，前腿膝盖与足尖同向。
2. 下蹲至前腿的大腿与地面平行，背部保持平直，踝、膝、髋排列在一条直线。
3. 运动过程中，脊柱保持中立位，在伸髋起身开始之前或开始时呼气（或全程屏气），屈髋下蹲时吸气。
4. 臀部发力主导起身，回到起始位置。
5. 两侧腿交替完成。

单腿蹲后坐 LM-SE002-4

1. 单腿站立位开始，屈髋后坐的同时上臂和提起脚向前伸够，直至臀部触碰到椅子。
2. 躯干回到直立位后，换另一侧脚支撑，身体缓慢前倾，重心投影位于支撑脚前方。在重力作用下，将身体拉起站立，躯干始终保持平直。
3. 运动过程中，脊柱保持中立位，在伸髋起身开始之前或开始时呼气（或全程屏气），屈髋下蹲时吸气。
4. 两侧腿交替完成。

抗阻带助力单腿蹲 LM-SE002-5

1. 将抗阻带系于面前固定物上，高度位于胸口附近，手持弹力带向后退，直到抗阻带产生轻微张力。
2. 单腿支撑站立，膝盖与足尖同向。
3. 借助抗阻带提供的平衡辅助单腿下蹲，其间背部平直，踝、膝、髋排列在一条直线，始终保持全脚掌触地。
4. 运动过程中，脊柱保持中立位，在伸髋起身开始之前或开始时呼气（或全程屏气），屈髋下蹲时吸气。
5. 臀部发力，可借助抗阻带起身，回到起始位置。

原地单腿蹲起 LM-SE002-6

1. 单腿站立位开始，屈髋后坐的同时，上臂和提起脚向前伸够，直至完全蹲下。
2. 运动过程中，脊柱保持中立位，在伸髋起身开始之前或开始时呼气（或全程屏气），屈髋下蹲时吸气。
3. 臀部发力的同时，伸展踝、膝、髋关节起身，回到起始位置。

（3）蹲起主要练习（LM-SE003）——中级负重性练习（区块 5 至区块 6）

双哑铃肩上蹲起 LM-SE003-1

1. 站立位开始，双脚内侧与肩同宽，骨盆保持中立位，双手正握哑铃置于肩上，掌心相对。
2. 下蹲至大腿与地面平行，背部保持平直，踝、膝、髋排列在一条直线，始终保持全脚掌触地。
3. 运动过程中，脊柱保持中立位，在伸髋起身开始之前或开始时呼气（或全程屏气），屈髋下蹲时吸气。
4. 臀部发力主导起身，回到起始位置。

双哑铃上举蹲起 LM-SE003-2

1. 站立位开始,双脚内侧与肩同宽,骨盆保持中立位,双手正握哑铃置于头部正上方,两臂间距略比肩宽,掌心相对。
2. 下蹲至大腿与地面平行,背部保持平直,踝、膝、髋排列在一条直线,始终保持全脚掌始地。
3. 运动过程中,脊柱保持中立位,在伸髋起身开始之前或开始时呼气(或全程屏气),屈髋下蹲时吸气。
4. 臀部发力主导起身,回到起始位置。

杠铃前蹲 LM-SE003-3

1. 站立位开始,双脚内侧与肩同宽,骨盆保持中立位,双手交叉扶杠或以翻举接杠方式将杠铃杆固定在三角肌前束。
2. 下蹲至大腿与地面平行,背部保持平直,踝、膝、髋排列在一条直线,始终保持全脚掌触地。
3. 运动过程中,脊柱保持中立位,在伸髋起身开始之前或开始时呼气(或全程屏气),屈髋下蹲时吸气。
4. 臀部发力主导起身,回到起始位置。

杠铃背蹲 LM-SE003-4

1. 站立位开始，双脚内侧与肩同宽，骨盆保持中立位，双手锁握杠铃，置于斜方肌上束。
2. 下蹲至大腿与地面平行，背部保持平直，踝、膝、髋排列在一条直线，始终保持全脚掌触地。
3. 运动过程中，脊柱保持中立位，在伸髋起身开始之前或开始时呼气（或全程屏气），屈髋下蹲时吸气。
4. 臀部发力主导起身，回到起始位置。

（4）蹲起变式练习（LM-SE004）——中级负重性练习变式（区块7）

水袋背蹲 LM-SE004-1

1. 双脚内侧与肩同宽，膝盖与足尖同向，双手下拉水袋握柄置于肩膀和斜方肌上。
2. 下蹲至大腿与地面平行，背部保持平直，踝、膝、髋排列在一条直线，始终保持全脚掌触地。
3. 运动过程中，脊柱保持中立位，在伸髋起身开始之前或开始时呼气（或全程屏气），屈髋下蹲时吸气。
4. 臀部发力主导起身，回到起始位置。

水袋前蹲 LM-SE004-2

1. 双脚内侧与肩同宽，膝盖与足尖同向，双臂架起水袋置于胸前。

2. 下蹲至大腿与地面平行，背部保持平直，踝、膝、髋排列在一条直线，始终保持全脚掌触地。
3. 运动过程中，脊柱保持中立位，在伸髋起身开始之前或开始时呼气（或全程屏气），屈髋下蹲时吸气。
4. 臀部发力主导起身，回到起始位置。

单哑铃/壶铃前蹲 LM-SE004-3

1. 站立位开始，双脚内侧与肩同宽，骨盆保持中立位，双手握住壶铃抓柄或掌心托举哑铃置于胸前下颌正下方处，始终保持壶铃或哑铃紧贴躯干。
2. 下蹲至大腿与地面平行，背部保持平直，踝、膝、髋排列在一条直线，始终保持全脚掌触地。
3. 运动过程中，脊柱保持中立位，在伸髋起身开始之前或开始时呼气（或全程屏气），屈髋下蹲时吸气。
4. 臀部发力主导起身，回到起始位置。

哑铃/壶铃单臂上举蹲起 LM-SE004-4

1. 站立位开始，双脚内侧与肩同宽，骨盆保持中立位，单手正握哑铃/壶铃置于头部正上方。
2. 下蹲至大腿与地面平行，背部保持平直，踝、膝、髋排列在一条直线，始终保持全脚掌触地。

3. 运动过程中，脊柱保持中立位，在伸髋起身开始之前或开始时呼气（或全程屏气），屈髋下蹲时吸气。
4. 臀部发力主导起身，回到起始位置。

哑铃/壶铃/杠铃保加利亚蹲 LM-SE004-5

1. 弓步站姿，后脚抬高置于长凳上，膝关节指向地面，大腿与地面垂直，前腿膝盖与足尖同向。
2. 双手握住壶铃抓柄或掌心托举哑铃置于胸前下颌正下方处，始终保持壶铃或哑铃紧贴躯干；或以双手交叉扶杠，亦可以翻举接杠方式将杠铃杆固定在三角肌前束。
3. 下蹲至前腿的大腿与地面平行，背部保持平直，支撑腿踝、膝、髋排列在一条直线。
4. 运动过程中，脊柱保持中立位，在伸髋起身开始之前或开始时呼气（或全程屏气），屈髋下蹲时吸气。
5. 臀部发力主导起身，回到起始位置。
6. 两侧腿交替完成。

哑铃/壶铃/杠铃前蹲坐凳 LM-SE004-6

1. 站立位开始，双脚内侧与肩同宽，骨盆保持中立位，双手握住壶铃抓柄或掌心托举哑铃置于胸前下颌正下方处，始终保持壶铃或哑铃紧贴躯干；或以双手交叉扶杠，亦可以翻举接杠方式将杠铃杆固定在三角肌前束。
2. 屈髋后坐，直至臀部触碰到与小腿同高的椅子后，躯干后移，坐在椅子的前三分之一处。
3. 身体缓慢前倾至重心投影位于两脚之间后，在重力作用下将身体拉起站立，躯干始终保持平直。
4. 运动过程中，脊柱保持中立位，在伸髋起身之前或开始时呼气（或全程屏气），屈髋后坐时吸气。
5. 臀部发力主导起身，回到起始位置。

杠铃背蹲坐凳 LM-SE004-7

1. 站立位开始，双脚内侧与肩同宽，骨盆保持中立位，双手锁握杠铃，置于斜方肌上束。
2. 屈髋后坐，直至臀部触碰到与小腿同高的长凳后，躯干后移，坐在长凳的前三分之一处。
3. 身体缓慢前倾至重心投影位于两脚之间后，在重力作用下将身体拉起站立，躯干始终保持平直。
4. 运动过程中，脊柱保持中立位，在伸髋起身之前或开始时呼气（或全程屏气），屈髋后坐时吸气。
5. 臀部发力主导起身，回到起始位置。

3. 推举练习（LM-PHE）

扶墙挺身 LM-PHE001-1——俯卧撑基本技术学习（区块2）

1. 站立位开始，距离墙壁五脚远。双臂伸直，屈腕，掌心朝向墙壁或固定物，双臂与肩同宽或略宽于肩，骨盆处于中立位。
2. 身体与下肢始终成一条直线，缓慢前倾。双手触碰到墙壁的同时屈肘，直至身体即将碰到墙壁停止。大臂与身体夹角为45°。
3. 双手用力将身体一次性推起至起始位置。
4. 运动过程中，脊柱保持中立位，在推起之前或开始时呼气（或全程屏气），屈肘时吸气。

跪姿上斜板推起 LM-PHE001-2——俯卧撑基本技术学习（区块 2）

1. 双膝跪位开始，两腿并拢，小腿在身体后方交叠，双膝距离长凳一个小腿的距离。双臂屈曲至胸部贴近长凳，大臂与身体夹角为 45°，肩部投影在双手的正上方，双臂与肩同宽或略宽于肩，骨盆处于中立位。
2. 身体始终成一条直线，双手用力将身体一次性推起至肘部完全伸展，肩部屈曲 90°。
3. 屈肘，身体下降回到起始位置，完成下一次推起动作。
4. 运动过程中，脊柱保持中立位，在推起之前或开始时呼气（或全程屏气），屈肘时吸气。

直腿上斜板推起 LM-PHE001-3——俯卧撑基本技术学习（区块 2）

1. 俯身位开始，两腿伸直并拢提踵。双臂屈曲至胸部贴近长凳，大臂与身体夹角为 45°，肩部投影在双手的正上方，双臂与肩同宽或略宽于肩，骨盆处于中立位。
2. 身体始终成一条直线，双手用力将身体一次性推起至肘部完全伸展，肩部屈曲 90°。
3. 屈肘，身体下降回到起始位置，完成下一次推起动作。
4. 运动过程中，脊柱保持中立位，在推起之前或开始时呼气（或全程屏气），屈肘时吸气。

跪姿俯身推起 LM-PHE001-4——俯卧撑基本技术学习（区块2）

1. 双膝跪位开始，两腿并拢，小腿在身体后方交叠。双手置于地面，双臂屈曲至胸部贴近地面，大臂与身体夹角为45°，肩部投影在双手的正上方，双臂与肩同宽或略宽于肩，骨盆处于中立位。
2. 身体始终成一条直线，双手用力将身体一次性推起至肘部完全伸展，肩部屈曲90°。
3. 屈肘，身体下降回到起始位置，完成下一次推起动作。
4. 运动过程中，脊柱保持中立位，在推起之前或开始时呼气（或全程屏气），屈肘时吸气。

抗阻带助力俯卧推起 LM-PHE001-5——俯卧撑基本技术学习（区块2）

1. 俯卧位开始，两腿并拢，骨盆处于中立位。双手置于地面，双臂屈曲至胸部贴近地面，大臂与身体夹角为45°，肩部投影在双手的正上方，双臂与肩同宽或略宽于肩，骨盆处于中立位。抗阻带穿过腹部，固定在正上方，或由同伴在正上方施加稳定拉力。
2. 身体始终成一条直线，双手用力将身体一次性推起至肘部完全伸展，肩部屈曲90°。
3. 屈肘，身体下降回到起始位置，完成下一次推起动作。
4. 运动过程中，脊柱保持中立位，在推起之前或开始时呼气（或全程屏气），屈肘时吸气。

标准上斜板俯卧撑 LM-PHE001-6——俯卧撑基本技术学习（区块2）

1. 俯身位开始，两腿伸直并拢提踵。双臂屈曲至胸部贴近长凳，大臂与身体夹角为45°，肩部投影在双手的正上方，双臂与肩同宽或略宽于肩，骨盆处于中立位。

2. 身体始终成一条直线，双手用力将身体一次性推起至肘部完全伸展，肩部屈曲90°。
3. 屈肘，身体下降回到起始位置，完成下一次推起动作。
4. 重复降式和撑起阶段的动作。
5. 运动过程中，脊柱保持中立位，在推起之前或开始时呼气（或全程屏气），屈肘时吸气。

（1）推举主要练习（LM-PHE002）——中级负重性练习（区块5至区块6）

杠铃卧推 LM-PHE002-1

1. 仰卧于卧推凳，杠铃杆位于视线正上方，身体呈五点支撑（枕骨、上背、尾骨、左脚和右脚），肩胛骨后缩下沉。
2. 正握或锁握杠铃杆，握距稍大于肩宽，确保肘关节屈曲90°。
3. 取杠前保持身体预张力，双脚全脚掌置于地面，颈部与身体成一条直线。视线竖直向上锁定在天花板的一个点。胸部发力，将杠铃杆竖直向上推起。
4. 屈肘的同时，下放杠铃至轻触下胸部，上臂与身体为夹角为45°左右。
5. 胸部发力，伸肘的同时推起杠铃，直至双臂伸直，但不要完全锁死肘关节。
6. 运动过程中，脊柱保持中立位，在推起之前或开始时呼气（或全程屏气），屈肘下降时吸气。

杠铃铁链卧推 LM-PHE002-2

1. 仰卧于卧推凳,杠铃杆位于视线正上方,身体呈五点支撑(枕骨、上背、尾骨、左脚和右脚),肩胛骨后缩下沉。链条固定于杠铃片外侧,链条长度和重量根据能力确定。
2. 正握或锁握杠铃杆,握距稍大于肩宽,确保肘关节屈曲90°。
3. 取杠前保持身体预张力,双脚全脚掌置于地面,颈部与身体成一条直线。视线竖直向上锁定在天花板的一个点。胸部发力,将杠铃杆竖直向上推起。
4. 屈肘的同时,下放杠铃至轻触下胸部,上臂与身体夹角为45°左右。
5. 胸部发力,伸肘的同时推起杠铃,直至双臂伸直,但不要完全锁死肘关节。
6. 运动过程中,脊柱保持中立位,在推起之前或开始时呼气(或全程屏气),屈肘下降时吸气。

杠铃抗阻带卧推 LM-PHE002-3

1. 仰卧于卧推凳,杠铃杆位于视线正上方,身体呈五点支撑(枕骨、上背、尾骨、左脚和右脚),肩胛骨后缩下沉。抗阻带一端固定于杠铃片内侧,另一端固定于地面(专用挂钩或用重物压住),抗阻带强度根据能力确定。
2. 正握或锁握杠铃杆,握距稍大于肩宽,确保肘关节屈曲90°。
3. 取杠前保持身体预张力,双脚全脚掌置于地面,颈部与身体成一条直线。视线竖直向上锁定在天花板的一个点。胸部发力,将杠铃杆竖直向上推起。
4. 屈肘的同时,下放杠铃至轻触下胸部,上臂与身体夹角为45°左右。
5. 胸部发力,伸肘的同时推起杠铃,直至双臂伸直,但不要完全锁死肘关节。
6. 运动过程中,脊柱保持中立位,在推起之前或开始时呼气(或全程屏气),屈肘下降时吸气。

站姿哑铃肩推 LM-PHE002-4

1. 站立位开始,双脚内侧与肩同宽,骨盆保持中立位,双手正握持哑铃置于肩上,手、肘和肩膀始终在同一垂直平面上。
2. 向上推起，直到肘部完全伸展。踝、膝、髋排列在一条直线，始终保持全脚掌触地。
3. 屈肘，下放哑铃，回到起始位置。
4. 运动过程中，脊柱保持中立位，在推起开始之前或开始时呼气（或全程屏气），下降时吸气。

站姿杠铃肩推 LM-PHE002-5

1. 站立位开始，双脚内侧与肩同宽，骨盆保持中立位，双手正握杠铃，置于锁骨高度，握距比肩略宽，手、肘和肩膀始终在同一垂直平面上。
2. 向上推起，颈部微微后仰，避免杠铃碰到下颌，直到肘部完全伸展。踝、膝、髋排列在一条直线，始终保持全脚掌触地。
3. 屈肘，下放杠铃，回到起始位置。

4. 运动过程中，脊柱保持中立位，在推起开始之前或开始时呼气（或全程屏气），下降时吸气。

坐姿杠铃肩推 LM-PHE002-6

1. 坐位开始，双脚内侧与肩同宽，身体始终保持直立，双手正握杠铃，置于锁骨高度，握距比肩略宽，手、肘和肩膀始终在同一垂直平面上。抗阻带一端固定在杠铃片正下方，上端套在杠铃片内侧，以在动作顶部提供阻力。
2. 向上推起，颈部微微后仰，以避免杠铃碰到下颌，直到肘部完全伸展，始终保持全脚掌触地。
3. 屈肘，下放杠铃，回到起始位置。
4. 运动过程中，脊柱保持中立位，在推起开始之前或开始时呼气（或全程屏气），下降时吸气。

哑铃借力推 LM-PHE002-7

1. 站立位开始，双脚内侧与肩同宽，骨盆保持中立位，双手正握哑铃，置于锁骨高度，握距比肩略宽，手、肘和肩膀始终在同一垂直平面上。
2. 保持躯干直立，屈髋和屈膝匀速下蹲，哑铃与躯干同时沿直线向下移动，不要改变手臂的位置。下蹲深度不要超过四分之一蹲的深度。
3. 下降至最低点后，立即伸展髋、膝和踝关节，顺势将哑铃举过头顶直到肘部完全伸展。踝、膝、髋排列在一条直线，始终保持全脚掌触地。
4. 动作完成后，逐渐降低手臂的肌肉张力，使哑铃有控制地下降到肩膀。髋部和膝盖同时弯曲，以缓冲杠对肩膀的冲击。回到起始位置。
5. 运动过程中，脊柱保持中立位，在推起开始之前或开始时呼气（或全程屏气），下降时吸气。

杠铃借力推 LM-PHE002-8

1. 站立位开始，双脚内侧与肩同宽，骨盆保持中立位，双手正握杠铃，置于锁骨高度，握距比肩略宽，手、肘和肩膀始终在同一垂直平面上。
2. 保持躯干直立，屈髋和屈膝匀速下蹲，杠铃与躯干同时沿直线向下移动，不要改变手臂的位置。下蹲深度不要超过四分之一蹲的深度或高翻时的接杠高度。
3. 下降至最低点后，立即伸展髋、膝和踝关节，顺势将杠铃举过头顶，颈部微微后仰，以避免杠铃碰到下颌，直到肘部完全伸展。踝、膝、髋排列在一条直线，始终保持全脚掌触地。
4. 动作完成后，逐渐降低手臂的肌肉张力，使杠铃有控制地下降到肩膀。髋部和膝盖同时弯曲，以缓冲杠对肩膀的冲击。回到起始位置。
5. 运动过程中，脊柱保持中立位，在推起开始之前或开始时呼气（或全程屏气），下降时吸气。

（2）推举变式练习（LM-PHE003）——中级负重性练习变式（区块7）

壶铃单臂半程推举 LM-PHE003-1

1. 站立位开始，双脚内侧与肩同宽，骨盆保持中立位，单手正握持壶铃置于肩部上方，大臂与肩同高，屈肘90°，手、肘和肩膀始终在同一垂直平面上，对侧手体侧屈肘握拳，保持张力。
2. 向上推起，大臂靠近耳朵直到肘部完全伸展。踝、膝、髋排列在一条直线，始终保持全脚掌触地。
3. 屈肘下放壶铃，回到起始位置。
4. 运动过程中，视线跟随壶铃移动，脊柱保持中立位，在推起开始之前或开始时呼气（或全程屏气），下降时吸气。

壶铃单臂推举 LM-PHE003-2

1. 站立位开始，双脚内侧与肩同宽，骨盆保持中立位，单手正握持壶铃置于肩部上方，肘部完全屈

曲，手、肘和肩膀始终在同一垂直平面上，对侧手体侧屈肘握拳，保持张力。
2. 向上推起，大臂靠近耳朵直到肘部完全伸展。踝、膝、髋排列在一条直线，始终保持全脚掌触地。
3. 屈肘下放壶铃，回到起始位置。
4. 运动过程中，视线跟随壶铃移动，脊柱保持中立位，在推起开始之前或开始时呼气（或全程屏气），下降时吸气。

壶铃单臂停顿推举 LM-PHE003-3

1. 站立位开始，双脚内侧与肩同宽，骨盆保持中立位，单手正握壶铃置于肩部上方，肘部完全屈曲，手、肘和肩膀始终在同一垂直平面上，对侧手体侧屈肘握拳，保持张力。
2. 向上推起，大臂靠近耳朵直到肘部完全伸展。在推举过程的中前段（屈肘120°）和中后段（屈肘60°）停顿1秒。踝、膝、髋排列在一条直线，始终保持全脚掌触地。
3. 屈肘下放哑铃，回到起始位置，在下降过程的中前段（屈肘120°）和中后段（屈肘60°）停顿1秒。
4. 运动过程中，视线跟随壶铃移动，脊柱保持中立位，在推起开始之前或开始时呼气（或全程屏气），下降时吸气。

壶铃坐姿起立单臂肩推 LM-PHE003-4

1. 分腿坐位开始，一侧腿屈曲，另一侧腿伸展，伸展腿一侧的手撑地，对侧手正握壶铃置于肩部上方，肘部完全屈曲。
2. 向上推起壶铃，大臂靠近耳朵直到肘部完全伸展，支撑手臂与持铃手臂成一条直线。
3. 屈肘下放，回到起始位置。

4. 运动过程中，视线跟随壶铃移动，脊柱保持中立位，在推起开始之前或开始时呼气（或全程屏气），下降时吸气。

壶铃 V 字坐姿单臂肩推 LM-PHE003-5

1. V 字分腿坐位开始，单手正握壶铃置于肩部上方，肘部完全屈曲，对侧手体侧屈肘握拳，保持张力。
2. 向上推起壶铃，大臂靠近耳朵直到肘部完全伸展。
3. 屈肘下放，回到起始位置。
4. 运动过程中，目视前方，脊柱保持中立位，在推起开始之前或开始时呼气（或全程屏气），下降时吸气。

哑铃古巴肩推 LM-PHE003-6

1. 站立位开始，双脚内侧与肩同宽，骨盆保持中立位，双手正握哑铃，自然垂放于大腿前侧。
2. 屈肘 90° 的同时前平举至肩部高度。

3. 肩部外旋，大臂至肩部高度，手、肘和肩膀位于一垂直平面。

4. 伸肘，将哑铃推举过头顶直至手臂完全伸展。

5. 按推起的路径反向下放哑铃至起始位置。

6. 运动过程中，脊柱保持中立位，在推起开始之前或开始时呼气（或全程屏气），下降时吸气。

杠铃古巴肩推 LM-PHE003-7

1. 站立位开始，双脚内侧与肩同宽，骨盆保持中立位，双手正握杠铃，自然垂放于大腿前侧。双手在手臂与身体夹角为 30°的位置握杠。

2. 提起上臂直至肩部高度，屈肘 90°，手、肘和肩膀位于一垂直平面。

3. 大臂保持与地面平行的同时，肩部外旋，杠铃位于头部正上方。

4. 伸肘，将杠铃推举过头顶直至手臂完全伸展。

5. 按推起的路径反向下放杠铃至起始位置。

6. 运动过程中，脊柱保持中立位，在推起开始之前或开始时呼气（或全程屏气），下降时吸气。

阿诺德肩推 LM-PHE003-8

1. 站立位开始，双脚内侧与肩同宽，骨盆保持中立位，双手在体前屈肘反握哑铃，置于锁骨位置。
2. 在向上推举哑铃的过程中，肩部外展的同时伴随肩部内旋和前臂内旋，直至完全伸展手臂将哑铃举

过头顶，持哑铃方式自然变为正握。
3. 按推起的路径反向下放哑铃至起始位置。
4. 运动过程中，脊柱保持中立位，在推起开始之前或开始时呼气（或全程屏气），下降时吸气。

哑铃 / 壶铃 / 杠铃上斜板卧推 LM-PHE003-9

1. 仰卧于卧推凳，杠铃杆位于视线正上方，身体呈五点支撑（枕骨、上背、尾骨、左脚和右脚），肩胛骨后缩下沉。
2. 采用正握或锁握哑铃 / 壶铃 / 杠铃杆，握距稍大于肩宽，确保肘关节屈曲 90°。
3. 取杠前保持身体预张力，双脚全脚掌置于地面，颈部与身体成一条直线。视线竖直向上，锁定在天花板的一个点。胸部发力，将哑铃 / 壶铃 / 杠铃杆竖直向上推起。
4. 屈肘的同时，下放哑铃 / 壶铃 / 杠铃杆至轻触下胸部，上臂与身体夹角为 45° 左右。
5. 胸部发力，伸肘的同时推起哑铃 / 壶铃 / 杠铃杆，直至双臂伸直，但不要完全锁死肘关节。
6. 运动过程中，脊柱保持中立位，在推起之前或开始时呼气（或全程屏气），屈肘下降时吸气。

平板哑铃飞鸟 LM-PHE003-10

1. 仰卧于卧推凳，身体呈五点支撑（枕骨、上背、尾骨、左脚和右脚），肩胛骨后缩下沉。
2. 双手正握哑铃，掌心相对，双臂微曲。
3. 肩部外展的同时下放哑铃，保持手臂屈曲的角度，直至手臂达到水平位置。
4. 肩部内收的同时推起哑铃回到起始位置。
5. 推举过程中，双脚全脚掌置于地面，颈部与身体成一条直线。视线竖直向上，锁定在天花板的一个点。
6. 运动过程中，脊柱保持中立位，在推起之前或开始时呼气（或全程屏气），屈肘下降时吸气。

哑铃/壶铃站姿屈臂飞鸟 LM-PHE003-11

1. 运动站姿开始，双脚内侧与肩同宽，骨盆保持中立位，双手正握哑铃，掌心相对，双臂屈曲60°，自然垂放于大腿外侧，肩胛骨后缩下沉。
2. 肩部外展的同时提起哑铃至手臂水平位置，保持手臂屈曲的角度。
3. 肩部内收的同时下放哑铃，保持手臂屈曲的角度，直至回到起始位置。
4. 运动过程中，脊柱保持中立位，在推起之前或开始时呼气（或全程屏气），屈肘下降时吸气。

哑铃/壶铃站姿直臂飞鸟 LM-PHE003-12

1. 运动站姿开始，双脚内侧与肩同宽，骨盆保持中立位，双手正握哑铃，掌心相对，双臂屈曲150°，自然垂放于大腿外侧，肩胛骨后缩下沉。
2. 肩部外展的同时提起哑铃至手臂水平位置，保持手臂屈曲的角度。
3. 肩部内收的同时下放哑铃，保持手臂屈曲的角度，直至回到起始位置。
4. 运动过程中，脊柱保持中立位，在推起之前或开始时呼气（或全程屏气），屈肘下降时吸气。

哑铃/壶铃站姿单臂飞鸟 LM-PHE003-13

1. 站立位开始，双脚内侧与肩同宽，骨盆保持中立位，单手正握哑铃/壶铃，掌心朝向大腿，肘部微屈，另一侧手握拳或掐腰保持张力。
2. 在身体侧方上抬手臂，将哑铃/壶铃提至略低于肩部的位置。
3. 下放哑铃/壶铃直至回到起始位置。
4. 运动过程中，脊柱保持中立位，在推起之前或开始时呼气（或全程屏气），屈肘下降时吸气。

哑铃/壶铃土耳其起立 LM-PHE003-14

1. 侧卧位，上半身保持挺直，大小腿成90°，脚跟放至背部延长线上，下侧手持哑铃/壶铃。
2. 翻转身体呈仰卧位，顺势将下侧手推起，手腕保持中立位，上侧手呈45°，同侧腿屈膝，对侧腿伸直。
3. 下半身保持不动，支撑手往回拉，同时右脚蹬地转髋，带动身体起来形成肘支撑。先用肘撑，然后手撑（起身过程中，脊柱始终保持挺直）。
4. 左侧手脚发力顶髋，将身体抬起。
5. 伸直腿收回（向伸直腿 90°方向收腿）转换成跪姿，重心移至膝盖。

6. 挺直身体，手离开地面，以膝盖为轴旋转小腿使身体呈弓箭步。
7. 臀腿发力，站直身体。

8. 按推起的路径反向下放哑铃/壶铃至起始位置。

9. 运动过程中,脊柱保持中立位,在推起开始之前或开始时呼气(或全程屏气),下降时吸气。

炮台架站姿肩上推举 LM-PHE003-15

1. 将杠铃的一端放入炮台架或力量架的角落,在杠铃的另一端增加重量。

2. 运动站姿开始,双脚内侧与肩同宽,面向炮台架抬起负重,骨盆保持中立位,肘部屈曲,双手交握,掌根托住杠铃的负重端,置于胸前。

3. 伸肘,将杠铃向斜上方推举过头顶直至手臂完全伸展。

4. 下放杠铃,回到起始位置。

5. 运动过程中，脊柱保持中立位，在推起开始之前或开始时呼气（或全程屏气），下降时吸气。

4. 提拉练习（LM-PLE）

屈腿触地交替抓杠 LM-PLE001-1——引体向上基本技术学习（区块2）

1. 单杠的高度设置在站立位时大腿的中段，仰卧于单杠下方，双手正握抓杠，握距略宽于肩宽，肩部位于抓握位置的正下方，挺髋的同时膝关节屈曲90°，双脚全脚掌触地。
2. 双手轮流依次抓杠，整个过程中双脚始终触地，身体尽可能幅度地晃动。

屈腿触地倾斜引体下放 LM-PLE001-2——引体向上基本技术学习（区块2）

1. 单杠的高度设置在站立位时大腿的中段，仰卧于单杠下方，双手正握抓杠，握距略宽于肩宽，肩部位于抓握位置的正下方，挺髋的同时膝关节屈曲 90°，双脚全脚掌触地。
2. 屈腿引体向上，臀部收紧挺髋，在胸部触碰到单杠的同时，顺势松开双手。身体开始下降时，双手迅速再次抓握单杠。
3. 在惯性作用下，手臂退让性伸展，尽量使身体下降的速度减慢，尽可能快地衔接再一次屈腿引体向上。
4. 运动过程中，双脚始终触地，脊柱保持中立位，在向上引体之前或开始时呼气（或全程屏气），手臂退让性伸展时吸气。

直腿触地倾斜引体下放 LM-PLE001-3——引体向上基本技术学习（区块 2）

1. 单杠的高度设置在站立位时大腿的中段，仰卧于单杠下方，双手正握抓杠，握距略宽于肩宽，肩部位于抓握位置的正下方，保持腿部完全伸展，足跟作为支点。
2. 屈腿引体向上，臀部收紧挺髋，在胸部触碰到单杠的同时，顺势松开双手。身体开始下降时，双手迅速再次抓握单杠。
3. 在惯性作用下，手臂退让性伸展，尽量使身体下降的速度减慢，尽可能快地衔接再一次屈腿引体向上。

4. 运动过程中，双脚足跟始终触地，脊柱保持中立位，在向上引体之前或开始时呼气（或全程屏气），手臂退让性伸展时吸气。

标准直腿触地引体悬垂 LM-PLE001-4——引体向上基本技术学习（区块2）

1. 单杠的高度设置在站立位时的大腿中段，仰卧位于单杠下方，双手正握抓杠，握距略宽于肩宽，肩部位于抓握位置的正下方，保持腿部完全伸展，足跟作为支点。
2. 直腿引体向上，在胸部触碰到单杠的同时，保持肘部屈曲，脊柱保持中立位，直到完成规定的悬垂时间。

抗阻带助力直腿触地引体向上 LM-PLE001-5——引体向上基本技术学习（区块2）

1. 单杠的高度设置在站立位时大腿的中段，仰卧于单杠下方。抗阻带一端系在单杠上，另一端绕过躯干，形成对身体向上的助力。双手正握抓杠，握距略宽于肩宽，肩部位于抓握位置的正下方，保持腿部完全伸展，足跟作为支点。
2. 肩胛收紧，屈肘引体向上，胸部触碰到单杠后，伸展肘部，引体下放。

3. 运动过程中，双腿保持伸展，双脚足跟始终触地，脊柱保持中立位，在向上引体之前或开始时呼气（或全程屏气），手臂退让性伸展时吸气。

标准直腿触地引体向上 LM-PLE001-6——引体向上基本技术学习（区块2）

1. 单杠的高度设置在站立位时大腿的中段，仰卧于单杠下方。双手正握抓杠，握距略宽于肩宽，肩部位于抓握位置的正下方，保持腿部完全伸展，足跟作为支点。
2. 肩胛收紧，屈肘引体向上，胸部触碰到单杠后，伸展肘部，引体下放。
3. 运动过程中，双腿保持伸展，双脚足跟始终触地，脊柱保持中立位，在向上引体之前或开始时呼气（或全程屏气），手臂退让性伸展时吸气。

（1）提拉主要练习（LM-PLE002）——中级负重性练习（区块5至区块6）

杠铃俯身划船 LM-PLE002-1

1. 运动站姿，双脚内侧与肩同宽，俯身双手正握持杠铃，握距比肩略宽，手臂自然伸展，背部保持平直。
2. 收缩背部肌肉，屈肘后引，提起杠铃，手臂紧贴身体两侧，颈部与身体成一条直线，目视前方。

3. 杠铃触碰到身体前侧后,肘部退让性伸展,下放杠铃,回到起始位置。
4. 运动过程中,脊柱保持中立位,在提起杠铃之前或开始时呼气(或全程屏气),下降时吸气。

双哑铃 / 壶铃悬垂耸肩 LM-PLE002-2

1. 站立位开始,双脚内侧与肩同宽,骨盆保持中立位,双手分别正握 / 锁握一个哑铃 / 壶铃,手臂自然伸展。
2. 用力伸展髋、膝、踝关节,主导哑铃 / 壶铃的向上拉动。
3. 当下肢关节完全伸展的同时迅速耸肩,继续向上传导哑铃 / 壶铃的上拉,直至双肩向耳朵的运动达到最高点。肘关节不参与任何提拉运动。
4. 动作完成后,逐渐降低手臂的肌肉张力,使哑铃 / 壶铃自然下降。髋部和膝盖同时弯曲,以缓冲哑铃 / 壶铃下落的惯性,直至回到起始位置。
5. 运动过程中,脊柱保持中立位,在推起开始之前或开始时呼气(或全程屏气),下降时吸气。

单壶铃悬垂耸肩 LM-PLE002-3

1. 站立位开始,双脚内侧与肩同宽,骨盆保持中立位,双手靠近,共同正握一个壶铃的握柄,手臂自然伸展,壶铃置于大腿前侧。
2. 用力伸展髋、膝、踝关节,主导壶铃的向上拉动。
3. 当下肢关节完全伸展的同时迅速耸肩,继续向上传导壶铃的上拉,直至双肩向耳朵的运动达到最高点。肘关节不参与任何提拉运动。
4. 动作完成后,逐渐降低手臂的肌肉张力,使壶铃自然下降。髋部和膝盖同时弯曲,以缓冲壶铃下落的惯性，直至回到起始位置。
5. 运动过程中，脊柱保持中立位，在推起开始之前或开始时呼气（或全程屏气），下降时吸气。

双哑铃 / 壶铃悬垂高拉 LM-PLE002-4

1. 站立位开始，双脚内侧与肩同宽，骨盆保持中立位，双手分别正握一个哑铃 / 壶铃，手臂自然伸展，哑铃 / 壶铃置于大腿前侧。
2. 用力伸展髋、膝、踝关节主导，哑铃 / 壶铃的向上拉动。
3. 当下肢关节完全伸展的同时迅速耸肩，继续向上传导哑铃 / 壶铃的上拉。
4. 双肩向耳朵的运动达到最高点的同时肘部屈曲，直至拉动哑铃 / 壶铃的手达到最大高度。肩胛后收，肘部指向身体外侧。在最高点时，大臂轻微外旋，小臂平行于地面。
5. 动作完成后，逐渐降低手臂的肌肉张力，使哑铃 / 壶铃自然下降。髋部和膝盖同时弯曲，以缓冲哑铃/壶铃下落的惯性，直至回到起始位置。
6. 运动过程中，脊柱保持中立位，在推起开始之前或开始时呼气（或全程屏气），下降时吸气。

单壶铃悬垂高拉 LM-PLE002-5

1. 站立位开始，双脚内侧与肩同宽，骨盆保持中立位，双手靠近，共同正握一个壶铃的握柄，手臂自然伸展，哑铃置于大腿前侧。
2. 用力伸展髋、膝、踝关节，主导壶铃的向上拉动。
3. 当下肢关节完全伸展的同时迅速耸肩，继续向上传导壶铃的上拉。
4. 双肩向耳朵的运动达到最高点的同时肘部屈曲，直至拉动壶铃的手达到最大高度，肩胛后收，肘部指向身体外侧，始终高于腕部。
5. 动作完成后，逐渐降低手臂的肌肉张力，使壶铃自然下降。髋部和膝盖同时弯曲，以缓冲壶铃下落的惯性，直至回到起始位置。
6. 运动过程中，脊柱保持中立位，在推起开始之前或开始时呼气（或全程屏气），下降时吸气。

单壶铃窄拉 LM-PLE002-6

1. 站立位开始，双脚内侧与肩同宽，骨盆保持中立位，单个壶铃置于身体正下方双脚连线的中点位置。
2. 下蹲，臀部低于肩部，双臂自然伸展，双手靠近，共同正握一个壶铃的握柄。
3. 用力伸展髋、膝、踝关节，主导壶铃的向上拉动。
4. 当下肢关节完全伸展的同时迅速耸肩，继续向上传导壶铃的上拉。
5. 双肩向耳朵的运动达到最高点的同时肘部屈曲，直至拉动壶铃的手达到最大高度，肩胛后收，肘部指向身体外侧，始终高于腕部。
6. 动作完成后，逐渐降低手臂的肌肉张力，使壶铃自然下降。髋部和膝盖同时弯曲，以缓冲壶铃下落的惯性，直至回到起始位置。
7. 运动过程中，脊柱保持中立位，在推起开始之前或开始时呼气（或全程屏气），下降时吸气。

（2）提拉变式（LM-PLE003）——中级负重性练习变式（区块7）

哑铃/壶铃单臂俯身划船 LM-PLE003-1

1. 俯身，一侧手撑住卧推凳，同侧腿跪在凳子上，躯干与地面平行，单手正握哑铃/壶铃，手臂自然伸展，背部保持平直。
2. 收缩背部肌肉，屈肘后引提起哑铃/壶铃，手臂紧贴身体，颈部与身体成一条直线，目视前方，保持2秒。
3. 肘部退让性伸展，下放哑铃/壶铃，回到起始位置。双侧交替进行。
4. 运动过程中，脊柱保持中立位，在屈肘上提之前或开始时呼气（或全程屏气），退让性下放时吸气。

哑铃/壶铃单臂高拉 LM-PLE003-2

1. 运动站姿开始,双脚内侧与肩同宽,骨盆保持中立位,单个哑铃/壶铃置于正对身体的前方一臂远处。
2. 俯身,单手正握哑铃/壶铃握柄的同时对侧手屈肘,保持张力,在体前做好准备。
3. 将哑铃/壶铃拉向身体正下方的同时,对侧手用力后摆。在哑铃/壶铃回摆到体前时,用力伸展髋、膝、踝关节,主导壶铃的向上拉动,对侧手随之摆动到体前。
4. 当下肢关节完全伸展的同时迅速耸肩,继续向上传导哑铃/壶铃的上拉。
5. 双肩向耳朵的运动达到最高点的同时肘部屈曲,直至拉动哑铃/壶铃的手达到最大高度。手、肘和肩膀在哑铃/壶铃上升时始终在同一垂直平面上,肘部指向身体外侧。在最高点时,大臂轻微外旋,小臂平行于地面。

6. 动作完成后,逐渐降低手臂的肌肉张力,使哑铃/壶铃自然下降。髋部和膝盖同时弯曲,以缓冲哑铃/壶铃下落的惯性,直至回到起始位置。
7. 运动过程中,脊柱保持中立位,在推起开始之前或开始时呼气(或全程屏气),下降时吸气。

炮台架俯身双手划船 LM-PLE003-3

1. 将杠铃的一端放入炮台架或力量架的角落。在杠铃的另一端增加重量。
2. 运动站姿开始，双脚内侧与肩同宽，骨盆保持中立位，骑跨在杠铃的正上方，俯身双手交握负重端杠铃杆，双臂自然伸展，背部保持平直。
3. 收缩背部肌肉，屈肘后引提起杠铃，手臂紧贴身体两侧，颈部与身体成一条直线，目视前方。
4. 运动过程中，脊柱保持中立位，在推起开始之前或开始时呼气（或全程屏气），下降时吸气。

炮台架俯身单手划船 LM-PLE003-4

1. 将杠铃的一端放入炮台架或力量架的角落。在杠铃的另一端增加重量。
2. 在杠铃的侧方以运动站姿开始，双脚内侧与肩同宽，骨盆保持中立位，俯身单手正握负重端杠铃杆，双臂自然伸展，背部保持平直。
3. 收缩背部肌肉，屈肘后引提起杠铃，手臂紧贴身体两侧，颈部与身体成一条直线，目视前方。
4. 运动过程中，脊柱保持中立位，在推起开始之前或开始时呼气（或全程屏气），下降时吸气。

5. 铰链练习（LM-HE）

反向仰卧起坐 LM-HE001-1——仰卧起坐基本技术学习（区块2）

1. 仰卧于地面，双臂置于体侧的地面，枕骨、上背、尾骨成一条直线紧贴于地面的同时，屈髋、屈膝，双脚悬于空中。

2. 伸展髋关节的同时下放双腿，触地后回到起始位置。

3. 运动过程中，脊柱保持中立位，在向上抬腿之前或开始时呼气（或全程屏气），双腿放下时吸气。

双腿抬高仰卧起坐 LM-HE001-2——仰卧起坐基本技术学习（区块 2）

1. 仰卧于地面，双手置于耳朵后方，枕骨、上背、尾骨成一条直线紧贴于地面的同时，双腿垫高，髋关节和膝关节屈曲 90°。

2. 卷腹至身体与大腿的夹角小于 45°后，躯干回到起始位置。

3. 运动过程中，脊柱保持中立位，在向上抬腿之前或开始时呼气（或全程屏气），双腿放下时吸气。

仰卧直膝举腿 LM-HE001-3——仰卧起坐基本技术学习（区块 2）

1. 仰卧于地面，双臂置于体侧的地面，枕骨、上背、尾骨成一条直线紧贴于地面，双腿并拢直膝，保持微微离开地面。

2. 屈髋抬高双腿至屈髋 60°。

3. 伸髋下放双腿回到起始位置。

4. 运动过程中，脊柱保持中立位，在向上抬腿之前或开始时呼气（或全程屏气），双腿放下时吸气。

直臂 V 字起 LM-HE001-4——仰卧起坐基本技术学习（区块 2）

1. 仰卧于地面，双臂在头部上方完全伸展，枕骨、上背、尾骨、足跟成一条直线紧贴于地面，双腿直膝并拢。

2. 以臀部为支点,手臂和双腿同时抬起并尽可能靠近,成 V 字形。
3. 放下双臂和双腿,回到起始位置。
4. 运动过程中,脊柱保持中立位,在上抬之前或开始时呼气(或全程屏气),放下时吸气。

抗阻带助力屈腿仰卧起坐 LM-HE001-5——仰卧起坐基本技术学习(区块 2)

1. 仰卧于地面,枕骨、上背、尾骨成一条直线紧贴在地面的同时,屈膝 90°,双脚置于地面。
2. 抗阻带一端固定于脚尖方向的远处一点,高度比屈曲的膝盖略高。在双腿之间穿过后拉紧,抓握于胸前。
3. 在抗阻带的助力下进行卷腹。
4. 运动过程中,脊柱保持中立位,在起身之前或开始时呼气(或全程屏气),下降时吸气。

屈膝仰卧起坐 LM-HE001-6——仰卧起坐基本技术学习(区块 2)

1. 仰卧于地面,枕骨、上背、尾骨成一条直线紧贴在地面的同时,屈膝 90°,双脚置于地面。
2. 固定脚部的同时进行卷腹。

3. 运动过程中，脊柱保持中立位，在起身之前或开始时呼气（或全程屏气），下降时吸气。

（1）铰链主要练习（LM-HE002）——中级负重性练习（区块5至区块6）

杠铃屈腿硬拉 LM-HE002-1

1. 站立位开始，双脚内侧与肩同宽，脚尖微微外旋，双手在小腿外侧正握或锁握杠铃。下蹲至肩部高于臀部，躯干与地面夹角45°，肩部投影在杠铃的前方，肩胛骨处于杠铃正上方，手臂自然伸展，尽可能贴近小腿。背部平直，颈部与身体成一条直线。
2. 臀部发力主导髋关节伸展前移的同时，紧贴腿部前侧竖直拉起杠铃，胸部向上提起，直至髋关节、膝关节先后完全伸展，手臂始终保持伸展。
3. 屈膝、屈髋，以退让性的方式下放杠铃，回到起始位置。
4. 运动过程中，脊柱保持中立位，在提起杠铃之前或开始时呼气（或全程屏气），下降时吸气。

杠铃直腿硬拉 LM-HE002-2

1. 站立位开始，双脚内侧与肩同宽，脚尖微微外旋，双手在小腿外侧正握或正反交握杠铃，肩部投影在杠铃的前方，肩胛骨处于杠铃正上方，手臂自然伸展，尽可能贴近小腿。背部平直，颈部与身体成一条直线。膝盖微屈，屈髋至肩部与臀部同高，躯干与地面平行。
2. 臀部发力主导髋关节伸展前移的同时，紧贴腿部前侧竖直拉起杠铃，胸部向上提起，直至髋关节、膝关节先后完全伸展，手臂始终保持伸展。
3. 屈髋，以退让性的方式下放杠铃，回到起始位置。
4. 运动过程中，脊柱保持中立位，膝关节角度不变，在提起杠铃之前或开始时呼气（或全程屏气），下降时吸气。

杠铃早安起 LM-HE002-3

1. 站立位开始，双脚内侧与肩同宽，杠铃置于肩部后方，双手正握杠铃杆，保持背部紧张，两侧肩胛后缩。
2. 膝盖保持微屈的同时，屈髋，臀部后顶，俯身至躯干与地面平行。
3. 臀部发力主导髋关节伸展前移，回到起始位置。
4. 运动过程中，脊柱保持中立位，膝关节角度不变，在直立伸展之前或开始时呼气（或全程屏气），俯身下降时吸气。

六角杠铃硬拉 LM-HE002-4

1. 站立位开始，双脚内侧与肩同宽，脚尖微微外旋，双手在小腿外侧正握或锁握六角杠铃握柄。下蹲至肩部高于臀部，躯干与地面夹角45°，肩部投影在杠铃的前方，肩胛骨处于杠铃正上方，手臂自然伸展，尽可能贴近小腿。背部平直，颈部与身体成一条直线。

2. 臀部发力主导髋关节伸展前移的同时，竖直拉起六角杠铃，同时胸部向上提起，直至髋关节、膝关节先后完全伸展，手臂始终保持伸展。
3. 屈膝、屈髋，以退让性的方式下放六角杠铃，回到起始位置。
4. 运动过程中，脊柱保持中立位，在提起六角杠铃之前或开始时呼气（或全程屏气），下降时吸气。

杠铃罗马尼亚硬拉 LM-HE002-5

1. 站立位开始，双脚内侧与肩同宽，脚尖微微外旋，手臂自然伸展，双手在小腿外侧正握或正反交握在体前拉住杠铃。杠铃贴近大腿前侧。
2. 膝盖保持微屈的同时，以退让性的方式下放杠铃，屈髋，臀部后顶，俯身至躯干与地面平行，直至杠铃以在大腿滑动的方式下降至膝盖下方。
3. 臀部发力主导髋关节伸展前移的同时，紧贴腿部前侧竖直拉起杠铃，胸部向上提起，直至髋关节、膝关节先后完全伸展，手臂始终保持伸展，回到起始位置。
4. 运动过程中，脊柱保持中立位，膝关节角度不变，在提起杠铃之前或开始时呼气（或全程屏气），下降时吸气。

杠铃臀冲 LM-HE002-6

1. 坐位开始，背部倚靠在固定的长凳边缘，长凳与小腿同高。杠铃置于髂脊上沿上方，可以在杠铃与身体之间加一个垫子以缓解不适。双手正握杠铃，握距与肩同宽。
2. 屈髋、屈膝约 90°，双脚平放于地面，与肩同宽。
3. 以上背部作为支点，臀部发力主导髋关节伸展，将杠铃从地面上推起，直至躯干和大腿与地面平行，膝盖屈曲 90°。
4. 屈膝、屈髋，以退让性的方式下放杠铃，回到起始位置。
5. 运动过程中，脊柱保持中立位，膝关节角度不变，在推起杠铃之前或开始时呼气（或全程屏气），下降时吸气。

（2）铰链变式练习（LM-HE003）——中级负重性练习变式（区块 7）

哑铃/壶铃单腿硬拉 LM-HE003-1

1. 单腿站立位开始，支撑腿膝盖微屈，对侧手正握哑铃/壶铃，手臂自然伸展。
2. 支撑腿膝盖保持微屈的同时，屈髋，臀部后顶，俯身至躯干和对侧腿与地面平行。对侧腿完全伸展，踝背屈保持张力。
3. 支撑腿臀部发力主导髋关节伸展前移的同时胸部向上提起，直至髋关节、膝关节先后完全伸展，手臂始终保持伸展，回到起始位置。
4. 运动过程中，脊柱保持中立位，膝关节角度不变，在提起哑铃/壶铃之前或开始时呼气（或全程屏气），下降时吸气。

单腿哑铃臀冲 LM-HE003-2

1. 坐位开始，背部倚靠在固定的长凳边缘，长凳与小腿同高。哑铃置于髂脊上沿上方，在哑铃与身体之间可以加一个垫子以缓解不适。双手正握哑铃，握距与肩同宽。
2. 支撑腿屈髋、屈膝约 90°，脚部触地，对侧腿屈髋、屈膝，始终悬于空中。
3. 以上背部作为支点，臀部发力主导支撑腿髋关节伸展，将哑铃从地面上推起，直至躯干和大腿与地面平行，膝盖屈曲 90°。
4. 屈膝、屈髋，以退让性的方式下放哑铃，回到起始位置。
5. 运动过程中，脊柱保持中立位，膝关节角度不变，在推起杠铃之前或开始时呼气（或全程屏气），下降时吸气。

北欧腘绳弯举 LM-HE003-3

1. 双膝高跪位开始，脚踝背屈，由同伴或设备将脚踝、脚和小腿固定住，双手交叉置于胸前。
2. 在重力作用下，退让性深膝俯身向下的同时保持髋关节伸展，在接近地面时双手做好伏地准备。
3. 触地后，臀部和腘绳肌发力主导屈膝，身体对抗重力向上拉起，回到起始位置。

4. 运动过程中，脊柱保持中立位，膝关节角度不变，在推起杠铃之前或开始时呼气（或全程屏气），下降时吸气。

6. 爆发练习（LM-EE）

（1）半程无接杠练习（LM-EE001）——爆发练习基本技术学习（区块 7）

儿童杆宽握/窄握悬垂耸肩拉 LM-EE001-1

1. 站立位开始，双脚内侧与肩同宽，骨盆保持中立位，双手正握或锁握杠铃，手臂自然伸展。（备注：站立持杠时，杠铃杆在耻骨上方 1—3 厘米时为宽拉握距，双手距离略比肩宽时为窄拉握距。）
2. 双腿向下屈曲带动杠铃在大腿前侧滑动至膝关节上方后，迅速用力伸展髋、膝、踝关节主导杠铃的向上拉动。

3. 当下肢关节完全伸展的同时迅速耸肩,继续向上传导杠铃的上拉,直至双肩向耳朵的运动达到最高点。肘关节不参与任何提拉运动。
4. 动作完成后,逐渐降低手臂的肌肉张力,使杠铃自然下降。髋部和膝盖同时屈曲,以缓冲杠铃下落的惯性,直至回到起始位置。
5. 运动过程中,杠铃紧贴身体,在竖直方向移动,脊柱保持中立位,在蹬伸开始之前或开始时呼气(或全程屏气),下降时吸气。

儿童杆宽握 / 窄握悬垂高拉 LM-EE001-2

1. 站立位开始,双脚内侧与肩同宽,骨盆保持中立位,双手正握或锁握杠铃,手臂自然伸展。
2. 双腿向下屈曲带动杠铃在大腿前侧滑动至膝关节上方后,迅速用力伸展髋、膝、踝关节主导杠铃的向上拉动。
3. 当下肢关节完全伸展的同时迅速耸肩,继续向上传导杠铃的上拉。
4. 双肩向耳朵的运动达到最高点的同时肘部屈曲,直至拉动杠铃的手达到最大高度,肘部指向身体外侧,始终高于腕部。

5. 动作完成后，逐渐降低手臂的肌肉张力，使杠铃自然下降。髋部和膝盖同时屈曲，以缓冲杠铃下落的惯性，直至回到起始位置。

6. 运动过程中，杠铃紧贴身体在竖直方向移动，脊柱保持中立位，在蹬伸开始之前或开始时呼气（或全程屏气），下降时吸气。

儿童杆宽握/窄握悬垂耸肩跳 LM-EE001-3

1. 站立位开始，双脚内侧与肩同宽，骨盆保持中立位，双手正握或锁握杠铃，手臂自然伸展。

2. 双腿向下屈曲带动杠铃在大腿前侧滑动至膝关节上方后，迅速用力伸展髋、膝、踝关节主导杠铃的向上拉动。

3. 当下肢关节完全伸展、直腿起跳的同时迅速耸肩，继续向上传导杠铃的上拉，直至双肩向耳朵的运动达到最高点。肘关节不参与任何提拉运动。

4. 动作完成后，逐渐降低手臂的肌肉张力，使杠铃自然下降。髋部和膝盖同时屈曲，以缓冲杠铃下落的惯性，直至回到起始位置。

5. 运动过程中，杠铃紧贴身体在竖直方向移动，脊柱保持中立位，在蹬伸开始之前或开始时呼气（或全程屏气），下降时吸气。

（2）全程无接杠练习（LM-EE002）——爆发练习基本技术学习（区块7）

儿童杆宽握/窄握静蹲跳 LM-EE002-1

1. 站立位开始，双脚内侧与肩同宽，下蹲至肩部高于臀部，双手在小腿外侧正握或锁握置于地面上的杠铃。躯干与地面夹角45°，肩部投影在杠铃的前方，肩胛骨处于杠铃正上方，手臂自然伸展，尽可能贴近小腿。背部平直，颈部与身体成一条直线。
2. 膝关节伸展主导从地面上拉动杠铃，当杠铃滑过膝盖，髋关节伸展主导身体完全伸展后立即起跳。肘关节不参与任何提拉运动。
3. 落地后，髋部和膝盖同时退让性屈曲，以缓冲杠铃下落的惯性，直至回到起始位置。
4. 运动过程中，杠铃紧贴身体在竖直方向移动，脊柱保持中立位，在蹬伸开始之前或开始时呼气（或全程屏气），下降时吸气。

儿童杆宽握/窄握耸肩拉 LM-EE002-2

1. 站立位开始，双脚内侧与肩同宽，下蹲至肩部高于臀部，双手在小腿外侧正握或锁握置于地面上的杠铃。躯干与地面夹角45°，肩部投影在杠铃的前方，肩胛骨处于杠铃正上方，手臂自然伸展，尽可能贴近小腿。背部平直，颈部与身体成一条直线。
2. 膝关节伸展主导从地面上拉动杠铃，当杠铃滑过膝盖，髋关节伸展主导身体完全伸展的同时迅速耸肩，继续向上传导杠铃的上拉，直至双肩向耳朵的运动达到最高点。肘关节不参与任何提拉运动。
3. 动作完成后，逐渐降低手臂的肌肉张力，使杠铃自然下降。髋部和膝盖同时屈曲，以缓冲杠铃下落的惯性，直至回到起始位置。
4. 运动过程中，杠铃紧贴身体在竖直方向移动，脊柱保持中立位，在蹬伸开始之前或开始时呼气（或全程屏气），下降时吸气。

儿童杆宽握/窄握高拉 LM-EE002-3

1. 站立位开始，双脚内侧与肩同宽，下蹲至肩部高于臀部，双手在小腿外侧正握或锁握置于地面上的杠铃。躯干与地面夹角45°，肩部投影在杠铃的前方，肩胛骨处于杠铃正上方，手臂自然伸展，尽可能贴近小腿。背部平直，颈部与身体成一条直线。
2. 膝关节伸展主导从地面上拉动杠铃，当杠铃滑过膝盖、髋关节伸展主导身体完全伸展的同时迅速耸肩，继续向上传导杠铃的上拉。

3. 双肩向耳朵的运动达到最高点的同时肘部屈曲，直至拉动杠铃的手达到最大高度，肘部指向身体外侧，始终高于腕部。
4. 动作完成后，逐渐降低手臂的肌肉张力，使杠铃自然下降。髋部和膝盖同时屈曲，以缓冲杠铃下落的惯性，直至回到起始位置。
5. 运动过程中，杠铃紧贴身体在竖直方向移动，脊柱保持中立位，在蹬伸开始之前或开始时呼气（或全程屏气），下降时吸气。

（3）接杠练习（LM-EE003）——**爆发练习基本技术学习（区块7）**

儿童杆提踵高翻/高抓握杠下落接四分之一蹲 LM-EE003-1

1. 站立位开始，双脚内侧与肩同宽，采用翻举（顶肘三角肌前束支撑及手指勾握）或抓举（宽握距头上直臂抓杠）的接杠方式支撑杠铃。
2. 提踵姿态稳定后，自由下落，在四分之一蹲的位置迅速制动，即以高翻/高抓的方式接杠。
3. 站立后，回到起始位置。
4. 下落过程中，脊柱保持中立位，制动瞬间呼气（或全程屏气）。

儿童杆提踵高翻 / 高抓握杠下落接全蹲 LM-EE003-2

1. 站立位开始，双脚内侧与肩同宽，采用翻举或抓举的接杠方式支撑杠铃。
2. 提踵姿态稳定后，自由下落，在大腿低于地面平行线以下的位置迅速制动，即以下蹲翻 / 下蹲抓的方式接杠。
3. 站立后，回到起始位置。
4. 下落过程中，脊柱保持中立位，制动瞬间呼气（或全程屏气）。

儿童杆高翻 / 高抓握杠垫高下落蹲 LM-EE003-3

1. 双脚分立在垫高的跳箱上（低于 30 厘米），从跳箱上落下后确保双脚内侧与肩同宽，采用翻举或抓举的接杠方式支撑杠铃。
2. 姿态稳定后，双脚从跳箱上自由下落，在四分之一蹲的位置迅速制动。
3. 站立后，回到起始位置。
4. 下落过程中，脊柱保持中立位，制动瞬间呼气（或全程屏气）。

（4）轻负重半程接杠练习（LM-EE004）——爆发练习基本技术学习（区块 7）

儿童杆悬垂直腿高翻 / 高抓 LM-EE004-1

1. 站立位开始，双脚内侧与肩同宽，骨盆保持中立位，双手正握或锁握杠铃，手臂自然伸展。
2. 双腿向下屈曲带动杠铃在大腿前侧滑动至膝关节上方之后，迅速用力伸展髋、膝、踝关节主导杠铃的向上拉动。
3. 当膝关节和髋关节完全伸展的同时迅速耸肩，继续向上传导杠铃的上拉。
4. 双肩向耳朵的运动达到最高点的同时肘部屈曲，直至拉动杠铃的手达到最大高度，肘部指向身体外侧，始终高于腕部。在下肢完全伸展的同时，直接采用直腿抓举的接杠方式支撑杠铃。
5. 将杠铃下放到大腿处，髋部和膝盖同时屈曲，以缓冲杠铃下落的惯性，直至回到起始位置。
6. 运动过程中，杠铃紧贴身体在竖直方向移动，脊柱保持中立位，在蹬伸开始之前或开始时呼气（或全程屏气），下降时吸气。

儿童杆悬垂提踵接高翻 / 高抓 LM-EE004-2

1. 站立位开始，双脚内侧与肩同宽，骨盆保持中立位，双手正握或锁握杠铃，手臂自然伸展。
2. 提踵保持耸肩拉的伸展姿态稳定后，迅速屈曲肘部，直至拉动杠铃的手达到最大高度，肘部指向身体外侧，始终高于腕部。在四分之一蹲的位置迅速制动，采用翻举或抓举的接杠方式支撑杠铃。
3. 将杠铃下放到大腿处，髋部和膝盖同时屈曲，以缓冲杠铃下落的惯性，直至回到起始位置。

4. 运动过程中，杠铃紧贴身体在竖直方向移动，脊柱保持中立位，在蹬伸开始之前或开始时呼气（或全程屏气），下降时吸气。

儿童杆悬垂高翻 / 高抓 / 下蹲翻 / 下蹲抓 LM-EE004-3

1. 站立位开始，双脚内侧与肩同宽，骨盆保持中立位，双手正握或锁握杠铃，手臂自然伸展。
2. 双腿向下屈曲带动杠铃在大腿前侧滑动至膝关节上方之后，迅速用力伸展髋、膝、踝关节主导杠铃的向上拉动。

3. 当膝关节和髋关节完全伸展的同时迅速耸肩，继续向上传导杠铃的上拉。
4. 双肩向耳朵的运动达到最高点的同时肘部屈曲，直至拉动杠铃的手达到最大高度，肘部指向身体外侧，始终高于腕部。在四分之一蹲的位置迅速制动，采用翻举或抓举的接杠方式支撑杠铃。
5. 将杠铃下放到大腿处，髋部和膝盖同时屈曲，以缓冲杠铃下落的惯性，直至回到起始位置。
6. 运动过程中，杠铃紧贴身体在竖直方向移动，脊柱保持中立位，在蹬伸开始之前或开始时呼气（或全程屏气），下降时吸气。

（5）轻负重全程接杠练习（LM-EE005）——爆发练习基本技术学习（区块7）

儿童杆提踵高翻 / 高抓 LM-EE005-1

1. 站立位开始，双脚内侧与肩同宽，下蹲至肩部高于臀部，双手在小腿外侧正握或锁握置于地面上的杠铃。躯干与地面夹角45°，肩部投影在杠铃的前方，肩胛骨处于杠铃正上方，手臂自然伸展，尽可能贴近小腿。背部平直，颈部与身体成一条直线。
2. 膝关节伸展主导从地面上拉动杠铃，当杠铃滑过膝盖，髋关节伸展主导身体完全伸展的同时迅速耸肩提踵，继续向上传导杠铃的上拉，至双肩向耳朵的运动达到最高点后，肘部屈曲直至拉动杠铃的手达到最大高度，肘部指向身体外侧，始终高于腕部。在四分之一蹲的位置迅速制动，采用翻举或抓举的接杠方式支撑杠铃。

3. 将杠铃下放到大腿处，髋部和膝盖同时屈曲，以缓冲杠铃下落的惯性，直至回到起始位置。
4. 运动过程中，杠铃紧贴身体在竖直方向移动，脊柱保持中立位，在蹬伸开始之前或开始时呼气（或全程屏气），下降时吸气。

儿童杆箱上提踵高翻 / 高抓 LM-EE005-2

1. 站立位开始，双脚内侧与肩同宽。下蹲，双手在小腿外侧正握或锁握置于小腿高度的箱子上的杠铃。肩部投影在杠铃的前方，肩胛骨处于杠铃正上方，手臂自然伸展，尽可能贴近小腿。背部平直，颈部与身体成一条直线。
2. 髋关节伸展主导身体完全伸展的同时迅速耸肩提踵，继续向上传导杠铃的上拉，至双肩向耳朵的运动达到最高点后，肘部屈曲直至拉动杠铃的手达到最大高度，肘部指向身体外侧，始终高于腕部。在四分之一蹲的位置迅速制动，采用翻举或抓举的接杠方式支撑杠铃。

3. 将杠铃下放到大腿处，髋部和膝盖同时屈曲，以缓冲杠铃下落的惯性，直至回到起始位置。
4. 运动过程中，杠铃紧贴身体在竖直方向移动，脊柱保持中立位，在蹬伸开始之前或开始时呼气（或全程屏气），下降时吸气。

儿童杆高翻 / 高拉 / 下蹲翻 / 下蹲抓 LM-EE005-3

1. 站立位开始，双脚内侧与肩同宽，下蹲至肩部高于臀部，双手在小腿外侧正握或锁握置于地面上的杠铃。躯干与地面夹角 45°，肩部投影在杠铃的前方，肩胛骨处于杠铃正上方，手臂自然伸展，尽可能贴近小腿。背部平直，颈部与身体成一条直线。

2. 膝关节伸展主导从地面上拉动杠铃，当杠铃滑过膝盖、髋关节伸展主导身体完全伸展的同时迅速耸肩起跳，继续向上传导杠铃的上拉，至双肩向耳朵的运动达到最高点后，肘部屈曲直至拉动杠铃的手达到最大高度，肘部指向身体外侧，始终高于腕部。在四分之一蹲的位置或在大腿低于地面平行线以下的位置迅速制动，采用翻举或抓举的接杠方式支撑杠铃。
3. 将杠铃下放到大腿处，髋部和膝盖同时屈曲，以缓冲杠铃下落的惯性，直至回到起始位置。
4. 运动过程中，杠铃紧贴身体在竖直方向移动，脊柱保持中立位，在蹬伸开始之前或开始时呼气（或全程屏气），下降时吸气。

（6）爆发主要练习（LM-EE006）——高级负重性练习（区块8）

杠铃高翻 LM-EE006-1

1. 站立位开始，双脚内侧与肩同宽，下蹲至肩部高于臀部，双手在小腿外侧正握或锁握置于地面上的杠铃。躯干与地面夹角45°，肩部投影在杠铃的前方，肩胛骨处于杠铃正上方，手臂自然伸展，尽可能贴近小腿。背部平直，颈部与身体成一条直线。
2. 膝关节伸展主导从地面上拉动杠铃，当杠铃滑过膝盖、髋关节快速伸展主导身体完全伸展的同时迅速耸肩起跳，继续向上传导杠铃的上拉，至双肩向耳朵的运动达到最高点后，肘部屈曲直至拉动杠铃的手达到最大高度，肘部指向身体外侧，始终高于腕部。在四分之一蹲的位置迅速制动，采用翻

举的接杠方式支撑杠铃。
3. 将杠铃下放到大腿处，髋部和膝盖同时屈曲，以缓冲杠铃下落的惯性，直至回到起始位置。
4. 运动过程中，杠铃紧贴身体在竖直方向移动，脊柱保持中立位，在蹬伸开始之前或开始时呼气（或全程屏气），下降时吸气。

杠铃下蹲翻 LM-EE006-2

1. 站立位开始，双脚内侧与肩同宽，下蹲至肩部高于臀部，双手在小腿外侧正握或锁握置于地面上的杠铃。躯干与地面夹角45°，肩部投影在杠铃的前方，肩胛骨处于杠铃正上方，手臂自然伸展，尽可能贴近小腿。背部平直，颈部与身体成一条直线。
2. 膝关节伸展主导从地面上拉动杠铃，当杠铃滑过膝盖，髋关节快速伸展主导身体完全伸展的同时迅速耸肩起跳，继续向上传导杠铃的上拉，至双肩向耳朵的运动达到最高点后，肘部屈曲直至拉动杠铃的手达到最大高度，肘部指向身体外侧，始终高于腕部。在大腿低于地面平行线以下的位置迅速制动，采用翻举接杠方式支撑杠铃。
3. 将杠铃下放到大腿处，髋部和膝盖同时屈曲，以缓冲杠铃下落的惯性，直至回到起始位置。

4. 运动过程中，杠铃紧贴身体在竖直方向移动，脊柱保持中立位，在蹬伸开始之前或开始时呼气（或全程屏气），下降时吸气。

杠铃悬垂高翻 LM-EE006-3

1. 站立位开始，双脚内侧与肩同宽，骨盆保持中立位，双手正握或锁握杠铃，手臂自然伸展。双手距离略比肩宽时，为适宜的翻举握距。
2. 双腿向下屈曲带动杠铃在大腿前侧滑动至膝关节上方后，迅速用力伸展髋、膝、踝关节主导杠铃的向上拉动。
3. 当膝关节和髋关节完全伸展的同时迅速耸肩起跳，继续向上传导杠铃的上拉。
4. 双肩向耳朵的运动达到最高点的同时肘部屈曲，直至拉动杠铃的手达到最大高度，肘部指向身体外侧，始终高于腕部。在四分之一蹲的位置迅速制动，采用翻举的接杠方式支撑杠铃。
5. 将杠铃下放到大腿处，髋部和膝盖同时屈曲，以缓冲杠铃下落的惯性，直至回到起始位置。
6. 运动过程中，杠铃紧贴身体在竖直方向移动，脊柱保持中立位，在蹬伸开始之前或开始时呼气（或全程屏气），下降时吸气。

哑铃悬垂高翻 LM-EE006-4

1. 站立位开始，双脚内侧与肩同宽，骨盆保持中立位，双手分别正握哑铃，手臂自然伸展，将哑铃置于大腿外侧。
2. 双腿向下屈曲带动哑铃在大腿外侧滑动至膝关节上方后，迅速用力伸展髋、膝、踝关节主导哑铃的向上拉动。
3. 当膝关节和髋关节完全伸展的同时迅速耸肩起跳，继续向上传导哑铃的上拉。
4. 双肩向耳朵的运动达到最高点的同时肘部屈曲，直至拉动哑铃的手达到最大高度，肘部指向身体外侧，始终高于腕部。在四分之一蹲的位置迅速制动，顶肘将哑铃置于肩上。
5. 将哑铃下放到大腿处，髋部和膝盖同时屈曲，以缓冲哑铃下落的惯性，直至回到起始位置。
6. 运动过程中，哑铃紧贴身体在竖直方向移动，脊柱保持中立位，在蹬伸开始之前或开始时呼气（或全程屏气），下降时吸气。

杠铃高抓 LM-EE006-5

1. 站立位开始，双脚内侧与肩同宽，下蹲至肩部高于臀部，双手在小腿外侧正握或锁握置于地面上的杠铃。（备注：站立持杠时，杠铃在耻骨上方 1—3 厘米时的握距为适宜的抓举握距。）躯干与地面夹角为45°，肩部投影在杠铃的前方，肩胛骨处于杠铃正上方，手臂自然伸展，尽可能贴近小腿。背部平直，颈部与身体成一条直线。

2. 双腿向下屈曲带动杠铃在大腿前侧滑动至膝关节上方后，迅速用力伸展髋、膝、踝关节主导杠铃的向上拉动。
3. 当膝关节和髋关节完全伸展的同时迅速耸肩，继续向上传导杠铃的上拉。
4. 双肩向耳朵的运动达到最高点的同时肘部屈曲，直至拉动杠铃的手达到最大高度，肘部指向身体外侧，始终高于腕部。在四分之一蹲的位置迅速制动，采用抓举的接杠方式支撑杠铃。
5. 将杠铃下放到大腿处，髋部和膝盖同时屈曲，以缓冲杠铃下落的惯性，直至回到起始位置。
6. 运动过程中，杠铃紧贴身体在竖直方向移动，脊柱保持中立位，在蹬伸开始之前或开始时呼气（或全程屏气），下降时吸气。

杠铃下蹲抓 LM-EE006-6

1. 站立位开始，双脚内侧与肩同宽，下蹲至肩部高于臀部，双手在小腿外侧正握或锁握置于地面上的杠铃。（备注：站立持杠时，杠铃在耻骨上方1—3厘米时的握距为适宜的抓举握距。）躯干与地面夹角为45°，肩部投影在杠铃的前方，肩胛骨处于杠铃正上方，手臂自然伸展，尽可能贴近小腿。

背部平直，颈部与身体成一条直线。
2. 膝关节伸展主导从地面上拉动杠铃，当杠铃滑过膝盖、髋关节快速伸展主导身体完全伸展的同时迅速耸肩起跳，继续向上传导杠铃的上拉，双肩向耳朵的运动达到最高点后，肘部屈曲直至拉动杠铃的手达到最大高度，肘部指向身体外侧，始终高于腕部。在大腿低于地面平行线以下的位置迅速制动，采用抓举的接杠方式支撑杠铃。
3. 将杠铃下放到大腿处，髋部和膝盖同时屈曲，以缓冲杠铃下落的惯性，直至回到起始位置。
4. 运动过程中，杠铃紧贴身体在竖直方向移动，脊柱保持中立位，在蹬伸开始之前或开始时呼气（或全程屏气），下降时吸气。

杠铃悬垂高抓 LM-EE006-7

1. 站立位开始，双脚内侧与肩同宽，骨盆保持中立位，双手正握或锁握杠铃，手臂自然伸展。杠铃在耻骨上方1—3厘米时的握距为适宜的抓举握距。
2. 双腿向下屈曲带动杠铃在大腿前侧滑动至膝关节上方后，迅速用力伸展髋、膝、踝关节主导杠铃的向上拉动。
3. 当膝关节和髋关节完全伸展的同时迅速耸肩，继续向上传导杠铃的上拉。

4. 双肩向耳朵的运动达到最高点的同时肘部屈曲，直至拉动杠铃的手达到最大高度，肘部指向身体外侧，始终高于腕部。在四分之一蹲的位置迅速制动，采用抓举的接杠方式支撑杠铃。
5. 将杠铃下放到大腿处，髋部和膝盖同时屈曲，以缓冲杠铃下落的惯性，直至回到起始位置。
6. 运动过程中，杠铃紧贴身体在竖直方向移动，脊柱保持中立位，在蹬伸开始之前或开始时呼气（或全程屏气），下降时吸气。

杠铃直腿抓举 LM-EE006-8

1. 站立位开始，双脚内侧与肩同宽，骨盆保持中立位，双手正握或锁握杠铃，手臂自然伸展。杠铃在耻骨上方1—3厘米时的握距为适宜的抓举握距。
2. 双腿向下屈曲带动杠铃在大腿前侧滑动至膝关节上方后，迅速用力伸展髋、膝、踝关节主导杠铃的向上拉动。
3. 当膝关节和髋关节完全伸展的同时迅速耸肩起跳，继续向上传导杠铃的上拉。
4. 双肩向耳朵的运动达到最高点的同时，肘部屈曲直至拉动杠铃的手达到最大高度，肘部指向身体外侧，始终高于腕部。在下肢完全伸展的同时，直接采用直腿抓举的接杠方式支撑杠铃。
5. 将杠铃下放到大腿处，髋部和膝盖同时屈曲，以缓冲杠铃下落的惯性，直至回到起始位置。
6. 运动过程中，杠铃紧贴身体在竖直方向移动，脊柱保持中立位，在蹬伸开始之前或开始时呼气（或全程屏气），下降时吸气。

（7）爆发变式练习（LM-EE007）——高级负重性练习变式（区块8）

单手壶铃高翻 LM-EE007-1

1. 站立位开始，双脚内侧比肩略宽。运动站姿俯身，用单侧手正握置于脸部正下方的壶铃，对侧手向前方自然伸展。躯干与地面夹角约40°，背部平直，颈部与身体成一条直线。

2. 持握壶铃的手臂轻微旋前，在地面向双腿之间拖动壶铃，形成小幅度向后预摆的同时对侧手保持张力迅速同步摆向身体后方，髋关节屈曲幅度增加。随后，髋关节迅速伸展并主导身体伸展，持握壶铃的手臂向上耸肩，向上传导壶铃的上拉，直至肩膀向耳朵的运动达到最高点后，肘部屈曲的同时前臂旋后，拉动壶铃绕过手腕，身体于直立姿势下在手臂外侧支撑壶铃，对侧手跟随回到体前。
3. 按翻举路径反向下放壶铃至起始位置。
4. 运动过程中，手腕和脊柱保持中立位，在起身开始之前或开始时呼气（或全程屏气），下放壶铃时吸气。

单臂哑铃抓举 LM-EE007-2

1. 站立位开始，双脚内侧比肩略宽。运动站姿俯身，用单侧手正握置于身体正下方的哑铃（哑铃与双脚连线平行），对侧手在身体侧方自然伸展。躯干与地面夹角约40°，背部平直，颈部与身体成一条直线。
2. 膝关节伸展主导从地面上拉动哑铃，当哑铃滑过膝盖、髋关节快速伸展并主导身体完全伸展的同时迅速耸肩起跳，继续向上传导哑铃的上拉，肩膀向耳朵的运动达到最高点后，肘部屈曲直至拉动哑铃的手达到最大高度，肘部指向身体外侧，始终高于腕部。在四分之一蹲的位置迅速制动，采用抓举的接杠方式支撑哑铃，对侧手跟随回到体前。

3. 身体直立，按抓举路径反向下放哑铃至起始位置。
4. 运动过程中，哑铃紧贴身体在竖直方向移动，手腕和脊柱保持中立位，在起身开始之前或开始时呼气（或全程屏气），下放壶铃时吸气。

壶铃反向蹲跳 LM-EE007-3

1. 站立位开始，双脚内侧比肩略宽，双手在体前正握壶铃。
2. 下蹲至大腿与地面平行后，迅速起跳，背部保持平直，踝、膝、髋排列在一条直线。肘关节不参

与任何提拉运动。

3. 落地后，髋部和膝盖同时退让性屈曲，以缓冲下落的惯性，站立回到起始位置。

4. 运动过程中，壶铃紧贴身体在竖直方向移动，脊柱保持中立位，在蹬伸开始之前或开始时呼气（或全程屏气），下降时吸气。

杠铃反向蹲跳 LM-EE007-4

1. 站立位开始，双脚内侧与肩同宽，骨盆保持中立位，双手锁握杠铃，置于斜方肌上束。
2. 下蹲至大腿与地面平行后，迅速起跳，背部保持平直，踝、膝、髋排列在一条直线。
3. 落地后，髋部和膝盖同时退让性屈曲，以缓冲下落的惯性，直至回到起始位置。
4. 运动过程中，脊柱保持中立位，杠铃始终与肩部接触，在蹬伸开始之前或开始时呼气（或全程屏气），下降时吸气。

杠铃耸肩跳 LM-EE007-5

1. 站立位开始，双脚内侧与肩同宽，下蹲至肩部高于臀部，双手在小腿外侧正握或锁握置于地面上的杠铃。（备注：双手距离略比肩宽时为适宜的窄拉握距。）躯干与地面夹角为 45°，肩部投影在杠铃的前方，肩胛骨处于杠铃正上方，手臂自然伸展，尽可能贴近小腿。背部平直，颈部与身体成一条直线。

2. 膝关节伸展主导从地面上拉动杠铃，当杠铃滑过膝盖、髋关节伸展并主导身体完全伸展后立即起跳的同时迅速耸肩，继续向上传导杠铃的上拉，直至双肩向耳朵的运动达到最高点。背部保持平直，踝、膝、髋排列在一条直线。肘关节不参与任何提拉运动。
3. 动作完成后，逐渐降低手臂的肌肉张力，使杠铃自然下降。髋部和膝盖同时屈曲，以缓冲杠铃下落的惯性，直至回到起始位置。
4. 运动过程中，杠铃紧贴身体在竖直方向移动，脊柱保持中立位，在蹬伸开始之前或开始时呼气（或全程屏气），下降时吸气。

壶铃耸肩跳 LM-EE007-6

1. 站立位开始，双脚内侧比肩略宽。运动站姿，双手在内腿中间正握置于身体正下方的壶铃。躯干与地面夹角约45°，背部平直，颈部与身体成一条直线。肩部投影在壶铃的前方，肩胛骨处于壶铃正上方。
2. 膝关节伸展主导从地面上拉动壶铃，当壶铃滑过膝盖、髋关节伸展并主导身体完全伸展后立即起跳的同时迅速耸肩，继续向上传导杠铃的上拉，直至双肩向耳朵的运动达到最高点。背部保持平直，踝、膝、髋排列在一条直线。肘关节不参与任何提拉运动。

3. 落地后，逐渐降低手臂的肌肉张力，使壶铃自然下降。髋部和膝盖同时屈曲，以缓冲壶铃下落的惯性，直至回到起始位置。

4. 运动过程中，壶铃紧贴身体在竖直方向移动，脊柱保持中立位，在蹬伸开始之前或开始时呼气（或全程屏气），下降时吸气。

哑铃借力挺 LM-EE007-7

1. 站立位开始，双脚内侧与肩同宽，骨盆保持中立位，双手分别正握哑铃，置于肩上，肘部前顶。

2. 双腿向下屈曲后，迅速用力伸展髋、膝、踝关节直至身体完全伸展的同时，快速竖直向上推举哑铃至手臂完全伸展，并在四分之一蹲的位置迅速制动，保持手臂在头上的上举。背部保持平直，踝、膝、髋排列在一条直线。

4. 运动过程中，哑铃紧贴身体在竖直方向移动，脊柱保持中立位，在蹬伸开始之前或开始时呼气（或全程屏气），下降时吸气。

杠铃借力挺 LM-EE007-8

1. 站立位开始，双脚内侧与肩同宽，骨盆保持中立位，采用翻举的接杠方式支撑杠铃。
2. 双腿向下屈曲后，迅速用力伸展髋、膝、踝关节直至身体完全伸展的同时，快速竖直向上推举杠铃至手臂完全伸展，并在四分之一蹲的位置迅速制动，保持手臂在头上的上举。背部保持平直，踝、膝、髋排列在一条直线。
3. 运动过程中，杠铃紧贴身体在竖直方向移动，脊柱保持中立位，在蹬伸开始之前或开始时呼气（或全程屏气），下降时吸气。

分腿挺举 LM-EE007-9

1. 站立位开始,双脚内侧与肩同宽,骨盆保持中立位,采用翻举的接杠方式支撑杠铃。
2. 双腿向下屈曲后,迅速用力伸展髋、膝、踝关节直至身体完全伸展的同时,快速竖直向上推举杠铃至手臂完全伸展,并采用分腿蹲迅速制动(分腿距离为腿长),保持手臂在头上的上举。背部保持平直,踝、膝、髋排列在一条直线。
3. 运动过程中,杠铃紧贴身体在竖直方向移动,脊柱保持中立位,在蹬伸开始之前或开始时呼气(或全程屏气),下降时吸气。

炮台架借力挺 LM-EE007-10

1. 站立位开始,双脚内侧与肩同宽,骨盆保持中立位,采用单手翻举的托杠方式支撑杠铃。
2. 双腿向下屈曲后,迅速用力伸展髋、膝、踝关节直至身体完全伸展的同时,快速竖直向上推举杠铃至手臂完全伸展,并采用对侧腿上步的分腿蹲或四分之一平行蹲迅速制动(分腿距离为腿长),保持手臂在头上的上举。背部保持平直,踝、膝、髋排列在一条直线。对侧手向外伸展辅助保持平衡。
3. 运动过程中,杠铃紧贴身体在竖直方向移动,脊柱保持中立位,在蹬伸开始之前或开始时呼气(或全程屏气),下降时吸气。

双臂壶铃摆荡 LM-EE007-11

1. 站立位开始，双脚内侧比肩略宽。运动站姿，俯身双手正握置于脸部正下方的壶铃。躯干与地面夹角约40°，背部平直，颈部与身体成一条直线。
2. 双手将壶铃向双腿之间拖动，形成小幅度向后预摆。随后，髋关节迅速伸展并主导身体伸展的同时，双手将壶铃向身体前方加速摆荡至肩部高度。
3. 壶铃自然下落，带动身体以髋关节为轴，折叠向下运动直至躯干与地面平行。
4. 臀部发力抵抗向下惯性的同时，通过主动伸展髋关节，迅速转换壶铃摆荡的方向。
5. 运动过程中，手腕和脊柱保持中立位，在壶铃向上摆荡开始之前或开始时呼气（或全程屏气），壶铃下行时吸气。

五 反弹性练习库

1. 弹动练习（RM-BE）

（1）操控入门练习（RM-BE001）——学习阶段（区块0至区块2）

儿童药球投掷（过头抛）RM-BE001-1

1. 距离墙壁10米站立，双手持药球置于体前。
2. 膝关节和髋关节微屈的同时将药球引向髋关节后侧，并向远离墙体的方向转肩。
3. 后腿发力蹬地，向墙体跨步的同时从侧面向上举起药球，将其抛向墙体。
4. 捡球后回到起始位置。
5. 重复5次后，换另一侧重复上述动作。

儿童沙包投掷 RM-BE001-2

1. 分腿站立，双脚站距比肩略宽。
2. 单手持沙包屈肘置于肩上，另一只手伸直指向投掷方向。
3. 后脚蹬踏地面的同时向投掷方向转动身体，并快速伸展手臂将沙包掷出。
4. 重复5次后，换另一侧重复上述动作。

拳击物体 RM-BE001-3

1. 分腿站立，左脚在前，双脚站距比肩略宽，膝盖微屈。
2. 双臂屈肘，置于胸前，左手微向前伸出，右手在后，前臂旋后。
3. 右脚蹬地带并动髋关节转动，同时快速伸展右侧手臂，挥拳同时前臂旋前。
4. 双臂交替重复上述动作。

球拍击打物体 RM-BE001-4

1. 站立位开始，双脚内侧比肩略宽。
2. 单手或双手持球拍（网球拍、乒乓球球拍等），以正拍或反拍击打同伴或教练员投掷过来的气球、网球或乒乓球。
3. 击打时尝试采用原地、上步、退步、侧步等不同情况下的下肢蹬转挥拍，以尽可能大的力量击球。
4. 重复5次后，换另一侧重复上述动作。

球棒击打物体 RM-BE001-5

1. 双脚站距介于肩宽和髋宽之间，前后脚分开站立。
2. 单手或双手持球拍（网球拍、乒乓球球拍等），以正拍或反拍击打同伴或教练员投掷过来的气球、网球或乒乓球。
3. 击打时尝试采用原地、上步、退步、侧步等不同情况下的下肢蹬转挥拍，以尽可能大的力量击球。
4. 重复5次后，换另一侧重复上述动作。

（2）投掷技术练习（RM-BE002）——基本技术学习（区块3）

斜板爆发推起俯卧撑 RM-BE002-1

1. 面朝长凳，双手撑在长凳一侧边缘。双臂屈曲至胸部贴近长凳，大臂与身体夹角为45°，肩部投影

在双手的正上方，双臂与肩同宽或略宽于肩，骨盆处于中立位。

2. 身体始终成一条直线，双手用力将身体爆发性推起，双手离开长凳，肘部完全伸展，肩部屈曲90°。
3. 下落后手臂退让性屈曲，尽量使身体下降的速度减慢，身体下降回到起始位置，完成下一次推起动作。
4. 运动过程中，脊柱保持中立位，在爆发性推起之前或开始时呼气（或全程屏气），退让性屈肘时吸气。

斜板爆发击掌俯卧撑 RM-BE002-2

1. 面朝长凳，双手撑在长凳一侧边缘。双臂屈曲至胸部贴近长凳，大臂与身体夹角为45°，肩部投影在双手的正上方，双臂与肩同宽或略宽于肩，骨盆处于中立位。

2. 身体始终成一条直线，双手用力将身体爆发性推起，双手离开长凳并在空中完成一次击掌。
3. 下落后手臂退让性屈曲，尽量使身体下降的速度减慢，身体下降回到起始位置，完成下一次推起动作。
4. 运动过程中，脊柱保持中立位，在爆发性推起之前或开始时呼气（或全程屏气），退让性屈肘时吸气。

无预摆多方向投掷 RM-BE002-3

1. 距离投掷墙5米站立，分别完成三个方向上的双手实心球投掷。

（1）矢状面投掷：运动站姿开始，面向墙壁，双臂屈肘，胸前持球；

（2）水平面投掷：运动站姿开始，面向墙壁，双臂屈肘，身体侧方腰间持球；

（3）冠状面投掷：运动站姿开始，身体侧对墙壁，头部转向投掷方向，双臂屈肘，腹前持球。

2. 下肢踝、膝、髋关节爆发性伸展连同躯干的转动向上传导至上肢，上肢直接伸展朝向投掷墙推掷实心球。

3. 实心球出手后，双臂指向投掷墙，自然伸展。
4. 投掷过程中，脊柱保持中立位，在爆发性投掷之前或开始时呼气（或全程屏气）。

有预摆多方向投掷 RM-BE002-4

1. 距离投掷墙 5 米站立，分别完成三个方向上的双手实心球投掷。
    （1）矢状面投掷：站立位开始，面向墙壁，双臂屈肘，胸前持球；
    （2）水平面投掷：站立位开始，面向墙壁，双臂屈肘，身体侧方腰间持球；
    （3）冠状面投掷：站立位开始，身体侧对墙壁，头部转向投掷方向，双臂屈肘，腹前持球。

2. 下肢迅速而短暂地屈曲预摆后，立刻衔接踝、膝、髋关节的爆发性伸展，并连同躯干的转动向上传导至上肢，上肢直接伸展朝向投掷墙推掷实心球。
3. 实心球出手后，双臂指向投掷墙，自然伸展。
4. 投掷过程中，脊柱保持中立位，在爆发性投掷之前或开始时呼气（或全程屏气）。

无预摆单手多方向投掷 RM-BE002-5

1. 距离投掷墙 5 米站立，分别完成三个方向上的单手实心球投掷。

  （1）矢状面投掷：运动站姿开始，面向墙壁，单侧手臂屈肘，胸前持球；

  （2）水平面投掷：运动站姿开始，面向墙壁，单侧手臂屈肘，身体侧方腰间持球；

  （3）冠状面投掷：运动站姿开始，身体侧对墙壁，头部转向投掷方向，单侧手臂屈肘，腹前持球。

2. 下肢踝、膝、髋关节爆发性伸展连同躯干的转动向上传导至上肢，上肢直接伸展朝向投掷墙推掷实心球。

3. 实心球出手后，投掷侧手臂指向投掷墙，自然伸展。

4. 重复 5 次后，换另一侧重复上述动作。

5. 投掷过程中，脊柱保持中立位，在爆发性投掷之前或开始时呼气（或全程屏气）。

有预摆单手多方向投掷 RM-BE002-6

1. 距离投掷墙 5 米站立，分别完成三个方向上的单手实心球投掷。

（1）矢状面投掷：站立位开始，面向墙壁，单侧手臂屈肘，胸前持球；

（2）水平面投掷：站立位开始，面向墙壁，单侧手臂屈肘，身体侧方腰间持球；

（3）冠状面投掷：站立位开始，身体侧对墙壁，头部转向投掷方向，单侧手臂屈肘，腹前持球。

2. 下肢迅速而短暂地屈曲预摆后,立刻衔接踝、膝、髋关节的爆发性伸展,并连同躯干的转动向上传导至上肢,上肢直接伸展朝向投掷墙推掷实心球。
3. 实心球出手后,投掷侧手臂指向投掷墙,自然伸展。
4. 重复5次后,换另一侧重复上述动作。
5. 投掷过程中,脊柱保持中立位,在爆发性投掷之前或开始时呼气(或全程屏气)。

(3)多方向单次抛接练习(RM-BE003)——低强度离心练习(区块4)

跪姿撑起下落 RM-BE003-1

1. 双膝跪位开始,两腿并拢,小腿在体后交叠。双手置于地面,双臂屈曲至胸部贴近地面,大臂与身体夹角为45°,肩部投影在双手的正上方,双臂与肩同宽或略宽于肩,骨盆处于中立位。

2. 手臂屈曲，身体快速下落。触地瞬间，手臂退让性伸展，抵抗身体下降的惯性。在胸部即将触地时，屈肘制动。
3. 将身体一次性推起，回到起始位置。
4. 运动过程中，脊柱保持中立位，身体始终成一条直线，在推起之前或开始时呼气（或全程屏气），屈肘时吸气。

双手体前接实心球 RM-BE003-2

1. 站立位开始，双脚内侧与肩同宽，面向同伴，双臂自然向前伸出。
2. 在接触由同伴抛出的实心球的瞬间，下肢快速退让性屈曲的同时双臂主动屈肘吸收实心球的冲击，并在胸前完成接球。
3. 接球过程中，脊柱保持中立位，屈肘时吸气。

双手体侧接实心球 RM-BE003-3

1. 站立位开始，双脚内侧与肩同宽，面向同伴，双臂自然向前伸出。
2. 在接触由同伴抛出的实心球的瞬间，下肢快速退让性屈曲的同时双臂主动屈肘吸收实心球的冲击，并连同躯干转动在身体外侧腰间完成接球。
3. 接球过程中，脊柱保持中立位，屈肘时吸气。

双手后退接实心球 RM-BE003-4

1. 站立位开始，双脚内侧与肩同宽，面向同伴，双臂自然向前伸出。

2. 向后倒退移动的过程中,接到同伴投掷过来的实心球。在接触实心球的瞬间,采用后退弓步并快速退让性屈曲下肢,同时双臂主动屈肘吸收实心球的冲击,并连同躯干转动在身体外侧腰间完成接球。
3. 接球过程中,脊柱保持中立位,屈肘时吸气。

双手前进接实心球 RM-BE003-5

1. 站立位开始,双脚内侧与肩同宽,面向同伴,双臂自然向前伸出。
2. 朝向同伴移动的过程中,接到同伴投掷过来的实心球。在接触实心球的瞬间,采用向前弓步并快速

退让性屈曲下肢，同时双臂主动屈肘吸收实心球的冲击，并连同躯干转动在身体外侧腰间完成接球。
3. 接球过程中，脊柱保持中立位，屈肘时吸气。

双手侧移接实心球 RM-BE003-6

1. 站立位开始，双脚内侧与肩同宽，面向同伴，双臂自然向前伸出。
2. 侧向移动的过程中，接到同伴投掷过来的实心球。在接触实心球的瞬间，采用并步并快速退让性屈曲下肢，同时双臂主动屈肘吸收实心球的冲击，连同躯干转动在身体外侧腰间完成接球。
3. 接球过程中，脊柱保持中立位，屈肘时吸气。

双手对墙抛球停顿接球 RM-BE003-7

1. 距离投掷墙 1 米，站立位开始，双臂水平自然伸展，持轻质实心球置于体前。
2. 下肢迅速而短暂地屈曲预摆后，立刻衔接踝、膝、髋关节的爆发性伸展，向上传导至上肢，上肢直接朝向投掷墙推掷实心球。
3. 手臂保持自然伸展，等待实心球触墙反弹。在接触实心球的瞬间，下肢快速退让性屈曲的同时双臂主动屈肘吸收实心球的冲击。

4. 制动接球，然后进行下一次投掷。
5. 运动过程中，脊柱保持中立位，在投掷之前或开始时呼气（或全程屏气），接球时吸气。

双手头上对墙抛球停顿接球 RM-BE003-8

1. 距离投掷墙 1 米，站立位开始，手臂伸直举过头顶，双手持实心球。
2. 下肢迅速而短暂地屈曲预摆后，立刻衔接踝、膝、髋关节的爆发性伸展，向上传导至上肢，上肢直接伸展朝向投掷墙推掷实心球。

五 反弹性练习库

五 反弹性练习库

3. 手臂保持自然伸展，等待实心球触墙反弹。在接触实心球的瞬间，下肢快速退让性屈曲的同时双臂主动吸收实心球的冲击。
4. 制动接球，然后进行下一次投掷。
5. 运动过程中，脊柱保持中立位，在投掷之前或开始时呼气（或全程屏气），接球时吸气。

（4）多方向连续抛接练习（RM-BE004）——中等强度离心练习（区块5至区块6）

连续小幅度快速俯卧撑 RM-BE004-1

1. 以俯卧直臂撑起体位开始，双臂与肩同宽或略宽于肩。大臂与身体夹角为45°，肩部投影在双手的正上方，颈部与身体成一条直线。
2. 快速屈曲双臂至胸部距离地面两拳远，随后快速伸展手臂推起身体，回到起始位置。
3. 连续重复指定的次数。
4. 运动过程中，脊柱保持中立位，在投掷之前或开始时呼气（或全程屏气），接球时吸气。

正向：双手体前连续小幅度快速抛接实心球 RM-BE004-2

1. 距离投掷墙0.5米，站立位开始，面向墙壁，双臂屈肘，胸前持球。
2. 下肢迅速而短暂地屈曲预摆后，立刻衔接踝、膝、髋关节的爆发性伸展，向上传导至上肢，上肢直接朝向投掷墙推掷实心球。

3. 手臂保持自然伸展，等待实心球触墙反弹。在接触实心球的瞬间，下肢快速退让性屈曲的同时双臂主动屈肘吸收实心球的冲击，在胸前完成接球。
4. 接到球后，不要停顿，立即进行下一次投掷。
5. 运动过程中，脊柱保持中立位，在投掷之前或开始时呼气（或全程屏气），接球时吸气。

正向：双手体侧连续小幅度快速接抛实心球 RM-BE004-3

1. 距离投掷墙 0.5 米，站立位开始，面向墙壁，双臂屈肘，身体侧方腰间持球。
2. 下肢迅速而短暂地屈曲预摆后，立刻衔接踝、膝、髋关节的爆发性伸展，向上传导至上肢直接朝向投掷墙推掷实心球。
3. 手臂保持自然伸展，等待实心球触墙反弹。在接触实心球的瞬间，下肢快速退让性屈曲的同时双臂主动屈肘吸收实心球的冲击，并连同躯干转动在身体外侧腰间完成接球。
4. 接到球后，不要停顿，立即进行下一次投掷。
5. 完成规定次数的接发。
6. 运动过程中，脊柱保持中立位，在投掷之前或开始时呼气（或全程屏气），接球时吸气。

侧向：双手转体连续小幅度快速接抛实心球 RM-BE004-4

1. 距离投掷墙 0.5 米，站立位开始，双臂水平自然伸展，持轻质实心球置于身体外侧腰间。身体侧对墙壁，头部转向投掷方向，单侧手臂屈肘，腹前持球。
2. 下肢迅速而短暂地屈曲预摆后，立刻衔接踝、膝、髋关节的爆发性伸展，向上传导至上肢，上肢直接朝向投掷墙推掷实心球。

3. 手臂保持自然伸展，等待实心球触墙反弹。在接触实心球的瞬间，下肢快速退让性屈曲的同时双臂主动屈肘吸收实心球的冲击，并连同躯干转动在身体相同一侧的腰间完成接球。
4. 接到球后，不要停顿，立即进行下一次投掷。
5. 完成规定次数的接发。
6. 运动过程中，脊柱保持中立位，在投掷之前或开始时呼气（或全程屏气），接球时吸气。

侧向：双手转体连续换手小幅度快速接抛实心球 RM-BE004-5

1. 距离投掷墙 0.5 米，站立位开始，身体侧对墙壁，头部转向投掷方向，双臂屈肘，腹前持球。
2. 下肢迅速而短暂地屈曲预摆后，立刻衔接踝、膝、髋关节的爆发性伸展，向上传导至上肢，上肢直

接朝向投掷墙推掷实心球。实心球出手后，上步转体变为身体另外一侧朝向投掷墙。
3. 手臂保持自然伸展，等待实心球触墙反弹。在接触实心球的瞬间，下肢快速退让性屈曲的同时双臂主动屈肘吸收实心球的冲击，并连同躯干转动在身体另外一侧的腰间完成接球。
4. 接到球后，不要停顿，立即进行下一次投掷。
5. 在身体两侧交替完成 5 次规定次数的接发。
6. 运动过程中，脊柱保持中立位，在投掷之前或开始时呼气（或全程屏气），接球时吸气。

正向：双手对墙抛球停顿接球 RM-BE004-6

1. 距离投掷墙 1 米，站立位开始，面向墙壁，单侧手臂屈肘，胸前持球。
2. 下肢迅速而短暂地屈曲预摆后，立刻衔接踝、膝、髋关节的爆发性伸展，向上传导至上肢，上肢直接朝向投掷墙推掷实心球。
3. 实心球出手后，立即跑向投掷墙，手臂保持自然伸展，等待实心球触墙反弹。在接触实心球的瞬间，下肢快速退让性屈曲的同时双臂主动屈肘吸收实心球的冲击，一步制动后在胸前完成接球。
4. 运动过程中，脊柱保持中立位，在投掷之前或开始时呼气（或全程屏气），接球时吸气。

五 反弹性练习库

正向：双手头上小幅度快速接抛实心球 RM-BE004-7

1. 距离投掷墙 0.3 米，站立位开始，面向墙壁，手臂伸直举过头顶，双手持实心球。
2. 下肢迅速而短暂地屈曲预摆后，立刻衔接踝、膝、髋关节的爆发性伸展，向上传导至上肢直接伸展朝向投掷墙推掷实心球。
3. 手臂保持自然伸展，等待实心球触墙反弹。在接触实心球的瞬间，下肢快速退让性屈曲的同时双臂主动吸收实心球的冲击。
4. 接到球后，不要停顿，立即进行下一次投掷。
5. 完成规定次数的接发。
6. 运动过程中，脊柱保持中立位，在投掷之前或开始时呼气（或全程屏气），接球时吸气。

双手站立连续下砸实心球 RM-BE004-8

1. 站立位开始，双脚内侧与肩同宽，骨盆保持中立位，双手胸前持实心球。
2. 双手上举实心球，主导身体伸展，举过头顶后不要停顿，躯干转动带动上肢将实心球砸向身前地面的同时，身体下降制动，等待实心球触地反弹。

3. 接到球后，迅速上举实心球继续第二次下砸。

4. 完成规定次数的接发。

5. 运动过程中，脊柱保持中立位，在投掷之前或开始时呼气（或全程屏气），接球时吸气。

双手单脚站立连续下砸实心球 RM-BE004-9

1. 单脚站立位开始，骨盆保持中立位，双手胸前持实心球。

2. 双手上举实心球，主导身体伸展，举过头顶后不要停顿，躯干转动带动上肢将实心球砸向提起脚一侧地面的同时，交换支撑脚身体下降制动，等待实心球触地反弹。
3. 接到球后，迅速上举实心球继续第二次下砸。
4. 完成规定次数的接发。
5. 运动过程中，脊柱保持中立位，在投掷之前或开始时呼气（或全程屏气），接球时吸气。

（5）多方向抛接整合练习（RM-BE005）——中高强度离心练习（区块7）

俯卧撑连续推起开合 RM-BE005-1

1. 以俯卧直臂撑起体位开始，双臂与肩同宽或略宽于肩。大臂与身体夹角为45°，肩部投影在双手正上方，颈部与身体成一条直线。
2. 身体始终成一条直线，双手用力将身体爆发性推起，双手离开地面并在空中完成一次击掌。
3. 下落后，手臂退让性屈曲，尽量使身体下降的速度减慢，身体下降回到起始位置，完成下一次推起动作。
4. 运动过程中，脊柱保持中立位，在爆发性推起之前或开始时呼气（或全程屏气），退让性屈肘时吸气。

正向：双手体前连续中距离抛接实心球 RM-BE005-2

1. 距离投掷墙 3 米，站立位开始，面向墙壁，双臂屈肘，胸前持球。
2. 下肢迅速而短暂地屈曲预摆后，立刻衔接踝、膝、髋关节的爆发性伸展，向上传导至上肢直接朝向投掷墙推掷实心球。
3. 手臂保持自然伸展，等待实心球触墙反弹。在接触实心球的瞬间，下肢快速退让性屈曲的同时双臂主动屈肘吸收实心球的冲击，在胸前完成接球。
4. 接到球后，不要停顿，立即进行下一次投掷。
5. 完成规定次数的接发。
6. 运动过程中，脊柱保持中立位，在投掷之前或开始时呼气（或全程屏气），接球时吸气。

正向：双手体侧连续中距离抛接实心球 RM-BE005-3

1. 距离投掷墙 3 米，站立位开始，双臂屈肘，身体侧方腰间持球。
2. 下肢迅速而短暂地屈曲预摆后，立刻衔接踝、膝、髋关节的爆发性伸展，向上传导至上肢直接朝向投掷墙推掷实心球。
3. 手臂保持自然伸展，等待实心球触墙反弹。在接触实心球的瞬间，下肢快速退让性屈曲的同时双臂主动屈肘吸收实心球的冲击，并连同躯干转动在身体外侧腰间完成接球。
4. 接到球后，不要停顿，立即进行下一次投掷。
5. 完成规定次数的接发。
6. 运动过程中，脊柱保持中立位，在投掷之前或开始时呼气（或全程屏气），接球时吸气。

侧向：双手转体连续中距离抛接实心球 RM-BE005-4

1. 距离投掷墙 3 米，站立位开始，双臂水平自然伸展，持轻质实心球置于身体外侧腰间。身体侧对墙壁，头部转向投掷方向。

2. 下肢迅速而短暂地屈曲预摆后，立刻衔接踝、膝、髋关节的爆发性伸展，向上传导至上肢，上肢直接朝向投掷墙推掷实心球。
3. 手臂保持自然伸展，等待实心球触墙反弹。在接触实心球的瞬间，下肢快速退让性屈曲的同时双臂主动屈肘吸收实心球的冲击，并连同躯干转动在身体相同一侧的腰间完成接球。
4. 接到球后，不要停顿，立即进行下一次投掷。
5. 完成规定次数的接发。
6. 运动过程中，脊柱保持中立位，在投掷之前或开始时呼气（或全程屏气），接球时吸气。

正向：双手单脚中距离多方向抛接实心球系列 1　RM-BE005-5

1. 距离投掷墙 3 米，左腿单脚支撑站立开始，面向墙壁，双臂自然伸展头上持球。
2. 支撑腿迅速而短暂地屈曲预摆后，双手迅速将球下拉至身体左侧腰间，立刻衔接踝、膝、髋关节的爆发性蹬伸，向上传导至上肢，上肢直接朝向投掷墙推掷实心球。
3. 实心球出手后，右脚向前跨步随上，等待实心球触墙反弹。在接触实心球的瞬间，下肢快速退让性屈曲的同时双臂主动屈肘吸收实心球的冲击，制动后完成接球。
4. 重复 5 次后，换另一侧重复上述动作。

5. 运动过程中，脊柱保持中立位，在投掷之前或开始时呼气（或全程屏气），屈曲预摆时吸气。

6. 此练习还可以侧向投掷墙进行，或下砸实心球。

正向：双手单脚中距离多方向抛接实心球系列 2　RM-BE005-6

1. 距离投掷墙 3 米，左腿单脚支撑站立开始，面向墙壁，双臂自然伸展头上持球。
2. 支撑腿迅速而短暂地屈曲预摆后，双手迅速将球下拉至身体左侧腰间，左腿快速蹬伸，重心随即切换到右脚，向前跨步支撑。
3. 右腿踝、膝、髋关节爆发性蹬伸，并传导至上肢，上肢直接朝向投掷墙推掷实心球。
4. 实心球出手后，左脚向前跨步随上，等待实心球触墙反弹。在接触实心球的瞬间，下肢快速退让性屈曲的同时双臂主动屈肘吸收实心球的冲击，制动后完成接球。
5. 重复 5 次后，换另一侧重复上述动作。
6. 运动过程中，脊柱保持中立位，在投掷之前或开始时呼气（或全程屏气），屈曲预摆时吸气。
7. 此练习还可以侧向投掷墙进行，或下砸实心球。

正向：双手单脚换步中距离多方向抛接实心球系列 1　RM-BE005-7

1. 距离投掷墙 3 米，左腿单脚支撑站立开始，面向墙壁，双臂自然伸展头上持球。
2. 提起的右腿快速下踏切换为支撑腿后，双手迅速将球下拉至身体右侧腰间，立刻衔接踝、膝、髋关节的爆发性蹬伸，并主导躯干向右传导至上肢，上肢直接朝向投掷墙推掷实心球。
3. 实心球出手后，右脚跨步随上，等待实心球触墙反弹。在接触实心球的瞬间，下肢快速退让性屈曲的同时双臂主动屈肘吸收实心球的冲击，制动后完成接球。
4. 换另一侧重复上述动作。

5. 运动过程中，脊柱保持中立位，在投掷之前或开始时呼气（或全程屏气），接球时吸气。
6. 此练习还可以侧向投掷墙进行，或下砸实心球。

正向：双手单脚换步中距离多方向抛接实心球系列 2　RM-BE005-8

1. 距离投掷墙 3 米，左腿单脚支撑站立开始，面向墙壁，双臂自然伸展头上持球。
2. 提起的右腿快速下踏切换为支撑腿之后，双手迅速将球下拉至身体右侧腰间，右腿快速蹬伸，重心随即切换到左脚向前跨步支撑。

3. 左腿踝、膝、髋关节爆发性蹬伸，并主导躯干向右传导至上肢，上肢直接朝向投掷墙推掷实心球。
4. 实心球出手后，右脚向前跨步随上，等待实心球触墙反弹。在接触实心球的瞬间，下肢快速退让性屈曲的同时双臂主动屈肘吸收实心球的冲击，制动后完成接球。
5. 重复 5 次后，换另一侧重复上述动作。
6. 运动过程中，脊柱保持中立位，在投掷之前或开始时呼气（或全程屏气），屈曲预摆时吸气。
7. 此练习还可以侧向投掷墙进行，或下砸实心球。

正向：双手跳跃中距离抛接实心球系列 1　RM-BE005-9

1. 距离投掷墙 3 米，站立位开始，面向墙壁，双臂自然伸展头上持球。
2. 下肢迅速而短暂地屈曲预摆后，向上起跳。
3. 双脚落地瞬间，双手迅速将球下拉至胸前，立刻衔接踝、膝、髋关节的爆发性蹬伸，并主导上肢，上肢直接朝向投掷墙推掷实心球。
4. 实心球出手后，跨步随上，等待实心球触墙反弹。在接触实心球的瞬间，下肢快速退让性屈曲的同时双臂主动屈肘吸收实心球的冲击，制动后完成接球。
5. 运动过程中，脊柱保持中立位，在投掷之前或开始时呼气（或全程屏气），接球时吸气。

正向：双手跳跃中距离抛接实心球系列 2　　RM-BE005-10

1. 距离投掷墙 3 米，站立位开始，面向墙壁，双臂自然伸展头上持球。
2. 下肢迅速而短暂地屈曲预摆后，向上起跳。
3. 双脚落地瞬间，双手迅速将球下拉至胸前。双腿快速向前蹬伸，重心随即切换到一侧腿跨步支撑。
4. 该支撑腿踝、膝、髋关节爆发性伸展，主导上肢，上肢直接朝向投掷墙推掷实心球。
5. 实心球出手后，对侧腿跨步随上，等待实心球触墙反弹。在接触实心球的瞬间，下肢快速退让性屈曲的同时双臂主动屈肘吸收实心球的冲击，制动后完成接球。
6. 运动过程中，脊柱保持中立位，在投掷之前或开始时呼气（或全程屏气），接球时吸气。

正向：双手跳跃中距离多方向抛接实心球系列 1　RM-BE005-11

1. 距离投掷墙 3 米，运动站姿开始，双臂自然伸展头上持球，身体正对墙壁。
2. 下肢迅速而短暂地屈曲预摆后，向上起跳。
3. 左脚落地瞬间，双手迅速将球下拉至身体左侧腰间，立刻衔接踝、膝、髋关节的爆发性蹬伸，并主导躯干向右转动传导至上肢，上肢直接朝向投掷墙推掷实心球。
4. 实心球出手后，右脚跨步随上，等待实心球触墙反弹。在接触实心球的瞬间，下肢快速退让性屈曲的同时双臂主动屈肘吸收实心球的冲击，制动后完成接球。
5. 换另一侧重复上述动作。
6. 运动过程中，脊柱保持中立位，在投掷之前或开始时呼气（或全程屏气），接球时吸气。
7. 此练习还可以面向投掷墙进行，或下砸实心球。

正向：双手跳跃中距离多方向抛接实心球系列 2　RM-BE005-12

1. 距离投掷墙 3 米，运动站姿开始，双臂自然伸展头上持球，身体正对墙壁。
2. 下肢迅速而短暂地屈曲预摆后，向上起跳。

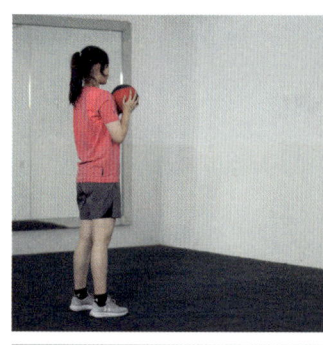 

3. 左脚落地瞬间，双手迅速将球拉向身体左侧腰间，左腿快速蹬伸，重心随即切换到右脚跨步支撑。
4. 右腿踝、膝、髋关节爆发性蹬伸，并主导躯干向右转动传导至上肢，上肢直接朝向左侧投掷墙推掷实心球。
5. 实心球出手后，左脚跨步随上，等待实心球触墙反弹。在接触实心球的瞬间，下肢快速退让性屈曲的同时双臂主动屈肘吸收实心球的冲击，制动后完成接球。
6. 换另一侧重复上述动作。
7. 运动过程中，脊柱保持中立位，在投掷之前或开始时呼气（或全程屏气），接球时吸气。
8. 此练习还可以面向投掷墙进行，或下砸实心球。

侧向：双手顺步中距离多方向抛接实心球系列 3　RM-BE005-13

1. 距离投掷墙 3 米，运动站姿开始，双臂自然伸展头上持球，身体左侧对墙。
2. 下肢迅速而短暂地屈曲预摆后，向上起跳。
3. 右脚落地瞬间，双手迅速将球下拉至身体右侧腰间，立刻衔接踝、膝、髋关节的爆发性蹬伸，并主导躯干向左转动传导至上肢，上肢直接朝向投掷墙推掷实心球。

4. 实心球出手后，左脚跨步随上，等待实心球触墙反弹。在接触实心球的瞬间，下肢快速退让性屈曲的同时双臂主动屈肘吸收实心球的冲击，制动后完成接球。
5. 换另一侧重复上述动作。
6. 运动过程中，脊柱保持中立位，在投掷之前或开始时呼气（或全程屏气），接球时吸气。
7. 此练习还可以面向投掷墙进行，或下砸实心球。

侧向：双手顺步中距离多方向抛接实心球系列 4　RM-BE005-14

1. 距离投掷墙 3 米，运动站姿开始，双臂自然伸展头上持球，身体左侧对墙。
2. 下肢迅速而短暂地屈曲预摆后，向上起跳。
3. 右脚落地瞬间，双手迅速将球拉向身体右侧腰间，右腿快速蹬伸，重心随即切换到左脚跨步支撑。
4. 左腿踝、膝、髋关节爆发性蹬伸，并主导躯干向左转动传导至上肢，上肢直接朝向左侧投掷墙推掷实心球。
5. 实心球出手后，右脚跨步随上，等待实心球触墙反弹。在接触实心球的瞬间，下肢快速退让性屈曲的同时双臂主动屈肘吸收实心球的冲击，制动后完成接球。

6. 换另一侧重复上述动作。
7. 运动过程中，脊柱保持中立位，在投掷之前或开始时呼气（或全程屏气），接球时吸气。
8. 此练习还可以面向投掷墙进行，或下砸实心球。

正向：双手交叉步中距离多方向投掷实心球系列1　RM-BE005-15

1. 距离投掷墙3米，站立位开始，面向墙壁，双臂自然伸展头上持球。

2. 左腿提膝撤步快速下踏地面的瞬间，双手迅速将球下拉至身体左侧腰间。右腿向左前方交叉步上步，立刻衔接踝、膝、髋关节的爆发性蹬伸，并主导躯干向右转动传导至上肢，上肢直接朝向投掷墙推掷实心球。
3. 实心球出手后，左脚侧向跨步随上，等待实心球触墙反弹。在接触实心球的瞬间，下肢快速退让性屈曲的同时双臂主动屈肘吸收实心球的冲击，制动后完成接球。
4. 换另一侧重复上述动作。
5. 此练习还可以侧向投掷墙进行，或下砸实心球。

正向：双手交叉步中距离多方向投掷实心球系列 2　RM-BE005-16

1. 距离投掷墙 3 米，站立位开始，面向墙壁，双臂自然伸展头上持球。
2. 左腿提膝撤步快速下踏地面的瞬间，双手迅速将球下拉至身体左侧腰间。右腿向左前方交叉步上步快速蹬伸，重心随即切换到左脚跨步支撑。
3. 左腿踝、膝、髋关节爆发性蹬伸，并主导躯干向右转动传导至上肢，上肢直接朝向投掷墙推掷实心球。

4. 实心球出手后，右脚跨步随上，等待实心球触墙反弹。在接触实心球的瞬间，下肢快速退让性屈曲的同时双臂主动屈肘吸收实心球的冲击，制动后完成接球。
5. 换另一侧重复上述动作。
6. 运动过程中，脊柱保持中立位，在投掷之前或开始时呼气（或全程屏气），接球时吸气。
7. 此练习还可以侧向投掷墙进行，或下砸实心球。

（6）快速释放增强练习（RM-BE006）——高强度离心练习（区块8）

下落俯卧撑 RM-BE006-1

1. 双手分别置于瑜伽砖上，相隔略大于肩。大臂与身体夹角为45°，肩部投影在双手正上方，颈部与身体成一条直线。
2. 双臂小幅迅速而短暂地预下沉后将身体爆发性推起，双手离开瑜伽砖后自由落向内侧地面。
3. 触地后，双臂快速退让性屈曲的同时主动屈肘吸收下落冲击。
4. 在身体前侧即将触地之前制动，不要停顿，双臂立即爆发性推起，再次落回到瑜伽砖之上。同样，双臂快速退让性屈曲的同时主动屈肘吸收下落冲击，并在屈肘水平位制动。
5. 推起，回到起始位置。
6. 运动过程中，脊柱保持中立位，在爆发性推起之前或开始时呼气（或全程屏气），退让性屈肘时吸气。

抗阻带俯卧撑 RM-BE006-2

1. 双手分别置于地面，距离略大于肩宽。大臂与身体夹角为45°，肩部投影在双手正上方，颈部与身

体成一条直线。抗阻带在背后绕过，两端分别由双手按压在掌下固定并产生将身体拉向地面的张力。
2. 双臂对抗抗阻带阻力，主导完成标准的直腿俯卧撑起，并有控制地下降。
3. 运动过程中，脊柱保持中立位，在推起之前或开始时呼气（或全程屏气），退让性屈肘时吸气。

抗阻带助力俯卧撑 RM-BE006-3

1. 双手分别置于地面，距离略大于肩宽。大臂与身体夹角为 45°，肩部投影在双手正上方，颈部与身体成一条直线。抗阻带在腹部绕过，两端分别在身体上方固定，产生将身体拉离地面的张力。
2. 双臂借助抗阻带向上的拉力，主导完成爆发性的撑起，并有控制地下降。
3. 运动过程中，脊柱保持中立位，在推起之前或开始时呼气（或全程屏气），退让性屈肘时吸气。

抗阻带：双手多方向投掷实心球 RM-BE006-4

1. 距离投掷墙 3 米，站立位开始，面向墙壁，双臂屈肘，胸前持球。抗阻带系于腰间或手臂，另一端在远离投掷墙的位置固定，以对投掷实心球的动作产生一定阻力。
2. 完成区块 7 中的多方向抛接整合练习，强调在对抗阻力的情况下的快速释放。

抗阻带：助力多方向投掷实心球 RM-BE006-5

1. 距离投掷墙 3 米，站立位开始，面向墙壁，双臂屈肘，胸前持球。抗阻带系于腰间或者手臂，另一端在投掷墙一侧的位置固定，以对投掷实心球的动作产生一定的助力。
2. 完成区块 7 中的多方向抛接整合练习，强调在助力情况下的快速转换和高速释放。

2. 反应力量练习（RM-RE）

（1）位移入门练习（RM-RE001）——学习阶段（区块 0 至区块 2）

单脚节奏跳绳 RM-RE001-1

1. 单腿支撑站立位，对侧腿位于体前、体后或身体正下方，跳绳置于身体后方。
2. 起跳时，两手腕带动跳绳，支撑腿脚踝弹动跳跃或交换支撑腿弹动跳跃。
3. 按照不同的节奏进行，摇绳 1 次，跳跃 1 次；摇绳 1 次，跳跃 2 次；摇绳 1 次，换腿跳跃 1 次。

双脚节奏跳绳 RM-RE001-2

1. 站立位开始，跳绳置于身体后方。

2. 起跳时，两手腕带动跳绳，脚踝弹动跳跃。
3. 按照不同的节奏进行，摇绳1次，跳跃1次；摇绳1次，跳跃2次；摇绳2次，换腿跳跃1次；摇绳1次，下肢开合跳1次；摇绳1次，下肢转髋跳1次。

单脚节奏跳格子 RM-RE001-3

1. 单腿支撑站立位，对侧腿位于体前、体后或身体正下方，想象站立在十字象限或9宫格的格子内，每个格子提前设定好数字代码。
2. 按照顺时针、逆时针或教练员给出的数字指令，依次进行跳跃。也可以根据节拍器给出的节拍跳跃。
3. 跳跃时，支撑腿脚踝弹动跳跃或交换支撑腿弹动跳跃。

双脚节奏跳格子 RM-RE001-4

1. 站立位开始，想象站立在十字象限或9宫格的格子内，每个格子提前设定好数字代码。可以双脚在同一个格子内，也可以每侧脚各在一个格子内。
2. 按照顺时针、逆时针或教练员给出数字的指令，依次进行跳跃。也可以根据节拍器给出的节拍跳跃。

原地跳皮筋 RM-RE001-5

1. 以皮筋作为跳跃的障碍,设置不同的跳跃高度。
2. 以原地跳跃的方式跨越障碍,可以采用单腿正向起跳、单腿侧向起跳、单腿跨跳、双腿正向起跳、双腿侧向起跳等不同方式。

助跑跳皮筋 RM-RE001-6

1. 以皮筋作为跳跃的障碍，设置不同的跳跃高度。
2. 以 3—5 米距离助跑接跳跃的方式跨越障碍，可以采用单腿正向起跳、单腿侧向起跳、单腿跨跳、双腿正向起跳、双腿侧向起跳等不同方式。

蹦床跳跃 RM-RE001-7

1. 以蹦床作为辅助跳跃器材，跳上蹦床后借助反弹力完成不同的跳跃任务。为了减少跳下蹦床落地后的缓冲力，可以选择沙地、草地、体操垫、软榻等材质。
2. 跳跃任务包括起跳后空中完成分腿、开合、团身、转身等不同姿态的任务，或完成空中接抛物体、跨越障碍等不同复杂运动的任务。

原地跳上体操垫 RM-RE001-8

1. 以体操垫作为跳跃的障碍，设置不同的跳跃高度。
2. 以原地跳跃的方式跳上垫子，可以采用单腿正向起跳、单腿侧向起跳、单腿跨跳、双腿正向起跳、双腿侧向起跳等不同方式。要求落在垫子上的指定位置，并保持身体的平衡。

助跑跳上体操垫 RM-RE001-9

1. 以体操垫作为跳跃的障碍，设置不同的跳跃高度。
2. 以3—5米距离助跑接跳跃的方式跳上垫子，可以采用单腿正向起跳、单腿侧向起跳、单腿跨跳、双腿正向起跳、双腿侧向起跳等不同方式。要求落在垫子上的指定位置，并保持身体的平衡。

助跑跨越体操垫 RM-RE001-10

1. 以体操垫作为跨越的障碍，设置不同的跨越宽度。
2. 以3—5米距离助跑接跳跃的方式跨越障碍，可以采用单腿正向起跳、单腿侧向起跳、单腿跨跳、双腿正向起跳、双腿侧向起跳、连续跨越等不同方式。

单脚跳跃标志桶 RM-RE001-11

1. 单脚支撑，对侧脚钩住标志桶底部。
2. 采用单脚跳跃的方式移动指定距离和数量的标志桶。

单脚跳夹气球 RM-RE001-12

1. 单脚支撑，对侧腿屈膝，在腘窝处夹住气球。
2. 采用单脚跳跃的方式移动指定的距离，同时保证气球不掉落。

（2）落地技术练习（RM-RE002）——基本技术学习（区块3）

提踵深蹲落地 RM-RE002-1

1. 站立位提踵开始，双脚内侧与肩同宽，骨盆保持中立位，双手自然上举，身体充分伸展。

2. 快速屈膝、屈髋，在低于大腿与地面平行线以下的位置迅速制动，同时手臂向后下摆，自然置于身体两侧，背部保持平直，踝、膝、髋排列在一条直线。
3. 踝、膝、髋关节蹬伸的同时，手臂从体前自然上举，想象自己正在完成一次慢动作起跳，重新回到站立提踵的起始位置。准备重复下一次提踵落地。
4. 注意轻缓落地，主要通过下肢屈曲吸收下落冲力。
5. 运动过程中，脊柱保持中立位，下降时吸气。

提踵半蹲落地 RM-RE002-2

1. 站立位提踵开始，双脚内侧与肩同宽，骨盆保持中立位，双手自然上举，身体充分伸展。
2. 快速屈膝、屈髋，在四分之一蹲的位置迅速制动，同时手臂向后下摆，自然置于身体两侧，背部保持平直，踝、膝、髋排列在一条直线。
3. 踝、膝、髋关节蹬伸的同时，手臂从体前自然上举，想象自己正在完成一次慢动作起跳，重新回到站立提踵的起始位置。准备重复下一次提踵落地。
4. 注意轻缓落地，主要通过下肢屈曲吸收下落冲击。
5. 运动过程中，脊柱保持中立位，下降时吸气。

提踵单腿落地 RM-RE002-3

1. 站立位提踵开始，双脚内侧与肩同宽，骨盆保持中立位，双手自然上举，身体充分伸展。
2. 一侧腿快速屈膝、屈髋，在四分之一蹲的位置迅速制动支撑，同时手臂向后下摆，自然置于身体两侧，背部保持平直，踝、膝、髋排列在一条直线。
3. 提起脚回到地面，双腿踝、膝、髋关节蹬伸的同时，手臂从体前自然上举，想象自己正在完成一次慢动作起跳，重新回到站立提踵的起始位置。准备重复下一次提踵落地。

4. 注意轻缓落地，主要通过下肢屈曲吸收下落冲击。
5. 运动过程中，脊柱保持中立位，下降时吸气。

提踵前倾落地 RM-RE002-4

1. 站立位开始，双脚内侧与肩同宽，骨盆保持中立位，双手自然上举，身体充分伸展。
2. 身体自然前倾，在即将倒下前，手臂向后下摆的同时快速屈膝，将小腿拉向臀部，随后屈髋向前方顶出膝盖，在身体正下方以四分之一蹲迅速制动支撑。落地瞬间，手臂快速从身后摆动到体前，背部保持平直，踝、膝、髋排列在一条直线。
3. 站立回到起始位置。
4. 注意轻缓落地，主要通过下肢屈曲吸收下落冲击。
5. 运动过程中，脊柱保持中立位，下降时吸气。

单腿跳远双脚落地 RM-RE002-5

1. 单腿支撑站立位开始，骨盆保持中立位，双手自然上举，对侧腿在身体前侧提起，身体充分伸展。

2. 提起腿与双臂快速后摆的同时，支撑腿迅速而短暂地屈曲预摆。快速衔接踝、膝、髋关节的爆发性蹬伸起跳，手臂跟随快速向体前上摆，身体完全伸展。
3. 在腾空的最高点，手臂向后下摆的同时快速屈膝，将小腿拉向臀部，随后屈髋向前方顶出膝盖，在身体正下方以四分之一蹲迅速双腿制动支撑。
4. 站立回到起始位置。
5. 注意轻缓落地，主要通过下肢屈曲吸收下落冲击。
6. 运动过程中，脊柱保持中立位，下降时吸气。

单腿跨跳落地 RM-RE002-6

1. 单腿支撑站立位开始，骨盆保持中立位，双手自然上举，对侧腿在身体前侧提起，身体充分伸展。
2. 提起腿与双臂快速后摆的同时，支撑腿迅速而短暂地屈曲预摆。快速衔接踝、膝、髋关节的爆发性蹬伸起跳，手臂跟随快速向体前上摆，身体完全伸展。
3. 在腾空的最高点，手臂向后下摆的同时提起腿屈膝，将小腿拉向臀部，随后屈髋向前方顶出膝盖，在身体正下方以四分之一蹲迅速单腿制动支撑。

4. 站立回到起始位置。

5. 注意轻缓落地,主要通过下肢屈曲吸收下落冲击。

6. 运动过程中,脊柱保持中立位,下降时吸气。

(3)起跳技术练习(RM-RE003)——基本技术学习(区块3)

十字踝小跳 RM-RE003-1

1. 站立位开始,双脚在十字象限的内。

2. 按照顺时针、逆时针或教练员给出的数字指令,依次进行跳跃。也可以根据节拍器给出的节拍跳跃。

3. 采用直膝脚踝弹动跳跃。

剪刀跳 RM-RE003-2

1. 前后分腿站立,双臂置于身体两侧。

2. 下肢迅速而短暂地屈曲预摆,快速衔接踝、膝、髋关节的爆发性蹬伸起跳,同时向上摆臂,并在空中切换双腿。

3. 运动过程中，脊柱保持中立位，在爆发性跳跃之前或开始时呼气（或全程屏气），落地时吸气。

开合跳 RM-RE003-3

1. 站立位开始，双脚并拢，双臂置于身体两侧。
2. 下肢迅速而短暂地屈曲预摆，快速衔接踝、膝、髋关节的爆发性蹬伸起跳，同时向上摆臂。
3. 分腿落地后，立刻再次起跳，并以并腿落地。双腿依次反复开合。

静蹲跳 RM-RE003-4

1. 运动站姿，双脚内侧与肩同宽，手臂置于体前。
2. 踝、膝、髋关节爆发性蹬伸起跳的同时双臂向后下摆，身体完全伸展。
3. 落地瞬间，快速屈膝、屈髋，在四分之一蹲的位置迅速制动，同时手臂上摆置于体前，背部保持平直，踝、膝、髋排列在一条直线。
4. 注意轻缓落地，主要通过下肢屈曲吸收下落冲击。
5. 运动过程中，脊柱保持中立位，爆发性跳跃之前或开始时呼气（或全程屏气），落地时吸气。

反向跳 RM-RE003-5

1. 站立位开始，双脚内侧与肩同宽，手臂置于体前。
2. 下肢迅速而短暂地屈曲预摆的同时手臂向下后摆，快速衔接踝、膝、髋关节的爆发性蹬伸起跳，手臂跟随向前上摆，身体在空中完全伸展。
3. 落地瞬间，快速屈膝、屈髋的同时上臂向后下摆，在四分之一蹲的位置迅速制动，手臂快速向前上摆置于体前，背部保持平直，踝、膝、髋排列在一条直线。
4. 注意轻缓落地，主要通过下肢屈曲吸收下落冲击。
5. 运动过程中，脊柱保持中立位，爆发性跳跃之前或开始时呼气（或全程屏气），落地时吸气。

反向摆臂跳远 RM-RE003-6

1. 站立位开始，双脚内侧与肩同宽，手臂置于体前。
2. 下肢迅速而短暂地屈曲预摆的同时手臂向下后摆，快速衔接踝、膝、髋关节的爆发性蹬伸向前起跳，手臂跟随向前上摆，身体在空中完全伸展。
3. 在腾空的最高点，手臂向后下摆的同时快速屈膝，将小腿拉向臀部，随后屈髋向前方顶出膝盖，在身体正下方以四分之一蹲迅速双腿制动支撑。落地瞬间，手臂快速从身后摆动的体前，背部保持平直，踝、膝、髋排列在一条直线。

4. 注意轻缓落地，主要通过下肢屈曲吸收下落冲击。
5. 运动过程中，脊柱保持中立位，爆发性跳跃之前或开始时呼气（或全程屏气），落地时吸气。

（4）多方向单次跳跃练习（RM-RE004）——低强度离心练习（区块4）

静蹲跳起落跳箱 RM-RE004-1

1. 面向跳箱，以运动站姿开始，双脚内侧与肩同宽，手臂置于体前。
2. 踝、膝、髋关节爆发性蹬伸起跳的同时手臂向后下摆，身体完全伸展。
3. 落到跳箱的瞬间，快速屈膝、屈髋，在四分之一蹲的位置迅速制动，同时手臂上摆置于体前，背部保持平直，踝、膝、髋排列在一条直线。
4. 注意轻缓落地，主要通过下肢屈曲吸收下落冲击。
5. 运动过程中，脊柱保持中立位，爆发性跳跃之前或开始时呼气（或全程屏气），落地时吸气。

（备注：跳上跳箱后，落地制动时，大腿若无法保持至少与地面平行，则需要降低跳箱高度。）

反向跳起落跳箱 RM-RE004-2

1. 面向跳箱，站立位开始，双脚内侧与肩同宽，手臂置于体前。
2. 下肢迅速而短暂地屈曲预摆的同时手臂向下后摆，快速衔接踝、膝、髋关节的爆发性蹬伸起跳，手臂跟随向前上摆，身体在空中完全伸展。
3. 落到跳箱瞬间，快速屈膝、屈髋的同时上臂向后下摆，在四分之一蹲的位置迅速制动，手臂快速向前上摆置于体前，背部保持平直，踝、膝、髋排列在一条直线。

4. 注意轻缓落地，主要通过下肢屈曲吸收下落冲击。

5. 运动过程中，脊柱保持中立位，爆发性跳跃之前或开始时呼气（或全程屏气），落地时吸气。

（备注：跳上跳箱后，落地制动时，大腿若无法保持至少与地面平行，则需要降低跳箱高度。）

静蹲跳起单腿落跳箱 RM-RE004-3

1. 面向跳箱，以运动站姿开始，双脚内侧与肩同宽，手臂置于体前。
2. 踝、膝、髋关节爆发性蹬伸起跳的同时手臂向后下摆，身体完全伸展。
3. 落到跳箱的瞬间，单侧腿快速屈膝、屈髋，在四分之一蹲的位置迅速制动，同时手臂上摆置于体前，背部保持平直，踝、膝、髋排列在一条直线。另一侧腿在身体下方自然提起。
4. 注意轻缓落地，主要通过下肢屈曲吸收下落冲击。
5. 运动过程中，脊柱保持中立位，爆发性跳跃之前或开始时呼气（或全程屏气），落地时吸气。

（备注：跳上跳箱后，落地制动时，大腿若无法保持至少与地面平行，则需要降低跳箱高度。）

反向跳起单腿落跳箱 RM-RE004-4

1. 面向跳箱，站立位开始，双脚内侧与肩同宽，手臂置于体前。
2. 下肢迅速而短暂地屈曲预摆的同时手臂向下后摆，快速衔接踝、膝、髋关节的爆发性蹬伸起跳，手臂跟随向前上摆，身体在空中完全伸展。
3. 落到跳箱瞬间，单侧腿快速屈膝、屈髋的同时上臂向后下摆，在四分之一蹲的位置迅速制动，手臂快速向前上摆置于体前，背部保持平直，踝、膝、髋排列在一条直线。另一侧腿在身体下方自然提起。
4. 注意轻缓落地，主要通过下肢屈曲吸收下落冲力。

5. 运动过程中，脊柱保持中立位，爆发性跳跃之前或开始时呼气（或全程屏气），落地时吸气。
（备注：跳上跳箱后，落地制动时，大腿若无法保持至少与地面平行，则需要降低跳箱高度。）

单腿起跳换腿落跳箱 RM-RE004-5

1. 面向跳箱，单腿支撑站立位开始，骨盆保持中立位，双手自然上举，对侧腿在身体前侧提起，身体充分伸展。

五 反弹性练习库

2. 提起腿与双臂快速后摆的同时，支撑腿迅速而短暂地屈曲预摆。快速衔接踝、膝、髋关节的爆发性蹬伸起跳，手臂跟随快速向体前上摆，身体完全伸展。
3. 在腾空的最高点，手臂向后下摆的同时提起腿屈膝，将小腿拉向臀部，随后屈髋向前方顶出膝盖，在身体正下方以四分之一蹲迅速单腿制动支撑落在跳箱之上。另一侧腿在身体下方自然提起。
4. 注意轻缓落地，主要通过下肢屈曲吸收下落冲击。
5. 运动过程中，脊柱保持中立位，下降时吸气。

（备注：跳上跳箱后，落地制动时，大腿若无法保持至少与地面平行，则需要降低跳箱高度。）

静蹲跳起侧向落跳箱 RM-RE004-6

1. 身体侧对跳箱，以运动站姿开始，双脚内侧与肩同宽，手臂置于体前。
2. 双腿踝、膝、髋关节爆发性蹬伸起跳的同时，外侧腿发力主导躯干转动至面向跳箱，双臂向后下摆，身体完全伸展。
3. 落到跳箱的瞬间，双腿快速屈膝、屈髋，在四分之一蹲的位置迅速制动，同时手臂上摆置于体前，背部保持平直，踝、膝、髋排列在一条直线。
4. 注意轻缓落地，主要通过下肢屈曲吸收下落冲击。
5. 运动过程中，脊柱保持中立位，爆发性跳跃之前或开始时呼气（或全程屏气），落地时吸气。
（备注：跳上跳箱后，落地制动时，大腿若无法保持至少与地面平行，则需要降低跳箱高度。）

反向跳起侧向落跳箱 RM-RE004-7

1. 身体侧对跳箱，站立位开始，双脚内侧与肩同宽，手臂置于体前。
2. 下肢迅速而短暂地屈曲预摆的同时手臂向下后摆，快速转换为双腿踝、膝、髋关节的爆发性蹬伸起跳，外侧腿发力主导躯干转动至面向跳箱，手臂跟随向前上摆，身体在空中完全伸展。
3. 落到跳箱瞬间，双腿快速屈膝、屈髋的同时上臂向后下摆，在四分之一蹲的位置迅速制动，手臂快速向前上摆置于体前，背部保持平直，踝、膝、髋排列在一条直线。
4. 注意轻缓落地，主要通过下肢屈曲吸收下落冲击。
5. 运动过程中，脊柱保持中立位，爆发性跳跃之前或开始时呼气（或全程屏气），落地时吸气。
（备注：跳上跳箱后，落地制动时，大腿若无法保持至少与地面平行，则需要降低跳箱高度。）

静蹲跳起单腿侧向落跳箱 RM-RE004-8

1. 身体侧对跳箱，以运动站姿开始，双脚内侧与肩同宽，手臂置于体前。
2. 双腿踝、膝、髋关节爆发性蹬伸起跳的同时，外侧腿发力主导躯干转动至面向跳箱，双臂向后下摆，身体完全伸展。
3. 落到跳箱的瞬间，单侧腿快速屈膝、屈髋，在四分之一蹲的位置迅速制动，同时手臂上摆置于体前，背部保持平直，踝、膝、髋排列在一条直线。另一侧腿在身体下方自然提起。

五 反弹性练习库

4. 注意轻缓落地，主要通过下肢屈曲吸收下落冲击。

5. 运动过程中，脊柱保持中立位，爆发性跳跃之前或开始时呼气（或全程屏气），落地时吸气。

（备注：跳上跳箱后，落地制动时，大腿若无法保持至少与地面平行，则需要降低跳箱高度。）

反向跳起单腿侧向落跳箱 RM-RE004-9

1. 身体侧对跳箱，站立位开始，双脚内侧与肩同宽，手臂置于体前。

2. 下肢迅速而短暂地屈曲预摆的同时手臂向下后摆后，快速转换为双腿踝、膝、髋关节的爆发性蹬伸起跳，外侧腿发力主导躯干转动至面向跳箱，手臂跟随向前上摆，身体在空中完全伸展。

3. 落到跳箱瞬间，单侧腿快速屈膝、屈髋的同时上臂向后下摆，在四分之一蹲的位置迅速制动，手臂快速向前上摆置于体前，背部保持平直，踝、膝、髋排列在一条直线。另一侧腿在身体下方自然提起。

4. 注意轻缓落地，主要通过下肢屈曲吸收下落冲击。

5. 运动过程中，脊柱保持中立位，爆发性跳跃之前或开始时呼气（或全程屏气），落地时吸气。

（备注：跳上跳箱后，落地制动时，大腿若无法保持至少与地面平行，则需要降低跳箱高度。）

垫步跳上跳箱 RM-RE004-10

1. 面向跳箱,运动站姿开始,双脚内侧与肩同宽,手臂置于体前。
2. 一侧腿向前垫步后,立刻衔接双腿的短暂屈曲预摆,同时手臂向下后摆,双腿踝、膝、髋关节爆发性蹬伸起跳,手臂跟随向前上摆,身体在空中完全伸展。
3. 落到跳箱瞬间,双腿快速屈膝、屈髋的同时上臂向后下摆,在四分之一蹲的位置迅速制动,手臂快速向前上摆置于体前,背部保持平直,踝、膝、髋排列在一条直线。

4. 注意轻缓落地，主要通过下肢屈曲吸收下落冲击。

5. 运动过程中，脊柱保持中立位，爆发性跳跃之前或开始时呼气（或全程屏气），落地时吸气。

（备注：跳上跳箱后，落地制动时，大腿若无法保持至少与地面平行，则需要降低跳箱高度。）

后腿抬高跳上跳箱 RM-RE004-11

1. 面向跳箱，前侧腿支撑站立，后侧腿置于身体后方垫高的长凳上，屈髋、屈膝90°，手臂置于体前。

2. 前侧腿迅速而短暂地屈曲预摆的同时手臂向下后摆，踝、膝、髋关节爆发性蹬伸起跳，手臂跟随向前上摆，身体在空中完全伸展。

3. 落到跳箱瞬间，前侧腿快速屈膝、屈髋的同时上臂向后下摆，在四分之一蹲的位置迅速制动，手臂快速向前上摆置于体前，背部保持平直，踝、膝、髋排列在一条直线。后侧垫高腿始终置于长凳上。

4. 注意轻缓落地，主要通过下肢屈曲吸收下落冲击。

5. 运动过程中，脊柱保持中立位，爆发性跳跃之前或开始时呼气（或全程屏气），落地时吸气。

（备注：跳上跳箱后，落地制动时，大腿若无法保持至少与地面平行，则需要降低跳箱高度。）

（5）多方向连续跳跃练习（RM-RE005）——中等强度离心练习（区块5至区块6）

原地双脚连续直膝跳接蹲停 RM-RE005-1

1. 站立位开始，双脚并拢采用原地直膝脚踝弹动跳跃，手臂在身体两侧有节奏地摆动。
2. 快速衔接屈膝、屈髋，在四分之一蹲的位置迅速制动，落地时双脚内侧与肩同宽，全脚掌置于地面，背部保持平直，踝、膝、髋排列在一条直线。
3. 回到起始位置，继续进行快速的直膝脚踝弹动跳跃，并衔接下一次制动。
4. 注意轻缓落地，主要通过下肢屈曲吸收下落冲击。
5. 运动过程中，尽可能减少触地时间，脊柱保持中立位，下降时吸气。
6. 可以采用2跳1停、3跳1停的节奏，也可以根据节拍器或教练员指令做出有节奏的跳跃—蹲停。

行进双脚连续直膝跳接蹲停 RM-RE005-2

1. 站立位开始，双脚并拢，向前行进过程中进行直膝脚踝弹动跳跃，手臂在身体两侧有节奏地摆动。
2. 快速衔接屈膝、屈髋，在四分之一蹲的位置迅速制动，落地时双脚内侧与肩同宽，全脚掌置于地面，背部保持平直，踝、膝、髋排列在一条直线。

五 反弹性练习库

3. 回到起始位置，继续向前移动进行快速的直膝脚踝弹动跳跃，并衔接下一次制动。
4. 注意轻缓落地，主要通过下肢屈曲吸收下落冲击。
5. 运动过程中，尽可能减少触地时间，脊柱保持中立位，下降时吸气。
6. 可以采用2跳1停、3跳1停的节奏，也可以根据节拍器或教练员指令做出有节奏的跳跃—蹲停。

连续开合跳接蹲停 RM-RE005-3

1. 站立位开始，双脚并拢采用原地分腿开合跳跃，手臂在身体两侧有节奏地摆动。
2. 快速衔接屈膝、屈髋，在四分之一蹲的位置迅速制动，落地时双脚内侧与肩同宽，全脚掌置于地面，背部保持平直，踝、膝、髋排列在一条直线。
3. 回到起始位置，继续进行快速的开合跳跃，并衔接下一次制动。
4. 注意轻缓落地，主要通过下肢屈曲吸收下落冲击。
5. 运动过程中，尽可能减少触地时间，脊柱保持中立位，下降时吸气。
6. 可以采用开—合—停、开—合—开—停的节奏，也可以根据节拍器或教练员指令做出有节奏的跳跃—蹲停。

连续双脚跳上跳下矮台阶接蹲停 RM-RE005-4

1. 面向矮台阶或矮跳箱，站立位开始。
2. 双脚并拢，采用脚踝弹动跳上台阶后再次跳下，手臂在身体两侧有节奏地摆动。
3. 落地时，快速衔接屈膝、屈髋，在四分之一蹲的位置迅速制动，双脚内侧与肩同宽，全脚掌置于地面，背部保持平直，踝、膝、髋排列在一条直线。
4. 回到起始位置，继续进行快速的脚踝弹动跳跃，并衔接下一次制动。

5. 注意轻缓落地，主要通过下肢屈曲吸收下落冲击。
6. 运动过程中，尽可能减少触地时间，脊柱保持中立位，下降时吸气。
7. 可以采用上—下—停、上—下—上—停的节奏，也可以根据节拍器或教练员指令做出有节奏的跳跃—蹲停。

左右侧向并脚跳接蹲停 RM-RE005-5

1. 站立位开始，双脚并拢，采用原地左右侧向来回脚踝弹动跳跃，手臂在身体两侧有节奏地摆动。
2. 快速衔接屈膝、屈髋，在四分之一蹲的位置迅速制动，落地时双脚内侧与肩同宽，全脚掌置于地面，背部保持平直，踝、膝、髋排列在一条直线。
3. 回到起始位置，继续进行快速的左右来回侧向脚踝弹动跳跃，并衔接下一次制动。
4. 注意轻缓落地，主要通过下肢屈曲吸收下落冲击。
5. 运动过程中，尽可能减少触地时间，脊柱保持中立位，下降时吸气。
6. 可以采用左—右—停、左—右—左—停的节奏，也可以根据节拍器或教练员指令做出有节奏的跳跃—蹲停。

五 反弹性练习库

原地单脚连续直膝跳接蹲停 RM-RE005-6

1. 站立位开始，单脚原地直膝脚踝弹动跳跃，手臂在身体两侧有节奏地摆动。
2. 快速衔接屈膝、屈髋，在四分之一蹲的位置迅速制动，落地时双脚内侧与肩同宽，全脚掌置于地面，背部保持平直，踝、膝、髋排列在一条直线。
3. 回到起始位置，切换对侧脚继续进行快速的直膝脚踝弹动跳跃，并衔接下一次制动。
4. 注意轻缓落地，主要通过下肢屈曲吸收下落冲击。
5. 运动过程中，尽可能减少触地时间，脊柱保持中立位，下降时吸气。
6. 可以采用2跳1停、3跳1停的节奏，也可以根据节拍器或教练员指令做出有节奏的跳跃—蹲停。

行进单脚连续直膝跳接蹲停 RM-RE005-7

1. 站立位开始，向前行进过程中进行单脚直膝脚踝弹动跳跃，手臂在身体两侧有节奏地摆动。
2. 快速衔接屈膝、屈髋，在四分之一蹲的位置迅速制动，落地时双脚内侧与肩同宽，全脚掌置于地面，背部保持平直，踝、膝、髋排列在一条直线。

3. 回到起始位置，切换对侧脚继续向前移动进行快速的单脚直膝脚踝弹动跳跃，并衔接下一次制动。
4. 注意轻缓落地，主要通过下肢屈曲吸收下落冲击。
5. 运动过程中，尽可能减少触地时间，脊柱保持中立位，下降时吸气。
6. 可以采用2跳1停、3跳1停的节奏，也可以根据节拍器或教练员指令做出有节奏的跳跃—蹲停。

连续单脚跳上跳下矮台阶接蹲停 RM-RE005-8

1. 面向矮台阶或矮跳箱，单腿支撑站立位开始。
2. 采用单腿脚踝弹动跳上台阶后再次跳下，手臂在身体两侧有节奏地摆动。
3. 落地时，快速衔接屈膝、屈髋，在四分之一蹲的位置迅速制动，双脚内侧与肩同宽，全脚掌置于地面，背部保持平直，踝、膝、髋排列在一条直线。
4. 回到起始位置，切换对侧腿继续进行快速的单腿脚踝弹动跳跃，并衔接下一次制动。
5. 注意轻缓落地，主要通过下肢屈曲吸收下落冲击。
6. 运动过程中，尽可能减少触地时间，脊柱保持中立位，下降时吸气。
7. 可以采用上—下—停、上—下—上—停的节奏，也可以根据节拍器或教练员指令做出有节奏的跳跃—蹲停。

快速钟摆跳接蹲停 RM-RE005-9

1. 站立位开始，双脚内侧与肩同宽。
2. 左脚起跳，踩在右脚所在地面位置的同时，右脚迅速向外侧摆，给左脚留出空间。随后，再次跳跃，右脚摆回到起始位置，左脚向外侧摆。如此重复，如同钟摆，左右侧脚换位摆动，手臂在身体两侧有节奏地跟随。

3. 快速衔接屈膝、屈髋，在四分之一蹲的位置迅速制动，落地时双脚内侧与肩同宽，全脚掌置于地面，背部保持平直，踝、膝、髋排列在一条直线。
4. 回到起始位置，继续进行快速的钟摆跳跃，并衔接下一次制动。
5. 注意轻缓落地，主要通过下肢屈曲吸收下落冲击。
6. 运动过程中，尽可能减少触地时间，脊柱保持中立位，下降时吸气。
7. 可以采用左—右—停、左—右—左—停的节奏，也可以根据节拍器或教练员指令做出有节奏的跳跃—蹲停。

后脚抬高单腿连续左右跳 RM-RE005-10

1. 面向跳箱，前侧腿支撑站立，后侧腿置于身体后方垫高的长凳上，屈髋、屈膝90°，手臂置于体前。
2. 前侧腿迅速而短暂地左右来回侧向跳跃，手臂在身体两侧有节奏地跟随。
3. 快速衔接前侧腿屈膝、屈髋，在四分之一蹲的位置迅速制动，落地时全脚掌置于地面，背部保持平直，踝、膝、髋排列在一条直线。后侧垫高腿始终置于长凳上。
4. 注意轻缓落地，主要通过下肢屈曲吸收下落冲击。

5. 运动过程中，尽可能减少触地时间，脊柱保持中立位，爆发性跳跃之前或开始时呼气（或全程屏气），落地时吸气。
6. 可以采用左—右—停、左—右—左—停的节奏，也可以根据节拍器或教练员指令做出有节奏的跳跃—蹲停。

直膝跳低栏架 RM-RE005-11

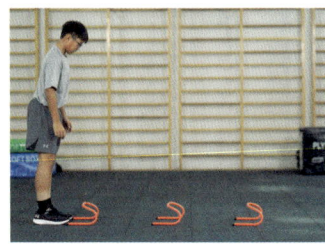

1. 面对纵向排列的矮栏架（高度不超过25厘米），站立位开始，双脚并拢，向前行进过程中采用直膝脚踝弹动跳过栏架，手臂在身体两侧有节奏地摆动。
2. 快速衔接屈膝、屈髋，在四分之一蹲的位置迅速制动，落地时双脚内侧与肩同宽，全脚掌置于地面，背部保持平直，踝、膝、髋排列在一条直线。
3. 回到起始位置，继续向前移动进行快速的直膝脚踝弹动跳跃栏架，并衔接下一次制动。
4. 注意轻缓落地，主要通过下肢屈曲吸收下落冲击。
5. 运动过程中，尽可能减少触地时间，脊柱保持中立位，下降时吸气。
6. 可以采用2跳1停、3跳1停的节奏，或者一次性跳完10个栏架后蹲停，也可以根据节拍器或教练员指令做出有节奏的跳跃—蹲停。

（6）多方向跳跃整合练习（RM-RE006）——中高强度离心练习（区块7）

双脚连续跳跃中栏架 RM-RE006-1

1. 面对纵向排列的中栏架（高度为30厘米或更高），站立位开始，双脚内侧与肩同宽，向前行进过程中采用脚踝弹动跳过栏架，手臂在身体两侧有节奏地摆动。
2. 每次跳跃以前脚掌着地，通过下肢小幅度的屈曲吸收下落冲击，脚踝保持刚性，并迅速转换为踝、膝、髋关节的爆发性蹬伸起跳，手臂跟随向前上摆，下肢立即屈曲跨越栏架。背部保持平直，踝、膝、髋排列在一条直线。

3. 完成所有栏架跳跃的最后一次落地时，双腿屈膝、屈髋，在四分之一蹲的位置迅速制动，落地时双脚内侧与肩同宽。

4. 运动过程中，尽可能减少触地时间，脊柱保持中立位，下降时吸气。

双脚连续跳上台阶 RM-RE006-2

1. 面对爬升的台阶，站立位开始，双脚内侧与肩同宽，向上跳跃台阶的过程中采用脚踝弹动的方式，手臂在身体两侧有节奏地摆动。

2. 每次跳跃以前脚掌着地，通过下肢小幅度的屈曲吸收下落冲击，脚踝保持刚性，并迅速转换为踝、膝、髋关节的爆发性蹬伸起跳，手臂跟随向前上摆，下肢立即屈曲跨越栏架。背部保持平直，踝、膝、髋排列在一条直线。

3. 完成所有台阶跳跃的最后一次落地时，双腿屈膝、屈髋，在四分之一蹲的位置迅速制动，落地时双脚内侧与肩同宽。

4. 运动过程中，尽可能减少触地时间，脊柱保持中立位，下降时吸气。

连续跨跳中栏架 RM-RE006-3

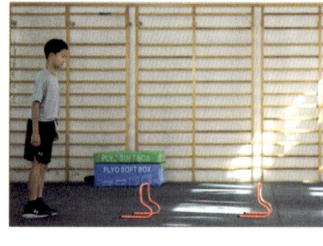  

1. 面对纵向排列的中栏架（高度为 30 厘米或更高），站立位开始，双脚内侧与肩同宽，向前行进过程中采用单腿脚踝弹动跳过栏架，手臂在身体两侧有节奏地摆动。

2. 每次跳跃，前侧腿前脚掌着地，通过下肢小幅度的屈曲吸收下落冲击，脚踝保持刚性，并迅速转换为踝、膝、髋关节的爆发性蹬伸起跳，手臂跟随向前上摆，身体在空中时换腿跨越栏架。背部保持平直，踝、膝、髋排列在一条直线。
3. 完成所有栏架跳跃的最后一次落地时，双腿屈膝、屈髋，在四分之一蹲的位置迅速制动，落地时双脚内侧与肩同宽。
4. 运动过程中，尽可能减少触地时间，脊柱保持中立位，下降时吸气。

单脚连续跳跃中栏架 RM-RE006-4

1. 面对纵向排列的中栏架（高度为 30 厘米或更高），站立位开始，双脚内侧与肩同宽，向前行进过程中采用单腿脚踝弹动跳过栏架，手臂在身体两侧有节奏地摆动。
2. 以一侧腿完成所有跨越栏架的跳跃和落地，起跳腿前脚掌着地，通过下肢小幅度的屈曲吸收下落冲击，脚踝保持刚性，并迅速转换为踝、膝、髋关节的爆发性蹬伸起跳，手臂跟随向前上摆。背部保持平直，踝、膝、髋排列在一条直线。另一侧腿提起，伴随跳跃腿圆周摆动。
3. 完成所有栏架跳跃的最后一次落地时，双腿屈膝、屈髋，在四分之一蹲的位置迅速制动，落地时双脚内侧与肩同宽。
4. 运动过程中，尽可能减少触地时间，脊柱保持中立位，下降时吸气。

单脚连续跳上台阶 RM-RE006-5

1. 面对爬升的台阶，站立位开始，向上跳跃台阶的过程中采用单腿脚踝弹动的方式，手臂在身体两侧有节奏地摆动。
2. 每次跳跃以前脚掌着地，通过下肢小幅度的屈曲吸收下落冲击，脚踝保持刚性，并迅速转换为踝、膝、髋关节的爆发性蹬伸起跳，手臂跟随向前上摆，下肢立即屈曲跨越栏架。背部保持平直，踝、膝、髋排列在一条直线。

3. 完成所有台阶跳跃的最后一次落地时，双腿屈膝、屈髋，在四分之一蹲的位置迅速制动，落地时双脚内侧与肩同宽。
4. 运动过程中，尽可能减少触地时间，脊柱保持中立位，下降时吸气。

单脚换腿连续跳上台阶 RM-RE006-6

1. 面对爬升的台阶，站立位开始，向上跳跃台阶的过程中采用单腿脚踝弹动的方式，手臂在身体两侧有节奏地摆动。
2. 每次跳跃以前脚掌着地，通过下肢小幅度的屈曲吸收下落冲击，脚踝保持刚性，并迅速转换为踝、膝、髋关节的爆发性蹬伸起跳，手臂跟随向前上摆，身体在空中时换腿跳跃台阶。背部保持平直，踝、膝、髋排列在一条直线。
3. 完成所有台阶跳跃的最后一次落地时，双腿屈膝、屈髋，在四分之一蹲的位置迅速制动，落地时双脚内侧与肩同宽。
4. 运动过程中，尽可能减少触地时间，脊柱保持中立位，下降时吸气。

侧向连续跳跃中栏架 RM-RE006-7

1. 侧对纵向排列的中栏架（高度为30厘米或更高），站立位开始，双脚内侧与肩同宽，采用双腿脚踝弹动侧向跳过栏架，手臂在身体两侧有节奏地摆动。
2. 每次跳跃通过下肢小幅度的屈曲吸收下落冲击，脚踝保持刚性，双腿踝、膝、髋关节的爆发性蹬伸起跳，远离栏架的外侧腿发力主导向侧方跳跃，手臂跟随向前上摆，身体在空中时换腿跨越栏架。背部保持平直，踝、膝、髋排列在一条直线。
3. 完成所有栏架跳跃的最后一次落地时，双腿屈膝、屈髋，在四分之一蹲的位置迅速制动，落地时双脚内侧与肩同宽。
4. 运动过程中，尽可能减少触地时间，脊柱保持中立位，下降时吸气。

行进侧向换腿连续跳跃 RM-RE006-8

1. 将呈"1"字形栏架竖向摆放,在第一个栏架的左侧单腿站立开始,采用单腿脚踝弹动侧向跨过栏架,手臂在身体两侧有节奏地摆动。
2. 每次跳跃在靠近栏架的内侧提起腿与双臂快速后摆的同时,外侧支撑腿迅速而短暂地屈曲预摆,快速衔接踝、膝、髋关节的爆发性蹬伸起跳,主导侧向跨过栏架,手臂跟随快速向体前上摆。在腾空的最高点,换腿跨越栏架落地。
3. 完成所有栏架跳跃的最后一次落地时,双腿屈膝、屈髋,在四分之一蹲的位置迅速制动,落地时双脚内侧与肩同宽。另一侧腿在身体下方自然提起。
4. 注意轻缓落地,主要通过下肢屈曲吸收下落冲击。
5. 运动过程中,脊柱保持中立位,下降时吸气。

双脚连续冲击跳上跳箱 RM-RE006-9

1. 面向跳箱,运动站姿开始,双脚内侧与肩同宽,手臂置于体前。
2. 双腿踝、膝、髋关节原地快速屈曲后,爆发性蹬伸主动冲击地面,通过地面反作用力增加起跳的推进力,手臂跟随向前上摆,身体在空中完全伸展。
3. 落到跳箱的瞬间,双腿快速屈膝、屈髋的同时上臂向后下摆,在四分之一蹲的位置迅速制动,手臂快速向前上摆置于体前,背部保持平直,踝、膝、髋排列在一条直线。

4. 从跳箱上自由落下，落地后回到起始位置，继续进行下一次冲击跳跃。

5. 注意轻缓落地，主要通过下肢屈曲吸收下落冲击。

6. 运动过程中，脊柱保持中立位，爆发性跳跃之前或开始时呼气（或全程屏气），落地时吸气。

（备注：跳上跳箱后，落地制动时，大腿若无法保持至少与地面平行，则需要降低跳箱高度。）

双脚连续冲击跳过中栏架 RM-RE006-10

1. 面对纵向排列的中栏架（高度为 30 厘米或更高），站立位开始，双脚内侧与肩同宽，向前行进过程中采用双腿脚踝弹动跳过栏架，手臂在身体两侧有节奏地摆动。

2. 每次跳跃在双腿踝、膝、髋关节原地快速屈曲后，爆发性蹬伸主动冲击地面，通过地面反作用力增加起跳向前跨越栏架的推进力，手臂跟随向前上摆，下肢立即屈曲跨越栏架。

3. 完成所有栏架跳跃的最后一次落地时，双腿屈膝、屈髋，在四分之一蹲的位置迅速制动，落地时双脚内侧与肩同宽，手臂快速向前上摆置于体前，背部保持平直，踝、膝、髋排列在一条直线上。
4. 注意落地的弹性和节奏。
5. 运动过程中，脊柱保持中立位，爆发性跳跃之前或开始时呼气（或全程屏气），落地时吸气。

双脚单脚交替连续冲击跳过中栏架 RM-RE006-11

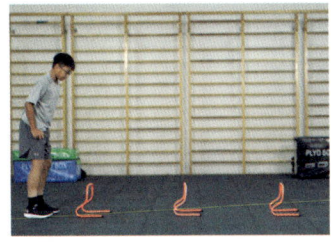
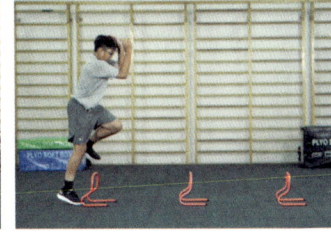

1. 面对纵向排列的中栏架（高度为 30 厘米或更高），站立位开始，双脚内侧与肩同宽，向前行进过程中采用双腿脚踝弹动跳过栏架，单腿落地，手臂在身体两侧有节奏地摆动。
2. 每次跳跃在双腿踝、膝、髋关节原地快速屈曲后，爆发性蹬伸主动冲击地面，通过地面反作用力增加起跳向前跨越栏架的推进力，手臂跟随向前上摆，身体在空中完全伸展后下肢立即屈曲跨越栏架。落地瞬间，单侧腿快速屈膝、屈髋的同时上臂向后下摆，在四分之一蹲的位置迅速制动。迅速衔接下一次双脚冲击地面跳过中栏架。
3. 完成所有栏架跳跃的最后一次落地时，双腿屈膝、屈髋，在四分之一蹲的位置迅速制动，落地时双脚内侧与肩同宽，手臂快速向前上摆置于体前，背部保持平直，踝、膝、髋排列在一条直线。
4. 注意落地的弹性和节奏。
5. 运动过程中，脊柱保持中立位，爆发性跳跃之前或开始时呼气（或全程屏气），落地时吸气。

双脚连续冲击转体跳过中栏架 RM-RE006-12

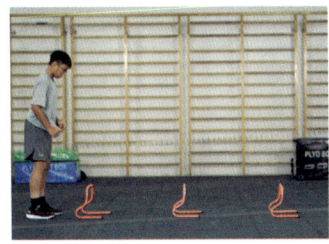

1. 面对中栏架（高度为 30 厘米或更高），站立位开始，双脚内侧与肩同宽，采用脚踝弹动跳过栏架的同时转体 180°，手臂在身体两侧有节奏地摆动。
2. 每次跳跃在双腿踝、膝、髋关节的爆发性蹬伸起跳的同时，转体同方向一侧的腿主导躯干空中转动 180°至面向跳箱，双臂向后下摆，下肢立即屈曲跨越栏架。
3. 落地瞬间，双腿快速屈膝、屈髋的同时上臂向后下摆，在四分之一蹲的位置迅速制动。迅速衔接下一次双脚冲击地面跳过栏架的同时反向转体 180°。
4. 注意轻缓落地，主要通过下肢屈曲吸收下落冲击。背部保持平直，踝、膝、髋排列在一条直线。
5. 运动过程中，脊柱保持中立位，爆发性跳跃之前或开始时呼气（或全程屏气），落地时吸气。

（7）跳跃增强练习（RM-RE007）——高强度离心练习（区块 8）

团身跳 RM-RE007-1

1. 站立位开始，双脚内侧与肩同宽，双臂置于体前。
2. 下肢迅速而短暂地屈曲预摆，快速衔接踝、膝、髋关节的爆发性蹬伸起跳，并在空中尽可能高地向胸前提膝，手臂向后下摆。
3. 再次落地后，双腿屈膝、屈髋，在四分之一蹲的位置迅速制动，落地时双脚内侧与肩同宽。
4. 运动过程中，脊柱保持中立位，在爆发性跳跃之前或开始时呼气（或全程屏气），落地时吸气。

双脚跳跃高栏架 RM-RE007-2

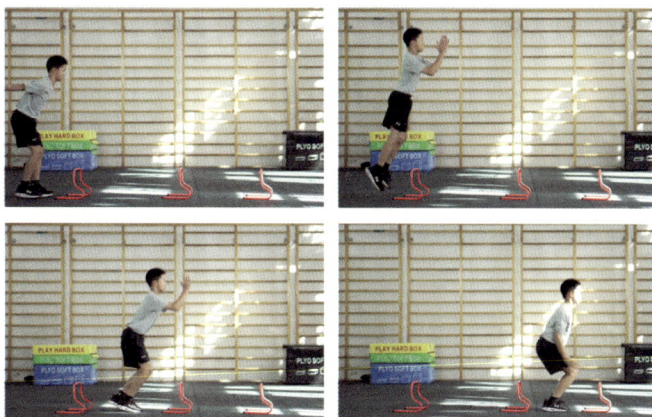

1. 面对纵向排列的高栏架（高度为40厘米或更高），站立位开始，双脚内侧与肩同宽，向前行进过程中采用脚踝弹动跳过栏架，手臂在身体两侧有节奏地摆动。
2. 每次跳跃以前脚掌着地，通过下肢小幅度的屈曲吸收下落冲击，脚踝保持刚性，并迅速转换为踝、膝、髋关节的爆发性蹬伸起跳，手臂跟随向前上摆，下肢立即屈曲跨越栏架。背部保持平直，踝、膝、髋排列在一条直线。
3. 完成所有栏架跳跃的最后一次落地时，双腿屈膝、屈髋，在四分之一蹲的位置迅速制动，落地时双脚内侧与肩同宽。
4. 运动过程中，尽可能减少触地时间，脊柱保持中立位，下降时吸气。

最大努力分腿跳 RM-RE007-3

1. 分腿站立开始，双臂置于体前。
2. 下肢迅速而短暂地屈曲预摆，快速衔接踝、膝、髋关节的爆发性蹬伸起跳，手臂向后下摆。

4. 再次落地后,双腿屈膝、屈髋迅速制动,回到起始位置。

5. 运动过程中,脊柱保持中立位,在爆发性跳跃之前或开始时呼气(或全程屏气),落地时吸气。

下落跳高 RM-RE007-4

1. 站立在跳箱上,双脚内侧与肩同宽,双臂置于体侧。
2. 提起一侧腿向跳箱前方迈出,想象下楼梯的动作,将重心逐渐移出跳箱,自由落下。
3. 触地后,脚踝保持刚性,并快速衔接踝、膝、髋关节的爆发性蹬伸竖直起跳,手臂向后下摆。背部保持平直,踝、膝、髋排列在一条直线。
4. 再次落地后,双腿屈膝、屈髋,在四分之一蹲的位置迅速制动,落地时双脚内侧与肩同宽。
5. 运动过程中,脊柱保持中立位,在爆发性跳跃之前或开始时呼气(或全程屏气),落地时吸气。

下落跳远 RM-RE007-5

1. 站立在跳箱上,双脚内侧与肩同宽,双臂置于体侧。

2. 提起一侧腿向跳箱前方迈出，想象下楼梯的动作，将重心逐渐移出跳箱，自由落下。
3. 触地后，脚踝保持刚性，并快速衔接踝、膝、髋关节的爆发性蹬伸水平跳远，手臂向后下摆。背部保持平直，踝、膝、髋排列在一条直线。
4. 再次落地后，双腿屈膝、屈髋，在四分之一蹲的位置迅速制动，落地时双脚内侧与肩同宽。
5. 运动过程中，脊柱保持中立位，在爆发性跳跃之前或开始时呼气（或全程屏气），落地时吸气。

连续跳上跳下跳箱 RM-RE007-6

1. 站立在纵向排列的跳箱上，双脚内侧与肩同宽，双臂置于体侧。
2. 提起一侧腿向跳箱前方迈出，想象下楼梯的动作，将重心逐渐移出跳箱，自由落下。
3. 触地后，脚踝保持刚性，并快速衔接踝、膝、髋关节的爆发性蹬伸跳上前方第二个跳箱。触箱后，双腿屈膝、屈髋，在四分之一蹲的位置迅速制动。
4. 站立后，继续下一次下落并跳上跳箱。
5. 运动过程中，脊柱保持中立位，在爆发性跳跃之前或开始时呼气（或全程屏气），落地时吸气。

分腿跳上跳箱 RM-RE007-7

1. 分腿站立在两个跳箱之间（跳箱距离为 90°屈曲弓步的站距），双臂置于体前。
2. 下肢迅速而短暂地屈曲预摆，快速衔接踝、膝、髋关节的爆发性蹬伸跳上跳箱，手臂向后下摆。
3. 触箱后，双腿屈膝、屈髋迅速制动。自由下落，回到起始位置。
4. 运动过程中，脊柱保持中立位，在爆发性跳跃之前或开始时呼气（或全程屏气），落地时吸气。

换腿跳上跳箱 RM-RE007-8

1. 分腿站立在两个跳箱之间（跳箱距离为 90°屈曲弓步的站距），双臂置于体前。
2. 下肢迅速而短暂地屈曲预摆，快速衔接踝、膝、髋关节的爆发性蹬伸跳上跳箱，手臂向后下摆。
3. 在腾空的最高点，双腿前后切换。
4. 下落触箱后，双腿屈膝、屈髋迅速制动。自由下落，回到起始位置。
5. 运动过程中，脊柱保持中立位，在爆发性跳跃之前或开始时呼气（或全程屏气），落地时吸气。

抗阻带：助力跳 RM-RE007-9

1. 站立位开始，双脚内侧与肩同宽，双手将挂在高处的抗阻带下拉至胸前，产生将身体拉离地面的张力。
2. 下肢迅速而短暂地屈曲预摆的同时，快速衔接踝、膝、髋关节的爆发性蹬伸起跳。在抗阻带的助力下，身体在空中完全伸展。
3. 落地瞬间，快速屈膝、屈髋的同时上臂向后下摆，在四分之一蹲的位置迅速制动。背部保持平直，踝、膝、髋排列在一条直线，手臂始终固定在胸前下拉抗阻带。
4. 运动过程中，尽可能减少触地时间，脊柱保持中立位，爆发性跳跃之前或开始时呼气（或全程屏气），落地时吸气。

  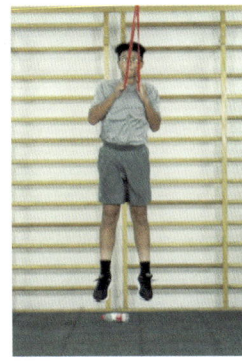 

抗阻训练术语

青少年和青少年运动员　在本书中,"青少年和青少年运动员"是代表一个整体性人群的术语,泛指所有适龄的儿童和青少年。

抗阻训练　抗阻训练是一种专门性的训练方法,包括逐步使用各种阻力负荷和各种训练方式,利用对抗自身重量以及各种形式(如基于器械的训练、自由力量训练、增强式训练、复合训练以及功能训练)。进行抗阻训练旨在提高健康、肌力素质和运动表现。

肌肉力量　一块肌肉或一组肌肉在特定速度下产生的最大力量或最大张力,肌肉力量代表了个体为抵抗外部阻力而生成力的能力。

动态力量　肌肉在对抗外力和(或)自身重量时,肌肉长度发生变化且关节产生运动时施加力的能力。

静态力量　肌肉在对抗外力和(或)自身重量时,肌肉长度保持不变且关节处没有发生运动的情况下施加力的能力。

协调力量　协调力量涉及在执行单关节或多关节的运动任务期间协调次最大力量输出以控制任务的精度或执行目标动作时,合理支配身体节段的能力。协调力量中的可变性在一定程度上反映了神经机制的发育程度。

姿势协同作用　也称为"肌肉协同作用"或"运动协同作用"，是指激活一组肌肉以促进特定运动，从而降低肌肉控制的维度。一块肌肉可以是多块肌肉协同作用的一部分，而单一的协同作用可以激活各种肌肉。

最大自主收缩（Maximal Voluntary Contraction）　个体在最大主观用力度下收缩肌肉产生力的能力。最大自主收缩通常反映了对肌肉的神经驱动水平，包括运动单位募集的比例和放电频率的程度。

最大激发力（Maximal Evocable Force）　当个体在最大自主收缩期间，对肌肉或相关运动神经施加电刺激（如插入颤搐技术）并诱发额外的力（叠加颤搐）。

疲劳　运动导致的力的产生能力的下降，其中中枢疲劳可以定义为运动过程中最大自主收缩产生力的任何下降，但不会伴有最大激发力的下降。

扭矩　力与力的作用线到旋转轴／中心的垂直距离的乘积。它代表了力导致身体部分围绕旋转轴／旋转中心旋转的趋势。

儿童时期　儿童时期代表从婴儿期到青春期开始的生命发育期。儿童一词是指尚未发展出第二性征特征的女孩和男孩（通常分别为 11 岁和 13 岁）。

青春期　青春期指的是儿童期和成年期之间的生命阶段。尽管由于成熟率的不同，青春期在实际年龄方面是一个难以定义的时期，但通常认为 12—18 岁的女孩和 14—18 岁的男孩是青少年。

生长　随时间推移，身体成分、身体形态或身体特定区域体积等方面可量化的变化特征。生长是一个循环过程，组织和器官处于不断生长、死亡和再生的过程中。此外，身体的各个部分不会以相同的速度生长，因此组织和器官的相对大小和形状在整个生命周期中都会发生变化。[1]

成熟 向成熟生物状态发展的速度和时间。成熟与生长的不同之处在于它以不同的速度发生在个体中，但所有个体都达到相同的终点（完全成熟）。儿童到成年期间，个体在生理、心理上以不同速度和节奏发展，经历若干阶段达到完备状态的全过程。除了生长，有诸多因素影响整体的身体表现能力。简言之，生长侧重于形态大小，而成熟则侧重于实现形态的进展。

身高增长高峰（Peak Height Velocity，PHV） 在青春期，大多数孩子都会经历一次生长突增，最明显的表现是身高迅速增加。生长突增最激烈的年龄，即身高增长高峰期的对应年龄，可以用作成熟度的指标。更早经历身高突增的孩子将比同龄人更加成熟。

长骨 骨的一种形态，呈长柱状，在运动中起杠杆作用。长骨主要是四肢较长的骨头，其中包括上肢的肱骨、耻骨、桡骨、掌骨、指骨，下肢的股骨、胫骨、腓骨以及脚的跖骨、趾骨等。

神经肌肉发育 指神经和肌肉系统的成熟，包括它们的整合。

训练年龄 个体在一定指导下完成结构化训练的年限。

发育年龄 指身体、心理、认知和情感成熟的程度。身体发育年龄可由骨骼成熟度或骨龄决定；心理、认知和情感成熟度则被视为发育年龄的决定因素。

骨龄　指骨骼的成熟度，由骨骼结构的骨化程度决定。骨龄涉及骨骼体积和密度的成熟发育程度。

组织预负荷　肌肉－肌腱组织在静止时测量到的被动张力。在身高增长高峰期，由于骨骼的生长速率高于肌肉肌腱生长速率，从而导致组织预负荷增加，这也可能会成为儿童牵引性骨突损伤病因的一个促成因素。

适应　在本书语境中，"适应"指的是个体组织结构或神经肌肉特征的变化。

意外损伤　抗阻训练过程中肢体被重物砸伤或挤伤等情况，如哑铃砸到手部或脚部。

过用性损伤　或称"过度使用性损伤"，是指由于反复的次最大强度应力施加在身体的某个部位或关节处却没有给予充分的恢复，导致局部负荷压力过大，进而出现的急性或慢性损伤。

正握　亦称"全握"或"闭握"，负重性练习的握法之一。正握时，五指全部握住杠铃，大拇指紧扣于四指之上。正握是使用杠铃、哑铃及固定器材中最普遍的握法，适用于卧推、杠铃俯身划船、引体向上等练习。

反握　负重性练习的握法之一。手指与正握相同，但掌心朝向自己。反握与正握同属于全握，适用于上臂弯举、俯身划船、反手引体向上等练习。

正反握　负重性练习的握法之一。采用一侧手使用正握、一侧手使用反握的方式，在力量不足或者杠铃重量太大时，可以预防横杆滚动脱手。正反握是非常安全的负重性练习握法,适用于大负重的硬拉练习。

锁握 负重性练习的握法之一。四指握杠的同时紧紧包住大拇指。在翻举和抓举中,建议使用锁握,但建议用胶布包裹拇指以做好防护。

空握 亦称"开握"或"半握",负重性练习的握法之一。大拇指和四指在杠铃同一侧,可以减少小臂的发力并减轻手腕压力,但很容易脱手。在进行大负重推举练习时,不要使用空握。

参考文献

第一章

[1] GUTHOLD R, STEVENS G A, RILEY L M, BULL F C. Global trends in insufficient physical activity among adolescents: a pooled analysis of 298 population-based surveys with 1.6 million participants[J]. The Lancet Child & Adolescent Health, 2020 (1): 23-35.

[2] FAIGENBAUM A D, REBULLIDO T R, PEÑA J, CHULVI-MEDRANO I. Resistance exercise for the prevention and treatment of pediatric dynapenia[J]. Journal of Science in Sport and Exercise, 2019 (3): 208-216.

[3] LLOYD R S, FAIGENBAUM A D, STONE M H, OLIVER J L, JEFFREYS I, MOODY J A, BREWER C, PIERCE K C, MCCAMBRIDGE T M, HOWARD R. Position statement on youth resistance training: the 2014 International Consensus[J]. Br J Sports Med, 2014 (7): 498-505.

第二章

[1] KNUTTGEN H G, KRAEMER W J. Terminology and measurement[J]. Journal of applied sport science research, 1987 (1): 1-10.

[2] 徐龙道. 物理学词典[J]. 北京：科学出版社，2004.

[3] SIMONEAU J A, BOUCHARD C. Genetic determinism of fiber type proportion in human skeletal muscle[J]. The FASEB journal, 1995 (11): 1091-1095.

[4] FAUST M S. Somatic development of adolescent girls[J]. Monographs of the Society for Research in Child Development, 1977: 1-90.

[5] 同本章[6]。

[6] PATEL D R. Paediatric Exercise Science and Medicine[J]. JAMA, 2010 (22): 2298-2302.

[7] MACINTOSH B R, GARDINER P F, MCCOMAS A J. Skeletal muscle: form and function[M]. Human Kinetics, 2006.

[8] SINCLAIR D. Human growth after birth[M]. Oxford University Press., 1973.

[9] HAWKINS D, METHENY J. Overuse injuries in youth sports: biomechanical considerations[J]. Medicine & Science in Sports & Exercise, 2001 (10): 1701-1707.

[10] XU L, NICHOLSON P, WANG Q, ALÉN M, CHENG S. Bone and muscle development during puberty in girls: a

seven-year longitudinal study[J]. Journal of Bone and Mineral Research, 2009 (10): 1693-1698.

[11] BINZONI T, BIANCHI S, HANQUINET S, KAELIN A, SAYEGH Y, DUMONT M, JÉQUIER S. Human gastrocnemius medialis pennation angle as a function of age: from newborn to the elderly[J]. Journal of physiological anthropology and applied human science, 2001 (5): 293-298.

[12] CROIX M D S. Advances in paediatric strength assessment: changing our perspective on strength development[J]. Journal of sports science & medicine, 2007 (3): 292.

[13] MÜLLER K, HÖMBERG V. Development of speed of repetitive movements in children is determined by structural changes in corticospinal efferents[J]. Neuroscience letters, 1992 (1-2): 57-60.

[14] CARAMIA M, DESIATO M, CICINELLI P, IANI C, ROSSINI P. Latency jump of "relaxed" versus "contracted" motor evoked potentials as a marker of cortico-spinal maturation[J]. Electroencephalography and Clinical Neurophysiology/Evoked Potentials Section, 1993 (1): 61-66.

[15] WOODS S, O'MAHONEY C, MAYNARD J, DOTAN R, TENENBAUM G, FALK B. Increase in Volitional Muscle Activation from Childhood to Adulthood: A Systematic Review and WOODS S, O'MAHONEY C, MAYNARD J, DOTAN R, TENENBAUM G, FALK B. Increase in Volitional Muscle Activation from Childhood to Adulthood: A Systematic Review and Meta-analysis[J]. Medicine and science in sports and exercise, 2021.

[16] CHALCHAT E, PIPONNIER E, BONTEMPS B, JULIAN V, BOCOCK O, DUCLOS M, RATEL S, MARTIN V. Characteristics of motor unit recruitment in boys and men at maximal and submaximal force levels[J]. Experimental Brain Research, 2019 (5): 1289-1302.

[17] GILLIAM T B, VILLANACCI J F, FREEDSON P S, SADY S P. Isokinetic torque in boys and girls ages 7 to 13: Effect of age, height, and weight[J]. Research Quarterly. American Alliance for Health, Physical Education, Recreation and Dance, 1979 (4): 599-609.

[18] CROIX M D S. Advances in paediatric strength assessment: changing our perspective on strength development[J]. Journal of sports science & medicine, 2007 (3): 292.

[19] MALINA R M, BOUCHARD C, BAR-OR O. Growth, maturation, and physical activity[M]. Human kinetics, 2004.

[20] 同本章[19]。

[21] 同本章[19]。

[22] STOCKER B, NYLAND J, CABORN D. Concentric isokinetic knee torque characteristics of female volleyball athletes[J]. Isokinetics and Exercise Science, 1996 (3-4): 111-114.

[23] CROIX M D S, DEIGHAN M, ARMSTRONG N. Functional eccentric-concentric ratio of knee extensors and flexors in pre-pubertal children, teenagers and adult males and females[J]. International journal of sports medicine, 2007 (09): 768-772.

[24] SEGER J Y, THORSTENSSON A. Muscle strength and electromyogram in boys and girls followed through puberty[J]. European journal of applied physiology, 2000 (1): 54-61.

[25] NEWELL K M, DEUTSCH K M, MORRISON S. On learning to move randomly[J]. Journal of motor behavior, 2000 (3): 314-320.

[26] SMITS-ENGELSMAN B, WESTENBERG Y, DUYSENS J. Development of isometric force and force control in children[J]. Cognitive brain research, 2003 (1): 68-74.

[27] 同本章[25]。

[28] 同本章[26]。

[29] WINTER D A, ROBERTSON D. Joit torque and energy patterns in normal gait[J]. Biological cybernetics, 1978 (3): 137-142.

[30] THELEN E, ZERNICKE R, SCHNEIDER K, JENSEN J, KAMM K, CORBETTA D. The role of intersegmental dynamics in infant neuromotor development[J]. Advances in psychology, 1992: 533-548.

[31] ASSAIANTE C, MALLAU S, VIEL S, JOVER M, SCHMITZ C. Development of postural control in healthy children: a functional approach[J]. Neural plasticity, 2005 (2-3): 109-118.

[32] SHUMWAY-COOK A, WOOLLACOTT M H. The growth of stability: postural control from a developmental perspective[J]. Journal of motor behavior, 1985 (2): 131-147.

[33] FORSSBERG H, NASHNER L M. Ontogenetic development of postural control in man: adaptation to altered support and visual conditions during stance[J]. Journal of Neuroscience, 1982 (5): 545-552.

第三章

[1] MICHALEFF Z A, KAMPER S J. Effects of resistance training in children and adolescents: a meta-analysis[J]. British journal of sports medicine, 2011 (9): 755-755.

[2] JEFFREYS I, MOODY J. Strength and conditioning for sports performance[M]. Routledge, 2021.

[3] STRENGTH N, ASSOCIATION C. Position paper on prepubescent strength training[M]. National Strength P Conditioning Association, 1985.

[4] MOUNTJOY M, ARMSTRONG N, BIZZINI L, BLIMKIE C, EVANS J, GERRARD D, HANGEN J, KNOLL K, MICHELI L, SANGENIS P. IOC consensus statement:"training the elite child athlete"[J]. British Journal of Sports Medicine, 2007 (3): 163-164.

[5] MCCAMBRIDGE T M, STRICKER P R. Strength training by children and adolescents[J]. Pediatrics, 2008 (4): 835-840.

[6] BEHM D G, FAIGENBAUM A D, FALK B, KLENTROU P. Canadian Society for Exercise Physiology position

paper: resistance training in children and adolescents[J]. Applied physiology, nutrition, and metabolism, 2008 (3): 547-561.

［7］LLOYD R S, FAIGENBAUM A D, STONE M H, OLIVER J L, JEFFREYS I, MOODY J A, BREWER C, PIERCE K C, MCCAMBRIDGE T M, HOWARD R. Position statement on youth resistance training: the 2014 International Consensus[J]. Br J Sports Med, 2014 (7): 498-505.

［8］同本章［3］。

［9］LLOYD R S, FAIGENBAUM A D, MYER G, STONE M, OLIVER J, JEFFREYS I, MOODY J, BREWER C, PIERCE K. UKSCA position statement: Youth resistance training[J]. Prof Strength Cond, 2012: 26-39.

［10］同本章［9］。

［11］STRICKER P R, FAIGENBAUM A D, MCCAMBRIDGE T M, LABELLA C R, BROOKS M A, CANTY G, DIAMOND A B, HENNRIKUS W, LOGAN K, MOFFATT K. Resistance training for children and adolescents[J]. Pediatrics, 2020 (6).

［12］ZARICZNYJ B, et al. Sports-related injuries in school-aged children[J]. Am J Sports Med, 1980,8(5): 318-324.

［13］MANDELBAUM B R, et al. Effectiveness of a neuromuscular and proprioceptive training program in preventing anterior cruciate ligament injuries in female athletes: 2-year follow-up[J]. Am J Sports Med, 2005,33(7): 1003-1010.

［14］ZWOLSKI C, et al. Resistance Training in Youth: Laying the Foundation for Injury Prevention and Physical Literacy[J]. Sports Health, 2017,9(5): 436-443.

［15］ANDIOMU, et al. Preventing Childhood Obesity: Health in the Balance[M]. Washington (DC): National Academies Press (US), 2005.

［16］AUBERT S, et al. Global Matrix 3.0 Physical Activity Report Card Grades for Children and Youth: Results and Analysis From 49 Countries[J]. J Phys Act Health, 2018,15(S2): S251-S273.

［17］BEA J W, et al. Resistance Training Effects on Metabolic Function Among Youth: A Systematic Review[J]. Pediatr Exerc Sci, 2017,29(3): 297-315.

［18］COLLINS H, et al. The effect of resistance training interventions on weight status in youth: a meta-analysis[J]. Sports Med Open, 2018,4(1): 41.

［19］BURNS R D, et al. Resistance Training and Insulin Sensitivity in Youth: A Meta-analysis[J]. Am J Health Behav, 2019,43(2): 228-242.

［20］Malina R M, Bouchard C, Bar-Or O. Growth, maturation, and physical activity[M]. Human kinetics, 2004.

［21］BEHRINGER M, et al. Effects of weight-bearing activities on bone mineral content and density in children and adolescents: a meta-analysis[J]. J Bone Miner Res, 2014,29(2): 467-478.

［22］VIRVIDAKIS K, et al. Bone mineral content of junior competitive weightlifters[J]. Int J Sports Med,

1990,11(3): 244-246.
[23] CONROY B P, et al. Bone mineral density in elite junior Olympic weightlifters[J]. Med Sci Sports Exerc, 1993,25(10): 1103-1109.
[24] ERLANDSON M C, et al. Precompetitive and recreational gymnasts have greater bone density, mass, and estimated strength at the distal radius in young childhood[J]. Osteoporos Int, 2011,22(1): 75-84.
[25] GREENE D A, et al. Mechanical loading with or without weight-bearing activity: influence on bone strength index in elite female adolescent athletes engaged in water polo, gymnastics, and track-and-field[J]. J Bone Miner Metab, 2012,30(5): 580-587.
[26] MORRIS F L, et al. Prospective ten-month exercise intervention in premenarcheal girls: positive effects on bone and lean mass[J]. J Bone Miner Res, 1997,12(9): 1453-1462.
[27] MACKELVIE K J, et al. Bone mass and structure are enhanced following a 2-year randomized controlled trial of exercise in prepubertal boys[J]. Bone, 2004,34(4): 755-764.
[28] ZWOLSKI C, et al. Resistance Training in Youth: Laying the Foundation for Injury Prevention and Physical Literacy[J]. Sports Health, 2017,9(5): 436-443.
[29] FAIGENBAUM A D, et al. Youth resistance training: updated position statement paper from the national strength and conditioning association[J]. J Strength Cond Res, 2009,23(5 Suppl): S60-S79.
[30] MACKELVIE K J, et al. Bone mass and structure are enhanced following a 2-year randomized controlled trial of exercise in prepubertal boys[J]. Bone, 2004,34(4): 755-764.
[31] LUBANS D R, et al. Muscular fitness, body composition and physical self-perception in adolescents[J]. J Sci Med Sport, 2011,14(3): 216-221.
[32] ANNESI J J, et al. Effects of the Youth Fit for Life protocol on physiological, psychological, and behavioral factors at YMCA Calgary after-school care sites[J]. Psychol Rep, 2009,104(3): 879-895.
[33] MOUNTJOY M, et al. IOC consensus statement on training the elite child athlete[J]. Clin J Sport Med, 2008,18(2): 122-123.
[34] COLLINS H, et al. The Effect of Resistance Training Interventions on 'The Self' in Youth: a Systematic Review and Meta-analysis[J]. Sports Med Open, 2019,5(1): 29.
[35] ZWOLSKI C, et al. Resistance Training in Youth: Laying the Foundation for Injury Prevention and Physical Literacy[J]. Sports Health, 2017,9(5): 436-443.
[36] 同本章[35]。
[37] GABLER M, et al. The Effects of Concurrent Strength and Endurance Training on Physical Fitness and Athletic Performance in Youth: A Systematic Review and Meta-Analysis[J]. Front Physiol, 2018,9: 1057.
[38] FAIGENBAUM A D, et al. Youth resistance training: updated position statement paper from the national

strength and conditioning association[J]. J Strength Cond Res, 2009,23(5 Suppl): S60-S79.

[39] HARRIES S K, et al. Resistance training to improve power and sports performance in adolescent athletes: a systematic review and meta-analysis[J]. J Sci Med Sport, 2012,15(6): 532-540.

[40] STRICKER P R, et al. Resistance Training for Children and Adolescents[J]. Pediatrics, 2020,145(6).

[41] LLOYD R S, et al. Position statement on youth resistance training: the 2014 International Consensus[J]. Br J Sports Med, 2014,48(7): 498-505.

[42] LLOYD R S, et al. National Strength and Conditioning Association Position Statement on Long-Term Athletic Development[J]. J Strength Cond Res, 2016,30(6): 1491-1509.

[43] MOUNTJOY M, et al. IOC consensus statement on training the elite child athlete[J]. Clin J Sport Med, 2008,18(2): 122-123.

[44] GRANACHER U, et al. Effects of Resistance Training in Youth Athletes on Muscular Fitness and Athletic Performance: A Conceptual Model for Long-Term Athlete Development[J]. Front Physiol, 2016,7: 164.

[45] FAIGENBAUM A D, et al. Effects of integrative neuromuscular training on fitness performance in children[J]. Pediatr Exerc Sci, 2011,23(4): 573-584.

[46] BEHM D G, et al. Effectiveness of Traditional Strength vs. Power Training on Muscle Strength, Power and Speed with Youth: A Systematic Review and Meta-Analysis[J]. Front Physiol, 2017,8: 423.

[47] PEITZ M, et al. A systematic review on the effects of resistance and plyometric training on physical fitness in youth- What do comparative studies tell us?[J]. PLoS One, 2018,13(10): e205525.

[48] 同本章[38]。

[49] DAVIDS K, et al. Genes, environment and sport performance: why the nature-nurture dualism is no longer relevant[J]. Sports Med, 2007,37(11): 961-980.

[50] MOUNTJOY M, et al. Safeguarding the child athlete in sport: a review, a framework and recommendations for the IOC youth athlete development model[J]. Br J Sports Med, 2015,49(13): 883-886.

[51] MYER G D, et al. When to initiate integrative neuromuscular training to reduce sports-related injuries and enhance health in youth?[J]. Curr Sports Med Rep, 2011,10(3): 155-166.

[52] FAIGENBAUM A D, et al. Youth resistance training: updated position statement paper from the national strength and conditioning association[J]. J Strength Cond Res, 2009,23(5 Suppl): S60-S79.

[53] FAIGENBAUM A D, et al. Effects of integrative neuromuscular training on fitness performance in children[J]. Pediatr Exerc Sci, 2011,23(4): 573-584.

[54] HARRIES S K, et al. Resistance training to improve power and sports performance in adolescent athletes: a systematic review and meta-analysis[J]. J Sci Med Sport, 2012,15(6): 532-540.

[55] MYER G D, et al. When to initiate integrative neuromuscular training to reduce sports-related injuries and

enhance health in youth?[J]. Curr Sports Med Rep, 2011,10(3): 155-166.

［56］COLLINS H, et al. The effect of resistance training interventions on fundamental movement skills in youth: a meta-analysis[J]. Sports Med Open, 2019,5(1): 17.

［57］FREDBERG U, et al. Chronic tendinopathy tissue pathology, pain mechanisms, and etiology with a special focus on inflammation[J]. Scand J Med Sci Sports, 2008,18(1): 3-15.

［58］O'BRIEN T D, et al. Mechanical properties of the patellar tendon in adults and children[J]. J Biomech, 2010,43(6): 1190-1195.

［59］ALBERS I S, et al. Incidence and prevalence of lower extremity tendinopathy in a Dutch general practice population: a cross sectional study[J]. BMC Musculoskelet Disord, 2016,17: 16.

［60］DE BOER M D, et al. Time course of muscular, neural and tendinous adaptations to 23 day unilateral lower-limb suspension in young men[J]. J Physiol, 2007,583(Pt 3): 1079-1091.

［61］ARAMPATZIS A, et al. Plasticity of human Achilles tendon mechanical and morphological properties in response to cyclic strain[J]. J Biomech, 2010,43(16): 3073-3079.

［62］EIHOLZER U, et al. High-intensity training increases spontaneous physical activity in children: a randomized controlled study[J]. J Pediatr, 2010,156(2): 242-246.

第四章

［1］FAIGENBAUM A D, et al. Youth resistance training: updated position statement paper from the national strength and conditioning association[J]. J Strength Cond Res, 2009,23(5 Suppl): S60-S79.

［2］HAMILL B. Relative safety of weightlifting and weight training[J]. J Strength Cond Res, 1994 (1): 53-57.

［3］PURVIS J M, BURKE R G. Recreational injuries in children: incidence and prevention[J]. JAAOS-Journal of the American Academy of Orthopaedic Surgeons, 2001 (6): 365-374.

［4］SHILLINGTON M. Resistance Training For Prepubescents And Adolescents: A Review[J]. Strength and Conditioning Coach, 2001 (3): 13-17.

［5］MYER G D, et al. Youth versus adult "weightlifting" injuries presenting to United States emergency rooms: accidental versus nonaccidental injury mechanisms[J]. J Strength Cond Res, 2009,23(7): 2054-2060.

［6］同本章［5］。

［7］HEWETT T E. Neuromuscular and hormonal factors associated with knee injuries in female athletes. Strategies for intervention[J]. Sports Med, 2000,29(5): 313-327.

［8］同本章［7］。

第五章

[1] SMITH D J. A framework for understanding the training process leading to elite performance[J]. Sports medicine, 2003 (15): 1103-1126.

[2] HAFF G G, HAFF E E. (2012). Training Integration and Periodization. In Jay Hoffman (Eds.). NSCA's Guide to Program Design (pp. 209-254). Location: Human Kinetics.

[3] REEVES J P A M R P J H D. The System: Soviet Periodization Adapted for the American Strength Coach[M]. On Target Publications, 2018.

[4] FAIGENBAUM A D, et al. Youth resistance training: updated position statement paper from the national strength and conditioning association[J]. J Strength Cond Res, 2009,23(5 Suppl): S60-S79.

[5] FAIGENBAUM A D, MILLIKEN L A, CLOUTIER G, WESTCOTT W L. Perceived exertion during resistance exercise by children[J]. Perceptual and motor skills, 2004 (2): 627-637.

[6] HELMS E R, CRONIN J, STOREY A, ZOURDOS M C. Application of the repetitions in reserve-based rating of perceived exertion scale for resistance training[J]. Strength and conditioning journal, 2016 (4): 42.

[7] CÔTÉ J. The influence of the family in the development of talent in sport[J]. The sport psychologist, 1999 (4): 395-417.

[8] 杜泽·邦帕, 迈克尔·卡雷拉. 青少年运动员体能训练[M]. 尹晓峰, 译. 上海: 上海文化出版社, 2016.

[9] BARNETT L, REYNOLDS J, FAIGENBAUM A D, SMITH J J, HARRIES S, LUBANS D R. Rater agreement of a test battery designed to assess adolescents' resistance training skill competency[J]. Journal of science and medicine in sport, 2015 (1): 72-76.

[10] 同本章[8]。

[11] MCGUIGAN M. Developing power[M]. Human Kinetics, 2017.

[12] TURNER, A. The science and practice of periodization: a brief review[J]. Strength & Conditioning Journal, 2011, 33(1): 34-46.

[13] 同本章[8]。

[14] MCGUIGAN M. Developing power[M]. Human Kinetics, 2017.

第六章

[1] BROOKS T, CRESSEY E. Mobility training for the young athlete[J]. Strength & Conditioning Journal, 2013 (3): 27-33.

［2］ARMSTRONG N. Development of the youth athlete[M]. Routledge, 2018.
［3］MATTES A L. Active Isolated Strengthening: The Mattes Method[M]. Aaron L. Mattes, 1998.
［4］同本章［3］。

抗阻训练术语

［1］CROIX M D S, KORFF T. Paediatric biomechanics and motor control[M]. New York: Routledge, 2011.

附 录

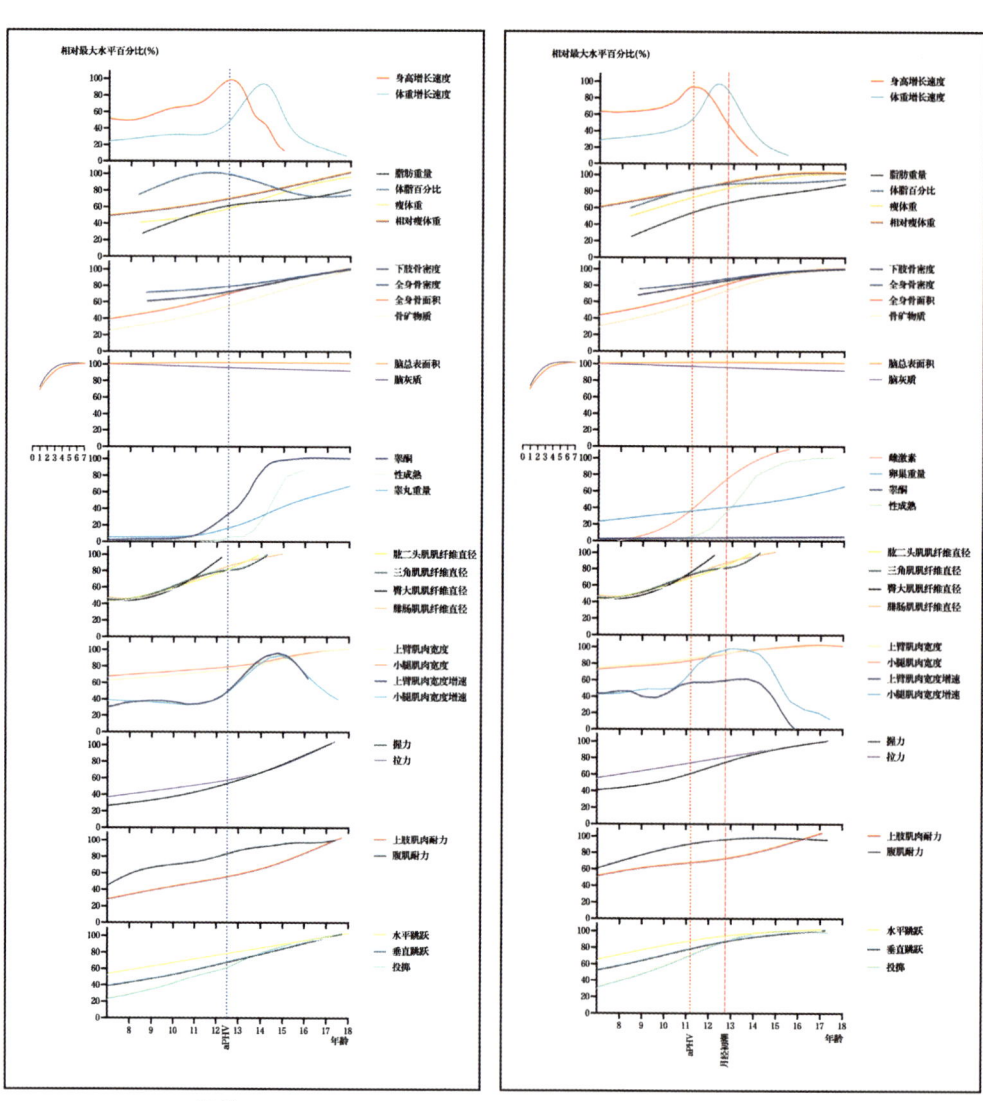

男性　　　　　　　　　　　　　　女性

全维度生长发育因素与力量自然发展趋势